마지막 끈을
놓기 전에

자살의 원인부터 예방까지,
25년의 연구를 집대성한 자살에 관한 모든 것

마지막 끈을
놓기 전에

when
it is
darkest

로리 오코너 지음 | 정지호 옮김 | 백종우 감수

시심

자살로 사랑하는 사람을 잃은 모든 사람에게,
매일 살아남기 위해 몸부림치는 사람에게 이 책을 바친다.

《마지막 끈을 놓기 전에》의 감수를 이메일로 요청받고, 바로 함께하고 싶다고 회신을 보냈다. 저자인 로리 오코너 교수는 국제자살예방협회International Association for Suicide Prevention, IASP의 회장으로, 자살 연구 분야에서 세계적으로 널리 알려진 석학이다. 그는 자살 연구자로서 많은 업적을 가지고 있으며, 누구보다 자살 예방에 진심이다. 먼저 그는 자살 생존자Suicide survivor다(해외에선 자살 유족 대신 자살 생존자라는 말이 주로 쓰인다). 그에게 자살 연구를 권했던 교수님을, 또 절친한 동료를 자살로 잃었다. 우울증을 경험했고 정신역동적 정신치료를 받기도 했다.

박사 논문을 쓰면서 그는 자살로 삶을 마감한 사람들의 이야기를 듣고 그들의 고통을 함께 느꼈으며 이를 외면하지 않았다. 오코너 교수는 자살행동연구소Suicidal Behaviour Research Laboratory를 설립해 사람들과 소통하면서 자신이 경험한 위기를 솔직하게 털어놓았다. 책 전체에는 이렇게 그가 진심으로 생각한 자살에 대한 수많은 이야기들이 가득하다. 그가 이끄는 자살행동연구소는 "자살 예방은 우리 모두의 일이다"라는 구호를 토대로 사회적인 운동을 펼치고 있다. 그는 "말 한마디가 생명을 살린다"라는 사마리탄즈Samarithans◆의 표어를 공유 하며 이 역시 훌륭한 본보기라고 말한다. 우리에게도 이러한 변화가 반드시 필요한 시점이다.

우리 사회의 자살 문제는 저자의 나라인 영국보다 훨씬 심각하다. 우리는 매년 1만 3천 명이 넘는 생명을 자살 위기에서 구조하지 못하 며, 여전히 경제협력개발기구OECD 회원국 중 자살률이 1위인 나라에 살고 있다. 자살의 원인은 한두 가지 이유로 쉽게 설명할 수 없다. 국 내 심리부검 결과에 따르면, 자살에는 평균 3.9개의 상황적 요인이 복 합적으로 작용한다. 예를 들어 실업으로 발생한 빚 때문에 인간관계가 악화돼 사회적으로 고립되고, 우울증이 생기면서 위기에 빠진 끝에 자 살을 생각하는 식이다. 경찰청 조사 결과 대한민국 자살 원인 1~3위 는 정신건강 문제, 경제 문제, 건강 문제다. 다른 건 그렇다 치더라도, 1인당 국민소득이 100달러였던 시대보다 3만 달러를 훌쩍 넘은 지금 시대에 자살률이 더 높은 건 어떻게 이해해야 할까.

우리 사회는 그간 혈연, 지연, 학연으로 이어진 인간관계의 폐해를 극복하고자 노력해왔다. 이를 통해 보다 민주적이고 투명한 사회로 발전하기도 했다. 그러나 이 때문에 개개인이 고립되면서, 연속적 위

◆ 영국과 아일랜드에서, 정서적 고통을 겪거나 자살 위기에 처한 사람에게 상담전화 서비스 를 제공하는 비영리단체.

기에 처했을 때 살아갈 이유를 불어넣어줄 사람의 수는 현저히 줄었다. 앞에서 말했듯 한국은 경제협력개발기구 회원국 중 자살률 1위지만, 힘들 때 도움을 요청할 수 있는 사람의 숫자인 사회관계망 지수는 최하위다. 이제는 1인 가구의 수가 전체 가구 수의 3분의 1을 넘는다. 초고속성장과 핵가족화로 소득은 늘었어도 우리는 오히려 사람을 살게 하는 힘의 근원인 가족과 친척, 고향 친구, 학교 친구를 조금씩 잃게 됐다. 이제 혈연, 지연, 학연이 할 일들을 개인과 핵가족이 모두 하고 있다. 사회가 책임지고 나서서 개인과 가정의 부담을 거들지 않고서는 이 문제를 해결할 수 없다.

자살의 원인이 복합적이듯 이 책은 매우 포괄적이고 다양한 분야를 다루며, 최근 이루어진 자살 연구의 새로운 진보도 빠짐없이 포함했다. 또한 실제 위기에 빠진 사람을 어떻게 구하고 도울지 고민하는 이들에게 실천하기 좋은 지침을 사례와 함께 알기 쉽게 제공한다. 물론 저자는 건강심리를 주로 연구하고 있으므로 자살에 대한 생물학적 연구나 약물치료 등의 중요성은 이 책에서 비중 있게 다루어지지는 않는다. 그래도 지금 우리 사회에 무엇이 필요한지 고민하는 독자에게 이 책이 안내하는 근거가 커다란 도움을 줄 것이라 기대한다.

이 책에 담긴 저자의 진심을 바라보면서 4년 전 우리 곁을 떠난 고故 임세원 교수가 떠올랐다. 임세원 교수는 한국형 표준 자살 예방 교육 프로그램 〈보고듣고말하기〉의 개발자이며 《죽고 싶은 사람은 없다》라는 책을 쓴 바 있다. 그가 친구였던 나에게 원고를 보여주었을 때,

나는 정신과 의사로서 자신의 우울증을 드러낸다는 일이 가져올 후폭풍을 걱정하는 말을 건넸다. 그는 감내하겠다고 이야기했다. 그리고 책 맨 뒤에 "순순히 어둠을 받아들이지 마오"라는, 영화 〈인터스텔라〉에 등장하는 딜런 토마시의 시 한 구절을 인용해놓았다.

저자 로리 오코너도 진심으로 우리에게 전한다. 가장 어두울 때 마지막 끈을 놓기 직전의, 위기에 빠진 사람 옆에서 우리는 무엇을 할 수 있을까? 그들의 아픈 마음을 보고, 마음으로 듣고, 마지막으로 말하기를 통해 희망의 끈을 건네줄 수 있다면 삶은 계속될 것이다.

이 책의 감수를 통해 알게 된 저자의 진심에 감사의 말을 전하고 싶다.

백종우 경희대학교 의과대학 정신건강의학교실 주임교수

"너, 설마 자살 생각을 하는 건 아니지?"

이 말은 25년 전 내가 자살을 주제로 박사과정을 처음 시작했을 때 어머니가 내게 건넨 질문이다. 어머니는 내가 자살 분야를 연구하면서 정서적 부담을 받지 않을지 염려하셔서, 내가 스스로 정신건강을 잘 챙기고 있는지 주기적으로 확인하시곤 했다.

"물론 아니죠." 나는 이렇게 대답했다.

"틀림없는 거지?" 어머니는 나를 다그치며 재차 확인하셨다.

솔직히 말해, 나는 어머니의 질문에 어떻게 답해야 할지 몰랐다. 당시 나는 자살을 두고 진지하게 생각해본 적이 없었다. 나는 21세밖에 되지 않았고, 특별히 무서울 게 없었다. 그래서 내 자신의 정신건강을 돌보는 데 많은 시간을 할애하지 않았다. 또 그 시기에는 자살과 관련된 일을 직접 경험해본 적도 없었다. 나는 정신건강이라는 주제에 항상 강한 호기심을 느꼈지만, 자살을 연구하겠다는 결정은 우연히 찾아온 기회 때문에 내리게 되었다. 당시 나는 퀸스대학교 벨파스트에서 심리학을 전공하며 우울증을 연구하던 학부생이었고, 이 연구를 박사과정까지 이어갈 생각이었다. 그런데 1994년 여름, 졸업 직후 학과의 노엘 시히 교수님이 갑자기 내게 전화를 하더니 자살을 주제로 박사과정을 할 생각이 없냐고 물어보셨다. 나는 그 기회를 덥석 잡았다. 생각해보니, 자살은 내가 우울증 다음으로 연구할 분야임이 분명했다. 자살은 우울증으로 인해 발생하는 가장 충격적인 결과이니 말이다. 게다가 1990년대 초반 당시 영국 전역에서 청년층의 자살률이 증가하는 추세였다. 그러나 북아일랜드에서는 관련 연구가 거의 이루어지지 않았다.

교수님의 제안에 동의한 그날, 비록 자살을 주제로 한 박사과정이 어떨지는 전혀 몰랐지만, 나는 그 이후로 무작정 앞만 보고 달렸다. 자살 연구는 내 인생의 큰 열정이었다. 하지만 세월이 한참 흐른 후 노엘 교수님이 정신건강과의 싸움에서 스스로 손을 놓을 거라는 생각은 꿈에도 하지 못했다. 교수님이 내게 자살을 연구하지 않겠느냐고 연락했던 그날을 떠올려보면, 그때가 바로 미래를 향한 **문이 스스륵 열리는** 순간이 아니었나 하는 생각이 든다. 그 분이 아니었다면 내가 과연 자살 연구원이 되었을까. 아마 지금과는 아주 다른 삶을 택했을 것이다. 이 점에 대해서는 노엘 교수님께 무한한 감사를 느낀다. 지금도 나는 매일 아침 (20대 때보다 더하지는 않지만) 그때와 다를 바 없이 뭔가 변화를 이루어보겠다는 추진력과 열정으로 눈을 뜬다. 한 가지 마음에 걸리는 것은 교수님이 도움을 필요로 했을 때 내가 미처 손을 내밀지 못했다는 것이다. 그때 그랬다면 얼마나 좋았을까. 교수님에게 도움을 더 드리지 못했다는 사실이 항상 가슴에 사무친다. 이런 죄책감과 후회는 지인의 자살 이후 찾아오는 아주 흔한 감정이다.

*

어머니의 질문으로 다시 돌아가자면, 나는 박사과정 연구로 자살을 시도했던 사람들을 인터뷰하고 자살로 생을 마감한 사람들의 이야기를 세세하게 접하는 과정에서 정서적 부담을 안게 되리라고는 전혀 예상하지 못했다. 정확한 이유는 모르겠지만 정서적으로 부담이 되는 것은 확실했다. 당연히 이건 사람 진을 빼는 일일 수밖에 없다.

박사과정에 들어와 처음 인터뷰한 분을 지금까지도 생생하게 기억한다. 그레그라는 이름의 40대 남성은 자살 시도 후 병원에 입원해 있었다. 그는 입원 수 시간 전 약물을 과다 복용했다고 했다. 다행히 목숨은 건졌지만, 병실 건너편에서 바라보니 그는 단단히 화가 난 것 같았다. 나는 무슨 말을 할지 미리 연습한 후 두려운 마음으로 병실 침대로 다가갔다. 진땀을 흘리며, 그저 허튼소리만 하지 않기를 바라며 질문을 꺼냈다. "안녕하세요, 저는 연구를 하고 있는 심리학자입니다. 지난 밤 일어난 일에 관해 몇 가지 질문을 드리고 싶은데, 괜찮으시겠어요?" 거절당할 마음의 준비를 하고 있는데, 뜻밖에도 그는 인터뷰를 승낙했다. 이후 차츰 알게 된 사실이지만 대부분의 환자는 자살 시도 후 인터뷰 요청을 받으면 거절하지 않았다.

나는 그레그와 이야기를 나누면서 그가 살아온 인생, 정신건강, 길게 유지했던 관계가 최근에 끝난 것, 먼 옛날 이야기, 그리고 전날 밤자살 시도를 하게 된 경위를 알게 되었다. 그는 누군가 본인의 이야기를 들어주기를 원했다. 그는 나보다 나이가 많았지만, 나와 조금도다를 게 없었다. 아니, 우리 누구와도 다를 게 없었다. 가시밭길을 헤치며 그날그날을 힘겹게 살아가느라 애쓰는 사람이었다. 그리고 또한 가지, 내가 그를 잘못 판단한 부분이 있었다. 사실 그는 화난 것이아니라 낙심해 있었다. 인생의 올가미에 걸려 꼼짝 못하는 상태에서사랑하는 사람들에게 죄책감을 느끼고 있었다. 내가 그에게 자살 시도를 한 후 지금 기분이 어떤지, 그리고 뭔가 달라진 것이 있는지 묻자 눈물을 머금고 내게 답했다. "전혀요, 아무것도 변한 것이 없어요. 뭐, 상관없지만, 어젯밤 자살 시도를 했을 때와 똑같은 기분이에요. 어제와 마찬가지로 우울하고 내가 쓸모없는 사람처럼 느껴져요." 사실, 그의 말대로 아무것도 변한 것이 없었다. 끝나버린 관계는 그대로였고, 어릴 때 겪은 트라우마를 회복하기 위해 필요한 도움을 전혀 받지 못하는 것도 여전했다. 그는 전에 적응장애 Adjustment Disorder라는 진단을 받았고 이제 곧 퇴원할 예정이었지만, 그를 담당하는 1차 진료의*에게 편지 한 장이 전달된 것을 빼고는 아무런 지원도 받지 못했다. 나는 심한 무력감을 느꼈다. 심각한 상황에 처한 사람을 만났으면

◆　영국에서 환자의 1차 진료를 담당하는 주치의. 진단과 치료, 검사를 지시하고 필요한 경우 전문의에게 진료를 의뢰하는 일을 한다.

　　　마지막 끈을 놓기 전에

서도 아무런 도움을 줄 수 없을 때 오는 정서적인 충격을 나는 그때 처음으로 경험했다.

그는 몇 시간 전 거의 의식 불명 상태로 구급차에 실려 왔을 때보다 더 많은 문제를 안고 퇴원해야 했다. 이제 자기 가족과 대면해야 했기 때문이다. "가족들이 저를 창피하게 여기겠죠. 어떻게 그렇게 이기적일 수 있냐며 원망할 거예요. 제가 가족에게 어쩌자고 이런 짓을 한 걸까요?" 그는 대화 도중 이런 말을 꺼냈다. 여기에 내가 답해 줄 수 있는 말은 많지 않았다. 인터뷰 끝에 그는 나에게 고맙다고 했다. 이유를 몰라 의아해하는 나를 보면서, 그는 마치 내 마음을 읽기라도 한 듯이 "들어줘서 고맙다"라는 말을 덧붙였다. 벨파스트시립 병원 응급실과 연결된 관찰 병동에서 보낸 그 며칠 동안 나는 아주 소중한 교훈을 많이 얻었다. 나는 경청의 중요성과 침묵의 힘을 깨달았다. 자살 시도가 얼마나 고통스러운 것인지 알았다. 누군가 비탄에 빠져있을 때 옆에 있어준다는 게 얼마나 가치 있는 일인지도, 수치심이 자살로 이어지는 경우가 많다는 사실도 깨달았다. 그해 여름 나는 내가 올바른 결정을 했다고 생각했고, 자살을 막기 위해 아무리 사소한 일이라도 내가 할 수 있는 것은 무엇이든 해야겠다고 결심했다.

첫 번째 인터뷰 이후, 보통 잠이 안 오거나 밤늦게까지 일할 때, 또는 괴로운 일이 있을 때 나는 이따금 내 자신과 **자살로 생을 마감할까**라는 주제로 대화를 나누곤 한다. 마치 이런 생각이 나 몰래 슬며시 머릿속으로 들어오기라도 한 것처럼 말이다. 40대가 되니 이 생각이 훨씬 더 잦아졌다. 인생의 부침에 따라 생각은 심해졌다 수그러졌고, 왔다가 가기도 했다. 내 자신과 '자살을 할까, 말까'로 대화하지 않더라도, 나는 자살과 그 원인 또는 결과에 대해 단 하루도 생각하지 않고 넘어가는 날이 없다. 나는 자살과 살아가고 숨 쉬고, 정말 말 그대로 자살에 관한 꿈도 꾼다.

이건 내가 자살 위험이 높아서가 아니라, 1990년대 중후반부터 자살을 연구하고, 자살 위험을 가진 사람의 내면을 들여다보고, 자살에 이르게 하는 복합적인 원인을 이해하려고 노력하는 데 내 생애 전부를 바쳤기 때문이다. 나는 글래스고대학교의 건강심리학과 교수로, 이곳에서 자살행동연구소를 이끈다. 이 연구소는 전적으로 자살을 이해하고 예방하기 위해 설립된 곳이다. 연구 외에도 나는 자살 예방을 목표로 하는 많은 국내 및 국제 기관과 협업한다. 이밖에도 영국 전역을 돌며 일반인에게 자살에 관한 이야기를 전하고 있다. 이 일은 누가 뭐래도 내 직업에서 가장 보람 있는 부분으로, 사람들이 내 연구의 도움을 받아 자신의 어려움과 사랑하는 사람의 어려움을 이해하는 모습을 직접 확인할 수 있다. 과학자들이 특히 생과 사의 문제를 진지하게 연구할 때, 다른 동료 연구진·정책 입안자·일반 대중 등 되도록 여러 분야의 사람들과 연구 결과를 소통하는 과정은 상당히 중요하다. 연구를 진행하면서 나는 자살의 위기에서 빠져나와 마음을 회복한 사람들은 물론, 살아남기 위해 분투하는 사람들, 또 자살로 이별의 슬픔을 겪은 사람들과 이야기를 나누는 특권을 누렸다. 가장 사적인 이야기를 꺼내놓으며, 나와 연구팀에게 보내주는 신뢰에 나는 늘 겸허해진다.

*

어느 늦은 밤, 크레타에서 가족과 휴가를 보내는데 또 다시 **자살을 할까, 말까** 하는 생각이 고개를 들었다. 덧붙이자면, 그 휴가 때문에 이런 생각이 든 것은 아니다. 섭씨 30도의 더위, 청록색 바다, 풍부한 먹거리와 마실 거리, 훌륭한 일행 등 휴가는 완벽했다. 높은 습도, 휴가를 와놓고도 막상 일을 내려놓지 못하는 어려움(여름 휴가는 내가 한 해 중 이메일을 보지 않는 유일한 기간이다), 그리고 일을 하지 않을 때 생기는 가톨릭 특유의 죄의식이 복합적으로 얽혀 자살 생각이라는 합작품을 만들어냈다. 그날 밤과 지난 몇 주 동안, 나는 빌어먹을 책(이 책을 말하는 게 맞다) 생각으로 거의 뜬눈으로 밤을 지새웠다. 수년간 나는 과학 논문을 읽지 않는 일반인이 쉽게 접할 수 있는 자살 관련 책을 쓰고 싶었다. 이 복합적인 현상을 이해하려는 일반 대중은 물론 사랑하는 사람을 자살로 잃은 사람, 자살 위험이 높은 사람, 또는 자살 위기에 있는 직장 동료를 둔 사람들에게 필요한 이야기를 해주고 싶었다. 이와 더불어 내가 직접 겪은 경험도 책에 담아 전하고 싶었다. 하지만 내 자신에 대해 너무 많은 이야기를 털어놓는 게 개인적으로 걱정이 되었다. 자기 고백에 대한 염려 때문에 몸과 마음이 마비가 될 정도였다. 성인이 된 이후 지금까지 내내 스스로를 유능하고 자신감 넘치는 사람으로 그리는 데 온 힘을 다한 사람으로서, 내가 도대체 왜, 책 속에 나의 약점과 불확실성과 신경과민증을 드러내는 위험을 불사해야 하는지 스스로에게 계속 질문을 던졌다. 수없이 자문해 보았지만, 책을 써야 할 정당한 이유가 떠오르지 않았다.

그날 새벽 4시경, 잠을 이룰 수 없어 에어컨이 돌아가는 소리를 들으며 마음을 진정시키는 데 집중하다가 돌파구를 찾게 되었다. 과거에도 숱하게 일어났듯이, **자살로 생을 마감할까** 하는 생각이 잇따라 수면 위로 고개를 내밀었지만, 그날 밤에 든 생각은 꽤 공격적이었다. '자살로 생을 마감할까?', '내가 자살할 수 있을까?', '죽는 게 두려운가?' 같은 생각이 그날도 이어졌다.

그러나 그날 밤이 여느 때와 달랐던 점은 처음으로 내가 그 생각을 계속 이해하기 위해 애쓰면서, '그런 생각이 뭘 뜻하는데?', '왜 자꾸 그런 생각이 고개를 드는 거지?', '나한테 무슨 문제가 있지?' 하고 스스로에게 질문을 던졌다는 것이다. 예전에는 자살 생각이 의식으로 들어오면 불편함과 당혹스러움을 느껴 바로 그런 생각을 두들겨 패며 쫓아내려 했는데 말이다. 나는 내가 자살 연구에 너무 빠져 있다 보니 이런 생각이 발동한 건지, 아니면 거의 매년 주변 지인이 자살로 사망하는 소식을 접하면서 어쩔 수 없이 그들과 내 자신을 비교해서 그런 건지 곰곰이 생각해보았다. 나의 추론은 계속되었다. '그러니 내가 자신의 취약함과 자살 가능성에 사로잡혀 있다 해도 놀랄 일은 아니겠지?' 또 한 가지 덧붙이자면, 내가 23세였을 때 아버지가 51세에 심장

마비로 갑자기 돌아가신 후, 나는 그때부터 쭉 내 자신의 죽음에 집착했었다. 심장마비가 아닌 자살을 통해 나 자신의 죽음을 무의식적으로 준비하는 건 아닐까 하는 생각이 들었다. 요즘 들어 부쩍 이런 생각이 늘어났다는 점도, 이런 현상이 개인적으로 느끼는 생활의 불만족, 불안, 그리고 최근 몇 년 사이 찾아온 전반적인 컨디션 난조와 동시에 일어나는지도 감안해보았다. 사실 내 40대의 상당 부분이 이 세 가지 증상으로 망가졌고, 5년 전부터는 치료를 받고 있다.

하지만 그날 밤 나는 내 자신의 자살 생각을 걱정하다 뜻하지 않게 놀랄 만한 생각의 변화를 맞았다. 자살 생각을 피하지 않고 그에 직접 맞서보니, 그런 생각을 해도 괜찮다는 걸 인정하고 생각을 받아들일 수 있게 된 것이다. 이렇게 인정하고 나자 몇 년 전 치료를 받기 시작했을 때 들었던 생각이 되살아났다. 42세, 성인기에 들어서서 처음으로 나는 내 마음을 감당하기 힘겨워 도움의 손길을 요청했다. 나는 믿기지 않을 정도로 불행했고, 아마도 우울증을 앓았지만 그 이유는 알지 못했다. 고맙게도 매주 받은 정신역동적 정신치료가 상당히 도움이 되었고 지금도 그렇다. 처음 치료를 받을 무렵엔 화가 나고 당황스러웠다. 내 자신이 훤히 드러나는 것 같았고 내가 아무 힘이 없는 나약한 존재처럼 느껴졌다. 그래서 나는 치료를 받는다는 걸 비밀에 부쳤고 나와 아주 가까운 사람에게만 이 사실을 이야기했다. 2016년 5월에 첫 치료를 시작했으니 꽤 오랜 시간이 흐른 셈이다. 이제는 내가 누구인지 잘 이해하게 되었고, 내 자신의 결점을 이전보다 잘 받아들이고 있으며, 지금이 예전보다 훨씬, 훨씬 더 행복하다. 치료는 직업적인 면에서도 나를 도와주었다. 절망이라는 아주 캄캄한 세계, 삶의 허무함, 타인에 둘러싸여 있을 때도 느끼는 참을 수 없는 외로움을 좀 더 깊이 알게 해주었다.

치료는 확실히 나와 내 정신건강에 전환점이 되었다. 성인기 대부분 동안, 나는 직업적 성공에 너무 목이 마른 나머지 내 정서나 정신건강은 거의 무시하고 넘어갔다. 나는 낙천적이고 외향적인 성격이었고, 신경쇠약 증상인 초조함을 감추고 항상 긍정적인 척했다. 나는 모든 일을 시속 백만 킬로미터의 속도로 해내야 했다. 비유를 하자면, 한쪽에서 다른 쪽으로 이동할 때 항상 내가 낼 수 있는 가장 빠른 속도로 달렸다. 그러니 내 정신건강을 챙길 틈이 없었다. 게다가 직장생활에도 목을 맸으니, 이런 모순된 삶이 나에게 미치는 영향은 엄청났다.

지금도 치료 초반에 치료자가 한 질문이 생각난다. 그는 내게 끊임없이 질주하는 이유가 무언가로부터 달아나기 위해서는 아닌지 물었다. 속도를 늦추면 느껴지는 불편과 공허함을 감당하는 게 두려워서 전속력으로 달리는 건지도 물었다. 아니면 아버지의 죽음 때문인지도. 나는 지난 몇 년간 이를 이해하기 위해 노력했다. 처음에는 모든 것을 악착같이 해내려는 노력이 일찍 죽을지도 모른다는 두려움에서 생겨난 것이라고 생각했다. 그러나 최근에 생각해보니, 내가 느리게 나아가는 일을 두려워하는 건 내 자신의 정서적인 부담과 대면하고 싶지 않기 때문인 것 같다. 이런 감정은 치료를 시작한 지 얼마 지나지 않아서 쓴 일기에 보인다.

> '외면으로 보이는' 자신감과 자긍심은 그 거품이 참 쉽게 터진다. 최근 치료 시간에 부정적인 생각이 끊임없이 반복될 때면, 내 자신이 상자 안에 있는 모습을 마음속으로 그려본다는 이야기를 했다. 무슨 이유에서인지 그렇게 하면 왠지 편안해지고 보호받는 것 같은 느낌이 든다. 내가 심리적으로 덜 예민하다면 얼마나 좋을까. 그냥 내 갈 길을 가면 생각을 곱씹는 일이 없을 것이고, 그러면 편안해질 수 있을 텐데.

내가 겪었던 고군분투를 여기에 공개하는 이유는, 도움을 받기 위해 손을 뻗은 이후 내 삶이 변모되었기 때문이다. 그래서 괴로움을 안고 사는 사람이 있다면, 내 경험을 본보기로 정신치료를 고려해보기를 바란다. 특히 신중한 성격의 소유자라면 더욱 추천한다. 지금도 여전히 주기적으로 내 자신과 스스로의 정신건강을 두고 전투를 벌이고 있지만, 그 덕에 나는 훨씬 더 건강하고 지속 가능하면서 나에게 효과적인 방법을 찾았다. '심리적으로 예민하다'는 주제에 대해서는 자살을 일으킬 수 있는 요인을 탐구하면서 나중에 다시 다루겠다.

내가 돌파구를 찾았던 그날 밤의 크레타로 다시 돌아가보겠다. 그때의 기분은 마치, 내 안에 갇혀 있던 뭔가가 빗장을 열고 나온 것 같았다. 유레카의 순간이랄까. 그날 밤 자살 생각은 더 이상 나를 심란

하게 하지 않았다. 마음의 짐을 덜어낸 것처럼 이상하게 편안한 마음이 들었다. 그리고 일출과 함께 내 생각은 다시 이 책으로 돌아왔다. 너무 오랫동안 원고 진도를 나가지 못했는데 드디어 앞으로 나아갈 길이 보였다. 자살의 복잡한 성질을 이해하고 자살의 위험을 줄이기 위한 조치에 관해 최신 연구 동향을 전달함은 물론, 개인적인 경험을 담는 구성이 머릿속에 그려졌다. 그날 밤, 정확히 무엇 때문에 변화가 일어났는지는 모르겠다. 아마도 휴가를 즐기면서 끝도 없는 일의 간섭을 받지 않고 내 자신의 나약함에 대해 생각할 시간과 공간이 생겼기 때문일 것이다. 어쩌면 수년 동안 받은 치료 덕분에 내 스스로가 안정된 결과였을지도 모른다. 이유가 무엇이든, 다음날 아침 적당히 몇 시간 자고 일어난 후, 나는 이 책의 첫 수백 자를 써내려갔다.

이른 새벽 잠들기 전, 내 생각은 처음으로 자살 때문에 충격을 받았던 날, 내 절친한 친구 클레어가 자살로 목숨을 끊었다는 소식을 들었던 날로 흘러갔다. 그날 나는 사무실에서, 전화로 그 소식을 들었다.

"걔가 떠났어, 클레어가 떠났다고." 전화선 너머에서 데이브가 울먹였다.

"무슨 소리야?" 무슨 말인지 이해가 되지 않았다.

뜻밖의 전화였다. 데이브와 클레어는 파리에서 살고 있었는데, 그때는 대낮이었고 우리는 보통 미리 약속을 하고 통화하는 편이었다. 데이브가 왜 약속도 없이 이 시간에 전화를 한 거지? 몇 주 전에 나는 양쪽과 모두 통화를 했고 클레어와는 최근에 이메일도 주고받았다.

나는 이들이 스코틀랜드로 돌아오길 눈이 빠지게 기다리고 있었다. 클레어는 스코틀랜드의 한 대학에서 강의를 했지만, 당시 데이브는 연구원 자격으로, 클레어는 안식년으로 그해의 상당 기간을 파리에서 살고 있었다. 클레어와 데이브는 둘 다 파리를 흠모했다.

그날 자리에서 일어나 어리둥절해 하면서 내 좁은 방을 정신없이 왔다 갔다 한 기억이 난다. 그리고 다시 한번 데이브에게 물었던 것 같다. "클레어가 떠났다"라는 말이 도대체 무슨 뜻이냐고.

"클레어가 죽었다고." 데이브는 이렇게 답했다. 나는 여전히 이해하지 못했고 이해할 수도 없었다. 단 1초라도 데이브가 나에게 클레어가 죽었다는 말을 하리라고는 생각한 적이 없었다.

그 뒤로 나눈 대화는 가물가물하다. 나는 충격에 빠져 있었다. 상황을 받아들일 수가 없었다. 데이브가 무슨 말을 하는지 여전히 이해할 수 없었다. "클레어가 떠났다." 그 친구가 어딘가로 갔다는 뜻이 아닌 건가? "클레어가 죽었다"는 말은 무슨 뜻인가? 데이브는 울면서 일어난 상황을 말해주었다. 클레어가 스스로 목숨을 끊었다고. 나는 망연자실했다. 데이브가 이야기를 하는 동안, 내 내면의 목소리가 계속 '클레어는 죽었다, 클레어는 죽었다'라는 말을 반복했고, 이 말을 할 때마다 그 목소리는 점점 더 커졌다.

그때가 2008년 9월이었고 클레어는 40세, 나는 35세였다. 우리는 벨파스트에서 둘 다 박사과정에 들어가기 한참 전에 만났고 이후에도 계속 친구로 지냈다. 그 다음 날, 나는 데이브와 함께 있어주기 위해 파리로 갔다. 클레어가 더 이상 우리 곁에 없다는 게 도무지 믿기지 않았다. 어디를 가든 계속 클레어를 볼 수 있을 것만 같았다. 아무것도 이해가 되지 않았다. 클레어가 죽고 수개월 동안 그는 내 꿈속에 나타나 자기는 괜찮으니 걱정 말라고 항상 나를 위로해주었다.

나는 여전히 클레어의 죽음에 망연자실한 상태다. 그 사건은 한 사람으로서 나를 변화시켰다. 그런 멋진 친구를 잃었다는 개인적인 상실감과는 별개로, 나는 내 직업에 의문이 들었다. 사건 직후 클레어와 데이브, 그리고 클레어의 가족에게 도움을 주지 못했다는 생각이 반사적으로 들었다. 나는 전혀 손을 쓰지 못했다. 처음에는 자살 연구를 계속 할 수 있을지 도무지 자신이 없었다. 하는 일마다 온통 클레어가 떠올랐기 때문에 연구를 계속하는 게 정말 힘들었다. 하지만 지금은 연구의 끈을 놓지 않은 것이 기쁘다. 나를 학문적으로 밀어붙이고, 내가 자살에 이르게 하는 요인을 좀 더 잘 파악하도록 이끌고, 위험에 빠진 사람들을 안전하게 지키기 위한 방법을 새로 고안하기 위해 부단히 애쓰게 한 원동력은 바로 이 패배감이다. 클레어는 매주 받는 치료 시간에 어김없이 등장한다. 지금은 눈물이 덜 나지만, 그래도 그의 죽음이 생각날 때면 울기도 한다. 클레어는 내 인생에 여전히 많은 영향을 끼치고 있다. 그래서 내 스스로의 나약함, 우리 모두의 나약함을 매일 다시 떠올리게 된다.

마지막 끈을 놓기 전에

＊

우리는 직접적이든, 간접적이든 자살을 경험한다. 자살은 매년 전세계 수백만 명에게 영향을 끼치는 공중 보건의 위기다. 우리 모두는 자살로 사망한 사람을 알거나 자살의 슬픔을 겪은 사람을 안다. 슬픈 일이지만 대부분의 경우 자살 이야기를 선뜻 꺼내지 못하고, 누군가에게 자살 생각을 하는지 여부를 물어보는 것을 겁낸다. 이런 현상은 변해야 한다. 자살에 관해 이야기할 수 있는 환경을 만드는 것이 중요하다. 그렇게 해야 더 많은 사람들이 외로움을 덜 느끼고 또 이들이 필요한 도움과 지원을 받을 수 있다.

자살은 사회에서 마지막으로 남은 금기 중 하나다. 어떤 사람들은 이 말을 내뱉기조차 꺼려하기 때문에, 자살Suicide을 '빅 에스Big S'로 부른다. 20~30년 전에는 암Cancer이 금기시된 말이라 '빅 시Big C'라고 불리는 경우가 잦았다. 안타깝게도 자살과 자살에 관한 이야기는 낙인과 속설, 오해로 인해 꺼려지는 주제가 되었다. 이 책의 목표는 인간이 저지르는 가장 비극적인 일의 본질을 파악하고, 이에 얽힌 속설과 오해에 도전장을 내미는 것이다. 더불어 우리 모두가 나약하다는 것과, 이런 나약함이 우리를 더욱 강하게 단련시키는 촉매로 작용할 수 있다는 점도 중요하게 보여주려고 한다. 이 책에서 자살에 관한 연구 증거를 소개하고 자살을 이해하는 여러 가지 방법을 제시하겠지만, 나는 무엇보다 자살 위험이 있는 사람들 또는 자살로 가까운 사람을 잃은 사람들의 목소리를 들려주려고 한다. 나는 이 책을 교과서적인 방식으로 쓰는 것은 의도적으로 피했다. 자살은 누구에게든 영향을 줄 수 있기 때문에 이 책이 되도록 많은 이들에게, 폭넓게 읽혔으면 하는 바람이다. 자살을 이해하고 예방하기 위한 방법을 하나하나 정확하고 자세하게 제시하는 책도 있다. 하지만 이 책은 자살의 모든 위험 요소를 점검하거나 자살 예방 전략을 세워주는 책이 아니다. 그건 이 책을 쓴 목적이 아니다.

나는 이 책에 개인적인 경험과 전문적 견해를 결합했다. 내 자신의 경험을 비롯해 다른 사람들의 이야기를 소개하여, 내가 인생에서 배운 점과 충격적인 현상을 연구하면서 알게 된 점을 독자에게 전달하려고 노력했다. 이 책은 자살 연구를 하면서 경험한 나의 여정으로, 자살이 개인적으로 나에게 어떤 영향을 주었는지 담았다. 모든 사례에서 익명을 유지하기 위해 이들의 삶 또는 이들에게 일어난 사건 중 사적인 부분은 변경했다. 서로 다른 사건들을 하나로 합쳐 기술했는데, 세부적인 부분은 일부 바뀐 것이 있지만 해당 사건이 주는 메시지에는 변함이 없다. 지금까지 자살 연구와 자살 예방 여정의 일환으로 수많은 사람을 만나면서 정말 많은 교훈을 얻었고, 이 점에 대해 진심으로 감사를 느낀다.

우선 사람들이 자살로 목숨을 끊는 공통적인 이유와 자살과 관련된 요인을 몇 가지 소개하겠다. 먼저 자살 위험이 있는 생각을 파악해보고, 왜 어떤 사람들은 자살 생각이 자살 시도로 끝나는지, 어떤 사람들은 결국 죽음으로 끝나는지 그 이유를 알아보겠다. 일부 언론 보도와는 달리 자살은 한 가지 요인으로 일어나지 않는다. 자살은 생물학적·심리적·임상적·사회적·문화적인 복합적 요인이 퍼펙트 스톰perfect storm◆이 되어 한꺼번에 몰아치면서 생긴다. 대부분의 경우, 자살은 삶을 끝내고 싶어서가 아니라 견딜 수 없는 정신적 고통을 끝내고 싶어서 택하는 것이다. 나는 이 책을 통해 자살의 주요 요소를 살펴보면서 이런 고통을 일으킨 요인의 실타래를 풀어보고자 한다.

자살로 아픔을 겪은 적이 있다면, 특히 사랑하는 사람을 잃은 적이 있다면, 이 책을 읽다가 힘들고 고통스러운 감정이 치밀어 올라올 수도 있다. 자신을 돌보는 것이 무엇보다 중요하므로 부디 스스로를 챙기길 바란다. 이 책 맨 뒷부분에 지원이 필요할 경우 도움이 되는 기관의 자세한 정보를 실었다(359쪽 참조).

마지막으로 여러분이 자살 시도를 한 적이 있거나 누군가를 자살로 잃은 적이 있다면, 또는 자살이나 자해 위험이 있는 사람을 도와주고 있다면, 여러분의 고통, 살아가는 일이 힘겨운 사람의 고통, 생존의 전투에서 패배한 사람의 고통을 이해하는 데 이 책이 도움이 되기를 진심으로 바란다.

◆　두 가지 이상의 악재가 동시에 발생하여 위기가 초래되는 상황.

차례

1부

누가 자살할 위험이 있는가

40초마다 한 명씩, 이 세상 어딘가에서 누군가가 자살로 사망한다.[1] 자살로 인한 죽음은 개인에게는 견디기 어려운 비극이며, 그 충격은 워낙 커서 여파의 범위가 직계 가족을 훨씬 넘어선다. 너무나 많은 아이들이 부모를 잃고, 수도 없이 많은 사람들이 반려자를 잃고 혼자 남겨지며, 친구와 동료는 망연자실한 상태에 빠지고, 학교·직장·공동체는 상실감으로 인한 충격에 젖는다. 자살로 사망한 사람 한 명당 여섯 명 꼴로, 주변 사람들이 죽음에 직접적인 영향을 받을 수 있다는 것은 오래전부터 알려진 사실이다. 하지만 이 숫자는 전적으로 과소평가된 것으로 밝혀졌다. 2018년 임상심리학자 줄리 세럴Julie Cerel이 이끄는 미국의 한 연구팀은 소셜 미디어에 '#notsix'라는 해시태그를 달고 게시물을 올렸다. 그 결과 자살로 사망한 고인을 아는 지인의 수는 자살 사망자 한 명당 135명으로 나타났다.[2] 비록 이 숫자는 고인과 아주 가까운 사이는 물론 사회적으로 거리가 있는 지인도 포함된 것이고, 이들 중 많은 사람은 고인의 직계 유족이 아니겠지만, 그래도 이 실험 결과는 자살의 충격이 광범위하다는 것을 보여준다. 각 자살의 영향은 사회에서 폭탄이 터지는 현상과 같으며, 그 피해의 정도는 예측이 불가능하다.

내가 처음 자살을 접한 것은 대학교 신입생 때였던 1990년대 초반, 같은 수업을 듣는 친구가 사촌을 자살로 잃은 사건이었다. 이 사촌은 한 달 전 자신의 스물한 번째 생일을 맞았고, 사망한 날 저녁 겉보기에는 즐거운 기분으로 밖에서 친구들과 만났다. 그러나 친구들과 작별 인사를 한 지 오래 지나지 않은 늦은 밤, 그는 집에 돌아와 스스로 목숨을 끊었다. 날벼락 같은 그의 부고에 당황했던 기억이 나지만, 당시에는 그 죽음에 대해 많은 생각을 하지 않았다. 슬픈 일이지만 북아일랜드 청년 자살이 증가 추세였던 당시에 그의 죽음은 드문 일이 아니었다.[3] 나는 비록 직계 유족은 아니었지만 내 친구가 겪는 고통을 어느 정도 같이 느꼈기 때문에 간접적으로 영향을 받았다. 그건 한 나라, 한 가정에서 일어난 한 죽음이었다. 세계보건기구World Health Organization, WHO에 따르면 전 세계적으로 적어도 80만 명이 매년 자살로 목숨을 끊는다.[4] 이를 달리 말하면 매년 1억 8백만 명이 자살에 노출된다는 뜻이다. 이는 영국 인구의 1.5배, 미국 인구의 3분의 1에 해당되는 숫자다.

남겨진 사람들은 '만약 그랬다면', '그러기만 했다면'이라는 생각에 짓눌리고, 왜 사랑하는 사람이 스스로 목숨을 끊었는지 이해하지 못해 힘들어

하는 경우가 많다. 1장에서는 왜 그렇게 많은 사람이 스스로 목숨을 끊는지 이야기하기 전에 누가, 언제 자살의 위험이 있는지 알아보겠다. 또한 우리가 이 당혹스러운 현상을 이해하면서 만나게 될 어려운 점을 일부 간략하게 짚고 넘어가겠다. 2장에서는 자살로 인해 직접 아픔을 겪은 사람들의 이야기를 들어보며 자살의 고통이 어떤 것인지 들여다보는 시간을 갖겠다. 마지막으로 3장에서는 자살을 둘러싸고 많이 언급되는 흔한 속설을 소개하고, 어떻게 이런 속설이 생겨나며 이를 확실히 타파하기 위해 어떤 조치가 필요한지 다룰 것이다.

1

자살은 어떻게 일어나는가

전 세계 거의 모든 국가에서는 스스로 자행한 죽음을 설명하는 데 자살이라는 단어를 사용한다. 이는 당연하고 논란의 여지가 없다. 그러나 한 사람의 사인을 결정할 때 그 죽음이 사고사가 아니라 당사자가 스스로 생을 끝내기로 의도한 것이라는 걸 어떻게 알까? 만약 유서가 발견되어 고인이 스스로 생을 끝냈다는 것이 밝혀진다면 좀 더 수월하다. 하지만 유서를 남기는 이는 자살로 사망한 사람의 3분의 1 미만밖에 안 된다. 따라서 자살은 대다수의 경우 직접적인 단서가 없는 셈이다.[1] 나는 유서가 발견되었는데도 검시관이 사망 원인은 자살이 아니라고 결론을 내리는 것을 본 적도 있다. 고인이 유서를 쓴 후 마음을 바꾼 것 같다고 보았기 때문이었다. 왜 어떤 사람들은 유서를 남기고, 그 나머지는 남기지 않는지 우리는 이유를 모른다. 단순히 다른 사람과 많이 소통하며 산 사람일수록 사랑하는 사람들을 위해 서면으로 마지막 메시지를 남길 확률이 높은 것일 수도 있다.[2]

유서를 남기지 않는 경우가 많다고 하면, 도대체 어떻게 고인이 죽음을 자행했다는 걸 확인할까? 바로 고인의 정신건강 이력을 살피고, 이들이 극심한 또는 만성적인 스트레스를 겪었는지, 특히 최근에 스스로 목숨을 끊겠다는 말을 했는지의 여부를 고려하는 과정을 거친다. 이런 질문의 답을 해석하는 데는 어려움이 따른다. 그러나 이는 충분한 사유 작용을 거치지 않은, 직관적인 절차다. 정신건강 문제가 있었거나 최근 극심한 스트레스를 겪은 것이 자살까지 저지를 충분한 요인은 되지 못한다. 무엇보다 자살 이야기를 하는 대다수의 사람들은 절대 자살로 죽지 않는다. 나중에 살펴보겠지만, 자살이 보통 정신건강 문제를 배경으로 발생하긴 해도, 정신건강 문제를 가진 사람의 대다수는 절대 자살로 사망하지 않는다.[3] 그런데도 전 세계 검시관(및 이들과 동일한 역할을 하는 사람들)은 이런 절차로 자살을 판단한다. 이들은 사망이 자살인지 아닌지 여부를 판단할 때 고인의 삶을 퍼즐 맞추듯 끼워 맞추려고 한다. 사망을 둘러싼 정황 정보를 모은 다음, 자기들이 믿기에 자살 선언을 내릴 만한 충분한 증거가 있는지 판단하는 것이다.

이 밖에 법적으로, 개인적으로, 또 문화적으로 사망을 자살로 분류하는 데 수많은 어려움이 산재한다. 유족이 고인이 자살로 사망했다고 믿지 않을 수도 있고, 특히 자살이 여전히 법에 어긋나거나, 자살로 인해 낙인이 깊게 생기거나, 자살이 생명보험에 영향을 끼치는 나라에서는 유족들이 사망을 자살로 분류하고 싶어 하지 않을 수 있다. 또한 사망 분류의 특성상 사망이 어느 나라에서 발생했는지도 중요하다. 각 나라마다 사망 확인 절차가 다르고, 이런 절차는 수많은 문화적 요인에 영향을 받기 때문이다.

영국은 구성국마다 각각 사망 확인 절차가 뚜렷하게 다르다. 예컨대 2019년까지 잉글랜드와 웨일스에서는 고인이 스스로 의도하고 목숨을 끊었다는 사실을 "합당한 의심의 여지 없이" 검시관이 납득해야 사망을 자살로 기록했다. 따라서 자살이라고 판정하려면 형사재판에서 요구되는 법적 증거와 맞먹을 정도의 (상당한) 입증책임◆이 필요했다. 입증책임이 지나치게 높아 잉글랜드와 웨일스의 자살률이 실제보다 낮게 책정되었다는 우려가 일파만파로 퍼지는 가운데, 형사재판과도 같은 이런 시스템 때문에 자살을 둘러싼 낙인은 더욱 깊어졌다. 그 때문에 런던고등법원이 자살 판정을 민사재판처럼 진행해야 한다고 판결을 내렸을 때 나는 무척 기뻤다. 검시관이 "합당한 의심의 여지 없이"에 근거하기보다는 "개연성을 가늠The balance of probabilities"(민사법처럼 입증책임이 적다)하여 자살 판정을 내릴 수 있도록 한다고 판결한 것이다.

◆   어떤 주장이 맞다는 것을 뒷받침하는 증거를 제시할 책임.

런던에서 북쪽으로 650킬로미터도 떨어지지 않은 스코틀랜드의 경우, 검찰 및 사망 수사 기관은 수십 년간 자살 사건을 판정하는 데 "개연성을 가늠"한다는 원칙을 적용해왔다. 25년 전 우연히 북아일랜드에서 사망 등록 담당 직원을 돕기 위해 검시관의 조사서를 분석한 적이 있었는데, 검시관이 사망을 자살로 보는지의 여부를 항상 조사서 뒷면에 연필로 쓴 것을 알고 놀랐다. 이런 비공식적인 메모를 참고로 기관 직원이 자살 여부를 확인하는 것이었다. 유족들이 받는 충격은 제쳐두고라도, 나라마다 사망 분류 절차가 제각각이면 국가별 자살률을 비교하기가 어려워진다. 한 가지 해법이 있긴 하다. 많은 나라에서 자살 통계를 '사인 불상' 또는 '사고사' 통계와 함께 발표하는데, 이 중 후자가 많은 경우 자살 사건일 가능성이 높다. 자살일 가능성이 높은 사건을 자살 통계에 포함시키면 자살률을 좀 더 확실하게 파악보는 데 도움이 된다.

약물 과용과 자해 자상刺傷 같이 치명적이지 않은 자해 행동 self-injurious behaviors을 정의하는 과정에서도 적잖은 어려움이 따른다.[4] 보통 이런 행위의 동기를 정확히 밝혀낼 수 있는가 하는 문제에서 어려움이 발생한다. 특히 합의가 어려운 부분은 해당 자해 행동이 자살 행동(즉 자살 시도)인지 자살 의도가 없는 자해 행동인지, 또는 이 두 행동을 확실하게 구분할 수 있는지의 여부다. 영국에서는 대체로 미국과는 다른 방식이 채택되었다. 만약 영국에서 누군가 의학적으로 심각한 자해 자상으로 병원에 입원하는 경우, 대부분 진료차트에 자해 self harm

로 기록된다. 자해는 행위를 떠받치는 동기와는 관계없이 모든 형태의 고의성 자기 상해 또는 자가 약물 중독을 포괄하기 때문에 영국에서 선호되는 용어다. 실제로 자해 행동 후에 권장되는 임상 진료는 국립보건임상연구원National Institute for Health and Care Excellence, NICE 지침 중 자해 관리The management of self-harm 부분에 나와 있다.[5] 자해가 포괄적인 용어로 사용되는 주된 이유는 자해 자상 사건 또는 약물 과용에서 자살의 의도가 있었는지 아닌지를 판단하는 어려움을 거칠 필요가 없어서다. 이 점이 중요한 이유는 당사자에게 자해 동기가 무엇인지 물었을 때 그 답이 때에 따라 바뀌기 때문이다. 동기가 여러 가지라고 말하는 경우도 많고 질문자가 누구냐에 따라, 또 임상 진료에 영향을 미치느냐에 따라 다르게 답하기도 한다.[6] 양가적인 태도를 보이는 경우도 있고, 동기 자체를 모르는 경우도 있다.

앤드루의 이야기를 들어보면 이런 모호함을 잘 이해할 수 있다. 30대 후반의 앤드루는 어느 날 저녁, 강에 사람이 빠졌다는 신고를 받고 출동한 자선단체에 의해 가까스로 구조되었다. 때마침 구급차가 도착한 덕에 그는 근처 병원으로 후송되었다. 밤새 병원에서 관찰 조치를 받은 그는 관련 정신과 의료진이 그를 방문하기 전에 스스로 병원을 빠져나갔다. 시간이 좀 흐른 후 나는 그에게 왜 정신과 의료진을 기다리지 않았느냐고 물었다. 나는 그가 괜찮아서 그랬다고, 그 전날 밤 술을 너무 많이 마셔서 그랬고 다시는 그런 짓을 하지 않을 거라고 답할 줄 알았다. 그런데 그가 실제로 내놓은 답에 나는 적잖이 놀랐다. "나도 왜 그런 짓을 했는지 모르는데 뭐 하러 의료진을 기다리겠느냐"라고 답한 것이다. 그의 논리가 이해는 간다. 당사자가 이유를 모른다면 **그들도** 분명 이유를 모를 테니까. 그는 정신적으로 지쳐 있었지만, 과거에 약물을 과용했을 때처럼 상태가 아주 바닥으로 떨어지진 않았다. 그저 그날 피곤했고 "우울했"지만 자살할 생각은 하지 않았다. 그냥 한번 모험을 해보고 어떻게 되는지 보기로 했고, 그래서 살았다면 산 것이고 살지 못했다면 그만이라는 생각을 했다. 앤드루는 지극히 사무적이었다. 이런 짧은 대화에서 앤드루의 자해 사건이 자살 의도가 있었는지 아닌지를 알기는 어렵다. 하지만 확실한 것은, 동기가 무엇이든 그의 행동은 목숨을 앗아갈 수 있었다는 것이다.

미국의 경우 자살 위험이 있는 행위에 관해 다른 자세를 취한다. 자해라는 용어를 쓰지 않고, 자살 시도 suicide attempt (자살 의도가 보이는 경우) 또는 자살 의도가 없는 자기 상해 non-suicidal self-injury (동기가 자살 이외의 다른 것일 경우) 두 가지로 자해 행동을 표현하는 편이다. 그리고 이는 위에서 언급한 자살 의도 판단의 문제 때문에 미국에서 논쟁의 씨앗이 되었다. 그러나 미국식 표기는 자신의 자해 자상이 자살 의도로 생긴 것이 아니라고 단호하게 주장하는 사람들을 옹호해준다는 이점이 있다. 사실 어떤 사람들은 자살 의도가 없는 그들의 자해를 자살 시도로 뭉뚱그려 보는 현상을 불쾌해한다. 이들에게 자해는 고통에 대처하기 위한 수단이기 때문이다. 직관적으로 느껴지는 바와는 다를 수 있지만, 이들에게 자해는 살아남기 위한 수단이지 분명 자살 시도는 아니다. 그렇다면 본인의 자살 의도를 감추거나, 의도가 있었다고 확신하지 못하거나, 양가적인 태도를 보이는 사람들의 경우는 어떨까? 이에 대한 논란은 빠른 시일 내에 해결되지는 않을 것이다.

이 책에서는 '자해'라고 하면 동기와는 상관없이 자기 상해 행동을 가리키는 것이다. '자살 행동', '자살 시도', '자살 의도가 없는 자해'라고 표현한다면, 그런 행위를 유발한 동기나 그런 행위와 상관없는 동기를 확실히 알고 있다는 뜻이다.

누가 자살할 위험이 있는가

자살은 전 세계적으로 주요 사망 원인 상위 20위에 속하며, 15~29세의 사망 원인 중 2위를 차지한다.[7] 자살은 전 세계 모든 사망 사건의 1.5퍼센트다. 지역별로 보면, 동부 유럽·중부 유럽·호주·아시아 태평양 일부 지역·북아메리카에서는 자살이 사망 원인 상위 10위에 속한다.[8] 전 세계 자살 사고의 4분의 3 이상(79퍼센트)이 중·하위 소득 국가에서 일어나며, 전체 자살의 60퍼센트는 아시아에서 발생한다.[9] 역설적이게도 고소득 국가에 비해 중·하위 소득 국가의 자살률이 더 낮지만, 이들의 인구가 고소득 국가보다 더 많기 때문에 전 세계 자살 사망에서 더 큰 비율을 차지하게 된다. 안타까운 현실은 세계적으로 대부분의 자살 사고가 중·하위 소득 국가에서 발생하지만, 연구 발표는 대부분 고소득 국가에서 나온다는 것이다. 지금까지 자살 예방 연구 분야에서는 서구 고소득 국가의 자살을 이해하는 방식을 중·하위 소득 국가의 맥락에 맹목적으로 적용하는 경우가 너무나 많았다. 이 건 사실 얼토당토않은 일이다. 자살을 진정 세계 공중 보건의 우선적 해결 과제로 취급하려면 이런 불균형을 바로잡기 위한 노력이 지금보다 훨씬 많이 이루어져야 한다. 우선 사회의 맥락과 문화를 잘 헤아리는 자살 예방 연구 프로그램을 개발해야 한다. 이와 더불어 자살 예방 방안을 연구하고 이를 실제로 구현하는 과정에서 자살 생각과 자살 행동 이력이 있는 사람은 물론, 실제 자살의 슬픔을 겪은 유족도 의례적으로 포함할 필요가 있다.

전 세계 거의 모든 국가에서 여성보다 남성이 자살로 더 많이 사망하고, 서구 국가에서는 남성이 스스로 목숨을 끊는 경우가 여성보다 세 배 더 많다.[10] 예를 들어 영국의 경우 자살 인구의 4분의 3이 남성이며, 최근 통계에 따르면 미국은 남성 자살률이 여성보다 3.7배 더 높다.[11] 일반적으로 볼 때 남성 대 여성의 자살률 격차는 유럽과 미국에서 가장 크고, 동남아시아와 서태평양 지역에서 가장 작다. 남성 자살률이 왜 여성 자살률보다 높은지는 한 가지 이유만으로 설명할 수 없다. 원인에는 여러 가지가 있다. 보다 치명적인 자살 수단의 사용, 도움을 요청하는 비율의 차이, 남성성을 둘러싼 문화적인 기준과 기대, 알코올과의 연관성, 그리고 친밀한 관계의 상실로 인해 남성이 받는 충격 등이 이에 포함된다.[12]

세계보건기구의 최신 자료를 살펴보면, 가이아나, 리투아니아, 러시아, 카자흐스탄이 세계에서 가장 높은 자살률을 보인다. 이와 대조적으로 자메이카, 안티과, 시리아, 몰디브는 지속적으로 가장 낮은 자살률을 보이고 있다.[13] 같은 대륙 안에서도 차이가 크다. 유럽의 경우, 불명예스럽게 자살률 최상위권에 속해 있는 곳은 리투아니아(인구 10만 명당 25.7명)와 러시아(10만 명당 26.5명)이고, 가장 낮은 자살률을 기록하는 곳은 그리스(10만 명당 3.8명)와 이탈리아(10만 명당 5.5명)다. 이런 국가별 비교 통계를 볼 때는 조심할 필요가 있다. 각 나라마다 자살로 인한 사망을 다르게 기록하고, 사망을 자살로 보느냐 마느냐에 관해 문화적·종교적·정치적인 압력이 많이 작용하기 때문이다. 세계보건기구조차도 전 세계 많은 국가에서 신뢰할 만한 최신 자료를 입수하느라 분투하고 있다.

전 세계적 관점에서 볼 때 자살률은 노년층, 특히 70대 이상에서 가장 높다. 그러나 비록 노년층의 자살률이 높긴 하지만, 대부분은 암, 심혈관 질환 및 치매로 사망하기 때문에 자살은 이 연령대의 주요 사망 원인은 아니다.[14] 반대로 청소년과 청년 자살률의 경우, 수치상으로는 중장년이나 노년층의 자살률보다 낮다. 그러나 자살은 청년층 사망의 주요 원인이다. 미국의 경우 10~34세 인구의 사망 원인 2위가 자살이다.[15] 전 세계적으로 볼 때, 자살은 15~29세 연령대에서 교통사고 다음으로 큰 사망 원인이다. 영국의 경우, 35~49세 남성의 사망 원인 1위와 20~34세 남녀의 사망 원인 1위가 자살이다.[16] 최근 몇 년 동안 청년, 특히 청년 여성의 자살률이 증가 추세에 있다.

이런 추세의 원인을 일부 파헤쳐보자면, 치명적인 수단을 사용해서 자살하는 여성이 늘어났기 때문이다. 세계적인 동향과는 반대로, 영국에서는 최근 자료에 따르면 45~49세 연령대에서 자살률이 가장 높으며 심지어 이 수치가 노년층을 앞지르는 것으로 나타난다. 중국은 모든 연령대의 자살률이 감소 추세에 있고, 인도는 청년층의 자살률은 감소하는 반면 노년층의 자살은 증가하는 추세다.[17]

지금까지 나는 전 세계 국가별로 자살률을 비교하는 데 중점을 두었지만, 자살과 자살 시도 비율은 고정적인 것이 아니라 사회경제적인 변화에 영향을 받는다. 실제 영국·미국·브라질·호주에서 발표된 최근 자료에 의하면 최근 몇 년 사이 이들 국가의 자살률은 증가세에 있지만, 스리랑카·헝가리·인도 같은 나라의 자살률은 확연히 감소했다. 1990년 이후 세계적 관점에서 볼 때 자살로 사망한 인구의 절대 수치는 증가했지만(가장 최근 자료를 참고하면 2016년까지 27년간에 걸쳐 약 7퍼센트 증가했다) 자살률, 즉 인구당 자살로 사망한 사람의 비율은 3분의 1 정도 감소했다. 이 감소분은 여성과 비교해서 남성이 적고, 대체로 중국의 자살률 하락세 덕분이며, 인도의 감소분도 이보다는 못하지만 어느 정도 영향을 주었다.[18]

치명적이지 않은 자살 시도 인구, 즉 자살을 시도했지만 목숨은 잃지 않은 인구를 정확히 추정하기는 어렵다. 그러나 세계보건기구에 따르면 자살에 의한 사망자가 한 명 발생할 때마다 20명 정도가 치명적이지 않은 자살 시도를 한다.[19] 다시 말해 전 세계적으로 자살 시도가 매년 1천 6백만 건 일어난다는 뜻이다. 많은 국가에서 자살 시도는 18~34세 연령대에서 가장 흔하게 일어나고, 여성이 남성보다 자살 시도를 더 자주 하는 경향이 있다.[20] 사춘기 이전에는 자살로 인한 사망은 물론 자살 시도도 드물다.[21] 중·하위 소득 국가 59개국 청소년을 대상으로 한 연구에서, 최근 12개월 사이에 자살 생각을 했다고 보고한 청소년의 비율은 16.9퍼센트, 자살 시도를 했다고 보고한 비율은 17퍼센트였다.[22] 이에 비해 중·하위 소득 국가는 물론 고소득 국가까지 5만 2천 명 이상을 대상으로 연구한 결과에 따르면 최근 12개월 사이에 자살 생각을 했다고 보고한 청소년의 비율은 총 2퍼센트인 반면, 같은 기간 자살 시도를 했다고 답한 비율은 0.5퍼센트였다.[23] 그러나 성인의 자살 생각·행동을 가장 종합적으로 조사하는 연구 기관인 세계정신건강조사World Mental Health Survey에 따르면, 성인 중 살면서 어느 한 시점에 자살 생각을 하는 비율이 9.2퍼센트, 과거 어느 한 시점에 자살 시도를 했다고 보고한 비율은 2.7퍼센트였다.[24] 다시 말해 국가별로 비율의 차이는 있지만, 확실한 것은 청소년기에서 성인기를 거치는 동안 수백만 명이 자살 생각을 하거나 실제로 자살 시도를 한다는 점이다.

사회적 불평등과 자살

국가 및 전 세계 자살률에 이런 차이가 생기는 이유를 모두 알 수는 없지만, 건강 불평등이 원인의 핵심에 자리한다는 것은 의심의 여지가 없다. 건강 불평등은 사회 집단 간 건강 상태의 제도적 격차를 말하며, 사회적으로 더 불리한 집단의 사람일수록 수명이 짧고 건강 상태가 좋지 않다. 본질적으로, 건강 불평등이 클수록 자살 위험은 더 커진다. 건강 불평등은 사회에 깊이 뿌리박혀 있으며, 수십 년간 사회 및 보건 정책이 이런 악영향을 부채질하는 데 이바지했다. 또한 이런 불평등은 민족성, 성性, 젠더 정체성과 관련이 있을 수 있다. 따라서 사회적 낙인 및 수치감, 패배감, 속박감의 원인이 되는 정책은 모두 사회 구성원의 정신건강에 악영향을 끼칠 수 있다. 예컨대 동성애자·양성애자·트랜스젠더 집단이 이성애자 또는 시스젠더◆ 집단보다 자살 위험이 높다는 사실을 우리가 알고 있다 해도, 이런 엄연한 불평등을 이해하고 해소하기 위해서는 더 많은 조치를 취할 필요가 있다.[25]

불평등을 둘러싼 문제를 고려할 때는 사회경제적 불평등과 자살 간의 관계를 면밀히 들여다봐야 한다. 사회경제적 불평등은 다양한 방식으로 측정할 수 있는데, 사회 계층·직업·교육 수준·소득·주택 소유 여부 같은 지표가 자주 사용된다. 나와 친한 친구이자 에든버러대학교의 보건 정책 연구원인 스티브 플랫Steve Platt은 연구 경력의 상당 부분을 이 관계의 본성을 이해하는 데 바쳤다. 그는 저서 《전 세계 자살 예방 지침서The International Handbook of Suicide Prevention》의 한 장◆에서 전

◆   생물학적 성과 성 정체성이 일치하는 사람.

세계 통계 자료를 검토하고, 광범위한 지표에서 사회경제적으로 열세일수록 자살 위험이 높다는 증거가 있다고 결론 내렸다.[26] 여기에 그는 스코틀랜드 자료를 사용해서 이런 불평등이 어느 정도인지 보여주었다. 가장 가난한 지역에 사는 최저 계층은 가장 부유한 지역에 사는 최상위 계층에 비해 자살로 사망할 확률이 약 10배 더 높았다. 정부는 지나치게 오랫동안 이런 불평등을 무시해왔다. 지금이라도 자살 예방을 진지하게 다루고자 한다면, 사회적 혜택을 입는 사람과 입지 못하는 사람 간의 건강 불평등 차이를 줄일 필요가 있다. 그렇게 할 수 있다면 영국·미국·브라질·호주 같은 나라에서 최근 나타나는 자살 증가 현상의 많은 부분을 해결하는 데 어느 정도 진전을 볼 수 있을 것이다.

또한 코로나19 팬데믹으로 정신건강 불평등 문제는 국제 연구 및 공중 보건 정책에서 빠지지 않고 거론되는 주제가 되었다. 2020년 봄, 나는 정신건강 문제를 실제로 겪은 사람들을 포함한 전문가 집단의 포지션 페이퍼**를 발표해, 정신건강 연구를 코로나19 핵심 대책으로 삼자고 주장했다.[27] 이와 거의 같은 시기, 브리스톨대학교의 데이비드 건넬David Gunnell은 국제 코로나19 자살 예방 공동 연구International COVID 19 Suicide Prevention Research Collaboration를 소집했다. 이 연구의 목적은 자살 예방 연구원과 관련자가 한데 모여 중복 연구를 피하고 전 세계 자살

***

** 　중대 문제에 관해 정당, 정부, 노조 등의 입장을 밝힌 문서.

예방 연구 활동의 영향을 극대화하자는 것이었다. 팬데믹 초기 우리가 걱정했던 것은, 전염병의 확산을 억제하기 위해 각 정부가 취할 대처(예를 들어 봉쇄 조치)가 생계 유지를 위해 발생할 경제적 비용 문제와 만나 자살 위험의 퍼펙트 스톰이 발생할 수도 있다는 점이었다.[28]

현재까지도 우리는 코로나19 팬데믹이 전 세계 자살률에 장기적으로 어떤 영향을 미칠지 파악하지 못하는 상태지만, 그 영향은 대륙·국가·공동체·개인마다 다르게 나타날 가능성이 크다. 2003년 아시아 일부에 퍼졌던 또 다른 코로나바이러스 질환인 중증급성호흡기증후군 사스[SARS]의 창궐을 돌아보면, 당시 노년층에서 자살률이 증가했지만 이보다 젊은 연령대에서는 자살률이 증가하지 않는 대신 불안·우울증·외상후스트레스가 증가했다. 그러나 코로나19 팬데믹의 규모는 사스보다 훨씬 방대하다는 점을 기억해야 한다.[29]

과거 경기 침체 시기를 살펴보면, 경제 위기에 자살로 인한 사망이 증가한다는 것을 알 수 있다. 2008년과 2010년 사이, 또 그 이후에 유럽과 북아메리카를 초토화시킨 경기 대침체[Great Recession]를 예로 들어보자. 당시 전 세계 많은 국가에서 대규모 실직이 발행했고, 특히 취약 계층에서 재정적 어려움이 일파만파로 퍼졌다. 경기 침체가 끝나고 몇 년 후 발표된 보수적 추정치에 의하면, 2007년 금융 위기 시작 이후 유럽 연합·캐나다·미국에서 통상시보다 1만 명 많은 자살 사고가 일어났다.[30] 경기 침체가 사람을 죽일 수 있다는 것이다. 따라서 코로나19로 인한 지속적인 경제 파장이 진심으로 우려된다. 여기에 덧붙여 코로나19가 야기한 정신건강 서비스 붕괴, 학교 폐쇄, 사회적 고립의 영향, 가정 폭력의 증가, 새로운 근무 및 교제 방식 적응 등을 고려해보라. 이 모든 변화는 모두 정신건강에 잠재적인 위험으로 작용한다.

우리 연구진은 또한 자살 생각에 관한 자료를 통해 코로나19가 일부 사회 집단의 정신건강에 특히 더 강한 영향을 끼쳤다는 점을 파악했다.[31] 나는 2020년 봄부터 영국 전역에서 성인의 정신건강을 추적하는, 영국 코로나19 정신건강 및 행복 연구UK COVID-19 Mental Health and Wellbeing study를 이끌었다. 이 연구에서 발표한 첫 논문에서, 우리는 영국 전체 인구가 집에 머물며 국민보건서비스National Health Service, NHS를 과부하되지 않게 보호하고 생명을 지키라고 지시받은 봉쇄 첫 6주간의 자료를 분석했다.[32] 우리는 봉쇄 6주에 걸쳐 사람들에게 정신건강에 관해 세 차례 질문하는 연구를 진행했고, 염려스러운 결과가 나왔다. 봉쇄가 길어지면서 자살 생각을 한다고 보고한 사람의 비율이 점차 증가하더니, 마지막 세 번째 회차의 질문에서는 거의 10퍼센트까지 증가했다. 이 결과가 눈길을 끄는 이유는, 같은 기간에 걸쳐 불안 증상의 정도는 감소했고 우울 증상은 같은 수준을 유지했는데 자살 충동만 눈에 띄게 늘었기 때문이다. 봉쇄 기간 동안 자살 생각이 증가한 것은 팬데믹으로 인한 경제적·사회적 불확실이 반영된 결과로 보인다.

표본 집단 간 정신건강을 비교한 결과는 이보다 더욱 염려스러웠다. 기존에 정신건강 문제가 있거나 사회적으로 배경이 불리한 청년들은 다른 집단보다 팬데믹에 훨씬 많은 영향을 받았고, 자살 생각의 정도 역시 더 높다는 것이 밝혀졌다. 노년층이 코로나바이러스로 신체적 타격을 받아 힘든 시간을 보냈다면, 청년층은 미래에 타격을 받았다. 작가 데이미언 바^{Damian Barr}는 2020년 4월 트위터에 코로나19의 영향을 이야기하면서 다음과 같은 게시물을 올렸다. "우리 모두가 한 배에 탄 것이 아니다. 모두 같은 폭풍을 맞고 있을 뿐이다. 어떤 사람은 거대한 요트를 타고 있고, 어떤 사람들은 노 하나만 간신히 가지고 있다." 데이미언 바의 말은 진실로 와 닿는다. 우리 모두가 같은 상황에 있는 것은 아니다.

위에서 언급한 자살 생각에 관한 자료는 영국 팬데믹 초기에 나온 것들이다. 코로나19가 자살과 자살 행동에 끼친 영향 전체를 파악하려면 앞으로 수년은 걸릴 것이다. 하지만 내가 더욱 염려하는 점은 지금도 전 세계가 코로나19의 영향에서 벗어나는 중이기에, 우리는 앞으로도 오랫동안 코로나19의 결과와 함께 살아갈 거라는 사실이다.[33] 따라서 팬데믹으로 인한 경제 폭풍의 충격을 완화하려면 직업적 안전망을 제대로 구비할 필요가 있다. 또한 여성, 청년, 기존에 정신건강 문제가 있던 사람, 사회적으로 열세에 있는 사람 등 코로나19로 가장 심한 타격을 입은 사람을 돕기 위해서 더 많은 조치를 취할 필요가 있다. 국가적으로, 또 세계적으로 모두가 함께 계속 힘쓴다면 코로나19의 장기적 영향을 상쇄할 수 있으리라 확신한다.

자살을 표현하는 방식

사람들은 자해를 시도한 사람, 자살 시도를 한 사람, 자살로 사망한 사람을 언급할 때 다양한 표현을 사용한다. 그러나 우리가 쓰는 언어는 고통이나 모욕감을 유발할 수 있고, 자살 시도를 한 사람은 물론 자살로 사망한 고인의 가족이 경험하는 낙인을 더욱 키울 수도 있기 때문에 조심할 필요가 있다. '자살을 저질렀다committed suicide'라는 표현을 생각해보자. 이 말은 술집이나 클럽, 뉴스, 온라인, 영화, 텔레비전에서 자살에 관한 국민 담화의 핵심이 되어 널리 쓰이고 있다. 이 말은 어디에서나 들을 수 있다. 하지만 누군가에게는 이 말이 불쾌감을 주며, 자살이 범죄행위로 간주되던 과거를 떠올리게 하기 때문에 이런 표현을 무심코 쓰면 당사자의 처지는 고려하지 않고 고통을 더해주는 격이 된다.

이런 현상이 일부 국가에서는 그리 오래된 일이 아니다. 영국의 경우, 자살을 범죄 행위에서 제외시킨 자살 법령Suicide Act이 1961년에 통과되었고, 아일랜드에서는 1993년에 가서야 자살 형법Criminal Law(Suicide)이 통과되어 자살이 범죄 행위에서 제외되었다. 하지만 상당히 걱정되는 현상은 방글라데시·말레이시아·사우디아라비아 등 지구촌 많은 나라에서 여전히 자살이 범죄 행위로 취급된다는 점이다. 이에 관해 점점 커지는 담론과 인식의 변화를 반영하여, 국제 언론은 지침을 보도해 '자살을 저지르다'라는 구문을 사용하지 못하도록 분명히 권

면한다. 이 문제는 바로 다음에(54쪽) 다시 언급하겠다. 그러나 이런 담론은 전통적 언론 보도의 영역을 넘어섰다. 실제로 최근 대중문화 영역에서 발생한 사례를 들자면, 뮤지컬 작곡가이자 작사가인 린마누엘 미란다에게 브로드웨이의 히트 뮤지컬 〈해밀턴Hamilton〉에 나오는 노래 〈알렉산더 해밀턴Alexander Hamilton〉의 가사를 바꿔달라는 요청이 쇄도한 적이 있었다. "사촌이 자살을 저질렀다"라는 가사를 "사촌이 자살로 사망했다"로 변경해달라는 요청이었다. 일각에서는 '저지르다'라는 동사의 사용을 둘러싼 담론이 그 의도는 좋다 하더라도 지나치게 단순하며, 맥락을 충분히 고려하지 않은 것이라고 주장했다.[34]

자해와 자살 시도로 돌아가 보면, '그저 남의 관심을 받으려는, 남을 조종하려는 교활한 행위'라는 경멸적인 언어가 여전히 너무 자주 쓰인다. 이런 현상은 반드시 사라져야 한다. 3장(85쪽)에서 '관심 받기'와 관련된 문제를 폭넓게 다뤄보겠다. 내가 보기에 이는 단순한 문제다. 누군가 안도감을 얻을 목적으로 스스로에게 신체적 고통을 가할 경우 얼마나 큰 정신적 고통을 겪을지 한번 상상해보라. 그게 관심을 받으려는 행동인가? 당연히 아니다. 이는 주변인이 관심을 기울여야 할 행동이지 **단순히** 관심을 받으려는 행동은 아니다. 하지만 자해와 자살을 시도하는 목적이 본인이 겪는 고통에 관심을 두도록 유도하는 것인지 묻는다면, 그때의 답은 '그렇다'이다. 본인이 겪는 고통에 사람들이 관심을 갖도록 촉구하는 의도거나, 본인의 감정을 다른 방식으로 표현할 줄 모르는 것이다. 따라서 우리는 경멸과 분노보다는, 어떻게 연민의 마음과 도움을 주려는 자세로 그들을 대할 수 있을지를 생각해야 한다. 마찬가지로 '남을 교활하게 조종한다'는 말도 쓰면 안 된다. 이 말은 어떤 행위를 발동한 동기가 복잡하다는 것과, 무엇보다 우리 모두가 매일 주변 사람을 조종한다는 점을 고려하지 않는 말이다.[35] 우리 모두는 특정 목적 달성을 위해 말이나 행동으로 남을 조종하는 성질을 가지고 있다. 그러니 이런 말로 마음 상하거나 신경 쓸 것 없다. 자해를 한 사람에게 이런 식의 꼬리표를 붙이는 것은 말도 안 되는 일이기 때문이다.

하지만 언어는 꽤 복잡한 문제이며, 이는 최근 브리스톨대학교의 프리안카 파드마나탄Prianka Padmanathan과 사마리탄즈 직원 및 노팅엄대학교가 이끄는 온라인 연구에서도 드러났다.[36] 이들은 자살의 영향을 직접적으로 받은 사람을 포함한 연구 참가자들에게, 자살 행동을 묘사하는 여러 가지 표현에 대한 입장을 물었고 각각의 언어를 어떻게 받아들이는지 평가해달라는 부탁을 했다. 결과는 흥미로웠고, 어떤 경우는 상당히 놀랍기도 했다. 우선 (예상하지 못한 것은 아니지만) 대부분의 사람들은 '생을 끝냈다', '자살로 사망했다', '스스로 목숨을 끊었다' 같은 말을 가장 잘 "받아들일 수 있는" 표현이라고 평가했다. 질문을 받았을 때 일부 사람들은 이런 말은 '스스로 목숨을 끊었다'처럼 고인이 '자살을 선택'했다는 사실을 반영하기에, 즉 고인이 자신의 결단대로 생을 끝내기로 결심을 했다는 점을 인정하기에 좀 더 긍정적으로 들린다고 말했다. 이들은 또 이런 표현이 '너무 가혹하지' 않고, 말을 하는 사람을 '인간적으로 보이게 한다'고 생각했다. 반대로 '목을 맸다', '자살에 성공', '자살을 마쳤다' 같은 말은 허용할 수 없으며 되도록 쓰지 말아야 할 표현으로 평가받는 경우가 많았다. 이 같은 답변을 한 대다수는 '자살에 성공'이란 말을 싫어했는데, 그 이유는 이 말이 자살을 긍정적으로 포장하며 다른 사람의 처지는 고려하지 않고 고통을 더해줄 수 있기 때문이라고 밝혔다.

특히 흥미롭고 놀라운 점은 '자살을 저질렀다'는 말에 대한 평가가 엇갈렸다는 것이다. 어떤 사람은 이 말을 가장 잘 받아들일 수 있다고 평가했고 어떤 사람은 전혀 받아들일 수 없다고 생각했다. 받아들일 수 있다고 평가한 사람 중 어떤 이들은 이 말이 행위를 정확하게 표현하기 때문에, 또는 흔하게 사용되기 때문이라고 말했다. 반면 받아들일 수 없다고 한 사람은 이 말이 범죄 행위를 암시한다고 답했다. 참가자들이 평가한 말 중 '자살을 저질렀다'가 허용성 점수에서 가장 심한 편차를 보였다. 사람들은 이 표현 사용을 두고 강한 감정을 분명히 드러냈다. 아들을 자살로 잃은 한 부모는 이 어구 사용을 반대하는 자살 연구원들에게 분노를 표출했다. 이런 사람들은 이 말을 쓰지 말자고 운동을 벌이는 사람들과 상반되는 관점을 가지고 있다(전격 고백: 나는 수년 동안 '자살을 저질렀다'라는 말을 쓰지 말자고 목소리를 높여왔다). 이 부모는 이런 현상은 정치적 올바름이 도를 넘은 결과이며, 내 자식의 죽음을 말할 때 그 누구도 그 표현을 고쳐줄 권리는 없다고 여겼다. 물론 이들의 견해도 전적으로 타당하다.

이런 의견은 언어를 둘러싼 문제가 간단하지 않으며, 남겨진 가족은 그들이 편안하게 느끼는 말을 사용할 자격이 있음을 부각한다. 단, 그래도 고통받는 사람이 있다는 점을 감안해서, 현재 나는 '자살을 저질렀다'는 말은 개인적으로 피한다. 실제로 나는 자살로 자식을 잃은 부모, 반려자를 잃은 사람, 가족을 잃은 사람을 자주 만나는데 이들은 이 말이 무례하고, 고통을 안겨주며, 고인에게 낙인을 찍는다고 생각한다. 최근 남편이 스스로 목숨을 끊은 일을 겪은 한 여성은 뉴스에서 '자살을 저질렀다'는 말을 듣거나 누군가 그녀 주위에서 이 말을 하는 걸 들으면 깜짝 놀라 실제로 생리적 반응이 일어난다고 말했다. 이 말을 들으면 잠시 숨을 고르고 마음을 진정시켜야 하는데, 이 여성은 그 이유를 이렇게 털어놓았다. "왜 그런지는 정말 모르겠는데, 그 말이 너무 가혹하고 냉정하게 들려요." 따라서 이 책에서 '자살을 저질렀다'는 말이 나오는 부분은 이곳뿐이다. 일일이 말할 필요도 없지만, 이 문제는 개개인의 견해와는 상관없이 연민을 담아 민감하게 다루어야 한다.

자살을 결심하기까지

자살과 자살 시도의 위험 요인을 알아보기 전에 우선 자살을 일으키는 고통이 어떠한지 헤아리는 것이 중요하다. 지금까지 자살을 연구하는 동안, 사랑하는 사람을 잃은 유족들은 보통 고인이 죽기 전 마지막 순간에 작성한 편지나 메모 또는 일기를 내게 보내주었다. 이건 내게 엄청난 영광이지만, 어마어마한 책임이 따르는 일이기도 하다. 유족들은 나와의 이런 사적인 소통이 아들, 딸, 반려자가 스스로 목숨을 끊기 전 마지막 순간에 어떤 생각을 했는지 알 수 있는 기회가 될 것이라 희망한다. 이런 기록은 실제로 명확하고 자세해서 고인의 생각을 숨김 없이 알려주는 경우도 있지만, 단순한 유서 같은 지시 사항만 늘어놓아서 고인의 생각은 도통 알 수 없는 경우도 있다. 고립된 상태에서 혼자만 생각하다 보면 자살의 원인이 된 복합적 동기를 명확하게 추려내기가 어렵기 때문이기도 하다. 하지만 아주 많은 경우, 유서는 고인의 감정을 강하게 드러내며, 스스로 생을 마감한다는 결정을 하기 전에 어떤 고통과 실패감을 느꼈는지 보여준다.[1] 다음은 내가 수년 전 받은, 중년 남성인 제이미가 남긴 기록이다. 여기에는 그의 실패감과 흑백논리적 사고가 잘 나타난다. 이 두 감정은 자살 위험에 빠지는 상태의 특징을 보여준다.

> 누군가 이 글을 읽고 있다면, 나는 살다 살다 지쳐 죽어 있을 거다. 내 인생이 얼마나 거지 같은가. 최근 단 하루도 일이 잘된 날이 없었고, 그 누구도 나를 진심으로 걱정해주지 않았다. 나는 낙오자고 아무것도 제대로 할 수 없는 쓸모없는 인간이다. 나는 인생의 막다른 골목에 갇혀버렸다. [여자 친구 이름]과 함께할 때 살면서 유일하게 진정한 행복을 느꼈다! 그 사람과 함께 있는 힘을 다했지만 난 망할 놈이라 실패만 했다. 그 사람이 원하던 게 뭐였을까? 난 뭘 어떻게 해야 할지 몰랐다.

제이미에게 공감하는 것은 어렵지 않다. 누구나 관계가 끝나는 아픔을 겪어 본 적이 있고, 살면서 한 번쯤 자신이 쓸모없는 사람이고 낙오자라는 생각을 한다. 제이미의 과거, 배경, 정신건강, 이외에 인생에서 무슨 일이 있었는지는 알 수 있는 게 전혀 없다. 따라서 기록 외 상황을 들여다볼 때, 그가 겪었던 고통이 어떻게, 그리고 왜 그토록 심해져서 스스로 살 가치가 없다고 느꼈는지 이해하는 것이 관건이다. 한 가지 단서는 그가 쓴 '갇혔다trapped'는 단어에 있다. 이 책 전체를 통해 언급하겠지만, 견딜 수 없는 고통의 올가미에 속박된 느낌은 자살을 이해하는 핵심 요소다. 나는 이 감정이 사람들이 자살에 이를 때 공통적으로 밟는 최종 관문의 중심에 있다고 생각한다.

제이미의 관계를 들여다보면, 내가 때때로 이야기하는 자살의 '일상성everydayness'이 드러난다. 자살의 핵심 요인을 경시하자는 것은 아니다. 내가 말하는 의미는 누군가를 자살로 이끄는 요인이 일상적으로 일어나는 일, 즉 일상에서 겪는 실패, 위기, 상실감일 경우가 상당히 많다는 것이다. 많은 사람들이 자살이 일상에서 동떨어진 사건이며, 당사자가 아닌 타인 때문에 일어난 문제에 대처하는 방식이라고 생각한다. 실제로 어떤 사람은 괴롭힘을 당해서, 이혼을 해서, 직업을 잃어서 자살한다. 그러나 어떤 사람은 가족을 잃어서, 파산해서, 수치스러워서, 차별당해서, 복지 수당을 잃어서, 질병에 걸려서 자살한다. 자살은 우리가 태어날 때부터 놓인 삶의 조건은 물론, 스트레스를 일으킨 사건과 상황에 대처하는 방식이다. 그러나 반드시 기억해야 할 것은 자살이 불가피한 것은 아니라는 점이다. 마지막 그 순간까지도, 자살은 막을 수 있다.

하지만 내가 자살에 관해 이야기를 나누어 본 결과 사람들은, 특히 본인 혹은 주변인의 자살을 경험해보지 않은 사람들은 스스로 죽음을 택하는 이가 본인과는 전혀 다른 사람이라고 믿는 경우가 여전히 많다. 마치 스스로 죽음을 택하는 특정 부류가 있고, 본인은 그런 유형의 사람이 아니며 어떤 식으로든 자살 예방 접종을 마쳤다고 확신하는 것으로 보인다. 하지만 실상은 그렇지 않다. 물론 이는 자살과 거리를 두기 위해 자살 시도자를 '타자화 othering'하는 것이다. 이런 식으로 생각하면 자살의 위협에서 스스로를 보호한다는 느낌이 들기도 하니 말이다. 그러나 사실상 이런 생각은 사실과 맞지 않고, 자살에 대한 낙인의 불씨를 키울 뿐이다. 우리는 이런 생각에 맞설 필요가 있다. 다른 집단보다 자살 위험이 더 큰 집단이 일부 있긴 하지만, 자살은 남성과 여성, 장년층과 청년층, 흑인과 백인, 기혼과 비혼 모두에게 영향을 끼친다.[2]

자살 연구를 갓 시작한 시기부터 나는 자살 유서에 관심이 있었다. 비록 한계가 있기는 해도 유서에는 자살을 일으킨 극심한 고통을 고인이 어떻게 여겼는지 드러나기 때문이다. 박사과정을 시작했지만 자살을 직접 경험하지 못했던 20대 초반의 나에게 자살 유서는 자살 위험의 고통이 어떠한지, 또 대안을 찾을 수 없는 막막함이 어떠한지 이해하는 데 정말 많은 도움이 되었다.

자살 유서는 지극히 사적인 기록이다. 내가 처음 읽었던 자살의 기록은 16세 소년이 작성한 것으로, 그는 자신이 살던 집 근처에서 스스로 목숨을 끊었다. 언뜻 보기에 그의 행동은 충동적이었다. 사고 당일에 술을 마신 데다, 어머니와 말다툼을 벌인 차였다. 어머니는 그가 반 친구와 싸움을 했다는 학교의 전화를 받고 그를 다그쳤다. 그게

1부 누가 자살할 위험이 있는가

처음 있는 일은 아니었다. 그는 어머니와 서로 고래고래 소리를 지르며 싸운 후 집을 뛰쳐나갔다. 그날 밤늦게까지 그가 돌아오지 않자 어머니는 아들을 찾아 나섰지만, 몇 시간 후 경찰이 사망한 그를 찾아내 어머니의 노력은 비극적이게도 수포로 끝났다.

나는 검시관의 조사서를 통해 그의 짧은 인생, 트라우마로 가득 찬 어린 시절, 마약과 술과 분투했던 과거를 알게 되면서 그가 마치 아는 사람처럼 느껴졌다. 나는 그해 여름 내내 벨파스트에서 자살로 추정되는 사망 사고 조사서를 검토하면서 자살 패턴을 알아보기 위해 애쓰는 중이었다. 그의 파일은 당시 검토 중인 자살 추정 사건 파일의 첫 묶음에 끼어 있었다. 나는 검시관 사무실이 위치한 벨파스트의 위풍당당한 법원 안 내 책상에 앉아서 그의 어머니, 담당 1차 진료의와 사회복지사의 진술을 훑어보았다. 파일을 보면서 그가 내 막냇동생과 동갑이라는 것을 발견했던 기억이 생생하다. 내 동생과 달리 그는 지옥 같은 삶을 살았다. 인생이 참 불공평하다는 생각이 들어 슬픔이 울컥 몰려왔다. 문서를 넘기다가 맨 끝에 그의 사진과 유서가 클립으로 같이 끼워져 있는 것을 보고 나는 깜짝 놀랐다. 그 클립 하나가 내게는 너무 슬프게 다가왔다. 그의 유서는 짧았지만 강렬했다. "엄마가 항상 나를 탐탁지 않게 여긴다는 걸 알았다"고 흔들리는 글씨체로 짧게 쓰여 있었다. 이런 식으로 시야가 터널처럼 좁아지면 앞으로 상황이 더 나아지리라는 기대를 할 수 없게 되며, 이는 자살 유서뿐만 아니라 보다 일반적인 방식의 자살 생각 표현에서도 매우 흔하게 보이는 현상이다. 이 유서가 그랬다. 그의 모든 존재감은 한 문장으로 압축되었다. 그날 밤 나는 집에 돌아와 눈물을 흘렸다.

　나는 이 16세 소년의 유서를 박사과정에서 진행한 자살 유서 연구의 자료에서 발견했다.[3] 이 연구의 규모는 상대적으로 작은 편이었지만, 나는 조사서에서 발견한 자살 유서를 분석하며 고인의 심리를 프로파일링했다. 이와 함께 유서를 테마별로 코드화하는 작업도 했다. 고인을 세밀하게 프로파일링하면 자살 위험에 처한 사람들을 좀 더 쉽게 알아낼 수 있지 않을까 하는 희망 때문이었다. 이 분석 작업은 20년도 훨씬 전에 시작된 일이지만, 지금도 여전히 자살을 이해하는 데 유용한 자료로 평가받는다. 자살한 고인은 유서의 90퍼센트 이상에서 견딜 수 없는 정신적 고통과 절박함을 호소했고 '영원한 해결책'을 갈망한다고 이야기했다. 데이브가 쓴 유서는 이런 강렬함과 절박함을 잘 전달한다.

　　이제 더 이상 못 하겠다. 내가 할 수 있는 건 다 했어.

　　인생이 너무 버겁다. 내가 없어야 네가 더 잘 살 수 있을 거야.

　　머리가 터져버릴 것 같아. 이제 끝내고 싶어.

　　그동안 너무 고통스러웠어. 그저 너무 미안하다. 이제 도저히 안 되겠다.

　　사랑해, 이건 너랑 아무 상관이 없어.

데이브는 사망 당시 20대 초반이었다. 자살로 사망한 대다수와 마찬가지로 그는 사망 전 1년간 정신건강 서비스를 받은 적이 없었다.[4] 정신건강 서비스에 연락을 취한 적도 없었다. 사망하기 전 술을 마셨지만 그렇게 많이 마시지는 않았다. 오랜 기간 만나 온 유일한 여자 친구가 있었지만, 몇 달 전에 관계가 틀어졌다. 또 그와 각별한 사이였던 할머니가 얼마 전에 뇌졸중으로 돌아가셨다. 사망 몇 주 전, 그의 부모님은 아들의 기분이 저조한 이유가 할머니의 죽음과 앞으로 치를 대학 입시에 대한 걱정 때문이라고 여겼다. 그는 부모님에게 잠을 잘 이루지 못한다고 말씀드렸지만, 부모님은 그의 관계 문제에 대해 알지 못했다.

데이브의 마지막 말에서 눈여겨봐야 할 중요한 부분은 그가 삶을 끝내고 싶다는 말은 하지 않는다는 점이다. 앞서 언급했듯이 자살은 보통 죽음을 갈망하는 행위가 아니라, 견딜 수 없는 정신적 고통을 끝내려는 행위이다. 데이브는 정신적으로 지쳐 있었다. 할머니를 잃은 스트레스, 관계에 대한 패념, 그리고 대학 입시 걱정이 수면장애로 훨씬 악화되었을 가능성이 크다. 양질의 수면은 건강하고 행복한 삶에 필수적인 요소다.[5] 잠을 제대로 자지 못하면 생각을 명료하게 정리하고, 삶의 장해물을 잘 처리하고, 다양한 선택지를 고려하고, 상황을 넓은 관점으로 보고, 자신의 기분을 관리하는 일이 훨씬 어려워진다.

데이브의 사례에서 알 수 있듯이, 수면장애는 자살 생각과 자살 행동을 불러일으키는 위험한 요인으로 간주된다. 실제 예를 들어보면, 마리 휘싱Mari Hysing과 보르게 시베르첸Borge Sivertsen이 노르웨이 성인

1만 명을 대상으로 진행한 연구에서 수면과 자해가 명확한 관계가 있다는 사실이 발견되었다.[6] 용량 반응 dose-response◆ 관계 역시 발견되었는데, 수면 문제가 심각할수록 자해 빈도수도 증가한다는 것이 드러났다. 최근 몇 년 사이 학계에서 수면장애와 모든 형태의 자살 행동 사이의 관계를 검토한 결과가 수도 없이 발표되었다.[7] 이들 연구는 모두 같은 결론을 내린다. 수면장애가 자살 및 자해 위험과 관련이 있다는 것이다. 이뿐 아니라 수면장애는 의사 결정 및 감정 조절에 영향을 미치는 것은 물론, 정신 불안과 충동에 관여하기 때문에 자살 위험을 증가시킬 수 있다고 한다.

이렇듯 스트레스와 정신적 고통으로 파괴적인 부정적 사고가 일어나 그 악순환에 빠져들기는 매우 쉬운 일이다. 어떤 사람의 경우 자살이 하나의 선택지, 그것도 유일한 선택지이자 심신을 좀먹는 생각을 멈출 궁극적인 해결책으로 남을 때까지 이런 악순환이 악화되고 악화된다. 현대 자살 연구의 창시자 중 한 명인 에드윈 슈나이드먼 Edwin Shneidman은 자살을 "일시적으로 흔히 일어나는 문제에 대한 영원한 해결책"이라고 이야기했다.[8] 이는 정말 맞는 말이고, 데이브의 기록은 이를 전형적으로 보여주는 사례다. 데이브는 "머리가 터져버릴 것 같아. 이제 끝내고 싶어. 그동안 너무 많은 고통을 겪었어"라고 말하면서 고통을 감당할 수 없다는 점을 분명히 이야기한다. 따라서 누군

◆　노출된 유해 인자의 양이 생체에 미치는 영향.

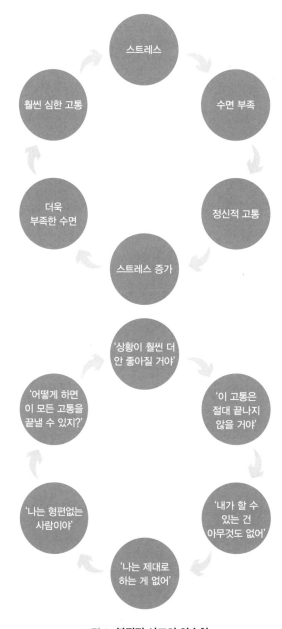

그림 1 **부정적 사고의 악순환**

가를 자살로 몰고 간 요인을 파악하기 위해서는 그들의 고통, 그것도 겉으로 드러나지 않는 고통을 생각해보아야 한다.

사람들은 고통에 끝이 전혀 보이지 않을 때, 그 고통에 갇혔다는 느낌을 받을 때, 빠져나갈 구멍이 전혀 없다고 생각할 때 자살을 시도하거나 스스로 목숨을 끊는다.[9] 신체적 고통과 마찬가지로, 우리가 감당할 수 있는 정신적 고통의 양은 정해져 있고, 그 한계에 도달하면 한계를 넘어설 무언가를 내주어야 한다. 슬프게도 너무 많은 사람이 그 대가로 목숨을 내놓는다. 또한 "내가 없어야 네가 더 잘 살 수 있"다는 데이브의 말은 매우 의미가 있다. 자살 위험이 있는 사람들은 대부분 자신이 타인에게 짐 같은 존재이고, 스스로 목숨을 끊으면 사랑하는 사람들이 더 잘 살 수 있다고 생각한다. 역설적이지만, 고통으로 정신이 소진된 사람의 생각으로는 자살은 이기적인 행위가 아닌, 정반대의 조치다. 이들은 사랑하는 사람들에게 더 좋은 일을 베푸는 거라고 생각한다.

최근 런던에서 딸을 잃은 어머니와 이야기를 나누었는데, 이분은 연구에 도움이 되었으면 하는 바람으로 딸의 유서를 내게 보내주었다. 딸 젠은 사망 당시 34세였다. 데이브와 제이미가 남긴 글처럼 젠도 유서 일부에서 고통을 표현하지만, 그의 경우 마음의 고통이 신체적 고통이 되어 더욱 악화되었다. 다음은 젠의 유서다.

⋯⋯나는 이 모든 고통을 겪을 만큼 겪었고, 이제 더 이상 버틸 수 없

다. 요즘 살면서 유일하게 느끼는 기쁨은 베니(반려견)와 산책하는 건데. 이제 몸이 너무 아파 그마저도 할 수가 없다. 내가 할 수 있는 게 이제 아무것도 없다. 이 모든 고통에서 벗어나야 하는데, 빠져나갈 구멍이 전혀 보이지 않는다. 내 삶은 아무 의미도 없고 공허할 뿐이다.

젠이 "나는 이 모든 고통을 겪을 만큼 겪었"다고 말하면서 뒤에 덧붙인, "이 모든 고통에서 벗어나야 하는데"라는 말에서 그가 감당할 수 없었던 고통이 어느 정도였는지 확연히 느껴진다. 젠의 경험은 우리 연구팀의 조사 중 카테리나 카발리도Katerina Kavalidou가 이끈 조사에서 발견된 결과와 일치하는데, 이 연구에서는 정신적 고통은 물론 육체적 고통이 자살 생각과 관련이 있는 것으로 밝혀졌다.[10] 고통을 없애기 위해 할 수 있는 일이 아무것도 없다는 젠의 말에서도 극심한 무력감이 역력히 보인다. 마찬가지로 젠은 고통 없는 미래를 기대할 수 없다고 말한다. 이러한 좁은 시야와 "빠져나갈 구멍이 전혀 보이지 않는다"라는 인식은 자살 생각을 드러내는 신호·징후다. 앞에서 제시한 유서 셋을 공통으로 관통하는 주제는 '갇혔다는 느낌'이다. 제이미와 데이브, 젠은 모두 고통의 올가미에 붙잡혔고, 이들의 죽음은 이 고통에서 벗어나고 싶다는 간절하고 열렬한 소망으로 일어났다. 앞으로 이 책에서는 갇힌 듯한 느낌, 즉 속박감과 자살이 불가분의 관계로 연결되어 있다는 주제가 반복적으로 등장할 것이다. 6장(127쪽)에서 이 느낌에 관해 더 자세히 다루어보겠다.

내가 정말 충격을 받은 부분은 젠이 쓴 유서의 마지막 줄이다. 이 말은 우리 모두가 한 마음으로 생각해봐야 할 말이다. 우리 모두는 주변 사람들이 공허함과 허무함을 느끼지 않도록, 즉 단절되어 있다는 느낌에 자살을 유일한 해방의 탈출구로 보지 않도록, 한 사회 구성원으로서 무엇이든 할 의무와 책임이 있다.

말 한마디와 미소의 영향력

인류학자와 사회학자 들은 역사적으로 자살 통계치를 사회의 '병폐'를 알려주는 척도라고 평가해왔다.[11] 비록 '병폐'라는 용어는 내가 사용하는 말이 아니지만, 나는 사회과학자들의 말에 어느 정도 일리가 있다고 생각한다. 자살은 끔찍한 사회를 향한 기소장이다. 너무나 많은 사람들이 제이미, 데이브, 젠처럼 생을 끝내는 것 외에 다른 선택지를 보지 못한다는 것은 있어서는 안 되는 일이다. 이들은 가치 있는 사람으로 대우받지 못하거나 본인이 가치 있는 사람이라고 생각하지 않기 때문에 일찍 목숨을 끊는 경우가 많다. 나는 지금 이 부분을 2020년 세계 자살 예방의 날World Suicide Prevention Day에 쓰고 있다. 이날은 매년 자살 및 자살 예방에 관해 경각심을 일으키려는 지구촌의 노력이 최고조에 달한다. 국제자살예방협회의 후원으로 조직된 세계 자살 예방의 날은 매년 9월 10일로, 우리가 맞서야 할 자살의 심각성을 정기적으로 상기시키는 역할을 한다. 나는 세계 자살 예방의 날의 열렬한 옹호자이지만, 이날은 1년에 오직 하루뿐이다. 자살 예방 노력은 매년 365일, 하루 24시간 이루어져야 한다.

가치 있는 사람으로 대우받거나 스스로 가치 있는 사람이라 생각하는 문제로 돌아가보면, 2020년 세계 자살 예방의 날의 주제는 '자살 예방을 위해 서로 협력하기'였다. 국제자살예방협회는 일상 활동을 조명하는 방편으로 〈한 걸음 더 가까이Step Closer〉라는 제목의 단편 영화를 제작했다.[12] 이 영화는 일상 속 인간관계의 중요성을 이야기했다. 영화가 전하려는 메시지는 단순했다. 우리 모두에게 한 걸음 더 가까이 다가가 서로 관계를 맺으라고 권하며, 다른 사람과 관계를 맺으면 한 생명을 구할 수 있음을 알려주었다.

이 영화의 시작 부분은 우리 모두가 자살을 예방하는 데 저마다 중요한 역할을 할 수 있음을 강조한다. 영화는 이 역할을 단순한 제스처, 즉 미소의 힘을 통해 보여주었다. 음산한 배경 뒤로 해설자의 연민이 담긴 음성이 들렸다.

단순한 미소는 당신과 나에게는 별 의미가 없을 테지만……

자살을 생각하는 누군가에게는……

삶을 향한 첫 걸음일 수 있습니다.

너무나 맞는 말이다. 미소는 믿기지 않을 정도로 강력한 힘을 지니고 있으며 공동의 인간애를 전달한다. 미소는 우리가 이 세상에 존재하고, 우리가 다른 사람으로부터 가치 있는 사람으로 충분한 대우를 받으며, 미소를 받을 가치가 있다는 것을 인정하는 행위다. 미소 같은 소소한 인간적인 행위, 연민, 따뜻함, 친절이 강력한 힘을 발휘한다고 생각하기가 어려울 수도 있다. 그러나 누군가가 삶의 무게에 짓눌려 있고, 자신이 가치 없고 주변 사람들에게 짐이 된다고 느낄 때 이런 것들이 위력을 발휘할 수 있다. 말 그대로 생명을 구할 수 있다. 물론 자살 예방은 단순한 미소보다 훨씬 많은 노력이 필요하지만, 여기서 내가 하고자 하는 말은 사회적 관계가 생명을 구하는 기본적인 도구로서 작용한다는 것이다.

몇 년 전, 내 친구 라이언은 정말 살기 위해 몸부림치고 있었다. 그는 오랜 세월에 걸쳐 자살 생각을 떠올렸다 지우기를 반복하며 살았지만, 그 무렵 개인적인 위기를 맞아 이 생각이 다시 맹렬하게 고개를 들었다. 어느 날 오후, 그는 모든 것이 너무 힘들었고 '더 이상 버틸 수가' 없었다. 절망감에 빠졌고, 자기혐오라는 견딜 수 없는 생각에 휩싸인 그는 이런 순간을 끝내버려야겠다고 '마음먹었다.' 라이언은 아파트를 나섰고, 개인적 친분 관계를 마음속으로 지워나가면서 이 다음에 무엇을 해야 할지, 이런 삶을 완전히 끝낼지 말지 해결책을 찾으려 했다. 처음에는 어떻게 할지 망설였지만, 결국 그는 다시는 돌아가지 말자고 결심하기에 이르렀다. 그러나 삶과 죽음에 대한 상반되는 감정이 올라오면서 불안감이 몰려왔다. 그는 어디로 가야할지 몰라 동네 공원을 이리저리 방황하며, 골똘히 생각에 잠겨 최악의 상황을 그렸다. 지난 몇 주간 자신에게 닥쳤던 위기에 지칠 대로 지친 그는 오로지 '사는 게 얼마나 끔찍하고 복잡한 일인가' 하는 생각에만 집착했다.

그런데 그때, 모퉁이를 돌다가 지인 여성과 우연히 마주치게 되었다. 그 지인과는 그냥 인사만 하는 정도의 사이였다. 이렇다 할 이야기를 나눈 적은 없었지만, 출근하는 길에 가끔 공원을 함께 걸은 적이 있었다. 여성은 얼굴에 미소를 띠고, 그에게 다가오다가 가까이에서 그를 보자마자 걱정하는 듯한 표정을 지었다.

"안녕하세요, 혹시 무슨 일 있으세요?" 여성은 이렇게 물었다.

라이언은 너무 뜻밖이라 무슨 말을 할지 몰라 급하게 얼버무렸다. "네, 괜찮아요. 고마워요." 라이언은 이렇게 답하고 발걸음을 재촉했다.

겨우 몇 마디 나누었을 뿐이지만, 라이언은 그 만남을 생생히 기억했다. 그의 미소, 걱정하는 얼굴, 따뜻한 표정, 이 모두가 몇 마디 말과 두어 가지 제스처로 전달되었다. 이 만남으로 그는 가던 길을 멈추고 생각했다. '저 사람이 나를 정말 걱정해주는 것 같았어.' 자신이 정말 나약하다고 느꼈던 바로 그 순간에, 그는 잠시나마 자살 생각을 멈추게 되었다. 덕분에 그는 생각을 돌릴 계기를 얻었고, 집에 돌아와서 가까운 친구에게 사는 게 너무 힘들다고 메시지를 보냈다. 친구는 그에게 담당 1차 진료의를 만나보라고 권유했다. 3부에서 다루겠지만, 자살에 대한 생각을 잠시 멈추는 것은 어떤 것이든 '삶이냐, 죽음이

냐'를 가르는 결정을 재고할 기회를 준다.

라이언의 경우, 지인과의 만남이 온통 그늘진 그의 세상에 한 줄기 빛을 던져주었다. 이 만남은 그에게 인생이 살 만한 가치가 있다는 사실을 인식시켜주었으며, 이는 그에게 매우 중요한 것이었다. 미소 짓는 것은 정말 간단한 일로, 찡그리는 표정보다 써야 할 근육은 훨씬 적지만, 다른 사람의 생명을 구할 수도 있다는 사실을 기억하자.

3

자살에 대한 속설과 오해

20년 전, 자살은 선정적인 헤드라인으로 다루어지는 것을 제외하고는 언론에서 기사화하는 일이 좀처럼 없었을 뿐 아니라, 가족·공동체·직장에서 터놓고 논의되는 일이 드물었다. 자살 이야기는 쉬쉬하면서 조용히 이루어졌다. 그동안 자살에 관한 중요한 공적·사적 담화가 이루어지지 않은 탓에 자살을 둘러싼 낙인이 더해졌고 속설이 쌓여갔다. '자살을 생각하는지 질문하는 것은 자살할 생각을 주입하는 것이다'라는 등의 속설은 사실관계 확인 없이 전파되었고, 아주 최근에 와서야 이에 대해 주류 언론들이 의미 있는 이의를 제기하기 시작했다.

이런 속설에 이의가 제기된다는 점에서 최근 몇 년 사이 상당한 진전이 이루어졌지만, 여전히 이런 속설이 끈질기게 나오는 것을 볼 때마다 놀라게 된다. 1990년대 말, 나는 벨파스트에서 슬라이드를 통해 실제 예를 보여주며 자살에 관해 처음으로 대중 공개 강연을 했다. 이 강연에서 나는 자살과 관련해 고전 자료에서 흔히 언급되는 열네 가지 속설을 발췌해 소개했다. 강연 후 질의응답 시간에, 우리는 각 속설을 두고 순서대로 토론하며 누가 어떤 속설을 믿는지, 그 이유는 뭔지 알아보았다. 그리고 얼마 지나지 않아 청중 대다수는 속설을 대부분 믿고 있다고 인정했다. 어디에서 이런 속설을 접했는지 물으니, 어딘가에서 주워들은 경우가 대부분이었다. 친구나 가족과의 대화에서 접했거나, TV에서 보았거나 신문이나 잡지에서 읽었다고 답했다(당시는 인터넷이 널리 보급되지 않았던 시대라 아무도 인터넷을 언급하지는 않았다).

2019년, 나는 벨파스트 때와 비슷하게 잉글랜드에서 일반인 대상으로 두어 차례 강연을 했다. 나는 수년 동안 발표 자료에서 자살에 관한 속설을 언급하지 않다가, 그날은 '자살에 관한 속설' 슬라이드를 청중에게 보여주어 이 속설을 타파하는 데 그동안 얼마나 진전이 있었는지 알아보았다. 슬라이드의 문구에는 큰 변화가 없었고 형식도 이전과 동일했다. 나는 청중과 속설에 관해 하나씩 차례로 이야기를 나누었고, 그 과정에서 나는 사람들이 어떤 속설이 맞다고 생각하고, 그 이유는 무엇인지 물어보았다. 비록 직접적으로 비교하는 게 형평성에 맞지 않은 부분이 있지만, 청중과 토론하며 알아낸 사실은 자살에 대한 대중 담화가 1990년대 이후 몰라볼 정도로 향상되었기는 해도 대다수 속설은 여전히 남아 있으며, 자살을 두고 형성된 수 세대에 걸친 믿음을 완전히 타파하기에는 아직 갈 길이 멀다는 것이 었다.

아래에 무작위로 해당 속설을 나열했다. 각 속설을 하나씩 살펴보면서 스스로에게 이 속설이 맞다고 생각하는지 물어보자. 보장하건대 이들 중 여러분이 사실이라고 생각하는 속설이 적어도 몇 가지 있을 것이다. 나는 각 항목이 왜 속설이고, 어떤 속설이 명확한 답을 내기 어려운지 하나씩 차례대로 설명하겠다.

자살에 관한 속설

1. 자살 이야기를 하는 사람은 자살할 위험이 없다.

2. 자살 위험이 있는 사람들은 모두 우울증 또는 정신질환이 있다.

3. 자살은 경고 없이 일어난다.

4. 자살을 생각하는지 묻는 것은 자살할 생각을 주입하는 것이다.

5. 자살 위험이 있는 사람은 분명히 죽기를 원한다.

6. 자살 위험이 있는 사람은 항상 자살할 생각을 한다.

7. 자살은 유전된다.

8. 자살 행동의 동기는 관심을 받으려는 것이다.

9. 자살은 한 가지 요인으로 일어난다.

10. 자살은 예방할 수 없다.

11. 특정 사회 계층만 자살로 사망한다.

12. 감정 상태가 좋아지면 자살 위험이 줄어든다.

13. 자살에 관한 생각은 드물게 일어난다.
14. 치명도가 낮은 수단으로 자살을 시도하는 사람은 진짜로 목숨을 끊을
    생각은 없다.

'자살 이야기를 하는 사람은 자살할 위험이 없다'

첫 번째 속설은 누군가 생을 끝낼 의도가 있다면 다른 사람에게 자살 생각을 하고 있다는 이야기를 할 리가 없다는 생각에 근거한다. 이는 틀린 생각으로, 자살 생각·충동이 양면성을 띤다는 것, 이런 생각이 강렬해지다 사그라들기도 하는 성질이 있다는 것, 자살의 동기가 복합적이라는 것을 놓치고 있다.[1] 자살 이야기를 한다는 것은 도와달라고 손을 뻗는 시도일 수도 있다. 그런데 안타깝게도 사람들은 이 속설이 맞다고 확신하고 나에게 수도 없이 이에 관해 질문한다.

나는 지금까지 자살을 연구하면서, 사랑하는 사람이 그동안 자살 충동을 공공연히 언급했으니 분명 안전할 거라는 생각에 이들의 어머니나 아버지, 반려자, 친구가 마음을 푹 놓고 있었다는 가슴 아픈 이야기를 너무도 많이 접했다. 이들은 잘못된 속설을 듣고 안심했던 것이다. 하지만 잔인하게도, 그들이 사랑한 고인은 스스로 목숨을 끊으려는 시도를 계속했다.

그동안의 경험으로 볼 때 이런 속설은 우리 사회에 만연해 있다. 나

는 1차 진료의와 정신건강 전문의에게서 이와 비슷한 이야기를 많이 들었다. 이 의사들 역시 한때 같은 생각을 했다가 부모님이나 환자를 자살로 잃은 사람들이었다. 추정치는 상황에 따라 달라지지만, 실제로 자살로 사망하는 열 명당 적어도 네 명은 자살하기 전 누군가에게 스스로 목숨을 끊겠다는 이야기를 꺼낸다고 한다.[2] 어떤 경우 이런 대화는 잠깐 스쳐지나가듯 이루어지고, 또 어떤 경우는 이보다 좀 더 깊이 있게 이루어진다. 이들은 사는 게 지겹다고 이야기하기도 하고, 좀 더 직접적으로 말하면서 생을 스스로 끝내고 싶다는 바람을 드러내기도 한다.

내가 줄 조언은 간단하다. 대화의 성격과는 상관없이, 자살 관련 발언은 모두 심각하게 받아들이라. 상대에게 연민을 담아 직접 물어본 다음, 무엇 때문에 자살 생각을 하고 있는지 알아보고 이 사람의 안전을 지키기 위해 어떻게 도와주면 좋을지 함께 방안을 구하라. 안전을 지켜줄 수 없다는 생각이 들면 언제든지 보건 전문가나 비상 서비스에 연락하라. 3부와 4부에서는 자실에 관해 묻는 방법과 안전을 지켜주는 실용적인 지침 몇 가지를 자세히 소개한다.

'자살 위험이 있는 사람들은 모두 우울증 또는 정신질환이 있다'

자살로 사망하는 사람들의 90퍼센트가 우울증 또는 정신질환을 앓았다는 연구 자료가 종종 발표되지만, 이런 통계치가 지나친 추정으로 산정된 것일 수도 있다는 인식이 커지고 있다.[3] 사실 일각에서는 자살 연구에서 소위 확립된 진실로 인식되는 이 속설의 정당성에 의문을 제기해왔다.[4] 자살과 정신질환이 서로 얼마나 연관되어 있는가 하는 문제에서, 그 정도에는 각각 이견이 있으나 대부분의 사람들은 자살이 보통 정신질환의 맥락에서 발생한다는 점에는 동의한다. 자살과 자주 엮이는 정신질환은 주요우울장애major depressive disorder, 조현병schizophrenia, 양극성장애bipolar disorder, 물질사용장애substance use disorders다.[5] 그러나 정신질환은 자살의 전제 조건도, 충분한 원인도 되지 않는다. 자살을 충분히 이해하기 위해서는 정신질환 외의 문제를 살펴봐야 한다. 정신질환이 자살 위험 요인에서 가장 큰 비중을 차지하는 경우에도, 그 자체로는 왜 특정 개인이 자살로 사망하는지 그 이유를 밝혀주지 못한다.[6] 게다가 전 세계, 예를 들어 아시아로 눈을 돌리면, 자살과 정신질환의 연관 관계는 서구 국가에서 보고되는 것보다 훨씬 약하다. 인도와 중국에서 자살로 사망한 사람들의 경우, 35~40퍼센트만이 사망 전 우울증 진단을 받은 것으로 추정된다.[7] 전 세계 자살의 60퍼센트 이상이 아시아에서, 그리고 79퍼센트가 중·하위 소득국가에서 발생한다는 점을 감안하면, 자살로 사망한 사람이 모두 우울증 또는 정신질환이 있었다고 말하는 건 분명 옳지 않다.[8] 심지어 서구 국가에서도 자살로 사망하는 사람 중 정신질환을 가진 사람들이 많다 해도, '모든 사람'이 다 그렇다는 건 사실이 아니다. 자살은 사회적 열세의 맥락에서 발생하는 경우가 잦고, 갑작스러운 상실감 또는 강한 스트레스를 주는 인생의 사건이 자살에 앞서 일어나는 경우가 많다. 자살이 충동적 행위의 결과일 수 있다는 사실도 주목할 가치는 있지만, 이런 경우에도 해당 사건이 정신질환 때문이라는 증거가 항상 있는 건 아니다.

'자살은 경고 없이 일어난다'

세 번째 속설은 판단하기 까다로운 면이 있다. 비록 자살을 경고하는 징후가 있다 해도(예: 일을 차곡차곡 정리해두는 행위) 이런 징후는 치열한 일상 속에서는 잡아내기 어려울 때가 많고, 이미 사랑하는 사람을 잃고 지난날을 돌아보고 난 뒤에야 확실하게 드러나기 때문이다. 또 한 가지, 살면서 일을 차곡차곡 정리하는 사람들 중에는 자살을 전혀 생각하지 않는 경우도 많다. 경고 징후가 전혀 나타나지 않는 사람도 소수 있다. 자살 생각을 늘 하며 사는 사람을 돌보는 경우, 경고 징후를 식별하기가 디더욱 어렵다. 이럴 경우에는 위험에 처해 있는 사람을 식별하는 게 중요한 문제가 아니라, 사랑하는 사람이 언제 특히 나약함을 느끼는지 잡아내는 것이 중요하다. 에드윈 슈나이드먼이 말한 대로 '죽는 날', 즉 누군가 스스로 목숨을 끊는 날을 식별하기 위해 노력해야 하는 것이다.[9] 그러나 슬픈 현실은 이런 경고 징후를 발견하든, 그러지 못하든, 우리가 하는 일은 기껏해야 자살을 예측할 뿐이라는 것이다.[10] 비록 알아차리기 어렵다 하더라도 자살을 경고하는 징후는 분명히 있기 때문에 이 명제는 속설에 해당된다(266쪽 참조).

'자살을 생각하는지 묻는 것은 자살할 생각을 주입하는 것이다'

이 속설은 내가 자살을 연구하면서 가장 자주 받은 질문이다. 누군가에게 자살 생각을 하는지 묻는다고 해서 그 사람에게 자살 생각을 주입한다는 증거는 **전혀 없다**. 오히려 이런 질문이 반대로 **보호** 효과를 발휘할 수도 있다. 몇 년 전, 킹즈칼리지런던의 연구진은 병원 치료를 받는 사람과 성인과 청소년을 비롯한 일반인에게, 자살에 관한 질문이 자살 생각을 유도하는지 여부를 조사한 모든 연구를 검토했다.[11] 결과는 논란의 여지가 없었다. 자살에 관한 질문은 자살 생각을 일으키지 않으며, 실제로는 자살 생각을 억제하고 정신건강을 증진할 수 있는 것으로 나타났다. 그러니 누군가 걱정되는 사람이 있다면 이들에게 직접 자살 생각을 하고 있는지 물어보길 바란다. 이런 질문은 이들이 필요한 도움을 받게 할 수도 있고, 어쩌면 이들의 생명을 구할 수도 있다. 또한 자살 관련 이야기는 당사자에게 자살 외 선택지를 고려하도록 돕고, 생을 끝내겠다는 결심을 재고할 기회를 주기도 한다. 물론 위에서 언급한 대로 이런 질문을 꺼내는 것은 어렵고도 두려운 일이다. 때문에 내가 지금까지 해온 가장 효과적인 방법을 토대로, 자살 의향이 있는지 질문하는 팁을 이 책 12장에 수록했다.

'자살 위험이 있는 사람은 분명히 죽기를 원한다'

처음 자살 연구의 길로 들어섰을 때, 자살 생각에 관해 가장 먼저 배운 것이 바로 이 속설이 틀렸다는 것이었다. 박사과정을 시작한 첫 해에 나는 에드윈 슈나이드먼이 쓴 모든 글을 닥치는 대로 읽었다. 그는 자살 위험이 있는 사고 이해의 개척자였음은 물론, 미국 자살학회 American Association of Suicidology의 창립자 중 한 사람이었다. 시대의 획을 그은 그의 1985년 저서 《자살의 정의 Definition of Suicide》를 읽으며 나는 처음으로 '자살의 열 가지 공통성'을 접했고 자살을 둘러싼 속설을 알게 되었다.[12] 슈나이드먼이 꼽은 자살의 여섯 번째 공통성이 특히 여기에서 언급하는 속설과 관련이 있다. 그는 "자살의 공통적 인지 상태는 양가감정 ambivalence"이라고 말한다. 양가감정은 자살하려는 사람이 가지는 사고방식의 핵심이다. 자살하려는 사람들은 일정 시간을 두고 살고 싶다는 생각과 죽고 싶다는 생각을 반복적으로 한다. 어떤 사람은 이 생각의 주기가 아주 짧아서 살고 싶다가 돌연 죽고 싶어지고, 몇 분 뒤 다시 살고 싶다는 생각으로 돌아온다. 또 어떤 사람은 이런 생각이 몇 시간 또는 며칠 간격 주기로 길게 이루어질 수 있다.

자살 시도를 했지만 목숨을 건진 사람들은 종종 이런 양가감정, 즉 죽고 싶은 동시에 살고 싶은 욕망을 이야기하며, 어떤 사람의 경우는 자살 시도를 한 순간 삶의 본능이 치고 올라왔다고도 한다. 연설가 케빈 하인스는 샌프란시스코 금문교에서 뛰어내렸다 살아난 몇 안 되는 사람 중 한 명으로, 다리에서 뛰어내린 순간 바로 후회했다고 이야기한다.[13] 그는 자신의 자살 시도를 생생히 묘사하며, 다리 난간에서 손이 떨어진 그 찰나의 순간 인생 최대의 실수를 했다는 생각이 들었다고 했다. 끔찍한 부상을 입었지만 그는 살아났고, 현재는 미국에서 정신건강 캠페인을 이끌어가고 있다.

이와는 다른 양상을 보이는 사람도 있다. 수년 전 만난 60대 남성 아미르는 여러 번의 자살 시도에서 생존한 사람이다. 그는 살고 싶은 생각과 죽고 싶은 생각을 동시에 하기 때문에 이 두 가지 생각을 떼어놓기가 어렵다고 말한다. 그는 자신에게 있어 자살 시도는 살고 죽고의 문제보다는 극도로 소진된 상태, 또는 뭔가에 억눌려 있는 심리와 더 큰 관련이 있다고 했다. 그저 '머릿속 소음'을 멈추고 싶을 뿐이며, 자신이 쓸모없다는 끝도 없는 생각을 따라 삶에 대한 양가감정이 함께 커지는 것 같다고 했다.

또한, 그가 자살 시도를 하며 양가감정을 겪는 양상은 자살 시도를 할 때마다 매번 다르게 나타났다. 20대 중반에 처음 자살 시도를 했던 날에는 밤늦게 술을 지나치게 많이 마신 상태였다. 당시의 양가감정은 오랜 관계의 종식과 관련이 있었다. 오랫동안 사랑했던 사람과 갑작스럽게 헤어지게 된 것이다. 여자친구가 떠나자 그는 망연자실한 나머지 정서적인 고통 외에는 아무것도 느낄 수 없었다. 다시는 사랑을 찾지 못할 거라는 믿음에서 양가감정이 촉발되었다. 당시 그는 인생을 함께 할 사람이 없다면 삶을 이어갈 가치가 없기에 차라리 죽는 게 낫다고 생각했다. 자살 시도를 한 다음날 아침 병원에서 깨어난 일을 그는 기억한다. 정신이 혼미했지만 단호하게 자신은 죽고 싶지 않았고 어쩌다 약물을 과다 복용했다고 말했다. 하지만 지금은 그 말이 거짓이었고, 자신은 그 순간 죽고 싶었다는 점을 인정한다. 이보다 나이가 들어 자살 시도를 했을 때는 사느냐 죽느냐보다는 고통을 끝내겠다는 생각이 머릿속에 꽉 차 있었다. 그는 지금도 여전히 양가감정을 가지고 있지만, 현재의 양가감정은 자기 자신에게 향해 있다. 즉 자신이 살 가치가 있는지 없는지에 집착하는 것이다. 그리고 생을 끝낸 사람들의 경우, 그들에게 양가감정이 전혀 없었는지, 그저 삶에 너무 지쳐 정말 죽고 싶었는지 확실히 알 길이 없다.

'자살 위험이 있는 사람은 항상 자살할 생각을 한다'

대부분의 사람에게 자살 위험은 단기적이며 특정 상황, 종종 인간관계의 위기로 인해 찾아온다. 어떤 사람의 경우 자살 생각이 다시 고개를 들 수 있지만, 대다수는 여기에서 완전히 회복되면 다시는 자살 시도를 하지 않고 자살로 사망하지 않는다. 50대 중반의 데일은 3개월 동안 수차례 자살을 시도한 끝에 우리 연구팀의 임상 연구에 참여했다. 그와 그의 가족은 상황이 절대 바뀌지 않을 것이며 그의 자살 위험도 오랫동안 변하지 않을 거라고 염려했다. 고맙게도 이후 관찰 기간 동안 다시 만났을 때, 그는 잘 지내는 중이었다. 그는 우울 증상 완화를 위해 약을 복용하기 시작했고, 낮은 자긍심과 자신이 쓸모없다는 감정 때문에 생기는 어려움을 심리학자의 도움으로 헤쳐 나가고 있었다. 그는 우리에게 "몇 달 전 느꼈던 절망의 깊이를 되돌아보면, 당시에는 한 치 앞도 내다볼 수가 없었고 자살 생각을 어떻게 끝내야 할지도 몰랐다"라고 이야기했다. 반면 지금은 잠을 훨씬 잘 자고 자신의 삶을 통제하고 있다고 느끼며, 자살하고 싶다는 생각도 수개월 동안 하지 않았다고 했다.

만약 사랑하는 사람이 자살 위기에 처해 있고 상황이 결코 나아지지 않을 거라는 두려움이 있다면, 데일의 이야기가 담고 있는 강력한 메시지를 마음에 새기길 바란다. 당신이 사랑하는 사람은 나아질 수 있고 또 실제로 나아질 것이다. 하지만 그가 필요한 도움을 받을 수 있도록 당신이 손길을 내미는 것이 중요하다.

'자살은 유전된다'

딱 잘라 말할 수 없는 속설이 또 한 번 등장했다. 자신의 목숨을 스스로 끝내는 행동은 다른 무엇보다 '행위'이며, 행위는 유전될 수 없으므로 이는 분명 속설이다. 그렇지만, 자살에 취약한 성질은 부분적으로 유전된다. 따라서 자살 **위험**은 부분적으로 유전된다고 할 수 있다. 실제 쌍둥이 연구 및 입양 아동 연구에서 얻은 추정치에 따르면, 자살의 유전성 지수heritability quotient는 30~50퍼센트이며 이는 정신질환의 유전성 지수보다 다소 낮은 수치다.[14] 유전성 지수란 유전 인자로 설명될 수 있는 특정 특성(이 경우 자살)의 변동 비율을 말한다. 따라서 자살과 유전성 간의 관계를 설명할 때는 자살 자체보다는, 자살에 대한 취약성 일부가 유전된다고 말하는 편이 좀 더 정확하다.

'자살 행동의 동기는 관심을 받으려는 것이다'

최근 몇 년 사이에 자살의 낙인을 없애는 데 꽤 진전이 있었지만 여전히 사람들이 이런 속설을 언급하는 것을 들으면 당혹스럽다. 자살 행동와 자해는 경멸적인 용어로 묘사되는 경우가 상당히 많으며, 보통 관심을 받으려 한다는 말 앞에 '그저', '그냥'이라는 단어가 붙는다. 예를 들어, "그 여자(여성에게 이런 낙인이 생기는 경우가 더 흔하다)가 또 손목을 그었어. 그건 그냥 관심이 필요해서 하는 짓이야. 진짜 죽고 싶다면, 그냥 죽어야지"라고 말하는 식이다. 물론 자살을 하는 사람은 그들의 괴로움에 대해 사람들이 관심을 가지길 원하고, 자해 행동을 괴로운 상황을 비티는 유일한 수단으로 보기도 한다. 하지만 이건 경멸조로 이야기하는 사람들의 말대로 '관심을 받으려고' 하는 행동이 아니다. 자살은 대개 관심을 받고 싶다는 것을 보여주는 표식이 아니라 괴로움의 표식이다. 내가 보기엔 이건 상당히 단순한 문제다. 한 개인이 스스로에게 고통을 가하면서까지 자신의 감정을 다스리거나 괴로움을 덜려고 한다면, 이들이 느끼는 고통이나 괴로움이 어떨지 상상해보자. 모든 자해 행동은 그 동기와는 관계없이 심각하게 취급되어야 하고, 우리는 이런 자해 행위에 연민을 품고 인간적으로 대처해야 한다.

약 10년 전, 나는 동료이자 친구인 수전 라스무센Susan Rasmussen과 키스 호튼Keith Hawton과 함께 스코틀랜드와 북아일랜드 청소년을 대상으로 생활 방식과 행복에 관해 대규모 연구 조사를 수행했다.[15] 우리는 15~16세 청소년 5천 5백 명 이상에게 자해를 한 적이 있는지, 또 자해를 했다면 왜 그런 행동을 했는지 비공개적으로 물었다. 염려되는 수준의 결과가 나왔다. 적어도 10퍼센트의 청소년이 한 차례 이상 자해를 한 적이 있다고 답변했으며, 최근 12개월 사이에 했다는 답변이 가장 많았다. 이 결과는 전 세계에서 진행된 다른 연구와도 일치한다.[16] 자해의 동기를 묻자, 이들은 설득력 있고 폭넓게, 자해를 일으키는 복잡한 동기를 이야기해주었다. 그중 내 마음속에 여전히 남아 있는 네 가지 답변을 소개한다. 이 답변이 머릿속에서 떠나지 않는 이유는, 자해는 그 동기와 상관없이 괴로움을 나타내는 것이며 조롱과 무시보다는 도움과 지원을 받아 마땅하다는 걸 잘 드러내기 때문이다. 처음 두 답변은 15세 청소년이 한 말이며, 자해가 그 행위를 하는 사람들에게는 감정을 관리하는 수단임을 보여준다.

- 괴로움과 고통을 덜고 싶어서
- 고통을 내 가슴에서 팔로 옮기고 싶어서

다음의 두 답변 역시 정말 마음에 사무친다.

- 몸의 고통이 마음의 고통을 없애준다.
- 달아날 곳이 없었다. 더 이상 살고 싶지 않았다.

나중에 소개한 두 답변을 처음 읽었을 때 나는 정말 가슴이 아팠다. 10대 청소년들이 정서적 고통을 감당할 다른 수단을 찾을 수 없었다는 것이 너무나 안타까웠다. 이 어린 청소년들이 고통을 덜기 위해 자해에 의존해야 했다는 사실을 생각하니 가슴이 찢어진다. 이들의 말은 강력하게 마음에 후벼든다. 또한 내 생각에 이 말들은 우리의 건강이 신체건강과 정신건강으로 이루어져 있음을, 그리고 두 부분이 불가분한 관계로 연결되어 있음을 잘 드러낸다. 몸 없이 마음은 존재하지 않으며, 마음 없이 몸도 존재하지 않는다.

'자살은 한 가지 요인으로 일어난다'

물어볼 것도 없이 자살은 한 가지 요인으로 일어나지 **않는다**. 그보다는 여러 원인이 합쳐져 발생한다. 이미 언급했듯이 이런 요인은 생물학적·심리적·임상적·사회적·문화적인 것일 수 있고, 또 이 중 많은 요인은 외부에서 보이지 않는다.[17] 자살은 밖에서 보면 단일한 사건이나 요인으로 발생한 것처럼 보이지만, 대개는 그렇지 않다. 2020년

2월 영국 TV 프로그램 사회자 캐럴라인 플랙의 비극적인 자살을 예로 들어보자. 이 사건은 영국 너머 다른 나라에서까지 언론의 많은 관심을 많았다. 주류 언론의 보도를 들어보면 플랙이 40세의 나이에 요절한 이유가 오직 한 가지 이유, 즉 영국 언론의 자극적 보도 때문이었다고 생각할 것이다. 만약 언론에 잘못이 없다면, 영국 검찰청이 비난받아 마땅하다. 현실적으로 사망하기 몇 시간 또는 몇 분 전 플랙이 무슨 생각을 했는지는 확실히 알 길이 없지만, 분명한 점은 플랙의 요절이 외부인에게 알려지지 않은 여러 요인에 의해 발생했을 가능성이 크다는 것이다. 자살의 원인을 한 가지 요인으로 압축시키는 것은 누구에게도, 심지어 자살 위험이 아주 큰 사람 또는 비극적인 사건 후 남겨진 사람에게도 도움이 되지 않는다.

'자살은 예방할 수 없다'

이 속설은 답하기가 까다롭다. 자살은 국가적 차원에서 예방할 수 있지만, 그렇게 하기가 대단히 어렵다.[18] 국가별·시대별 자살률의 장기 동향을 살펴보면 전 세계 자살률이 점차 하락했다는 것을 알 수 있다. 통계학적 차원에서 사망률은 연령별로 표준화되어 발표되는 경향이 있는데, 최근 워싱턴대학교의 모흐센 나그하비Mohsen Naghavi는 1990년과 2016년 사이 연령별로 표준화된 자살률이 전 세계적으로 3분의 1 정도 줄었다는 연구 결과를 발표했다.[19] 굉장한 희소식이다. 실제로 스코틀랜드는 최근까지 자살률이 감소한 국가의 좋은 예시로, 2018년까지 10년 동안 자살률이 매년 감소해 최대 20퍼센트까지 줄어들었다.[20] 이 통계를 통해 국가적인 차원에서 자살을 예방할 수 있다는 것을 알 수 있다. 그러나 문제는 무엇 때문에 자살률이 감소했는지가 확실하지 않고, 개인적 차원에서는 자살을 예방하는 것이 누구나 잘 알듯 너무나 어렵다는 점이다.

국가적 자살 예방 전략이 통할지 안 통할지, 또 효과가 있다면 어느 정도일지 확신할 수는 없지만, 적어도 스코틀랜드의 경우에는 국가 자살 예방 대책 10개년 계획이 자살률 감소에 일조했다고 본다. 그러나 미국과 호주와 같은 다른 나라에서는 자살률이 최근 몇 년간 계속 증가했고, 스코틀랜드도 자살률이 몇 년간 감소하다가 2018년부터는 다시 증가세로 돌아섰다.

국가적인 차원에서의 감소(또는 이외의 다른 추세) 이유와는 상관없이, 개인적 차원에서 자살을 예방하는 것은 무척 어려운 일이다. 내가 이미 언급했듯이, 우리는 기껏해야 누가 사살로 사망할지 예측할 뿐, 그 이상의 능력은 발휘하지 못하고 있다.[21] 자살 위험 요인과 보호 요인을 이해하는 측면에서는 꽤 많은 발전을 이루긴 했지만, 개인적인 차원에서는 자살을 예방하는 어려움이 여전히 남아 있다. 우리는 **누가** 스스로 목숨을 끊을 위험이 가장 높은지 레이더망을 가동하는 것은 물론, 이들이 **언제, 어디서** 그런 일을 저지를 것인지도 예측할 필요가 있다.

'특정 사회 계층만 자살로 사망한다'

자살은 사회 계층에 좌우되지 않는다. 사회 계층과는 상관없이, 누구라도 자살로 사망할 수 있다. 이런 속설이 생겨난 이유는 부유한 계층에 비해 사회경제적으로 혜택을 받지 못하는 계층에서 자살률이 높기 때문이다. 학계에서는 사회경제적 불평등 기울기 socioeconomic gradient of inequality에 관한 담론이 종종 나오는데, 자살의 경우 이 기울기가 가파른 편이다. 영국에서는 사회 최상위 계층에 비해 최하위 계층에서 자살이 세 배 더 많이 발생한다. 앞에서 언급했듯이, 자살은 불평등과 불공평이 빚어내는 가슴 아픈 산물이며, 이런 사실은 자살 예방 대책를 위한 공중 보건 정책을 세우는 일이 그 무엇보다 중요하다는 걸 알려준다.[22]

'감정 상태가 좋아지면 자살 위험이 줄어든다'

이 속설에는 슬픔이 깃들어 있다. 사랑하는 이를 자살로 잃은 사람 중에서 고인의 감정 상태가 죽기 며칠 전에 좋아져서 안심해도 된다고 잘못 짚었던 사람을 너무 많이 만났기 때문이다. 이들은 본인이 '경계를 늦춰서', 즉 자살 전에 방심한 탓에 사랑하는 사람을 잃었다고 믿고 죄책감을 안고 산다. 물론 고인의 가족이나 친한 친구가 왜 그렇게 느끼는지 이해는 되지만, 그때로 다시 되돌아간다고 해도 사랑하는 사람의 생명은 구할 수 없을지도 모른다는 것을 알아야 한다.

감정 상태가 좋아지면 자살 위험이 줄어든다고 하는 말은 귀담아 듣지 말라. 이 말은 속설일 뿐 아니라, 비극적이게도 사실이 아니고, 오히려 그 반대가 맞다. 감정 상태가 좋아지면 자살 위험이 줄어들기보다는 오히려 늘어난다. 논리는 다음과 같다. 예를 들어 심한 우울증으로 고통에 억눌린 상태라면, 자살 계획을 세워 실행에 옮길 에너지나 동기가 남아 있지 않은 경우가 많다. 하지만 본인의 고통을 끝내기 위해 자살하기로 결심했다면, 문제를 풀 해결책을 **찾았다**는 생각에 감정 상태가 고조될 수 있다. 이들에게 자살은 고통을 끝내는 영구적 수단인 것이다. 이들은 감정 상태가 좋아지며 동기와 에너지를 되찾고, 이제는 자살 행동을 계획하고 실행에 옮길 정서적·인지적 능력을 갖추게 된다. 즉 도미노 효과가 일어나는 것이다. 단, 기분이 긍정적으로 나아질 만한 합당한 이유가 있다면, 그건 다행인 일이며 경계를 유지할 필요가 줄어든다. 예를 들어 개인적 위기를 극복했거나, 약물·심리치료의 효과가 나타난 경우 기분이 좋아질 수 있다. 이런 경우 감정 상태의 향상은 정상적이고 환영할 만한 일이지만, 그래도 이 사람이 안전하다고는 장담하지 못한다.

자살 위기에 있는 사람의 기분이 이유 없이 좋아진다면 이는 걱정해야 할 일일 수 있고, 그 사람을 좀 더 꼼꼼히 살피거나 도와줄 필요가 있다. 나는 수년간 임상의들과 대화를 나누면서 이 속설을 무시해야 한다는 것을 더욱 확신했다. 비극적인 이야기지만, 정신과 전문의와 심리학자 들은 일부 환자가 사망하기 며칠, 몇 주 전에 치료에 훨씬 적극적으로 참여하고 생활에 훨씬 만족해하는 것 같았다고 말한다.

'자살에 관한 생각은 드물게 일어난다'

슬프게도 이는 사실이 아니다. 연구와 조사 대상에 따라 자살 생각의 빈도는 상당히 차이가 난다. 세계정신건강조사에 따르면 전 세계 성인의 3~16퍼센트가 살면서 한 번쯤 자살 생각을 해봤다고 한다.[23] 여기서 자살 생각이란 '너무 지치고 힘들어. 지금 잠들면 다시 눈을 뜨지 않았으면 좋겠어' 같은 수동적인 생각을 말하는 것이 아니라, 목숨을 끝내자는 적극적인 생각을 말한다. 자살 연구 기관인 스코틀랜드 행복연구Scottish Wellbeing Study는 3천 5백 명 이상의 청년(18~34세)을 상대로 자살에 대한 생각를 평가하는 과정에서, "스스로 목숨을 끊겠다는 생각을 진지하게 해봤지만 실제로 시도하지 않은 적이 있습니까?"라고 질문했다. 청년들의 답변은 그들이 겪는 괴로움이 얼마나 무거운지를 보여주었다. 20퍼센트 이상이 살면서 자살 생각을 한 적이 있다고 답변했고, 10퍼센트는 지난 12개월 사이 자살 생각을 했다고 답했다.[24] 혹시 이 부분에서 이상하다고 생각할지 모르겠다. 자살 생각은 청년층만 집중 조사할 경우 그 비율이 높게 나타나고, 이보다 나이가 많은 중·장년층에서는 자살 생각이 비교적 낮게 보고된다.

'치명도가 낮은 수단으로 자살을 시도하는 사람은
진짜로 목숨을 끊을 생각은 없다'

이 속설은 부분적으로 자살을 '관심을 받으려는 행위'로 보는 속설과 관계가 있다. 이 생각은 만약 누군가 정말 진지하게 스스로 삶을 끝내고 싶다면 '바로 실행에 옮겨' 소위 치명도가 낮은 방법보다는 정말 치명적인 수단을 택한다는 것이다. 여기에 함축된 의미는 치명도가 낮은 자해 행동은 관심을 받으려는 행위이니 무시하고 넘어가야 한다는 것이다. 이는 분명 속설이다. 모든 자살 행동은 심각하게 취급되어야 한다. 자살 시도의 치명성 여부를 두고 자살 의도가 부족하다고 추론하면 안 된다. 때때로 사람들은 자해 자상이 약물 과다 복용보다 덜 치명적이라고 생각한다. 사실 나 역시 한때는 다른 많은 사람들처럼 약물 과다 복용으로 병원에 입원한 사람은 자해 자상으로 입원한 사람보다 향후 자살로 사망할 확률이 더 높다고 생각했다. 그런데 옥스퍼드대학교의 키스 호튼과 그의 동료 연구진이 이와 정반대 결과를 보여주는 연구 결과를 발표했다. 이들은 영국의 자해 다기관연구 Multicentre Study of Self-harm에서 보고한 자료를 통해, 10~18세 환자 중에서 자해 자상으로 병원에 입원한 사람은 약물 과용으로 병원에서 치료를 받은 사람보다 향후 수년 안에 자살로 사망할 확률이 높다는 사실을 알아냈다.[25] 꼭 기억해야 할 메시지는 다음과 같다. 자살·자해 행위는 정도에 상관없이 모두 똑같이 심각하게 다루어야 한다.

자살 생각은 어떻게
행동으로 이어지는가

자살 위험이 심한 사람의 입장에서 생각해보는 것은 쉬운 일이 아니다. 오랜 세월 동안 자살을 연구한 나도, 도대체 고인이 자살하려던 이유가 뭔지 전혀 이해가 되지 않기도 한다. 정신건강 문제로 힘들고 치열하게 살아가는 사람들이 돌이킬 수 없는 선택을 할까 봐 걱정될 때도 있다. 그러나 가장 어려운 순간에도 나는 자살이 정신적 고통 때문에 이루어진다는 사실을 잊지 않기 위해 노력한다. 그 복잡한 원인이 무엇이든, 자살은 버틸 수 없는 고통을 끝내려는 행위이다. 비록 영원히 끝낸다는 데 문제가 있지만 말이다.

4

끝없는 고통의 터널

고인의 가족이나 고인과 가까웠던 사람이 내게 연락하는 일이 있다. 이들은 고인이 죽음을 결심한 이유를 알고 싶어 하는 경우가 많다. 왜 고인이 스스로 목숨을 끊었을까? 왜 그런 일이 일어날 줄 몰랐을까? 만약 알았다면, 왜 자살을 막지 못했을까? 이들의 이메일, 편지, 전화는 모두 잃어버린 생명과 관련된 이야기를 담고 있고, 형제·자매·어머니·아버지·친구·아들·딸의 고통이며, 저마다 너무나 개인적이고 고유한 이야기이지만 유사한 점도 상당히 많다. 어떤 사람은 여전히 충격에 휩싸여 상실감에 망연자실해 있지만, 어떤 사람은 화를 내거나 혼란스러워한다. 모두들 어찌할 바 몰라 하며 그들에게 닥친 비극을 이해하려 노력한다. 이들은 보통 갑작스럽게 연락을 취한다. 인터넷 검색을 하다 내 이름을 발견했을 수도 있고, 내가 자살에 관해 이야기하는 것을 들었을 수도 있고, 또는 내가 쓴 학술 논문을 읽었을 수도 있다.

내가 맨 처음 이런 연락을 받은 것은 20대 후반이었다. 당시에는 어떻게 답장을 할지 몰라 꽤 당황스러웠다. 고인의 가족은 내 대학 주소로 손 편지를 보내 본인에게 전화를 해줄 수 있는지 물었다. 여기에서 '고인의 가족'은, 우울증 이력이 전혀 없던 대니얼을 몇 주 전 자살로 잃은 그의 부모였다. 대니얼은 외동아들이었고, 그의 죽음은 전혀 예상치 못한 일이었으며, "평상시와는 전혀 다른" 행동이었다고 했다. 내가 쓴 글을 우연히 보고 마음속에 울리는 게 있어 연락하고 싶다며 서신을 보낸 것이었다. 편지에는 이메일 주소 없이 전화번호만 적혀 있었다.

그때는 2000년이었고, 27세였던 나는 가면 증후군imposter syndrome◆으로 고생하는 중이었다. 강의를 시작한 지 겨우 2년밖에 지나지 않은 데다, 연구원으로서 자립하기 위해 노력하고 있었기 때문이다. 초짜 대학 강사가 늘 그렇듯, 나는 막다른 길에 내던져져 학생들보다 겨우 한 발짝을 앞서 가려고 기를 썼다. 자살 예방 연구 세계에 내가 디딜 발판도 전혀 없는 것 같았다. 누가 봐도 나는 신출내기 연구원이었고, 겨우 박사 논문만 낸 단계였을 뿐이었다. '자살 행동을 이해하는

◆　　자신의 성공이 순전히 운으로 얻어졌다 생각하고 불안해하는 심리적 현상.

데 있어 내가 진정 아는 게 뭐지?', '그냥 할 일 없는 주말에 자살 연구를 한 것뿐인데', '나 말고 딴 사람에게 이야기하는 편이 나을 텐데' 등등 자기비판적인 생각이 끊임없이 떠올랐다.

당연히 나는 그 편지에 답하는 걸 주저하고 있었다. 내 능력 밖의 일이라는 생각이 들었기 때문에 진심으로 어찌할 바를 몰랐다. 뭐라고 말해야 할지 알 수 없었고, 특히 잘못된 이야기를 할까 봐, 아니면 그들을 더 슬프게 할까 봐 걱정이 되었다. 나는 어떻게 전화 통화를 효과적으로 이끌 수 있는지도 몰랐다. 전화를 걸기 좋은 시간은 언제일까? 그분들이 전화를 받으면 뭐라고 해야 하나? 그분들이 편하게 이야기한다는 걸 어떻게 확인할 수 있을까? 나는 혼자서 통화를 수차례 연습했지만 만족스럽지 않았고, 최선의 답변을 생각하느라 며칠 동안 응답을 미뤘다. 무심하게 들리도록 말하지 않으면서 어떻게 통화의 장벽을 깨고 소통할지 오리무중이었다. 나는 전문 치료자가 아니라 연구원이고, 대니얼을 한 번도 만나지 않은 상태에서 왜 그가 스스로 목숨을 끊기로 결심했는지 그의 부모에게 말해줄 수 없었다. 누구라도 잘 모르는 사람과 자살이라는 주제를 처음 이야기할 때 비슷한 걱정을 하겠지만, 나는 혹시라도 상황을 더욱 악화시킬 말을 할까 봐 더욱 우려가 되었다.

하지만 그 당시에도 나는 자살로 가족을 잃은 유족들을 충분히 만나보았기 때문에 고인에 대해 이야기할 기회가 생기는 것만으로도, 자살을 결심한 어두운 마음을 아주 살짝 엿볼 기회만 생겨도 유족에게 도움이 될 수 있다는 것을 알고 있었다. 인간으로서 우리는 불확실성, 불분명한 것, 애매모호함을 견뎌내기를 어려워하며, 이런 요소를 해소하느라 평생을 보낸다. 아침에 일어나는 순간부터 밤에 잠자리에 들 때까지, 우리는 불확실성과 불분명한 요소를 줄이기 위해 애쓴다. 그중에서도 자살은 불분명한 요소투성이일 뿐 아니라 이해할 수 없는 부분이 많은 것이 특징이다. 견딜 수 없을 정도로 가슴 아픈 일이지만 자살에 관해 한 가지 분명한 사실은, 우리가 사랑했던 사람은 이제 떠났고 다시는 돌아오지 않는다는 것이다. 절대. 영원히. 그 외에는 모든 것들이 불확실하고 혼란스럽고 복잡하다. 최후의 순간 고인이 어떤 생각을 했는지 알 길은 없다. 마음을 바꿨을 때는 너무 늦었던 걸까? 아무도 자신 따위에겐 관심이 없다고 생각했을까? 이런 질문은 정말 꺼내기도 끔찍할 정도로 가슴 아프지만, 현실적으로 마지막 결정의 순간에 고인의 마음 상태가 어땠는지는 알 수가 없다.

그 주말, 나는 대니얼의 가족이 나와의 통화로 사랑하는 아들이 왜 죽었는지 '한번 생각해볼' 기회를 가질 수 있다고 결론을 내렸다. 어쩌면 아들의 자살에 관한 불확실성이 조금 해소될 수도 있고 이들이 그 일에 대해 이야기할 수 있는 안전한 공간을 확보할 수도 있다. 자살이 벌어진 이후 그 이유를 탐색하는 과정은 끔찍한 모순 그 자체다. 결과는 너무나 명확하지만, 그 이유나 사망 전 몇 분·몇 시간은 수수께끼인 경우가 많고, 유족은 이런 현실에서 헤어나오지 못해 내면을 소모하게 된다. 2008년, 클레어가 사망하고 생전 처음 자살로 나와 가까운 사람을 잃은 상황에 부딪혔을 때, 나는 때 이른 상실의 경험이 어떠한지, 또 자살의 답을 찾는 일이 얼마나 벅차고 어렵고 고통스러운지 깨달았다. 사랑하는 사람을 잃은 사람에게 이 세상 그 어떤 것보다 하고 싶은 일은, 그 사람과 단 5분이라도 함께하면서 왜 삶을 이어갈 수 없었는지, 왜 삶에 직면하지 못했는지 물어보는 것이다. 우리는 지난 대화를 모두 떠올리면서 이렇게 할 수 있었다면, 저렇게 했었다면 하며 스스로를 괴롭힌다. 그렇게 했다면 살릴 수 있었을 텐데 하고 말이다. 나는 며칠 동안 클레어에게 받은 이메일과 내 답변을 하나도 빠짐없이 꼼꼼히 뒤지면서, 내가 다르게 답할 수 있었던 부분이 없었는지 살폈다.

통화 중 말을 잘못해 일을 그르치지 않을까 하는 걱정은 할 필요가 없었다. 그 다음 주 전화를 걸었을 때 대니얼의 부모님은 모두 자택에 있었다. 이들은 완전히 절망에 빠져 있었고, 정신적 충격을 받고 슬픔에 잠겨 멍한 상태였다. 대니얼의 죽음 이후 집 밖에 나가지도 않았다. 대신 아들의 삶을 되새기면서 아들의 삶에서 중요한 순간들, 그가 겪은 모든 성공과 실패를 돌아보는 중이었다. 아들에게는 유서도 우울증 병력도 전혀 없었지만, 1990년대 초반 경제 불황의 피해자로 1991년 '꿈의 직장'에서 해고된 이력이 있었다. 대니얼의 어머니는 아들이 직장을 잃은 이후 예전과는 딴판이 되었다고 생각했다. 사망 당시 그는 30대 초반이었고, 사망하기 3년 전에는 오랜 연애도 끝나고 해고도 두 번이나 더 당했다. 어머니는 대니얼이 그 이후 술을 지나치게 많이 마시기 시작했고, 옛 모습은 찾아볼 수 없게 되었다고 말했다. 하지만 한 번도 무기력하다거나 자살을 하겠다는 말은 입 밖에 낸 적이 없었다. 미래에 대해 상당히 낙천적인 사람이라 부모는 별 걱정을 하지 않았다. 그러던 어느 날, 친구와 저녁을 먹고 돌아온 대니얼의 부모는 아들을 발견했다. 숨이 멎은 아들을. 다른 유족들과 마찬가지로 이들은 자살의 방아쇠를 당긴 결정적인 요소, '낙타의 등을 부러뜨린 지푸라기*' 하나를 콕 집어낼 수 없었다.

그들은 아들이 왜 그랬는지, 왜 하필 그때였는지 이유를 파악하지 못해 어쩔 줄 몰라 했다. 부모는 아들의 죽음 이후 몇 주간 납득할 만한 이유를 고민한 결과, 아들이 부모님 집으로 다시 들어온 것을 부끄럽게 생각했지만 다시 독립할 방도를 전혀 찾지 못했을 거라는 결론을 내렸다. 나는 통화하는 시간 대부분 이들의 이야기를 들었고 질문에 최대한 잘 답변하기 위해 노력했지만, 그 답변은 다 일반적인 이야기였다. "영국에서 자살로 사망하는 사람 대부분은 정신건강 문제가 있어 의사 결정이 어려우며, 음주 같은 동반 문제가 있을 경우 알코올은 기분을 저조하게 만들기 때문에 기존의 정신건강 증상을 악화시킬 수 있다"라고 답했다.[1] 대니얼의 부모님은 심리학자들이 말하는 '인지 위축cognitive constriction'이라는 용어가 왜 아들이 대안을 찾을 수 없었는지, 왜 자살을 유일한 선택지로 보았는지 이해하는 데 도움이 된

***

* '더 이상 견디지 못하고 무너지는 한계점'을 뜻하는 영미권 속담.

다고 말했다. 인지 위축은 터널 시야tunnel vision라고도 하는데, 이는 자살하는 사람들에게서 공통적으로 나타나는 사고방식이다.[2] 에드윈 슈나이드먼은 오래전 인지 위축을 자살 생각의 공통성 중 하나(81쪽 참고)로 꼽았고, 이 위축 현상을 치료하는 것이 인지행동치료cognitive behavioural therapy, 이하 CBT의 중요한 부분이라고 생각했다. CBT는 자살 위험을 가진 사람뿐 아니라 불안 및 우울증 등 일반적인 정신건강 문제를 치료할 때 널리 쓰이는 치료 방법이다(283쪽 참조).

심리학적 맥락에서 터널 시야라는 말을 처음 들었을 때, 어린 시절의 무서운 기억이 떠올랐다. 때때로 나는 인지 위축의 뜻을 전달하기 위해 이 무서운 기억을 예로 많이 드는데, 내가 이 용어 그대로 터널에서 이를 경험했기 때문이기도 하다. 나는 북아일랜드 데리에서 자랐고, 집 가까이에 아이들의 놀이 천국 같은 곳이 있었다. 그곳은 축구 경기장과 펜스가 있는 들판으로, 식물이 많이 우거진 곳이었으며 올라타기 좋은 멋진 나무와 개울이 있었다. 개울을 따라 꽤 가다보면 터널이 나왔다. 자세한 모습은 세월이 많이 흘렀기 때문에 가물가물하지만, 10~11세쯤 되었던 어느 겨울날 아이들과 터널을 달려서 통과해보기로 했다가 얼음장처럼 차가운 물에 빠져 발목을 삐었던 기억이 난다. 나는 온몸이 흠뻑 젖었고 친구들이 어디로 갔는지 보이지 않았다. 혼자서 소리를 질렀지만 아무도 오지 않았다. 설상가상으로 해 질녘이라 어둑어둑해서 터널의 출구도 볼 수 없었다. 공포에 질린 상태에서 똑바로 생각할 수가 없어 사고가 자꾸 좁아졌고, '이 터널에 갇혀버릴 거야'라는 생각밖에 들지 않았다. 터널에 끝이 있다는 것은 알았지만, 그렇게 멀리까지 가본 적이 그날 전에는 없었다. 일어나서 절뚝거리며 밖으로 나갈 만한 평정심도 없었다. 나는 육체적으로도 정신적으로도 옴짝달싹할 수 없었다. 생각에 가리개가 씌워진 것처럼 터널을 빠져나갈 방법이 전혀 생각나지 않았다. 물론 잠깐 동안 축축하고 어두운 터널에 갇힌 경험을 자살과 관련된 심리적 고통과 비교할 수는 없겠지만, 그래도 이런 경험은 어떻게 마음이 사건과 상황을 (알고 보면 그렇지 않은데도) 잘못 해석해서 우리를 옴짝달싹 못하게 만드는지 이해하는 데 도움을 준다. 그 상황에서 분명 해결책이 있었는데도, 나는 빠져나갈 방법을 생각할 수 없었다.

자살에 대한 생각은 여러 가지 이유에서 터널에 갇힌 것과 비슷하다. 어떤 사람은 터널 끝에서 들어오는 빛을 보지 못하는 상태와 같고, 또 어떤 사람은 정신적인 덫, 즉 도망칠 수 없는 인지의 감옥에 갇힌 상태와 같다. 내가 어린 시절 터널에 갇힌 경험은 잠깐 동안 일어난 일이었고, 다행히 나는 물리적 터널에서 빠져나올 수 있었지만(친구들이 내가 구조를 요청하는 소리를 듣고 나보다 나이가 많은 아이 한 명을 보내 터널에서 나오도록 도와주었다), 만약 당신이 정신적 고통에서 벗어나고 싶은데 생각이 그저 좁아지기만 하고 위축감만 심해진다면 어떤 기분이 들지 상상해보라. 출구가 전혀 없는 심리적 터널에 갇힌 기분과 비슷할 것이다. 이런 사고방식은 당사자를 너무나 힘들게 하고, 대안을 찾거나 다른 미래를 보거나 정신적 고통이 끝나는 때가 올 것이라고

2부 자살 생각은 어떻게 행동으로 이어지는가

기대하기를 어렵게 만든다.

42세 피터의 이야기를 예로 들어보자. 피터는 수년 전, 임상심리학자 로라 맥더모트Laura McDermott가 이끄는 자살 과정 이해에 관한 연구에 참가했던 사람이다.[3] 그는 반복적으로 우울증을 앓은 이력이 있는데, 자신의 자살 시도를 이끈 사고 초점의 편협화narrowing of focus에 관해 이야기했다.

> 합리적으로 생각하는 능력이 사라지고 절박한 상황에만 초점을 맞추게 됩니다. 정말 끔찍한 일이죠. 그럴 때는 이성적으로 생각할 수도 없고, 스스로에게 '내일 1차 진료나 정신과 전문의나 사마리탄즈에 상담 전화해 봐' 하는 말도 해줄 수가 없습니다.

해당 인터뷰에서 피터는 자신의 절박함과 무기력한 감정에 대해서도 이야기했다.

> 여러 해에 걸쳐 우울증이 점점 악화되고 이 증상이 장기적으로 저를 괴롭히면서 자살 생각이 들었습니다. 자살 충동을 느끼면 그런 감정이 더 강렬해졌어요. '또 이러네. 예전에도 이런 기분을 숱하게 느꼈지. 살아가려고 노력했지만 아무 소용이 없어' 하는 생각이 들죠. 그래서 자살 생각이 들면 더 절박해지고 이번에는 정말 성공해야 할 텐데, 하고 자포자기한 상태로 자살 시도가 성공하기만을 바랍니다. 계속 뭔가를 시도

하고 또 시도하면서 성공하기만을 바라는 마음과 비슷한 것 같아요. 제발 이번만큼은 성공하기를 점점 간절하게 원하게 됩니다.

자살 위험이 있는 사람들은, 아무도 자신의 말을 들어주지 않거나 자신이 경험하는 고통을 느낄 수 없다고 여기는 경우가 많아 자살 외 다른 출구를 보지 못한다. 내가 오래 전 진짜 터널에 갇혔던 때처럼, 아무리 소리를 크게 질러도 내 목소리의 메아리 외에는 아무것도 들리지 않는 것만 같은 상태에 빠진다.

같은 연구의 일환으로 로라가 인터뷰한 32세 여성 애니의 사례를 들어보겠다. 애니는 여러 차례 자살을 시도했고 주요우울장애와 외상후스트레스장애를 겪은 병력이 있다. 이 인터뷰에서 애니는 삶을 지속할 수 없는 상황을 이야기한다.

한계에 다다랐다는 느낌이 들었고, '이제 도저히 안 되겠어. 이 세상에 적응해보려고 노력했는데 더 이상 못 하겠어. 나라는 존재를 유지하기 위해 버티는 것도. 나는 이제 더 이상 못 해'라고 생각했던 기억이 나요. 그래서 약물을 과다 복용하게 됐죠.

피터와 애니의 이야기를 통해 자살 생각의 패턴을 잘 들여다볼 수 있다. 이들의 이야기는 살아남기 위한 몸부림은 본질적으로 끝이 없다는 것을 부각한다. 이런 몸부림에 대해서는 나중에 다시 다뤄보겠다.

수치심과 분노

내가 사별자들과 수년간 가졌던 전화 통화나 만남이 모두 대니얼의 부모와 했던 통화만큼 순조롭게 이루어진 것은 아니다. 그리 오래전 일은 아니지만, 6개월 전 17세 딸 키아라를 잃은 실파라는 이름의 어머니를 만난 적이 있다. 실파는 내 친구의 친구였고, 나는 언론 보도를 통해서 이미 자세한 정보를 일부 알고 있는 상태였다. 우리는 직접 만나 이야기를 나누었는데, 대화 중간쯤 내가 꺼낸 어떤 말이 실파를 자극해서 그가 단단히 화가 났다. 지금까지도 어떻게 그걸 예상하지 못했는지 내 스스로가 도무지 이해되지 않는다. 내가 놀란 것은 그 분노의 강도 때문이었다. 대화 내용은 내가 보통 하는 다른 대화와 별반 다르지 않았다. 실파는 학교에, 아동·청소년 정신건강 서비스에, 그리고 키아라에게 화가 나 있었다. 키아라를 자살에 이르게 한 정황에 관해 이야기를 나눠보니 키아라는 자해와 우울증 이력이 있었고, 괴롭힘을 당했으며 사춘기 이후 쭉 섭식과 관련된 문제를 가지고 있었다. 실파는 키아라가 그 어린 나이에도 고통을 겪을 만큼 겪었고 치료를 받아도 고통을 덜어주는 데 전혀 효과가 없었기에, 이제는 딸이 더 이상 고통을 겪지 않는다는 사실에 어떤 면에서는 마음이 놓인다고 했다. 그러나 실파는 마음속으로 갈등이 심했다. 수많은 자살 유가족이 그러하듯, 실파는 키아라가 가족에게 가한 고통을 받아들이지 못했다. 어머니는 스스로 목숨을 끊은 딸이 너무 이기적이라고 생각했고, 또 동시에 자신이 딸을 그렇게 나쁘게 생각한다는 죄책감에 구역

질이 날 정도로 속이 메스껍다고 했다.

우리는 그날 오후 청소년 자해, 자해에 영향을 주는 수많은 요인, 자해와 자살과의 관계에 대해 폭넓게 대화를 나누었다.[4] 자살이 과연 이기적인 행위인지, 그렇지 않은지에 관해서도 이야기했다. 나는 실파에게 자살이 이기적인 행동은 아니라고 생각한다고 했다. 자살 생각을 하는 사람은 사느냐 죽느냐에 대한 생각에 매몰되어 괴로워하느라 다른 사람이 겪게 될 고통은 보지 못한다는 것을 실제 증거를 중심으로 말해주었다. 이해하기 어렵겠지만, 자살 생각을 하는 사람은 자살을 통해 사랑하는 사람들이 지고 있는 짐을 덜어준다고 생각하는 경우가 많다는 이야기를 반복했다.[5] 내가 '짐'이라는 말을 꺼내자마자 실파의 분노가 뚜렷이 느껴졌다. 실파는 자신이 키아라의 죽음을 "받아들였"고 딸을 자살로 몰고 간 정신적 고통을 이해했다고 생각했지만, 사실 그의 분노는 딸의 자살로 가족이 받는 고통, 즉 가족이 무너졌고 다시는 예전 같지 않을 거라는 고통에 여전히 집중되어 있었다. 실파는 딸이 이기적인 아이고 그런 딸이 부끄러우며 동시에 그런 생각을 하는 자신도 부끄럽다는 말을 반복했다. 수치심, 분노, 죄책감이 삼중고를 이루었고, 그중 수치심과 분노의 화살은 자신과 딸에게 향해 있었다. 나는 다시 키아라의 삶에서 구체적인 부분은 언급하지 않은 채로, 자살 위험을 가진 사람이 세상을 어떻게 보는지, 비관주의로 흐릿해진 렌즈를 통해 세상을 보는 상태에서 미래를 어떻게 인식하는지 심리학적인 관점에서 설명하려고 노력했다. 키아라는 아마도 정신적으로 너무 지쳐 있어 자신의 죽음이 몰고 올 다른 이들의 고통을 보지도, 인식하지도 못했을 거라는 점도 알려주었다.[6]

대화를 마치고 실파가 나가자, 아무 생각도 떠오르지 않았다. 대화는 잘 끝났지만 실파와 공감을 한 것 같지도, 또 실파가 내가 말한 내용이 도움이 된다고 생각하는 것 같지도 않았다. 그러나 처음 만나고 몇 달이 지난 후, 실파가 다시 만나자는 연락을 해왔다. 표면상으로는 지난번 만남에서 소란을 일으킨 일로 사과하려고 온 것이었지만, 실제로는 심리학자에게 상담을 받으며 상실감을 극복하는 데 진정으로 도움을 받고 있다는 이야기를 전하기 위해서였다. 심리학자와의 상담이 과거의 자신이 키아라와 맺었던 관계, 현재의 자신이 키아라와 맺는 관계, 그리고 딸과 공유하는 기억을 이해하는 데 도움이 된다고 했다. 실파는 지금은 분노가 다소 가라앉았지만 때때로 감정이 파도처럼 밀려오는 날도 있다고, 그래도 더 이상 격분해서 폭발하지는 않는다고 말했다. 실파는 지난번에 나에게 들은 '심리학적인 관점'이 여전히 납득되지는 않지만, 키아라가 사망하기 훨씬 전부터 겪었을 정신적 고초를 다르게 생각하는 데 도움이 되었다는 말도 덧붙였다.

그동안 수년에 걸쳐 만난, 자살로 소중한 이를 잃은 수많은 사람들과 마찬가지로, 나 역시 2008년에 처음으로 클레어를, 그리고 2011년에 노엘 교수님을 자살로 잃고 슬픔에 빠져 있었을 때 바로 그 '왜'라는 질문이 끊이지 않아 괴로웠다. 10년이 훌쩍 넘는 지금까지도 그 답을 찾기 위해 애쓰고 있지만, 나는 이런 질문을 할 수 있다는 것이 중요함을 깨달았다. 그래서 나와 비슷한 상황을 겪은 사람들을 진심으로 도와주고 싶다.

슬픈 일이지만 그 누구도 '왜'라는 질문에는 진정한 답을 낼 수 없다. 나는 그 대신 25년간 자살 연구 및 예방 분야에 몸담았던 경험을 끌어와, 각 개인과 이들의 고유하고 가치 있는 삶을 이해하는 데 적용해보려고 한다. 그래도 고인의 가족이나 친구에게 그들이 그토록 바라는 답은 해줄 수 없다는 점을 연민의 마음을 담아 분명히 밝힌다. 나는 이들에게 아들, 딸, 친척이나 친구가 왜 스스로 목숨을 끊었는지는 알려줄 수 없다. 그러나 자살의 복잡한 원인에 대해 연구하면서 알게 된 것들을 설명한다면, 이들이 자살을 받아들이는 데 도움이 될 통찰력을 제공할 수 있지 않을까 기대해본다. 이 책에서 내가 자살 사별자들과 나눈 이야기를 자세히 밝히는 이유는, 연민을 담아 상대의 감정을 잘 살피며 이야기를 나눈다면 실언을 할 가능성은 없다는 점을 확실히 알리고 싶어서이다. 혹여 주변 사람의 모습을 보고 의심이 든다면, 손을 뻗어 연락을 취해보라. 우리는 인간관계의 위력을 절대 과소평가하면 안 된다.

5

자살은 죄가 아니다

사랑하는 사람을 자살로 잃은 이들은 대부분 이런 비극이 찾아오기 전에는 자살의 원인이 무엇인지 생각해본 적이 전혀 없다. 자살에 관해 아는 것이라곤 책에서 읽었거나 언론에서 주워들은 것이 전부일 것이다. 3장에서 언급했듯이 자살을 둘러싼 속설과 오해는 워낙 많다. 따라서 누군가를 자살로 이끄는 요소가 무엇인지 본격적으로 탐구하기 전에 자살에 대한 올바른 사실부터 살펴보기로 하자.

자살은 이기적인 행동이 아니다

자살을 이기적인 행동으로 특정지으면 자살을 둘러싼 사회적 낙인만

짙어질 뿐이다. 낙인이 짙어지면 당사자가 도움을 요청하는 일이 줄어들고 무지가 활개를 치며 사망률은 치솟는다. 우리가 앞장에서 만난 대니얼과 키아라는 이기적이었던 것이 아니라 고통 속에 있었을 뿐이며, 그들에게 자살은 고통을 끝내는 수단이었다. 그들의 죽음은 그들 각각의 방식으로 절박함을 담은 행동이었다. 그런 어두운 상황에 처한 적이 없다면, 자살을 이기적인 행위가 아닌 다른 의도가 있는 행동으로 보는 게 어려울 수 있다. 그러나 현실은 이런 인식과는 다르다. 자살을 하는 사람 중 대다수는 자살을 이타적인 행위, 즉 사랑하는 사람에게 가하는 고통을 끝낼 방법이라고 생각한다.[1]

자살은 비겁한 자의 출구가 아니다

이 말은 오랫동안 자살을 둘러싼 담화에서 오르내린 말이다. 다시 한번 말하지만, 이 말은 전혀 도움이 되지 않고 자살 당사자에게 낙인을 안기는, 많은 이를 모욕하는 말이다. 자살은 비겁한 짓이라고 말하는 사람이 있으면, 나는 이들에게 '비겁'의 뜻을 어떻게 알고 있는지 생각해보라고, 입에서 쉽게 나오는 단어는 조심해서 사용하라고 일러준다. 자기 생명을 끊는 행위는 그 방법과는 관계없이 어려운 일이다. 가장 기본적인 본능인 자기보존본능을 뛰어넘어야 함은 물론, 육체적으로 고통스럽기까지 하다. 단언컨대 자살은 비겁한 행동이 아니라 절박한 행동이고, 견딜 수 없는 정신적 고통을 표출하는 것이다.

자살은 한 가지 요인으로 일어나지 않는다

다른 사망 원인과 마찬가지로 자살을 이끄는 요인은 여러 가지로 다양하다. 그러나 언론에서는 자살을 단순하게 보도하는 경우가 너무 많다. 예를 들어 예전에는 '사이버 집단괴롭힘이 내 아들을 죽였다' 같은 헤드라인이 꽤 흔했다. 감사하게도 보도 원칙을 고수하는 매스컴이 많아지면서 이런 무책임한 보도 건수는 줄어들고 있다.[2]

흡연은 폐암으로 인한 사망의 위험 요인 중 한 가지이지만, 이 밖에 다른 유전적, 임상적, 정신사회적, 문화적 요인 등 광범위한 요소도 폐암에 영향을 끼친다는 것은 누구나 아는 사실이다. 자살도 이 점에서 다른 사망 원인과 다르지 않아서, 절대 한 가지 위험 요인만 작용하지 않는다. 자살에 이르는 경로는 다양하며 위험 요인도 복합적이다.[3]

자살은 정신질환이 아니라 행위다

1999년 나는 영국 심리학회의 건강심리학 분과 회보인 〈건강심리학 업데이트Health Psychology Update〉에서 암을 예방하는 일과 자살을 다루는 일의 유사점을 소개하는 연구논문을 쓴 적이 있다.[4] 이 글에서 나는 자살이 한 가지 요인으로 발생하지 않는다는 점을 강조했으며, 이와 더불어 흡연을 암의 한 위험 요인으로 보는 것과 똑같이 자살도 건강행위 ^{health behavior}◆로 간주해야 한다는 의견을 처음으로 제시했다. 이 의견이 여러분에게는 부차적이고 뻔한 말로 들릴지 모르겠다. 그러나 나는 자살이 정신질환의 산물로 일컬어지는 경우가 너무나 많다는 점을 줄곧 염려했으며, 이 의견 역시 그런 생각에서 나왔다. 사람들이 자살을 정신질환의 산물로 간주하기 때문에 자살은 그 자체로 하나의 존재, 하나의 현상, 하나의 행위로 간주되지 않았다. 나는 늘 이런 시각이 도움이 되지 않는다고 생각했다.

자살과 정신질환이 동시에 일어나는 경우가 많긴 하지만, 정신질환이 있다는 것이 한 개인이 자살을 시도하거나 자살로 사망하는 이유를 충분히 설명해주지는 못하기 때문이다. "왜 이 사람은 스스로 목숨을 끊었나요?"라는 질문에 "우울증이 있어서"라고 답변하는 경우를 이제까지 수도 없이 목격했다. 우울증은 자살로 인한 사망을 둘러싼 정황 중 일부를 차지할 수는 있지만, 왜 그 사람이 스스로 목숨을 끊었는지 그 이유를 설명해주지는 못한다. 실제 자살과 가장 관련이 깊은 정신질환인 우울증으로 병원에서 치료받는 환자 중 자살에 이르는 사람은 겨우 5퍼센트 미만이다.[5] 이런 시각은 자살을 '미친' 사람이 저지르는 비정상적인 행동이라고 낙인 찍는 속설과도 관련이 있다. 자살이 비정상적인 행동이고 이런 행동을 하는 사람이 미친 거라면, 자살은 '정상적'인 사람이 이해할 수 없는 현상이고 따라서 예방할 수

◆ 개인이 자기의 건강을 보호·유지하기 위해서 취하는 행동. 흡연이나 음주 같이 습관상 중지할 수 없는 행동도 포함된다.

도 없다는 필연적인 결론이 도출된다. 이건 말도 안 되는 생각이다!

건강심리학자로서 자살을 하나의 '행위'로 개념 짓는 것은 큰 의미가 있다. 이런 시선이 곧 자살을 이해하고 예방하는 잠재적인 길을 활짝 열어주기 때문이다. 1999년 위에 언급한 회보에서, 나는 자살 행동을 "궁극적으로 건강을 위험에 빠지게 하는 행위"로 규정했다. 전체적 맥락에서 고려해보자면, 내가 처음 자살 연구를 시작했을 때는 자살이 임상심리학 및 정신의학 영역에 있었다. 왜 이렇게 분류한 것인지 이해는 되지만 나는 이게 엄연히 잘못된 방향이고, 이 때문에 자살 생각과 행동을 이해하고 치료하는 데 진척이 없다고 생각했다. 내가 당시 크게 염려했던 점은 학계에 '자살은 정신질환의 결과물'이라는 해석이 워낙 우세해서 자살의 심리적·사회적 요소는 충분히 고려되지 않는다는 것이었다. 정신건강 분야에 속하는 임상심리학이나 정신의학에서도 자살을 행위로 보지 않았다. 그러나 내 생각에 자살이 정신질환이 아니라 행위라는 것은 명명백백했다. 그래서 이후 내가 입버릇처럼 외던 말은 자살은 무엇보다도 행위, 즉 누군가가 하는 행동이라는 것이었다. 우리가 자살을 정신질환이 아닌 행위로서 치료하고 자살 생각과 행위를 직접 개입 대상으로 삼는다면, 자살 예방에서 보다 많은 성과를 거둘 수 있다. 건강심리학과 다른 분야를 모두 아우른다면, 우리는 이런 성과를 훨씬 포괄적으로 이뤄낼 수 있다.

과학 분야로서 건강심리학은 전통적으로 신체건강, 질병, 의료, 행복에 초점을 맞추었고 정신건강은 배척했다. 내가 보기에 이런 배척은 아무 근거가 없었고, 1980년대 임상심리학(정신건강에 중점을 둔 심리학의 하위 분야)과 비교적 새로운 분야였던 건강심리학(또는 의학심리학) 간의 세력 다툼에서 파생된 현상이었다. 2년 전 나는 우연히 영국 건강심리학 발달의 구술 역사를 알아본다는 일환으로 인터뷰에 응한 적이 있다.[6] 이 인터뷰 덕에 재미있는 경험을 했지만, 한편으로는 이 일 때문에 내 자살 연구가 건강심리학의 변방으로 취급받던 1990년대의 현실이 떠오르기도 했다. 감사하게도, 이런 시각은 이후 놀라울 정도로 변했다. 실제 최근 몇 년간, 나는 영국과 유럽의 중요한 건강심리학 회의에서 기조연설을 하는 영광을 누렸다. 자살 예방과 관련된 건강심리학의 특징 중 하나는 건강행위를 예측하기 위해 특별히 개발된 이론 모델 전반을 활용할 수 있다는 것이다. 내가 자살 연구를 시작했을 무렵 건강심리학에서는 '사회인지 모델'이 우세했다. 사회인지 모델이란 믿음과 태도가 사회 구성원의 행위를 지배하는 내적(인지적)·사회적 과정을 이끈다고 보고, 다양한 믿음과 태도에서 행위를 예측하는 모델이다. 세월이 흐르면서 이 모델은 흡연·음주·약물 집착·도움 요청 등 수많은 건강행위를 예측하는 데 광범위하고도 성공적으로 사용되었다.[7]

그러나 2000년대 초반까지만 해도 사회인지 모델은 정신건강에 거의 적용되지 않았고 자살 행동을 예측하는 데도 전혀 적용되지 않았다. 1999년 건강심리학회(이 학회를 통해 나는 〈건강심리학 업데이트〉 회보에 기사를 쓰게 되었다)에서 나는 한 동료 연구원에게 자살 행동을 이해하는 데 사회인지 모델을 이용하자고 제안했지만, 그는 그 자리에서 이를 거부했다. 그는 자살은 정신질환으로 인해 일어나고, 정신적으로 아픈 사람은 정상이 아니며, 이들이 정상이 아니라면 소위 '정상적' 행위에 쓰이는 심리학 모델을 자살을 이해하고 예측하는 데 적용하는 것이 불가능하다고 주장했다. 나는 그의 이런 관점에 놀랐지만, 이 만남으로 정신질환에 대한 오해는 물론 자살을 둘러싼 암묵적인 낙인을 명확하게 알게 되었다.

이 관점에 따르면, 모종의 이유로 정신질환을 앓고 있다면 그 사람의 행위를 관장하는 규칙은 정신질환이 없는 사람의 규칙과 다르다는 것이 된다. 이건 명백히 비인간적인 관점이다. 비록 자살에 대한 두려움과 무지에서 생겨난 것이긴 하지만 사실과 다를 뿐더러 자살 당사자에게 낙인만 안길 뿐이다. 이런 현상 역시 '타자화'의 좋은 사례다. 정신건강 문제로 힘들어하는 사람을 그렇지 않은 사람과 질적으로 다른 존재로 취급하는 사고에 갇히는 것이다. 그러나 우리 모두가 정신건강과 정신질환을 잇는 연속선의 어딘가에 있으며, 같은 연속선상에서 운이 조금 좋은 사람이 정신질환이 없는 쪽의 끝 부분에 있을 뿐이라는 점을 기억해야 한다.

자살은 죄가 아니다

아일랜드에서 자란 사람으로서 나는 자살에 대한 가톨릭교회의 가르침이 이 나라의 많은 가족에게 입힌 피해를 잘 알고 있다. 1980년대까지 자살로 사망한 사람들은 소위 교회의 신성한 땅hallowed ground에 묻히는 일반적인 예우를 받지 못했다. 1983년 교황의 칙령으로 교회의 공식 입장이 뒤집어졌고, 이에 따라 가톨릭교도 가족은 사망 원인과 관계없이 고인을 교회에 매장할 수 있게 되었다. 이 칙령이 발표된 지 10년 남짓 지났지만, 나는 이런 종교적인 가르침이 일부 가족에게 영향을 끼쳤다는 걸 꽤 분명하게 느꼈다.

1990년대 중반 박사과정을 끝낼 무렵, 나는 연구 주제와 관련해 지역 뉴스에 출연했는데 이후 북아일랜드 농촌 지역에 사는 한 가족에게서 뜻밖의 편지를 받았다. 이 가족은 정신건강 문제로 오랫동안 힘겹게 살아온 아들을 자살로 잃었다는 이야기를 나누고 싶어 했다. 이들은 내 연구가 잘되기를 바란다면서 가능하다면 진심으로 연구를 도와주고 싶다고 했다. 가슴이 뭉클해지는, 하지만 죄책감과 수치심으로 심하게 얼룩진 편지였다. 지금까지도 그때 편지를 읽고 느꼈던 기분이 고스란히 남아 있다. 슬프게도 이 편지를 쓴 부모는 자살로 인한 사망이 적합한 교회 매장 절차에 따라 처리되지 못했던 세대의 분들이었다. 그래서 그분들의 서신은 꼭 그 시대의 유물처럼 느껴졌다. 손으로 일일이 쓴 말들을 읽으니 마음이 찢어지는 것 같았다. 이분들은 자신들이 아들을 구하지 못했고 좀 더 그를 살폈어야 했다고 후회할 뿐만 아니라, 자기 가족 때문에 교회와 지역 공동체가 망신을 당했다고 굳게 믿고 있었다. 그들의 눈에 고인이 된 아들은 목숨을 끊은 죄를 저질렀고, 이는 용서받을 수 없는 일이었다. 그러나 이분들은 아들을 비난하지 않았고, 대신 스스로를 책망했다. 이 부분에서 나는 정말 화가 났다. 그분들이 아닌 그 교회를 향해 분노가 치밀었다. 정말 필요한 때에 위안을 주기는커녕, 교회가 준 가르침의 유산은 이 가족에게 피해를 남겼고 이들을 신앙과 공동체에서 고립시켰다. 하지만 감사하게도 이런 상황은 꾸준히 개선되었다. 나는 내 눈으로 직접, 교회가 놀랍도록 좋은 일을 베푸는 모습을, 자살로 가족을 잃은 많은 유족에게 종교가 얼마나 중요한 역할을 하는지를 수도 없이 목격했다. 2015년에 영국 성공회총회는 "스스로에게 폭력적으로 손을 댄 (…) 그 누구에게도" 장례식을 허용할 수 없다는 16세기 《성공회 기도서 Book of Common Prayer》를 개정했다.

아직도 전 세계 많은 지역에서는 자살이 죄로 간주되며 일부 지역에서는 범죄 행위로 취급된다. 자살은 최소 25개국에서 불법 행위이고, 자살 시도는 이슬람법에서 추가 10개 조항에 따라 처벌될 수 있다. 이런 태도와 법률은 시대에 뒤떨어졌고 잘못된 것이며, 전 세계 수백만 명의 사람들에게 불필요한 고통을 안긴다. 국제자살예방협회는 이들 나라의 자살 행동 처벌 금지를 옹호하는 단체로, 나는 내가 이곳의 회장을 맡고 있다는 것에 자부심을 느낀다.[8] 국제자살예방협회의 회원이 아니더라도, 우리 모두는 자살이 여전히 범죄 행위로 취급받는 나라의 정치인과 종교 단체 대표에게 호소하고 압력을 행사함으로써 자기 역할을 할 수 있다.

자살은 유족의 잘못이 아니다

사랑하는 사람의 자살이 자신의 탓이 아니라는 걸 기억하는 것은 중요한 일이다. 하지만 안타깝게도 자살로 사랑하는 사람을 잃은 유족들은 스스로를 책망하면서 자신이 고인을 좀 더 살폈어야 했다고 자책하는 경우가 많다. 만약 고인과 마지막으로 만난 자리에서 언쟁을 벌였거나 말다툼을 했다면 그 죄책감과 후회가 특히 더 고통스러울 수 있다. 불행하게도 언쟁과 같은 사람과 사람 사이의 갈등은 고인이 사망하기 몇 시간 전, 며칠 전 또는 몇 주 전에도 일어났을 것이다. 내가 처음 발표한 학술논문을 참고해보면, 북아일랜드 벨파스트에서 발생한 자살 142건과 관련된 요인 중 가장 많이 보고된 스트레스 요인은 결혼 또는 인간관계 문제였다.[9] 하지만 이런 사실이 자살의 인과관계를 암시하는 것은 아니다. 내가 수차례 반복해 설명했듯이 자살은 여러 가지 요인으로 발생한다. 그리고 그 누구도 언쟁이나 말다툼이 사랑하는 사람의 죽음을 초래하리라고는 생각하지 않을 것이다. 정황과는 상관없이, 한 개인에게 다른 사람의 행동에 대한 책임을 물려서는 안 된다.

이번 장의 내용을 공통으로 관통하는 주제는 자살이 죽기를 원해서라기보다는 자신의 고통을 끝내고 싶다는 갈망으로 일어난다는 것이다. 자살은 원인이 복합적이므로, 매년 80만 명이 왜 자살로 목숨을 잃는지 알아보려면 정신질환 이외의 부분을 살펴볼 필요가 있다. 다음 몇 장에 걸쳐 내가 개발한 자살 모델을 안내하면서 이 작업을 해보려고 한다. 바라건대 이 작업이 어떻게 정신적 고통이 생겨 자살 위험을 증가시키는지 여러분이 이해하는 데 도움이 되었으면 한다.

6

속박감, 자살 심리의 핵심

2010년 여름 몇 달 동안 나는 동료 스티브 플라트Steve Platt와 재키 고든Jacki Gordon과 함께 공동 편집한《국제 자살 예방 핸드북The International Handbook of Suicide Prevention》의 초판을 마무리하는 데 여념이 없었고, 출판사가 정한 최종 원고 마감일이 성큼 다가오고 있어 압박감을 느끼고 있었다.[1] 핸드북을 내자는 생각은 스티브와 재키와 내가 2008년 조직한, 자살 및 자살 행동에 관한 유럽 회의에서 나왔다. 사실 나는 스티브가 1990년대 퀸스에서 시작한 실업과 자살에 관한 연구에 영감을 받았기 때문에 그와 함께 일한다는 게 기뻤다.[2] 또 핸드북에 정부 정책을 실을 수 있는 전문가 재키와 함께 일하는 것 역시 기쁨이었다. 우리는 자살 연구와 예방이라는 주제에 관한 각 장의 내용을 구성하기 위해, 당시 유럽 학회에서 기조연설을 했던 사람들을 비롯해 전 세계 다른 전문가를 불러들였다.

우리가 출판 계약을 했을 때, 나는 내 딴에 겸손을 떤다고 그 내용이나 구성에는 별다른 생각을 하지 않은 채 '자살의 심리학'에 관한 장을 맡았다. 그리고 원고 마감일이 그리 오래 남지 않은 시점부터 집필을 시작했다. 그런데 고작 몇 쪽 정도 자살 및 자해의 이해에 관한 최신 연구를 무미건조한 문체로 요약하고 나서는 더 이상 진도가 나가지 않았다. 며칠 더 성과 없이 지지부진한 나날이 이어진 후, 나는 내가 계획했던 '자살과 관련된 심리학적 요인을 모두 모았다'라는 형식을 버리고, 대신 자살을 이해하는 데 초점을 맞춘 새로운 이론 모델로 이 장을 구성해보자고 결정했다. 다양한 자살 위험과 보호 요인을 하나의 포괄적인 토대로 통합하기 위해서였다. 당시 나는 이런 모델을 개발해야겠다고 꽤 오래 생각하던 차였다. 지난 10~15년 동안 자살 연구 분야에서 일하면서 배운 것이 많았고 이에 대한 나의 생각을 잘 녹여내고 싶은 마음이 간절했다.

나의 목표는 누군가가 자살 위험에 빠지는 복잡한 과정을 설명하고, 무엇보다 스스로 생을 끝내겠다는 생각이 실제 시도로 전환되는 과정의 주요 요인을 잘 나타내는 모델을 개발하는 것이었다. 이런 전환을 파악하는 것은 내가 자살 예방 연구에서 꼭 이루고 싶은 목표 중 하나였다(다른 목표는 자살 위험을 줄이고 자살 예측 능력의 정확도를 만족할 정도로 높이기 위한 효과적인 맞춤식 치료를 개발하는 것이었다). 나는 이 모델을 통해 왜 사람들이 자살 위험에 빠지는지, 그리고 왜 어떤 사람은 그런 생각을 실행에 옮기고 왜 어떤 사람들은 그렇지 않은지 속 시원하게 밝히리라 희망했다. 나는 또한 이 모델을 통해 치료 개입 방법을 개발할 수 있는 토대가 마련되었으면 했다. 더불어 정신질환을 뛰어넘어 자살 생각과 행위의 경로를 도식화할 모델을 만들고 싶었다.

고통으로부터의 도피

시작은 지지부진했지만, 나는 이내 글을 쓰면서 해방감을 느꼈고 2주 만에 자살 행동에 관한 통합적 동기-의지integrated motivational volitional, IMV 모델을 완성했다(다음 장에서 자세히 다루겠다).[3] 이 모델을 완성하기 위해 나는 몇 년 동안 쳐다보지도 않던 자살에 관한 학술 논문과 서적을 수도 없이 읽고 또 읽었고, 에드윈 슈나이드먼과 노먼 파베로Norman Farberow의 1957년 대작 《자살의 단서Clues to Suicide》와 슈나이드먼의 1967년 저서 《자기 파괴의 에세이Essays in Self-destruction》를 다시 읽었을 뿐 아니라, 사회심리학자 로이 바우마이스터Roy Baumeister가 쓴 〈자아 도피로서의 자살Suicide as escape from self〉이라는 제목의 이론 논문 같은 영향력 있는 문헌을 탐독했다.[4] 1990년에 출간되어 다양한 역사적·이론적 관점을 제시한 바우마이스터의 논문은 자살의 주된 동기가 고통에서 도피하는 것이라는 설득력 있는 주장을 펼쳤다. 자살이 곧 도피라는 이론을 바우마이스터가 맨 처음 제안한 것은 아니었다. 1970년대에 장 배슐러Jean Baechler는 도피를 자살의 한 범주로 포함시키자는 자살의 분류 체계를 제안했고, 슈나이드먼 같은 학자들은 그 전부터 이미 도피의 중요성을 인식했다.[5] 그러나 내가 바우마이스터의 논문에 유독 관심이 갔던 이유는 그가 기존에 있었던 이론적 노력의 핵심 요소를 과학적 방법에 근거하여 소개함은 물론, 직관적이고 호소력 있는 방식으로 녹여냈기 때문이었다.

박사과정 초기 바우마이스터의 논문을 읽었을 때, 답을 얻기보다는 질문이 더 많이 생긴 느낌을 받았지만(내 생각에 이는 좋은 현상이다), 자살이 자신으로부터 도피하는 수단이라는 그의 핵심 견해는 진정 내마음에 와 닿았다. 이해가 절로 되었다. 이후 그의 견해는 내 연구의 중심이 되었다. 바우마이스터의 연구는 슈나이드먼의 초기 의견을 기반으로 발전했으며, 이어서 바우마이스터의 연구는 옥스퍼드에서 임상심리학자이자 마음챙김 연구의 개척자인 마크 윌리엄스Mark Williams가 이어나갔다. 윌리엄스도 내게 학술적으로 큰 영감을 주었다. 그는 자살 심리에 관한 혁신적인 연구를 실시하고 획기적인 치료법을 개발했을 뿐만 아니라, 아무리 복잡한 견해라도 아주 쉽고 따뜻하게 전달하는 신비한 능력을 갖추었다. 내가 박사과정을 마친 1997년, 그는 책《고통의 울부짖음Cry of Pain》에서 '자살의 속박감suicidal entrapment'이라는 개념을 소개했다.[6] 그가 자살을 '도와달라는 울부짖음'이 아닌 '고통의 울부짖음'으로 규정했다는 것은 매우 중요한 일이다. 자살을 유발하는 고통의 인간적인 면을 부각했으며, 자살에 관련된 세간의 낙인에 일종의 도전장을 내밀었다.

윌리엄스에 따르면 자살은 속박감에서 벗어나는 것이다. 이 말이 좀 모순되게 들릴지 모르지만, 이에 관해 설명을 덧붙여보겠다. 《옥스퍼드 영어사전Oxford English Dictionary》에 따르면 속박감entrapment◆은 '덫 안에, 또는 덫 때문에 갇힌 상태'다. 다시 말해 출구가 전혀 없는 상황에 갇힌 꼴이다. 영국의 임상심리학자 폴 길버트Paul Gilbert(정신적 고통에서 속박감의 역할에 관한 초기 이론 연구를 많이 수행했다)는, 불쾌한 상황(보통 패배 또는 치욕적인 상황)에서 벗어나려는 인간의 욕구가 저지되었을 때 속박감이 발생한다고 말한다.[7] 그의 사상은 진화론의 영향을 받았다. 원치 않은 상황에서 벗어나지 못한 개체가 비극적 결과를 맞는다는 사실은 인간이 아닌 동물 연구에서 처음 보고되었다. 동물행동학자들은 동물이 패배할 경우, 그런 모욕적인 상황에서 빠져나올 수 없을 때 무기력한 상태에 빠지는 경우가 많다는 점을 오래전에 관찰했다.[8] 도주 수단의 저지로 발생하는 이런 상황을 동물행동학자들은 '저지된 도주arrested flight'라 지칭했고, 동물학의 맥락에서는 물론 인간에게도 패배나 모욕 자체보다 그런 상황에서 빠져나올 수 없다는 속박감이 정말로 해롭다고 설명했다. 속박감은 인간의 우울증을 이해하는 수단으로 폴 길버트가 처음 사용했지만, 마크 윌리엄스는 이를 자

◆　본문의 내용은 entrapment의 정의로, 무언가에 갇힌 상태를 의미하는 말이다. 이 책에서는 한국 학계의 표기를 참고해, 해당 용어를 '속박감'으로 표기했다.

살 위험까지 확장해 적용했다. 따라서, 간단히 말해 자살 행동은 정신적 고통에 갇힌 상태로부터 도주하려는 시도다.

속박감은 여러 가지 방법으로 측정할 수 있지만, 가장 널리 사용되는 방법은 폴 길버트와 스티븐 앨런Steven Allan이 1998년에 개발한 속박감 척도Entrapment Scale다.[9] 이 방법은 16개 항목으로 이루어진 자가 보고 척도로, 내적 및 외적 속박감은 물론 전반적인 속박감을 평가한다. 내적 속박감은 견딜 수 없는 사고와 감정에 갇힌 느낌이고, 외적 속박감은 패배적·모욕적인 정황으로 속박된 느낌이 생기는 경우다. 또 자살 생각은 이런 사고와 느낌에서 벗어나려는 노력이 좌절될 때 생겨난다. 검사할 때는 각 문항(예: '내 안에 갇힌 느낌이 든다')을 읽고 자신에게 해당되는 정도('전혀 그렇지 않다'에서 '매우 그렇다')를 1부터 5까지 숫자로 표시하며, 점수가 높을수록 속박감이 심한 것이다. 우리 연구소의 임상 연구에서는 자살 시도 직후 누가 추후 자살 행동을 할 위험이 가장 큰지 알아보는 과정에서 속박감 수준을 측정할 때 이 기준을 이용한다.

2013년에 마크 윌리엄스와 함께 발표한 한 연구에서 우리는 자살 시도 후 병원에 입원한 환자 집단에게 우울증, 무력감, 속박감, 현재 자살 생각 수준 등 정신적·임상적 상태를 전반적으로 측정해 달라고 부탁했다.[10] 환자의 동의를 얻고, 데이터 연계data linkage를 이용해 우리는 누가 다시 자살 시도를 했는지, 누가 안타깝게도 향후 4년 안에 자살로 사망했는지 추적할 수 있었다. 이 조사를 통해 우리는 어느 요인이 향후 자살 위험을 예측했는지 판단했고, 중요한 결과를 도출했다. 우울증과 자살 생각도 향후 자살 행동을 예측할 수 있는 요인이었지만, 자살 행동의 최고 예측 인자는 속박감 수준과 과거 자살 행동 이력이었다. 누군가의 자살 이력에 뭔가 조치를 취한다는 것은 불가능하다. 그러나 이들의 속박감 수준을 될 수 있는 데까지 바꿔보는 것은 할 수 있다. 누군가 인생의 올가미에 갇혔다고 느끼는 정도를 줄여줄 수 있다면, 속박감과 자살 위험 간의 잠재적인 고리를 끊을 수 있게 된다. 다른 연구에서도 청년층을 포함한 인구 전반을 표본으로 다양한 인구 수천 명을 대상으로 조사했는데, 역시 속박감은 자살에 대한 생각 및 자살 시도와 밀접한 관계가 있는 것으로 나타났다. 즉 삶에 '속박되었다'는 느낌이 클수록 자살을 생각하고 스스로 목숨을 끊는 시도를 할 가능성이 더 컸다.[11] 나는 속박감이 자살 심리를 이해하는 핵심이라고 굳게 믿는다.

　우리는 속박감 척도를 이용할 때 대체로 원래 검사대로 16개 항목을 활용했지만, 2020년에는 네덜란드 심리학자 데렉 드 베우르스Derek de Beurs와 함께 네 가지 항목으로 이루어진 간편 속박감 척도Entrapment Short-FormE-SF를 발표했다.[12] 이 짧은 형식의 설문조사는 본래 검사보다 완료하는 데 시간이 덜 들어 실용적이라는 이점이 있다. 따라서 일상적인 임상치료나 연구 조사와 통합하기가 훨씬 수월하다. 위 두 항목은 외적 속박감을 평가하고 아래 두 항목은 내적 속박감을 평가한다. 시간이나 공간에 정말 여유가 없다면, 내적 속박감을 측정하는 항목

두 가지만 물어도 결과가 꽤 정확하게 나온다.

1. 그저 도망치고 싶다는 느낌이 자주 든다.

2. 나는 상황을 바꿀 힘이 없다고 느낀다.

3. 내 안에 갇힌 느낌이 든다.

4. 빠져나올 수 없는 깊은 구멍에 갇힌 것 같다.

관련 연구진이 실시한 조사에 따르면, 내적 속박감(1, 2)이 외적 속박감(3, 4)보다 훨씬 위험한 것으로 나타났다. 예를 들어 캐런 웨더럴 Karen Wetherall이 이끈 우리 연구진의 조사를 보면, 내적 속박감을 통해 향후 12개월에 걸쳐 청년층에게 자살 생각이 나타나는지 예측할 수 있다는 사실이 밝혀졌다.[13] 잠시 숨을 고르고, 왜 이런 현상이 벌어지는지 생각해보면 흥미로운 점이 있다. 분명 내적 및 외적 속박감은 복합적으로 연관되어 있다. 하지만 잘 들여다보면 자살 위험이 있는 당사자는 자신의 생각이나 감정에 갇힌 상태에서 빠져나오고 싶다는 욕구 때문에 힘들어한다는 걸 알 수 있다. 물론 우리 머릿속에서 일어나는 일은 외적인 정황에 좌우되는 경우가 많지만, 자살 생각의 경우 내적 속박감이 주동적으로 생각을 이끄는 경우가 많다. 이런 상태는 겉으로 잘 드러나지도 않고 일상에서 흔한 느낌이 아니라 타인이 이런 사고와 감정을 파악하기 어려울 수 있다. 하지만 비록 보이지는 않아도 그 고통은 보이는 고통 못지않게, **더** 강하다.

몇 년 전 나는 30대에 자살을 시도한 에드와 대화를 나누면서, 바로 이 서로 다른 형태의 속박감에 관해 이야기했다. 당시 그는 40세에 막 접어든 시점이었고, 생각에 잠겨 자신의 삶의 기복을 이해하려고 애썼다. 내적 속박감과 외적 속박감을 비교해서 보는 개념은, 그에게 벌어진 상황과 잘 부합했다. 그는 외적 속박감(결혼생활에 파탄을 맞았고 더 이상 자녀들을 볼 수 없었다)이 내적 속박감보다 앞서서 발생한다고 느꼈다. 파경 후 그는 자신이 가치 없고 완전히 버림받은 존재가 되었다는 느낌을 받았다. 이런 내적 속박감이 고조되어 그의 삶 곳곳에 침투했고, 이에 따라 자기비판적 사고가 끝도 없이 이어졌다. 그는 파경이 자살을 시도하게 된 이유 중 일부분일 뿐이라는 점을 인정했지만, 너무 지쳐 있었고 부정적인 생각이 끝없이 이어졌기에 자살 시도를 해서라도 이 생각을 없애고 싶었다고 말했다.

에드의 이야기가 알려주듯이, 내적 속박감은 통제가 불가능하고 무기력하다는 인상을 준다. 나의 경우 (또 다른 사람들도 그럴 거지만) 힘든 상황을 겪을 때 내 안으로 물러나 나만의 생각에 잠긴다. 나에게 즐거움과 행복을 안겼던 과거를 떠올리면 놀랄 만한 위안을 얻는다. 말하자면 내 속에 즐거운 기억과 환상을 가득 채우는 것이다. 내 마음은 나의 은신처다. 그러나 내적으로 속박된 느낌이 들면, 내적 세계가 위로가 아닌 고통의 원천이 되면서 어려움이 발생한다. 마음이 더 이상 안전한 공간으로 느껴지지 않는다. 이런 고통과 안전이 결핍되었다는 느낌이 모여들어 폭풍우가 몰아치듯 악화되면, 우리는 자기 자신이라는 존재에서 도망치려 한다. 그래서 숨을 만한 곳도, 쉬거나 몸을 누일 곳도, 도망칠 곳도 전혀 없는 것처럼 느껴질 수 있다. 이럴 때 자살 생각이 생길 가능성이 상당히 높은데, 속박감을 느끼는 상태에서는 이런 고통이 진정될 거라고 기대할 수 없기 때문이다. 그렇게 되면 우리는 자신의 사고와 감정의 포로가 되어간다. 스스로에게 갇혀, 빠져나갈 곳은 어디에도 없다고 생각하게 된다. 이런 생각은 사람을 완전히 지치게 한다. 설상가상으로 수치심, 상실감, 자기혐오, 거부, 분노까지 더해진다면 정신적 고통이 과연 얼마나 커질지 가히 짐작이 될 것이다.

정신적 고통은 어떻게 해결책을 배제시키는가

속박감은 정신적 고통이며, 정신적 고통은 사람을 속박할 수 있다. 우리는 정신적으로 고통을 받을 때 그 고통을 끝낼 방법을 찾는다. 이런 방법에는 스스로 고통에서 주의를 돌리는 방법, 가족이나 친구에게 이야기하는 방법, 스스로 힘든 상황에서 빠져나오는 방법, 약을 먹거나 술을 마시고 고통을 달래는 방법, 전문가의 도움을 받는 법 등이 있으며, 그 외에도 고통에 대처하거나 그를 관리하는 방안은 수도 없이 많다. 하지만 안타깝게도 속박감이 악화되어 해결 방안을 전혀 찾을 수 없는 경우, 상황을 벗어날 수단으로 자살을 고려할 확률이 커진다. 이는 터널 시야 때문에 상황을 불안정하게 인식하게 되어, 어려운 상황을 돌파할 잠재적인 해결책을 떠올리지 못하기 때문이다. 이들은 잠재적 해결책을 하나씩 배제하거나 외면하면서 자살이 **바로 그** 해결책, 즉 고통을 끝내는 궁극적이고 영원한 해결책이라는 결론에 다가서게 된다. 잠재적 해결책을 배제하는 속도는 사람마다 제각기 다르다. 이 때문에 어떤 사람은 충동적으로 자살 행동을 실행하고, 또 어떤 사람은 이보다 신중하게 실행하는 것으로 보일 수 있다. 하지만 분명한 것은 대부분의 사람은 정신적 고통을 겪을 때, 절대 자살을 결론으로 생각하지 않는다는 점이다.

마찬가지로 정신적 고통은 다양한 형태를 띨 수 있다. 에드 같은 사람들은 자신이 겪은 고통을 설명하면서 수그러들 줄 모르는 생각을 종식하고 싶다고, 머릿속을 잠식한 혼란이 너무나 힘들어서 지친다고 말한다. 이들은 끝도 없이 자기 자신에 대해, 이 세상에 대해, 미래에 대해 부정적인 생각을 반복하면서 결국은 그 생각에 압도되고 만다.[14] 설문조사 인터뷰에서 만난 26세 남성 홈자는 본인이 예전에 했던 자살 시도에 관해 이야기를 들려주며 이 점을 아주 간단명료하게 짚어주었다. "저는 그저 모든 생각을 멈추고 싶었어요……. 생명을 포기하고 싶었어요. 미래가 어떤지 딱히 경험하고 싶지도 않았고요. 제가 가족에게 모멸감을 안겨준 것 같았고, 제가 아무리 애써도 가족들이 저를 절대로 용서하지 않을 거라고 생각했어요." 홈자는 이런 생각에 제대로 대처할 수 없었고, 자살 시도는 이런 생각을 멈추는 그만의 방법이었다.

　애니는 이미 수차례 자살 시도를 했었고, 그 역시 자살 행동을 자신의 유일한 선택지이자 해결책, 그리고 모든 선택지를 빼앗겼을 때 통제권을 행사할 수 있는 수단이라고 생각했다.

> 자살은 삶에 남겨진 유일한 선택지이자 유일한 힘이 되기도 해요. 삶은 우리에게서 모든 것을 앗아가거든요. 자존감, 성취감, 공동체, 친구, 가족까지요. 그렇게 되면 자기 자신에게 어떤 느낌이 들까요? 모든 게 사라지면 남는 건 한 가지죠. 바로 사느냐 죽느냐의 선택입니다.

　처음 애니의 글을 읽었을 때, 노벨문학상 수상자 알베르 카뮈Albert Camus가 쓴 《시지프 신화》의 유명한 구절이 떠올랐다. "참으로 진지한 철학적 문제는 오직 하나뿐이다. 그것은 바로 자살이다. 인생이 살 가치가 있느냐 없느냐를 판단하는 것이야말로 철학의 근본적인 문제에 답하는 것이다."[15] 안타깝게도 자살이라는 위기의 순간에, 개인의 사고는 명확한 판단을 가리는 정신적인 올가미에 갇혀 있는 경우가 많다. 카뮈는 다소 거창하게 이야기했지만, 미래에 대한 생각은 철학의 문제라기보다는 어떻게 인생의 올가미에서 빠져나오는가의 문제이다.

　《우울을 지나는 법》의 저자 매트 헤이그Matt Haig는 최근 인스타그램에 도피에 관한 게시물을 올렸는데, 이 글은 바우마이스터가 자신의 이론에서 설명한 내용과 잘 부합한다.[16] 매트의 말을 들어보자. "살다 보면 스스로에게서 도피하거나 자신을 발전시키려는 노력을 그만두고, 있는 그대로의 자기 자신을 받아들여야 하는 아름다운 시점이 온다." 비록 매트가 자살 자체를 언급하지는 않지만, 그의 문장은 읽는 사람의 마음에 진실로 와 닿고, 자살이 지닌 위험성을 언급하며, 홈자와 애니가 한 말과도 일맥상통한다. 하지만 스스로에게서 도피하려는 시도를 멈추기 위해 어떻게 당사자를 도와야 할지가 문제다. 자살은 불안이나 과거의 트라우마·후회·자책에서 생겨나고, 보통 견딜 수 없는 정신적 고통의 원인이 되는 잘못된 자기혐오에 깊이 뿌리박혀 있다. 안타깝게도 많은 이들에게 헤이그의 말대로 하는 것, 즉 스스로를 받아들이는 일은 너무나 어려운 일이다.

헤이그가 인스타그램 게시물에서 도피나 속박감을 처음 이야기한 것은 아니다. 2015년 《우울을 지나는 법》이 출간되었을 때 나는 책 행사에 두 번이나 참여할 기쁨을 누렸다. 이 책에서 헤이그는 24세 때 자살 위기에 몰렸던 상황을 들려주고, 이후 어떻게 생명을 유지하며 잘 살아갈 수 있을지 자신이 깨달은 교훈을 이야기한다. 감동적이고 깊은 통찰을 전해주고 때로는 상당히 재미있기까지 한 대단한 책이다. 의심의 여지없이 이 책은 수많은 사람에게 자살하려는 절망의 깊이를 탐색하고 인생의 새로운 의미를 찾게끔 도와주었다.

첫 번째 행사인 에든버러 국제도서전에서 나는 색다른 시도를 하고 싶었다. 내가 자살의 심리학에 관해 이야기하기로 한 내용을 《우울을 지나는 법》에 나온 헤이그의 말을 인용해 설명하기로 했다. 헤이그의 말을 인용해서 자살 생각을 유발하는 심리적 요인을 설명하고 싶었고, 그의 경험이 내가 이야기하기로 한 내용에 보탬이 되었으면 했다. 그래서 나는 행사를 준비할 때 그의 책을 한 줄 한 줄 읽어 내려가며, 매트가 고뇌의 맥락에서 도피나 속박감에 관해 이야기한 사례를 샅샅이 찾아보았다. 첫 사례를 찾는 데는 그리 오랜 시간이 걸리지 않았다. 문자 그대로 첫 페이지에서 그는 속박감에 빠진 상태를 묘사했다. 이후 계속해서 도피와 속박감에 관한 사례를 찾을 수 있었는데, 알고 보니 이 주제는 책 전체에 걸쳐 반복되는 내용이었다. 아직 헤이그의 책을 읽지 않았다면 꼭 한 번 읽어보길 바란다. 인생은 살 만한 가치가 있다는 헤이그의 말이 마음을 울릴 것이다.

물론 속박감이 들거나 스스로에게서 도피하려는 사람 모두가 의식적으로 잠재적인 해결책을 배제하는 것은 아니다. 그러나 이들은 배제 과정을 통해 고통의 출구를 찾으려 할 가능성이 크다. 설상가상으로 이들이 술을 마신다거나, 마약을 한다거나, 숙면을 취하지 못한다면 이 과정은 '단축'될 수 있다. 알코올 관련 연구자들은 '알코올 근시alcohol myopia'라는 현상이 있다고 이야기한다. 술을 마시면 근시안이 되어 자신이 하는 행동의 장기적 파장을 예측할 수 없게 된다는 견해다.[17] 이런 현상이 생기면 올바른 대안을 생각해낼 가능성이 줄어들고, 언젠가 고통이 종식되는 날이 올 거라는 사실을 인식할 가능성도 줄어든다. 그 결과 올바른 해결책을 더욱 빨리 배제하게 되고, 자살을 **유일한** 해결책으로 떠올릴 가능성이 커진다. 마치 말이 터벅터벅 걷다 점점 빠르게 달려나가고, 그러다 속도를 더 내어 질주하면 통제하기 어려워지는 현상과 비슷하다. 이와 마찬가지로 알코올은 긴장을 가라앉히고 무모한 행동을 수월하게 하며, 자살 행동을 불가피하게 만든다. 알코올의 위험한 효과는 내가 동료 카라 리차드슨Cara Richrdson과 케이티 로브Katie Robb와 함께 실시한 연구 검토에 실제로 잘 드러난다. 우리는 알코올이 남성 자살에 영향을 미친다는 강력한 증거를 발견했다.[18]

최근 읽은 게일 허니먼Gail Honeyman의 소설《엘리너 올리펀트는 완전 괜찮아》에서 주인공 엘리너의 자살 시도를 묘사하는 부분이 충격적이었다.[19] 허니먼은 엘리너가 자살을 시도하기 몇 시간 전을 강렬하게 묘사하는데, 슬프게도 많은 사람에게 익숙하게 느껴질 장면이다. 알코올이 얼마나 우리의 의사 결정을 망가뜨리고 자신이 쓸모없다는 느낌을 악화시키는지, 그리고 어떻게 결정을 '이것 아니면 저것', '살아야 하나, 죽어야 하나' 같은 양분법적 선택지로 압축시키는지 그 과정이 고통스럽게 그려진다. 알코올로 의식이 몽롱해진 자살 위기 상황에서는 현재 너머에 있는 미래를 바라보는 것이 어려울 뿐 아니라 거의 불가능하며, 끝없는 고통과 공허함의 소용돌이 속에 현재와 미래가 융합되어 있는 것처럼 보인다.

하지만 엘리너의 이야기가, 그리고 수많은 실제 사례가 확실히 전해주듯이 회복은 가능하다. 엘리너의 경우에는 위기의 순간에 친구가 개입한다. 우연한 일로 목숨을 구하는 사람도 있고, 정신건강 전문가의 도움을 받거나, 가족에게 다시 연락하거나, 심지어 낯선 사람의 친절을 받아 목숨을 구하는 사람도 있다. 실제로 2장에 수록된 라이언의 이야기(70쪽)는 사소한 친절이 얼마나 큰 위력을 지녔는지를 보여준다. 아무리 사소한 행동이라도 한 사람의 선택지를 늘리는 행위는 누군가가 어둠에서 빠져나올 출구를 찾는 데 도움을 줄 수 있다.

7

자살 생각이 나타나는 과정

이번 장에서는 정신적 고통이 자살 생각으로, 그리고 자살 생각이 자살 행동으로 이어지는 경로를 정확히 이해할 수 있도록 도움을 주고자 한다. 나는 자살에서 정신질환 이외의 요소를 살펴볼 것이며, 만약 사랑하는 사람이 자살 위험이 있거나 자살 생각을 실행에 옮길 위험이 있어 염려되는 경우 어떤 요인을 살펴야 하는지 자세하게 설명하겠다. 통합적 동기-의지 모델(이하 IMV 모델)은 자살 위험을 파악할 수 있게 도와주는 틀을 제공하고, 왜 어떤 사람들이 자살 위험이 생기고 또 자살로 사망할 수 있는지 이해하도록 도움을 준다.[1]

IMV 모델에 관한 자세한 설명을 듣기 전에, 다음 네 가지 사항을 염두에 두고 시간을 좀 들여서라도 그림 2와 친숙해지면 도움이 될

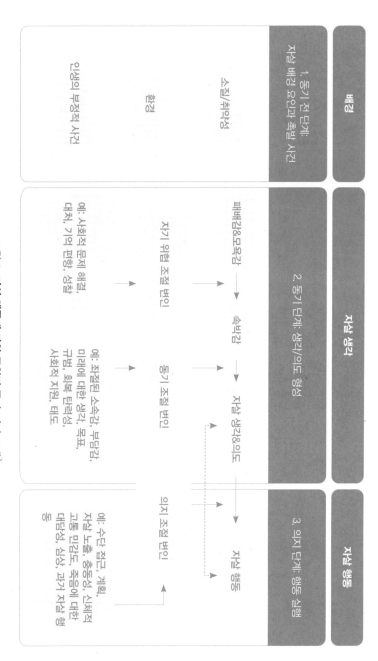

그림 2 자살 행동에 관한 통합적 동기-의지 모델[2]

수 있다.

- IMV 모델은 보기보다 직관적이다.
- 지금은 기술적인 언어를 무시하라(용어는 차차 풀어 설명해 주겠다).
- 속박감은 패배감·모멸감을 자살 생각과 연결하는 다리로서 작용한다.
- 자살 생각을 유도하는 요인은 자살 행동을 유도하는 요인과는 다르다.

IMV 모델을 설명할 때, 나는 보통 다음의 핵심적인 사항을 제시하며 설명을 시작한다. 이 모델은 다음과 같이 세 단계로 나뉘어져 있다.

- 1단계는 자살 위험이 나타날 수 있는 맥락을 다룬다(동기 전 단계).
- 2단계는 자살 생각 출현에 중점을 둔다(동기 단계).
- 3단계는 누군가 자살 생각을 하는 경우, 자살 행동 가능성을 더욱 높일 수 있는 요인을 도식화해서 보여준다(의지 단계).

나의 오랜 친구이자 공동 연구자이며 임상·건강심리학자인 로넌 오캐럴Ronan O'Carroll은 IMV 모델의 세 단계를 각각 취약성vulnerability, 동기motivation, 행동action(VMA)으로 제시하곤 한다. 이 말은 IMV 모델의 내용이 잘 드러나게 축약한 표현이다. 자살 생각 출현과 자살 행동은 다음 설명을 참고하기 바란다.

- 자살 생각은 패배감이나 모멸감을 느끼거나, 이런 감정에서 빠져나올 수 없는 것 같다고 느낄 때 나타나는 경우가 많다. 속박감은 자살 생각을 촉발하는 핵심 요인이다. 패배감·모멸감과 더불어 이런 속박된 느낌은 자살 생각이 무럭무럭 자라는 동력이 된다. '패배감→속박감→자살 생각→자살 행동'의 경로가 이 모델의 중추다.

- 위에서 언급했듯이, 자살 생각을 촉발하는 요인은 자살 시도나 자살로 인한 사망의 확률을 높이는 요인과는 별개다. 이는 (자살 생각이 아닌) 자살 행동과 연관성이 강한 특정 요인이 있다기보다는, '자살 위험이 더 높은 사람일수록 자살을 시도할 확률이 더 높을 것'이라는 단순한 논리가 통하지 않는다는 의미다.

위에서 언급한 핵심 사항을 하나씩 차례로, 각 단계별로 자세히 풀어서 설명하겠다. 그 전에 먼저, IMV 모델 뒤에 숨어 있는 원칙을 간략히 소개하겠다.

IMV 모델의 원칙

IMV 모델을 개발할 당시 나는 아래에 요약되어 있는 다섯 가지 원칙을 염두에 두었다. 부디 이 원칙이 여러분이 IMV 모델을 이해하고 적용하는 데 도움이 되기를 바란다.

첫 번째, 나는 무엇보다도 자살 위험의 유전적·생물학적·사회적·문화적 영향을 고려할 수 있는 모델을 제시하고 싶었다. 인생 초년기의 트라우마 같은 이런 영향에 대해서는 추후에(162쪽 참고) 이야기해보겠다. IMV 모델은 영향이 동기-의지 단계에서 심리적 요인에 영향을 줄 뿐만 아니라, 자살 위험 발생에 주된 역할을 하는 것으로 본다. 특히 이런 영향과 경험은 과거·현재·미래에 대한 인식에 영향을 주어 자살 위험을 높인다. 물론 자살로 이어지는 경로는 이런 인식 외에도 많이 있지만, 인식은 그 사람의 생리·환경·삶의 경험에 따라 달라지기 때문에 자살 위험을 파악하는 핵심적인 요소다. 삶을 끝내겠다는 의지는 현재와 과거, 그리고 궁극적으로 미래의 자신이라는 존재를 어떻게 인식하느냐에 달려 있다. 스스로 삶을 끝내겠다는 어려운 결단을 내리는 일은 단순히 죽음을 선택하는 것과는 다른 문제다. 대부분의 사람들에게 자살은 진정한 선택지가 아니다. 이들은 삶이 너무나 고통스러웠기 때문에 자살을 정신적 고통을 끝내는 유일한 수단으로 본 것이다.

둘째로, 나는 자살 연구 분야의 다른 이론 모델에 기반을 두되 그보다 확장된 모델을 원했고, 그래서 이 모델의 이름을 **통합적** 동기-의지 모델로 정했다. 이들 모델을 상세히 설명하면 이 책의 방향을 벗어나게 되므로, 좀 더 알아보고 싶다면 《국제 자살 예방 핸드북》에 관련 내용이 간략하게 설명되어 있으니 참고 바란다.[3] 사실 세 가지 모델 모두 강조해도 좋을 만큼 중요한 모델이다. 앞에서 언급했듯이 내 견해는 마크 윌리엄스의 '고통의 울부짖음'이라는 개념과 폴 길버트의 '저지된 도주' 모델에 강한 영향을 받았다.[4] 이들의 통찰이 있었던 덕에 IMV 모델에 패배감과 속박감을 추가할 수 있었다. 내게 큰 영향을 준 또 다른 모델은 토머스 조이너Thomas Joiner의 대인 자살 이론Interpersonal Theory of Suicide, IPTS이다.[5] 대인 자살 이론은 형식이 아주 단순한데, 자살 생각(또는 조이너의 표현대로 자살 욕구suicidal desire)이 다른 사람에 대한 부담감(부담감 인식perceived burdensomeness♦)과 소속감을 느끼지 못하는 것(좌절된 소속감thwarted belongingness)에서 생겨난다고 설명한다. 그러나 이 이론에 따르면, 심각한 자살 시도가 일어나는 것은 당사자에게 자살 잠재력이 있을 때이다. 조이너의 모델에서 자살 잠재력은 두 가지 요소, 즉 죽음에 대한 대담성과 신체적 고통을 견디는 내성으로 구성된다. 자살 잠재력은 시간이 지남에 따라 변하는 것으로 보이며, 자살 욕구가 있는 사람이 죽음에 대한 대담성과 신체적 고통을 인내하는 수준이 높을 때 자살 행동을 할 위험이 증가한다. 이에 대해서는 나중에 다시 설명하도록 하겠다.

세 번째 원칙은, 동기(패배감, 속박감, 부담감, 소속감)와 의지(신체적 고통 민감도, 죽음에 대한 대담성) 단계를 구분하는 것이다. IMV 모델은 누가 자살 생각을 하게 되는지, 또 누가 자기 파괴적인 생각을 행동에 옮길지 좀 더 잘 파악하는 데 도움을 준다.

♦ '내가 사라지면 다른 사람들이 훨씬 잘 살 것이다'라는 생각.

네 번째 원칙은, 이 모델이 과학적 연구로 검증 가능한 구체적인 질문과 가설을 창출해내야 한다는 것이었다. 이 점이 중요한 이유는 가설 검증이 과학의 초석이기 때문이다. 연구자는 보통 가설을 제시한 다음, 자료를 모아서 이 가설을 검증할 수 있을지, 그렇지 못할지 판단한다. 만약 그렇지 못할 경우 가설을 변경하거나 접근 방식을 바꿔서 다시 검증할 필요가 있다. 과학이 발전할 수 있는 것은 바로 가설 검증, 자료 수집, 평가로 이루어진 이런 반복 과정 덕분이다. 이 과정은 곧 우리 연구소가 자살을 이해하고 예방하기 위해 현재 하고 있는 노력이기도 하다. 2011년 발표 이후 나와 연구진은 IMV 모델과 관련된 특정 가설을 계속 검증했고, 해당 연구 중 일부가 이 책에 소개되어 있다.

이 네 번째 원칙이 마지막 다섯 번째 원칙을 만들어냈다. 그건 바로 내가 만든 자살 모델이, 자살 생각이 자살 행동으로 이어지는 어두컴컴한 길을 환하게 밝혀주어 생명을 구한다는 점에서 다른 모델들과 차별화되어야 한다는 것이었다. 이 원칙은 가장 중요하다고 할 수 있다. 자살 이론 모델이 있다는 것은 좋은 일이지만, 자살을 이해하고 예방하는 데 도움이 되지 않는다면 종이 한 장의 값어치도 하지 못할 것이다. 1990년대 중반 박사과정을 시작한 이후 내가 수행한 모든 연구가 가야 할 방향을 안내해준 것이 바로 위의 다섯 가지 원칙이다. 자살 위험이 있거나 자살로 슬픔을 겪은 사람들이 자신의 자살 위험이나 사랑하는 고인의 자살 위험을 이해하는 데 이 모델이 도움이 되었다고 연락할 때가 있다. 그럴 때마다 나는 절로 고개가 숙여진다.

행위로서의 자살

IMV 모델은 건강심리학에서 널리 사용되는 이론 모델인 계획행동이론The Theory of Planned Behavior에도 영향을 받았다.[6] 나는 이 이론을 내 박사과정 시절 절친한 친구이자 맨체스터대학교의 건강심리학자인 크리스 아미티지Chris Armitage와 몇 년 전 수행했던 연구에서 처음으로 적용했다. 이 이론은 '자살을 단순한 정신질환의 산물이 아닌 하나의 행위로 볼 때, 자살을 가장 잘 이해할 수 있다'는 나의 믿음을 기반으로 구축되었다. 2006년 실시된 소규모 연구에서 우리는 계획행동이론이 자살 행동을 이해하는 데 실제로 도움이 되는 기반임을 입증했다.[7]

요약하자면 계획행동이론은 사회인지심리학 모델로, 누군가가 어떤 행위를 한다는 예측 변수가 있다면, 그 행위에 가담할 의도나 동기도 있다고 주장하는 이론이다. 간단히 말해 우리에게 운동을 할 의도가 있다면, 실제로 운동할 가능성이 높다는 이야기다. 의도는 다음 세 가지 심리 요인에 따라 순서대로 예측된다.

1 태도Attitudes: 태도는 우리의 믿음으로, 무언가에 대해 긍정적 또는 부정적으로 생각하는 정도다(예: '나는 운동이 좋은 일이라고 생각한다').

2 규범Norms: 규범 역시 믿음이지만, 이는 '어떤 행위에 대해 다른 사람들이 이

렇게 생각한다'는 믿음을 말한다. 운동으로 계속 예를 들어보면, 운동에 대한 규범을 통해 자신의 가족, 친구, 사회가 운동을 좋다고 믿는지의 여부를 알 수 있다.

3 통제 Control: 어떤 행위에 대해 통제력을 발휘한다고 생각할수록 그 행위에 가담할 확률이 커지는 것은 당연하다. 통제 인식은 내적('나는 운동을 할 능력이 있다')일 수도, 외적('운동을 하기 위해 필요한 적절한 장비나 도구가 있다')일 수도 있다. 내적 통제는 자기효능감 self-efficacy이라고도 하며, 해당 행위를 수행하는 데 얼마나 자신감이 있는지를, 즉 '나는 이 필요한 행위를 수행할 능력이 나에게 있다고 믿는가?'를 보여준다.

우리 연구진은 계획행동이론을 자살 연구에 적용했다. 이 이론이 상당히 보편적이고 모든 행위에 적용할 수 있는 이론이기 때문이다. 우리는 누군가가 자살을 시도하기 위해서는 우선 그 사람에게 자살 행동에 가담할 의도가 생겨야 한다고 추론했다. 이미 많은 과학 연구가 입증한 사실이기도 하다. 그 다음, 의도를 예측하는 위의 세 가지 요인을 고려했을 때, 우리는 연구를 통해 자살 행동에 대한 본인의 태도, 자살 행동에 대한 또래집단과 친구의 태도, 자기효능감(내적 통제)이 자살 위험과 관계가 있다는 것을 알아냈다.[8] 자기효능감은 특히 미래에 일어날 자살 행동과 관계가 깊은 것으로 보였다. 비록 연구의 규모는 작았지만, 소위 말하는 사회인지 요인이 자살 위험과 연관되어 있으며, 자살 위험을 이해할 때 정신질환 이외의 요소를 고려할 필요가 있음을 다시 한번 부각시켜주었다.

위험과 취약성: 동기 전 단계

자살 생각의 촉발 요소를 살펴보기 전에, 자살 생각과 행위가 출현하는 맥락을 이해할 필요가 있다. 이를 위해 먼저 IMV 모델의 1단계인 동기 전 단계로 돌아가보겠다. 동기 전 단계 역시 세 가지 요소, 즉 소질(취약성), 환경, 인생의 부정적 사건으로 이루어져 있다.

소질 또는 취약성 요인

여기에서 소질은 단순히 자살 위험에 대한 취약성을 의미한다. 소질은 한 질환에 대한 유전적·생물학적 경향이나 취약성을 설명할 때 사용되지만, 심리학에서 이 말은 훨씬 폭넓게 쓰여서 성격적·인지적 취약성 등을 이야기할 때 쓰인다. 자살 위험을 다룰 때도 대부분 성격적 취약성 요인인 완벽주의를 설명할 때 이 말이 쓰인다.[9] 이 부분에서는 생물학적 취약성만을 다루도록 하겠다.

세로토닌의 역할

세로토닌 같은 신경전달물질(뇌의 화학물질 전달자)의 조절 이상은 자살에 영향을 미치는 생물학적 취약성의 한 예다. 세로토닌과 그 대사산물(저분자)의 변화는 우울증 및 자살 행동 양측과 연관되어 있으며, 특히 세로토닌은 자살 행동에 뚜렷하게 작용하는 것으로 보인다.[10] 세로토닌이 몸과 마음을 비롯해 우리의 모든 국면에 영향을 미친다는 점을 감안하면 이건 놀랄 일이 아니다. 세로토닌은 우리의 마음을 안정시키고 행복감을 높이며 불안감을 줄이고, 천연 기분 안정제와 같은 역할을 한다. 따라서 체내 세로토닌 수치가 낮으면 당연히 기분도 부정적인 영향을 받을 수 있다.

선택적 세로토닌 재흡수 억제제serotonin reuptake inhibitors, SSRI라 불리는 항우울제(프로작Prozac과 세로자트Seroxat 등이 있다)는 이런 신경전달물질의 불균형을 해소하는 데 널리 처방된다. 이들은 세로토닌의 재흡수를 차단해 좀 더 많은 양의 세로토닌이 뇌에서 순환되도록 하고, 저조한 기분을 조절하는 목적으로 사용된다. 이런 항우울제는 광범위하게 쓰이고 있지만, 선택적 세로토닌 재흡수 억제제를 포함한 약물의 개입이 실제로 자살을 어느 정도 막을 수 있는지에 관해서는 논란의 여지가 있다. 대체로 지금까지의 '효과가 있다'는 증거와 '없다'는 증거가 뒤섞여 있고, 보고된 자살 예방 효과도 환자의 나이와 임상 특징은 물론 사용된 약물의 기능에 따라 다르다.[11]

약물이 효과를 나타내는 경우, 치료보다 약물이 효과가 좋은지 또는 두 가지를 결합해서 치료하는 것이 바람직한지는 확실하게 밝혀지지 않았다. 더욱이 대부분의 임상 실험도 자살보다는 자살 생각과 자살 시도에 초점을 맞추는 경향이 컸다. 이 점은 자살 예방 분야에 있는 많은 문제를 폭넓게 드러낸다. 자살로 인한 사망은 (감사하게도) 통계적으로 흔치 않지만, 임상 효과를 설정하기 위해 필요한 표본 크기가 너무 커서 위 치료법을 적용하기가 어려운 것도 있다. 따라서 함께 시행되는 약물 또는 치료가 실제로 자살을 예방하는지의 여부는 알 수 없다. 또한 일부 약물의 경우, 25세 미만 환자를 대상으로 하는 일부 연구에서 자살 생각의 빈도수를 현저히 증가시켰다는 등 부작용 사례가 보고되었다는 점도 주의 깊게 볼 필요가 있다.[12] 이와 더불어 환자 옹호 단체는 특정 약물의 부작용이 자살 위험에 기여할 수 있다고 발표하면서 우려를 표시해왔다. 예컨대, 가만히 서 있기가 어려운 정좌불능증akathisia이라는 운동장애는 일부 항정신질환 약물(선택적 세로토닌 재흡수 억제제와는 다르다)의 부작용으로 나타나는데, 이것이 자살의 잠재적 위험 요인으로 제기되었다. 이는 정당한 우려로, 좀 더 면밀한 조사가 필요하다.

완벽주의의 작용

나는 우리 연구진과 함께 지난 15년간 성격적 요인인 완벽주의와 자살 위험의 관계를 탐구해왔다.[13] 이 과정에서 완벽주의의 특정 양상이 자살 생각 및 자살 시도와 연관이 있음을 지속적으로 발견했다. 사실대로 말하자면 이들의 관계는 깜짝 놀랄 정도로 밀접했다. 우리 연구 프로그램은 배경과 나이가 다른 사람 수천 명을 조사했고, 병원과 공동체 등 다양한 환경에서 진행되었다. 완벽주의가 자살 위험에서 얼마나 중요한지는 그동안 수많은 연구 검토에서 확인되었던 내용이다.[14] 작가 윌 스토Will Storr 역시 남성 자살의 맥락에서 이 점에 대해 열변을 토하는 글을 써왔다.[15] 우리는 일반적인 연구에서 참가자를 대상으로 자살 생각과 같은 다른 변수와 함께 완벽주의를 측정하고, 처음 조사한 시점을 기준으로 삼아 일정 시간이 지난 후에 동일한 참가자를 재조사하여 처음에 측정한 완벽주의 수치가 자살 생각의 변화를 예측하는 데 얼마나 효과가 있는지 알아본다. 다른 연구진의 연구는 물론 우리 연구에서도 이런 특정 성향의 점수가 높게 나타난 응답자는 이후에도 자살 위험이 높았고, 이들은 또한 연구 기간 동안 높은 수준의 스트레스를 겪고 있었다.

그렇다면 중요한 문제는 이런 완벽주의가 어떤 양상으로 나타나느냐는 것이다. 이 문제에 답하기 전, 완벽주의는 모든 성격적 요인과 마찬가지로 커다란 연속선과 같고, 우리는 각자 완벽주의의 연속선상 어딘가에 있다는 점을 기억할 필요가 있다. 연속선 위쪽에 있는 사람들은 완벽주의 성향이 높고, 아래쪽에 있는 사람들은 완벽주의 성향이 덜하다. 완벽주의가 높은 축에 속하는 사람이더라도 대부분은 이에 대해 염려할 필요가 없으며, 자살 위험을 띨 일이 결코 없다는 사실 역시 기억해두면 좋다. 그러나 인생이 뜻하지 않은 난관에 부딪히면, 완벽주의는 우리에게서 등을 돌리고 정신건강에 악영향을 끼치기 시작한다.

구체적으로 어떤 유형의 완벽주의가 위험할 수 있느냐는 질문에 답하기 위해서는, 먼저 완벽주의를 어떻게 측정하는지 알아볼 필요가 있다. 완벽주의는 보통 자기보고식 질문지로 측정되며, 널리 사용되는 검사 척도를 통해 다양한 양상을 측정한다. 우리 연구에서는 캐나다 임상심리학자 폴 휴이트Paul Hewitt와 고든 플레트Gordon Flett가 개발한 다차원 완벽주의 척도Multidimensional Perfectionism Scale를 사용한다.[16] 이 척도는 완벽주의의 다음 세 가지 양상을 평가한다.

1. 자체 지향적 완벽주의: 스스로에게 기대하는 기준
2. 사회적 완벽주의: 다른 사람이 자신에게 기대한다고 생각하는 기준
3. 타인 지향적 완벽주의: 다른 사람이 완벽하기를 기대하는 기준

　이들 세 가지 양상 중 어느 것이 자살 위험과 지속적으로 연관되어 있을까? 연구 결과는 분명했다. 연구 대상인 인구 유형과는 관계없이, 사회적 완벽주의가 인생 전반에 걸쳐 자살 생각 및 자살 시도와 깊은 관계가 있었다. 사회적 완벽주의를 좀 더 자세히 정의하자면, 자신이 믿기에 인생에서 가장 중요한 사람*이 본인과 본인의 행위에 대해 가지는 비현실적으로 높은 기대감을 말한다. 만약 다른 사람이 이런 기대감에 어긋나는 행동을 하면, 이들은 그 사람을 부정적으로 판

◆　여기서는 배우자, 애인 등을 가리킨다.

단할 것이다. 사회적 완벽주의에서 높은 수치를 기록하는 사람들은 주위 사람들이 자신을 바라볼 때 인생의 모든 부문에서 뛰어나길 기대한다고 믿는 경향이 있으며(이해가 가는 현상이긴 하다), 자신은 이런 기대감을 충족하기 어렵다고 생각한다. 내가 그동안 실시한 모든 연구에서, 사회적 완벽주의는 항상 자살 위험과 연관이 있었다.

하지만 다른 두 가지 완벽주의 양상이 자살 위험과 얼마나 관련이 있는지는 상당히 불분명하다. 어떤 연구에서는 자체 지향적인 완벽주의의 자기비판적인 측면이 자살 위험과 관련이 있다고 하는 반면, 또 어떤 연구는 자신에 대해 높은 기준을 설정하는 내재적 추진력이 자살을 예방할 수 있다고 말한다. 타인 지향적 완벽주의는 조사가 덜 되었기 때문에 판단 자체가 어렵다. 내 나름대로 완벽주의와 전반적인 자살 위험 연구 증거를 참고하여 판단을 내려보자면, 자체 지향적 완벽주의는 여러 경우가 뒤섞여 있고, 타인 지향적 완벽주의는 자살 위험과 관계가 없는 것으로 보이며, 사회적 완벽주의가 자살 위험과 대체로 부합하는 것으로 판단된다.

사회적 완벽주의가 뜻하는 바를 좀 더 자세히 알아보기 위해, 다차원 완벽주의 척도 중 다음 두 질문 항목을 살펴보자.

1. 다른 사람이 나에게 가지는 기대를 충족하기 어렵다.

2. 사람들은 내가 낼 수 있는 성과보다 내게 더 많은 것을 기대한다.

연구진은 참가자에게 항목에 동의하는지 그 정도를 1~7까지 숫자로 표시해 달라고 부탁한다. 총 15개 항목에 답해 나온 숫자를 모두 합하면 총점이 나온다. 여러분이라면 위의 두 문장에 어떻게 답할지 잠깐 생각해보자. 하지만 걱정은 말라. 위 두 질문의 응답만 가지고 한 사람을 사회적 완벽주의자라고 분류할 수는 없으니까. 우리 연구팀에서 완벽주의 척도를 사용할 때도 한 사람의 개인 수치가 아니라 응답자 그룹 전체의 수치에 중점을 둔다. 보통 우리는 참가자들이 제출한 답변의 동향을 추적해서 자살 생각과 같은 요인들에 연결한다. 참가자의 점수는 대부분 완벽주의 척도의 중간쯤 위치한다. 이는 우리 대부분이 어느 정도, 적어도 얼마 동안은 다른 사람들에게 기쁨을 주려고 노력하기 때문에 그다지 의외의 결과는 아니다. 공교롭게도, 나의 경우 사회적 완벽주의 수치가 높은데, 그게 그다지 놀랍지는 않았다. 나는 삶의 너무 많은 부분을 다른 사람 실망시켰다고 걱정하거나, 다른 사람들이 내게 거는 기대를 지나치게 염려하거나, 내가 했거나 하지 않을 수도 있었던 사회적인 실수를 곱씹으며 살아왔다.

사회적 완벽주의가 자살 위험에 끼칠 수 있는 영향이 크다는 점을 고려해봤을 때, 사회적 완벽주의가 무엇이고 어떤 것이 이에 해당되지 않는지 알아보는 것이 중요하다. 중요한 점은, 이 요소가 다른 사람이 **실제로** 우리에게 갖는 기대를 반영하지는 않는다는 것이다. 그보다는 다른 사람들이 자신에게 기대한다고 **스스로 생각하는** 바를 나타낸다. 심리학 용어로 이런 평가적 믿음을 메타인지metacognition라고

하는데, 이 말은 생각에 관한 생각이나 자기 자신의 사고 과정에 대한 이해를 뜻하는 전문 용어다. 메타인지는 사회적 완벽주의가 해로운 존재가 되는 주된 원인이다. 메타인지는 그 본성상 정확하지 않을 때도 있고, 그 사람의 통제를 벗어나 걷잡을 수 없이 날뛰는 경우도 있기 때문이다. 메타인지는 내 삶에서 중요한 사람이 나에게 터무니없는 기대를 가지고 있다는 믿음을 갖게 만들고, 그 기대에 어긋나면 이들이 나를 하찮게 볼 거라는 오해를 불러일으킨다. 사회적 완벽주의자인 사람의 경우 대체로 다른 사람들이 자신에게 갖고 있다고 생각하는 기대와 실제로 다른 사람들이 생각하는 기대가 일치하지 않는다. 이런 기대는 현실에 기반을 두지 않은 것이라 바꾸기도 어렵다.

사회적 완벽주의가 무슨 역할을 하는지 좀 더 자세히 설명해보겠다. 내가 사회적 완벽주의를 청중에게 설명할 때 자주 사용하는 단순한 비유가 있다. 사회적 완벽주의 수치가 높은 사람들은 **심리적으로 예민하고** 반대로 수치가 낮은 사람은 **심리적으로 무던하다.** 일상을 헤쳐나갈 때 심리적으로 예민한 사람은(내 경우) 거절·패배·상실 같은 사회적 위협이 닥쳤을 때 이를 훨씬 더 민감하게 받아들인다. 시간이 지나면서 이런 경험은 기분 저하와 정서적 고통을 가져올 수 있고, 자살 생각이 나타날 가능성이 생기기도 한다. 사회적 완벽주의는 마음의 갑옷에 생긴 좁은 틈과 같다. 비록 치명적이지는 않더라도 약점이 한 가지 생긴 것이므로, 사회적 패배나 거절의 화살이 날아와 나를 위협하면 방어막이 뚫릴 가능성이 아주 높다. 따라서 이런 경험을 심리적으로 민감하게 받아들일 가능성 역시 높다.

어맨다의 경우를 예로 들어보자. 어맨다는 다른 사람의 눈에 완벽하게 보여야 한다는 부담감 때문에 매우 힘들어한다.

> 물론 제 안의 일부는 제가 완벽하게 잘하고 있다는 사실을 알고 있지만, 그래도 제가 아직 부족하고 조금만 더 노력한다면 다른 사람을 흡족하게 할 수 있을 거라는 생각을 도저히 멈출 수 없어요. 잘했다는 생각이 들 때도, 다음번에는 지금보다 훨씬 더 노력해야 한다고 생각하죠.

여러 모로 어맨다는 사회적 완벽주의자의 전형으로, 사회적으로 인정받겠다는 생각에 쉴 새 없이 일하고 다른 사람에게 자신의 가치를 인정받고도 다시 사회적 인정을 더 추구하는 모드로 돌아가 노력하는 악순환에 사로잡힌 사람이다. 이는 가혹한 일이다. 마치 끝도 없이 오르락내리락 질주하는 롤러코스터를 타고 있는 것과 같다. 가끔은 '그만'이라고 외치고 롤러코스터에서 내려올 필요가 있다. 이런 현상이 악화되어, 밖에 나가지도 않고 친구를 만나지도 않으며 직장에서 일할 때 적극적으로 나서지 못하게 되기도 한다. 실패를 저질러 다른 사람을 실망시키는 것이 너무 두려워 꼼짝할 수 없기 때문이다. 그러다 소강 상태가 어느 정도 지나면 활력을 되찾아 다시 롤러코스터에 올라타는 것이다. 어맨다는 한 번도 자살을 시도한 적은 없지만 부담감에 억눌릴 때가 많았다. 그래서 주기적으로 '나는 자리만 차지하고 있다'는 생각에 차라리 죽는 게 더 낫겠다는 비관과 자살하고 싶은 절망 감에 빠졌다. 내가 어맨다에게 특히 스트레스가 심할 때가 언제인지 물어보자, 어맨더는 대답하기 힘들어하며 자기는 아주 사소한 일에도 불안감을 느끼고 초조해진다고 말했다. 별것 아닌 일이든 상당히 중요한 일이든, 내가 하는 모든 일이 실패할지도 모르고 그래서 다른 사람들을 실망시킬 것 같다는 생각이 든다고 말이다. 나 역시 다른 많은 사람들과 마찬가지로, 어맨다가 어떤 마음인지 너무나 잘 안다.

어맨다가 말하듯이 아주 단순한 일에도 마음을 쓰는 사회적 완벽주의는 이런 식으로 행복에 악영향을 끼친다. 우리 연구진은 이런 사실을 청소년 자해 연구에서 밝혀냈다.[17] 이 연구는 6개월간 15~16세 청소년을 대상으로 완벽주의나 부정적인 사건 등 다양한 요인을 통해 자해를 어느 정도 예측할 수 있는지 조사했다. 연구를 진행하기 전, 우리는 최근 6개월간 부정적인 사건을 경험한 청소년일수록 자해를 일으킬 가능성이 가장 높다는 가설을 세웠다. 이 가설은 실제와 정확히 일치했다. 그러나 이보다 놀라운 발견은 사회적으로 규정된 완벽주의와 자해 위험의 관계였다. 우리 연구진은 사회적 완벽주의 점수가 높으며 강한 수준의 부정적 사건을 경험한 청소년의 자해 위험이 가장 높을 거라고 생각했지만, 이와는 다른 결과가 나타났다. 자해 위험은 완벽주의 점수가 높고(이는 놀랄 일이 아니다) 약한 수준의 부정적인 사건을 경험(이건 놀라운 일이다)한 청소년에게서 높게 나타났다. 높은 수준의 사회적 완벽주의가 스트레스를 견디는 능력을 낮추고, 이 결과 고통스러워지는 기준치를 스트레스가 낮추는 효과를 유발하는 것처럼 보인다. 나는 이런 현상을 '스트레스 역치 감소 효과 stress-threshold lowering effect'라고 부른다. 동일한 스트레스 유발 인자를 경험하는 두 사람을 비교하면 이해하기가 훨씬 쉽다. 완벽주의 수준이 높은(심리적으로 예민한) 사람일수록 스트레스에 더 많은 영향을 받는다. 이 연구 결과의 도움으로 나는 사회적 완벽주의가 심한 사람들이 심리적으로 예민해진다고 보았다.

무의식적 사고 작용

지금까지 나는 심리학자들이 성찰 과정reflective processes이라고 부르는 현상과 이 현상을 통해 어떻게 자살 위험을 이해할 수 있는지 집중적으로 설명했다. 그러나 이중과정 모델dual process model에 따르면, 어떤 행위를 이해하려고 할 경우 두 가지 상호 작용 시스템을 고려해볼 필요가 있다. 노벨경제상 수상자 대니얼 카너먼Daniel Kahneman은 그의 저서 《생각에 관한 생각》에서 이 시스템을 잘 설명해준다.[18] 첫 번째 시스템은 자동 처리 과정* 및 행위를 포함하는 무의식적(자동적) 정보 처리 시스템으로, 빠르고 즉각적으로 움직인다. 두 번째 시스템은 성찰 시스템으로 대부분의 자살 연구가 중점으로 삼는 부분이다. 여기에는 정보의 의식적 자각과 처리 과정이 포함된다. 이 시스템은 느

◆　의식적인 통제 없이 일어나는 과정.

리고 원활히 작동하는 데 노력이 필요하며, 당사자의 가치관과 태도를 반영한다. 예를 들어 어떤 사람은 자신의 인생을 끝내는 것이 도덕적으로 옳지 않다고 생각하기 때문에 자살 행동에 뛰어드는 것을 단념한다. 또는 속박된 듯한 느낌으로 괴로울 때, 이 시스템은 전반적인 요인을 **다시 생각해보라고** 주문한다. 즉 두 번째 시스템은 생각을 반추하는 과정이다.

무의식적 시스템은 성찰과는 거리가 멀다. 습관과 충동, 암묵적 태도가 특징이다. 암묵적 태도란 의식적인 자각 없이 일어나는 평가나 특정 행위를 말한다. 우리가 의식적으로 자각하고 있고 쉽게 밖으로 나타낼 수 있는 명시적 태도와는 반대되는 개념이다. 가령, 내가 여러분에게 흡연에 대한 명시적 태도가 무엇인지(흡연을 어떻게 생각하는지) 묻는다면, 여러분은 별 어려움 없이 답할 수 있을 것이다. 그러나 특정 주제에 대한 암묵적 태도를 표현한다는 것은 훨씬 어려운 일이다. 의식적으로 이를 알고 있지 않기 때문이다. 아니면 다른 사람이 내 관점을 받아들이지 않을 수도 있어서 자신의 진짜 태도를 보여주고 싶지 않을 수 있다. 이런 이유로 심리학자들은 이런 무의식적 시스템을 탐구하는 혁신적인 실험 기술을 개발했다. 가장 널리 쓰는 방법은 암묵적 태도 검사implicit attitudes test, IAT다. 이 검사는 외부 의식 자각 또는 통제와 같은 검사자의 생각이나 느낌을 알아본다.[19] 암묵적 태도 검사는 컴퓨터로 응답하는 반응 시간을 사용하여 특정한 대상(예: 아일랜드인) 및 특징(예: 친근함)의 연관성 강도를 기록하는 방식으로 진행된다.

암묵적 태도 검사는 인종주의와 성차별을 이해하는 데 널리 쓰였고, 이를 자살 위험 예측에 사용하기 시작한 것은 10~15년 전부터다.

하버드대학교의 임상심리학자인 매트 노크Matt Nock는 이런 자동 처리 과정이 어떻게 자살과 연관이 있는지 밝혀내는 작업을 선도했다. 2010년, 그는 정신과 응급실에서 치료를 받는 사람 중 자신을 사망/자살과 연관시키는 암묵적 태도가 강한 사람은 그 태도가 약한 사람에 비해 향후 6개월간 자살 시도를 할 가능성이 높다는 충격적인 연구 결과를 발표했다.[20] 게다가 암묵적 태도는 우울증 같은 잘 알려진 위험 요인이나 환자 및 임상의의 예측보다 더 정확한 자살 예측 인자였다.

이 논문이 발표되고 2년 후, 나는 하버드대학교에 있는 매트의 실험실에서 시간을 보냈고 같은 시기 크리스틴 차Christine Cha도 스코틀랜드에서 연구를 진행했다.[21] 우리는 예전에 자살 생각을 한 적이 있는 사람들에게서 삶 또는 죽음에 대한 자동 반응을 활성화시킬 수 있는지 알아보았다. 여기서 '활성화'시킨다는 의미는, 연구진이 실험 참가자에게 저조한 기분을 이끌어내어, 삶 또는 죽음에 관한 자동적 연상이 더 강해지는지 혹은 약해지는지 알아본다는 뜻이다.

이 연구는 기분이 가라앉거나 우울에 빠진 상황에서 자동적 연상이 죽음까지 이어지는지 여부를 이해하는 데 중요했다. 실제로 연상이 죽음으로 이어진다면, 자살 위험이 증가하는 이유를 밝혀내거나 치료 시 개입 목표를 설정하는 데 도움을 줄 수 있을 것이다. 우리는 짧은 시간 안에 저조한 기분을 유도하기 위해 참가자가 부정적인 문장을 읽으며 슬픈 음악을 듣게 하는 등 기존에 효과를 인정받은 기술을 사용했다. 이런 기술은 아주 안전하고, 피험자는 약 10~20분 동안만 슬픈 감정을 느낀다. 이후 실험이 종료되면 피험자에게 다시 긍정적인 기분을 느끼도록 유도하고, 이들이 확실히 괜찮은지 확인한다.

실험 전에 자살 위험이 전혀 없던 사람과 비교하여, 자살 생각을 한 적이 있는 사람들은 자신을 삶과 동일시하는 능력이 약했고 이 현상은 부정적인 기분을 유도한 후 더 심해졌다. 더구나 부정적 기분 유도 이후에 실시한 암묵적 태도 검사 수치를 통해 누가 6개월 이후 자살 생각을 할지 예측할 수 있었다.

종합해봤을 때, 이 연구 결과는 자살 위험을 이해하는 퍼즐에 중요한 조각이 무엇인지 짚어준다. 사람들에게 기분이 어떤지 묻고 이들의 이야기를 듣는 것도 중요하지만, 무의식적 사고에 집중하면 어떻게 자살 생각이 나타나는지 더 잘 이해할 수 있다. 무의식적 사고는 자신의 기분이 어떤지 감이 잡히지 않거나 자살 생각을 드러내기가 꺼려질 때도 유용하게 사용할 수 있다. 하지만 새롭게 개발된 여타 기술과 마찬가지로, 무의식적 사고 과정을 이용하는 일이 윤리적인가 하는 문제는 좀 더 생각해볼 필요가 있다.

인생의 부정적 사건과 자살 위험

우리 모두는 환경의 산물이나 다름없다. IMV 모델에서 대략적으로 살펴봤듯이 자살 위험을 이해하려면 그 위험한 상태에서 환경이 어떤 역할을 했는지 이해할 필요가 있다. 자살 연구 및 예방 분야는 오랜 세월 동안 자살과 관련된 환경이 어떤 양상을 띠는지 밝혀내기 위해 애써왔다. 환경의 영향은 자궁 속 태아의 환경과 같은 가정환경부터 불리한 사회적 지위, 인종차별 및 사회경제적 배경 등 폭넓은 공동체 환경의 영향까지 다양한 형태를 띨 수 있다.[22] 그러나 나는 여기에서 인생 초기의 환경, 특히 초기에 겪는 역경과 애착에 초점을 맞추려 한다. 물론 두말할 것도 없이 역경은 인생 전반에 걸쳐 일어나며, 아동기 및 청소년기에 겪은 역경뿐 아니라 성인기에 일어난 부정적인 사건 역시 자살 위험과 관련이 있다.[23]

인생 초기 역경

의심의 여지없이, 인생 초기의 역경과 취약한 정신건강은 서로 확실한 연관 관계가 있다.[24] 인생 초기 역경을 측정할 수 있는 방법은 많지만, 주로 출생부터 18세까지의 아동기 부정적 경험adverse childhood experiences, ACE을 통해 측정된다. 이런 경험에는 정서적 학대, 신체적 학대, 성적 학대, 부모에게 가해진 폭력의 노출, 가정의 약물 남용 노출 또는 가정의 정신질환, 부모의 별거/이혼, 가족 구성원의 수감 등을 들 수 있다.[25] 지금까지 진행된 수많은 연구에 따르면, 아동기 부정적 경험의 가짓수가 많을수록 결과적으로 인생 전반에 걸쳐 개인의 건강 상태가 악화되는 것으로 나타났다.

샨타 두브Shanta Dube와 동료들의 연구에 따르면, 어떠한 형태든 아동기 부정적 경험은 자살 시도 위험을 두 배에서 다섯 배 높이는 것으로 나타났다. 더욱 걱정스러운 것은 아동기 부정적 경험을 측정해 총점을 냈을 때, 그 점수가 7점 이상이면 아동기 또는 청소년기에 자살을 시도할 가능성이 51배 높았고 성인기에 시도할 가능성은 30배 높았다는 것이다.[26] 이는 충격적인 수치이며, 참가자가 자기보고한 알코올의존증·우울증·불법 약물 사용 여부를 분석 통계에 포함시킨 후에도 아동기 부정적 경험과 자살 시도 간의 관계가 깊다는 사실에는 변함이 없다는 것도 우려되는 일이다.

자살 위험을 판단하는 또 다른 방법으로는, 사람이 질병에 걸리거나 자살을 시도하는 데 있어 위험 요인이 어느 정도까지 영향을 미치는지 정량화하는 방법이 있다. 이를 인구집단기여분율population attributable fraction, PAF이라고 하며, 인구 집단에서 위험 요인이 제거될 경우 기대되는 자살 시도 감소 비율을 말한다. 자살 시도에는 위험 요인이 여러 가지가 중첩되기 때문에, 자살 행동을 줄이는 방법을 고안하겠다고 모든 인구집단기여분율을 단순히 합산하는 일은 불가능하다. 그럼에도 불구하고 이 지수는 자살 예방 노력을 안내하는 유용한 도구다. 두브의 연구에 따르면, 아동기 또는 청소년기 자살 시도의 80퍼센트와 인생 전반에 걸쳐 일어나는 자살 시도의 67퍼센트는 한 가지 이상의 아동기 부정적 경험으로 인해 일어날 수 있다. 이건 상당히 높은 확률이다. 다른 연구에서는 이와는 다른 통계를 발표했지만, 초년기 트라우마에 노출될수록 자살에 대한 취약성이 증가한다는 결과는 같다. 그러나 이 관계가 상당히 복잡하다 보니, 정확히 어떤 요인 또는 기제로 아동기의 역경과 자살 위험 사이의 연관을 알아낼 수 있는지는 아직 확실하지 않다.

스트레스에 대한 신체 반응

생물학적 기제에 있어서 인생 초기의 역경이 유전자 발현에 변화를 주어 그 여파로 정신건강이 취약해지고, 이로 인해 자살 위험이 높아진다는 증거가 나와 있다.[27] 인생 초기 역경은 시상하부 뇌하수체 부신(hypothalamic-pituitary-adrenal, 이하 HPA)축 조절 장애를 일으켜, 신체가 스트레스에 반응하는 기제에도 영향을 줄 수 있다.[28] HPA축은 우리 몸의 스트레스 반응 시스템에서 핵심적인 요소로, 우리가 스트레스 상황(스트레스 인자라고도 한다)에 직면했을 때 이 축이 기능을 잘 수행해야 스트레스 인자에 잘 대처할 수 있다. 아마 '투쟁 혹은 도피 반응(fight or flight)'에 대해 들어본 적이 있을 것이다. 이는 잠재적인 위협/스트레스 인자에 맞서는 우리 몸의 심리적 반응이다. 신체가 필요에 따라 위협에 맞서 투쟁하거나 상황에서 도피하는 반응이라고 해서 이런 이름이 붙었다.

HPA축은 코르티솔(cortisol) 호르몬의 분비를 관장하는데, 이 호르몬은 스트레스에 직면했을 때 분비되기 때문에 '투쟁 혹은 도피' 호르몬으로 알려져 있다. 이 호르몬이 스트레스에 반응하여 분비되는 현상을 코르티솔 스트레스 반응cortisol stress reactivity이라고 한다. 코르티솔은 몸과 마음에 다양한 효과를 나타내 우리가 어떠한 위협에도 대처할 수 있도록 대비시켜주고, 정서 조절 및 의사 결정에 관여하기도 한다. 만약 스트레스에 반응하여 코르티솔이 소량만 배출되면서 낮은 반응을 보일 경우 일부 실행 기능executive function에 장애가 있는 것으로 판단된다. 실행 기능은 작업 기억working memory·유연한 사고·문제 해결·자제 같은 정신적 기량을 설명하는 신경심리학 용어로, 우리는 이런 기량의 도움으로 자기 통제력을 발휘한다. 우리는 하루를 생활하면서 항상 이런 기량을 사용해서 정서를 관리하고 해야 할 일을 완수한다. 자살 위험과 관련하여, 만약 HPA축에 문제가 생기면 코르티솔이 충분하게 배출되지 않아서 우리 몸과 마음이 위협이나 스트레스 인자에 맞서 제대로 대항하지 못할 수 있다. 다음 스트레스 인자를 만나도 반응의 효과도가 떨어져 더욱 스트레스를 받는 연쇄 작용이 일어나고, 자살에 더욱 취약해질 수 있다.

우리는 몇 가지 연구를 진행하며 코르티솔 반응의 작용을 조사했다. 자살 시도를 하는 사람이 자살 생각만 해본 사람이나 자살 위험이 전혀 없는 사람에 비해 스트레스 상황에서 무딘 반응을 보이는지에 특별히 초점을 맞추었다.[29] 이 연구는 건강심리학자이자 스트레스 연구 전문가인 나의 일란성 쌍둥이 형제 대릴 오코너Daryl O'Connor가 이끌었다. 사적인 여담이지만, 쌍둥이 형제가 심리학 교수로 일하고 있어서 나는 정말 행운이라는 생각이 든다. 우리는 박사과정 시절부터 많은 연구를 협업하면서 성과를 올렸고, 최근에는 영국 심리학회의 월간지 〈심리학자The Psychologist〉 인터뷰에서 우리가 일란성 쌍둥이라는 점이 각자의 직업 생활에 어떤 영향을 끼쳤는지 이야기할 기회를 가졌다.[30]

다시 연구로 돌아가서, 우리는 코르티솔의 체계를 알아보기 위해 스트레스 반응을 끌어내는 실험을 진행했다. 스트레스 반응을 일으키는 데는 여러 방법이 있지만, 우리는 마스트리히트 급성 스트레스 검사Maastricht Acute Stress Test, 이하 MAST를 사용했다.[31] MAST는 참가자들이 손을 얼음장같이 차가운 물에 넣은 채 까다로운 계산 문제를 암산으로 풀어야 하기 때문에 심리적으로도 생리적으로도 어려운 검사다. MAST의 검사 방식이 좀 이상하게 보일 수 있지만, 이런 스트레스 인자를 조합하면 HPA축이 활성화된다. 따라서 이 검사로 스트레스 체계가 얼마나 잘 작동하는지 알아볼 수 있다. 우리는 최근 연구에서 세 집단, 즉 자살 시도를 한 적이 있는 사람들과 자살 생각을 해 본 사람들 그리고 자살 위험이 전혀 없는 사람들 세 부류를 모집하여 이 검사를 실시했다.[32] 참가자 모두를 실험실로 불러 설문조사를 실시했고, MAST 검사를 하기 전, 검사하는 도중, 검사 후에 이들에게 자신의 타액을 제출해달라고 부탁했다. 이런 식으로 실험 참가자들이 중 배출한 코르티솔 양을 추적했다.

정확히 우리가 예측한 대로, 자살 시도를 한 적이 있는 사람은 검사 중 코르티솔 분비 수준이 낮았고 자살 위험이 전혀 없는 사람은 많은 양을 배출했으며, 자살 생각을 해본 사람은 코르티솔 분비 수준이 앞 두 집단의 중간쯤이었다. 특히 과거에 자살 시도를 했던 사람은 스트레스 상황이 있어도 코르티솔이 분비되는 수준이 낮았다. 물론 실험 환경이 현실과 동떨어져 있지만, 사회생활이나 직무 스트레스 같은 일상적 스트레스 상황에서 인간의 스트레스 체계가 어떻게 반응하는지 살펴볼 수 있다는 점에서 의의가 크다. 이처럼 자살 위험을 가진 사람들은 심리적으로 궁지에 몰린 상태일 뿐 아니라, 생리적 영향도 받는 것으로 보인다. 안타깝게도, 코르티솔 반응이 낮아지는 것이 자살 위험의 원인인지 아니면 그 결과인지는 여전히 밝혀지지 않았기 때문에 이는 답을 구해야 할 또 다른 문제다.

이 꼭지를 시작할 때 나는 인생 초기의 역경이 스트레스 반응 시스템에 영향을 주어 자살 위험을 증가시킬 수 있다고 말했다. 앞서 말한 코르티솔 연구의 후속 차원에서, 우리는 아동기 트라우마가 자살 위험이 있는 개인의 HPA축 조절 장애에 어떤 영향을 끼치는지를 조사했다.[33] 실험 참가자들은 아동기 또는 청소년기의 학대 또는 방치 경험과 관련된 질문에 답했고, 우리 연구진은 이를 이들의 코르티솔 수치와 연관시킬 수 있었다. 결과는 분명했다. 아동기에 극심한 트라우마를 겪었다고 답변한 사람은 코르티솔 배출량이 매우 적었으며, 스트레스 반응도 낮았다.

잠시 숨을 고르고 이 연구 결과의 의미를 생각해보자.

우리는 이 실험에서 참가자들에게 수십 년 전 학대나 방임을 경험했는지 이야기해달라고 부탁했고, 이런 경험을 겪었다고 보고한 사람은 평균보다 적은 코르티솔을 배출했다. 더욱 충격적인 것은 자살 시도를 해본 사람들 중 아동기 트라우마를 겪은 이가 많다는 것이다. 우리의 표본과 후속 연구에 따르면 참가자 약 80퍼센트가 적어도 한 가지 유형의 아동기 트라우마가 있다고 보고했다.[34] 여기서, 코르티솔 반응도가 낮아지는 현상은 자살 위험을 넘어 건강에도 다른 부정적인 영향을 미친다는 것을 기억할 필요가 있다. 이런 현상이 왜 일어나는지, 이런 반응에 취약한 사람들을 보호하기 위해 어떤 조치를 취할 수 있는지 알아내려면 훨씬 많은 연구를 진행할 필요가 있다.

애착

애착 형성 과정 역시 고려해볼 만한 중요한 접근법이다. 애착 관계란 인생 초반기에 생겨 청소년기와 성년기 내내 관계에 영향을 주는, 사람과 사람 간의 정서적 유대감이다. 애착 관계는 나이가 들면서 맺는 미래 관계의 모델 역할을 하기 때문에, 인생 초반기에 애착 관계가 잘 형성되지 못하면 당연히 이런 유대감에 잠재적인 문제가 생긴다. 애착에는 여러 가지 패턴이 있으며, 어떤 패턴은 적응적*이며 안정

◆　　주위 환경과 생활이 조화를 이루는 상태.

적이고 어떤 패턴은 비적응적이거나 불안정적이다. 심리학계에서는 안정 애착secure attachment, 회피 애착avoidant attachment, 불안 애착anxious attachment(이 뒤에 각 애착 유형을 순서대로 설명하겠다)이 자살 위험 증가 또는 감소와 잠재적으로 연관되어 있다는 연구가 많이 보고된다. 회피 및 불안 애착 성향은 불안정 또는 비적응적 애착을 설명할 때 종종 같이 딸려 나오는 말이다.

2년 전, 나는 동료 티아고 조르티어Tiago Zortea가 이끄는 연구 검토 작업에 참여해 앞에서 이야기한 각각의 애착 유형이 자살 위험과 얼마나 관련이 있는지 알아보았다.[35] 우리는 50건 이상의 연구 자료를 탐색했고, 이 중 30건 이상의 연구에서 안정 애착 수준이 높을수록 자살에 대한 생각 또는 자살 시도 확률이 낮아진다는 사실을 발견하고 희망에 부풀었다. 안정 애착은 마음의 보호막과 같은 작용을 한다. 안정 애착 관계가 형성된 사람은 스스로를 사랑스럽게 인식하고, 주변 사람들이 자신의 요구에 친절하게 응해줄 거라고 생각하는 경향이 있기 때문이다. 대개 이런 사람들은 자신의 정서적 욕구가 충분히 충족되므로 긍정적으로 세상을 바라보는 편이다.

반대로 회피 성향을 가진 사람은 주변 사람뿐 아니라 자기 자신에 대해서도 부정적인 관점을 취하기 때문에, 타인과 관계를 맺을 때 거리를 유지하거나 독단적으로 행동하려고 한다. 따라서 당연하게도 이런 성향의 사람은 성장에 도움이 되는 만족스러운 관계를 형성하지 못한다. 안타깝게도 회피 애착이 자살 생각 및 시도와 연관이 있다는 확실한 증거가 있다. 이와 비슷하게 불안 애착과 자살 위험도 연관성이 뚜렷하다. 불안 애착 성향을 가진 사람은 인정받기 위해 부단히 애쓰지만, 자신이 가치가 있거나 사랑스러운 사람이라고 생각하지 않기 때문에 애정을 받아들이는 것을 힘들어한다. 그래서 이런 성향은 문제를 일으킬 수 있다. 이런 종류의 애착을 몰입preoccupied 또는 양가적ambivalent 애착이라고도 한다. 사회적 완벽주의를 다시 생각해보면, 이런 유형의 애착은 사회적 인정을 추구하지만 자신의 가치를 느끼지 못하고, 달성할 수 없을지도 모르는 목표를 이루기 위해 자신을 더 몰아붙이는 악순환을 일으킨다는 점을 알 수 있다. 나는 어맨다(앞에서 사회적 완벽주의자의 원형으로 보였던 사람)에게 이런 애착 관계에 대해 묻고 싶었지만, 그가 어떻게 답변할지 이미 짐작이 갔다. 연구 검토 결론에서 우리 연구진은 애착과 관련된 대처 전략에 집중해서 자살 위험을 낮출 수 있도록 더 많은 지원이 필요하다는 것을 강조했다.

이 연구 프로그램의 일환으로 티아고는 과거에 자살을 시도했던 사람들과 심층 인터뷰도 실시했다. 인터뷰의 목적은 애착 형성 문제와 자살 생각·행동 간 관계의 특징을 알아보자는 것이었다.[36] 인터뷰 대상자 중 한 명인 22세 조앤은 그 전에 자살을 시도한 사람으로, 본인이 겪은 인간관계의 어려움을 강조했다. 다음의 인터뷰 일부에서 그는 인생 초기의 인간관계와 그 관계가 지금까지 어떤 영향을 끼치는지 이야기한다.

저는 사람들이 결국 저를 떠날 거라는 걸 알기 때문에 그 누구도 신뢰하지 않아요. 우리 엄마는 도로 한가운데 차 안에 저를 놔두고 가버렸거든요. 그런 일을 한 사람이에요. 저를 사랑해야 할 사람도 그러는데 다른 사람은 뭔 짓을 못하겠어요? (…) 다른 사람과 관계를 맺지 않고 스스로에게만 충실하게 사는 게 오히려 더 편해요. 누군가 저를 치고 도망가도, 전 그냥 무시할래요. 굳이 싸우지 않으려고요. 모두 다 나를 떠나갈 테니 전 그냥 깨끗이 사라지겠어요. 저한테 뭔가 문제가 있겠죠. 그런데 그게 뭔지 모르겠어요. 모두들 제 탓은 아니라고 하지만, 이제까지 발생한 모든 일은 공통적으로 저한테 문제가 있었어요.

조앤의 글에서 버림받았다는 기분과 자기가 쓸모없는 사람이라는 생각이 확연히 느껴진다. 조앤은 살기 위한 투쟁을 포기한 것으로 보이며, 자살이 인간관계 문제의 해결책이 될 거라고 여긴다. 스스로에게 문제가 있다고 보고 죽음을 두려워하지 않고 오히려 그에 묵묵히 순종하는 그를 생각하면 가슴이 아프다.

23세인 크리스티나는 꽤 오래 전 자살 시도를 했지만 여전히 우울증 약을 복용하고 있었다. 아래 이야기를 보면 인생 초기 경험이 그가 느끼는 속박감의 원인이 된 것을 알 수 있다.

제 부모님은 서로에게 상당히 폭력적이었고 저 역시 학대를 견디다 못해 아주 어린 나이에 집을 나왔어요. 그래서 열세 살 때부터 나쁜 것, 그러니까 마약에 손을 댔고 좋지 않은 일들이 따라왔죠. 그러다 악순환에 빠진 것 같고, 인생의 올가미에 걸려든 것 같아요…… 내 머릿속에 갇힌 것 같은 기분이 싫어요. 내 안에 안전한 공간이 전혀 없는 것 같은 기분도요. 이런 거지 같은 뇌 안에 갇힌 느낌이 싫어서 내 스스로가 정말 싫었고, 그런 느낌을 멈추고 싶었어요.

크리스티나가 묘사하는 내적("뇌 안에 갇힌 느낌") 및 외적("인생의 올가미에 걸려든" 느낌) 속박감은 가슴 아프도록 가혹하다. 이런 상태는 인생 초기에 역경을 경험한 사람들에게 나타나는 아주 흔한 현상이다. 크리스티나는 절망의 악순환에 빠져 있는 상태를 묘사하면서, 그런 상황에서는 한숨 돌릴 만한 곳도 전혀 없고, 웅크리고 앉아 안도감을 느끼고 재충전할 공간을 전혀 찾을 수 없다고 말한다. 이와 함께 그가 나타내는 자기혐오와 실망감은 불안 애착을 가진 사람들의 특징이다. 여기에 자신이 쓸모없다는 느낌과 자기가 살든 죽든 아무도 상관하지 않을 거라는 인식까지 더해져 상태가 더욱 악화된 것이다. 이런 자존감 부족과 자신이 중요한 존재가 아니고 쓸모없는 사람이라는 느낌은 매트라는 청년의 인터뷰에서도 드러난다. 그는 인터뷰에서 자살 생각을 하던 때를 회상한다. 27세인 매트는 이미 두 번 자살을 시도했다.

저는 친구도 가족도 전혀 없었고, 모든 결과와 방법을 다 고려해봤지만 결국 제가 살든 죽든 달라지는 게 아무것도 없을 거라는 생각이 들었어요. 저는 그때 너무 우울했고, 희망도 전혀 없었죠. (…)그러니 그 냥 인생의 불을 끄고 아예 끝내버리는 게 낫겠다는 생각이 드는 거예 요. 그렇게 하는 게 더 편하겠다고요. 제가 남길 것도 별로 없는 것 같 았고요.

자살을 시도할 당시 매트는 삶에서 이렇다 할 관계를 전혀 맺고 있 지 않았던 것으로 보이고, 그 결과 계속 살지 죽을지를 저울질하고 있 다. 하지만 자신이 "그때 너무 우울"해서 미래를 근시안적으로 바라 봤다고 스스로 인정하는 부분("당시에는 희망도 전혀 없었죠")이 흥미롭 게 다가온다. 이건 자살의 속박감이 일시적이며, 상황이 나아질 수 있 다는 점을 강하게 상기시켜준다. 문제는 절망의 늪 속에서는 이 점을 알아차리는 게 힘들다는 것이다. 매트가 친구도 가족도 없다고 하는 말 을 들으니, 17세기 영국 제임스 1세 시대 시인 존 돈John Donne이 지은 "누구든 그 자체로 온전한 섬은 아니다No man is an island, entire of itself"라는 시구가 떠오른다. 이 말은 인간관계가 정말 중요하며, 관계가 이루어 지지 않으면 자살 위험이 증가한다는 사실을 부각한다.[37]

자살에 대한 생각 및 동기 단계

살아가는 걸 힘들어하는 사람을 도와주고 싶다면, IMV 모델을 살펴보자. 이들이 자살 생각을 하는지 또는 자살할 위험이 있는지 드러나는 경고 신호를 감별하는 데 도움을 받을 수 있다. 특히 IMV 모델은 자살 생각은 하지만 자살 시도를 할 가능성이 적은 사람과, 실제로 자살 행동에 뛰어들 위험이 아주 큰 사람을 구별하는 데 유용하다. 누가 가장 취약한지 그리고 누가 자살 시도를 하거나 자살로 사망할 가능성이 가장 높은지를 정확히 판별하는 것이 자살 예방에 결정적이기 때문에 이런 구별 능력은 매우 중요하다. 이런 태도의 전환은 동기-의지 단계에서 포착된다. 이 단계에서는 각각 자살 생각을 하고 자살 시도를 도모한다. 앞에서 설명했듯이, 동기 단계에서 작용하는 요인으로 인해 자살 생각이 일어난다. 특히 패배감이나 모멸감에서 발생하며 당사자는 이 상태에서 벗어날 수 없다는 속박감에 빠진다. 그림 2(140쪽)를 다시 보면, 패배감과 속박감, 자살 생각 바로 아래에 '자기 위협 조절 변인', '동기 조절 변인', '의지 조절 변인'이라고 적힌 상자가 보인다. 이 단계에 소개하는 핵심 요인을 통해 우리는 어떻게 한 사람이 패배감 및 모멸감을 느끼다 결국 자살 행동에 뛰어드는지 이해할 수 있다.

조절 변인moderator은 두 가지 다른 요소의 관계 방향이나 강도에 영향을 줄 수 있는 요인을 칭할 때 쓰는 통계 용어다. 스트레스와 행복 간 관계를 생각해보면 조절 변인이 무엇을 뜻하는지 이해될 것이다. 만약 우리가 아는 누군가가 스트레스를 받는데 도움을 요청할 사람이 아무도 없는 경우를 상상해보라. 이 경우 의지할 사람이 있을 때보다

스트레스가 심화될 가능성이 더 커진다. 반대로 기댈 사람이 있거나 사회적 지원을 받는 것은 좋은 요소다. 이런 도움을 받으면 스트레스에 대처할 수 있고, 이에 따라 스트레스가 심화될 가능성이 줄어든다. 이 같은 사례에서는 사회적 지원이 스트레스가 심화될 가능성을 변화시켰기(줄였기) 때문에 조절 변인으로서 작용한 것이다.

그림 2(140쪽)를 다시 보면, 조절 변인 아래에 다양한 심리적 요인을 나열한 상자 세 개가 있고, 각 상자는 그 위의 조절 변인 상자로 연결된다. '자기 위협 조절 변인'을 예로 들어보면, 이 조절 변인에는 사회 문제 해결, 대처 및 기억 편향 같은 심리적 요인이 포함되어 있다. 이들 조절 변인이나 요인이 각각 패배감/모멸감과 속박감의 관계에 영향을 끼친다는 가정하에, 이들 조절 변인이나 심리적 요인의 존재가 부정적이라면 패배감/모멸감으로 인해 속박감에 빠질 확률이 더 커진다. 이런 경우 자살 행동 쪽에 점점 가까워지고, 이 과정에서 자살 생각과 행동을 할 가능성이 높아진다.

또한 기분이 저조할 때는 과거의 일을 기억하는 방식이 왜곡되어, 긍정적인 일보다는 부정적인 일을 떠올릴 가능성이 높아진다. 이게 문제가 되는 이유는 마음이 불쾌한 기억에 사로잡히면서 속박감이 악화될 수 있기 때문이다. 자전적 기억 편향autobiographical memory biases이라 불리는 이런 왜곡은 사회 문제를 해결하는 역량과도 충돌을 일으킨다.[38] 우리가 현재 생긴 문제를 해결하기 위해 과거의 어떤 문제를 해결한 기억을 떠올릴 때, 특정 부분만 세세히 기억하는 경우가 많기 때문에 이런 왜곡이 발생할 수 있다. 기분이 저조하거나 자살 생각을 하는 경우 이런 편향이 적절한 기억을 세세히 떠올리지 못하게 방해하고, 그 결과 문제를 효과적으로 해결하지 못해 속박감이 심해질 가능성이 커진다.[39]

혼자 사는 32세 아이작을 예로 들어보자. 아이작의 이야기를 들어보면 기억 편향이 문제 해결에 어떤 영향을 끼칠 수 있는지 잘 알 수 있다. 그는 저조한 기분과 자살 생각 때문에 1차 진료의를 정기적으로 만나는데, 부분적으로는 가정불화 때문에 이런 문제가 생겼다고 했다. 여기에 직장 내 괴롭힘 등 과거에 생긴 다른 일도 그의 저조한 기분에 영향을 끼쳤다. 가정불화로 인해 아이작은 부모님과 멀어지게 되었고, 두 분과 정말 화해하고 싶었지만 어떻게 해야 할지 방법을 알 수 없었다. 과거에 불화를 성공적으로 해결한 적이 있긴 했지만, 내가 어떻게 해결했던 건지 묻자 그는 자세한 기억을 떠올리는 데 애를 먹었다. 하지만 가정환경과 관련해 벌어진 부정적인 일은 상당히 자세히 이야기했다. 이 점에서 볼 때 아이작은 자전적 기억 편향의 전형적 사례에 해당된다. 그는 긍정적인 기억보다는 부정적인 기억을 더 잘 떠올리는 경향이 있고, 설상가상으로 이전에 화해했던 긍정적인 기억은 지나치게 일반적이어서 자세한 부분은 떠올리지 못하기 때문에, 현재 겪는 가정 위기를 해결하기 위한 전략을 생각해 내지 못한다.

위험으로부터 보호하는 완충장치 만들기

살면서 처음으로 사회적(인간관계) 상황으로 인해 패배감을 느꼈던 때가 있을 것이다. 이 기억을 통해 동기 단계를 좀 더 해부해보자. 문제를 해결해서 결과적으로 잘 끝난 일을 한 가지 떠올려보자. 직장이나 학교에서 벌어진 문제일 수도 있고, 친구와 지내다 생긴 문제일 수도 있다.

- 어떤 사건이었는가?
- 문제 해결을 위해 어떻게 했는가?

잠시 멈추고 그때 상황을 생각해보자.

가상 시나리오를 생각해서 이를 다시 IMV 모델과 연관시켜 보는 것도 도움이 될 수 있다.

당신이 직장 동료와 충돌을 반복하고, 그 결과 소통이 전혀 안 된다는 느낌에 빠져 있다고 상상해보라. 동료와의 충돌이 점점 악화되어 이제 이 상황을 어떻게 해결해야 할지 전혀 감을 잡지 못하는 상태까지 왔고, 당신의 에너지는 온통 매번 동료를 만난 후 감정을 다스리는 데 소모된다. 이런 충돌은 정말 당신을 의기소침하게 만들고, 그를 만날 때마다 논쟁이 과열되다 보니 이제 심한 패배감과 이 상황에 갇혀 버렸다는 느낌이 든다. 마치 좁은 틈에 끼어 어떻게 할 줄 모르는 상태와 같다. 그러나 한 친구와 이야기를 나눈 후, 비판만 하지 말고 이 문제를 꺼내 동료와 함께 열린 방식으로 이야기해보라는 권유를 받았다. 그렇게 해보니, 직장 동료는 당신을 보면 그가 이전에 만난 상당히 폭력적인 동료를 떠올린다는 사실을 알아냈다. 그래서 이 사람은 당신이 있으면 항상 신경을 곤두세웠고, 그러다 보니 툭하면 싸움을 벌이게 된 것이다. 하지만 이 문제를 언급하면서 당신은 동료와 함께 문제를 해결할 수 있었다.

이 시나리오를 IMV 모델 관점에서 분석해보자.

먼저, 반복되는 문제를 해결함으로써 패배감에서 속박감으로 통하는 경로(또는 연결 고리)가 줄어들었다. 문제를 해결할 수 있게 되면서 패배감과 속박감의 관계가 조정되었고, 해결책의 도움으로 속박되었다는 느낌이 지속될 가능성도 줄어들었다. 즉 일반적으로 조절 변인은 관계를 약화하거나, 반대로 강화하는 두 가지 방면으로 작용할 수 있다. 위의 사례에서는 심리학자들이 문제 중심 대처problem-focused coping라 부르기도 하는 방법으로, 효과적으로 문제를 해결한 덕분에 패배감과 속박감의 관계가 약화되었다.

반대로 여러분이 이 상황에서 다르게 대처했을 때, 예를 들어 문제를 해결하려고 하지 않고 고집만 부렸다면 이런 대처 때문에 여러분은 속박감을 계속 받을 가능성이 커지고 이에 따라 패배감에서 속박감으로 가는 경로가 강화된다. 약화되는 것과 강화되는 것 모두 관계가 조절되는 사례다. 조절 변인에 보호 기능이 있으면 이를 완충 장치라고 한다. 우리 모두는 살아가는 데 완충 장치가 필요하다. 패배감이 들 때, 앞에서 생각한(직장 또는 학교에서 또는 친구와의 문제) 상황을 IMV 모델에 소개된 요인의 관점으로 바라보면 어떨까? 곤란한 상황을 해결하기 위해 자기 위협 조절 변인을 조절해봤는가? 다시 말해, 자신에게 닥친 정신적 고통에 어떻게 대처했는가?

자, 이제 속박감에서 자살 생각으로 가는 경로를 생각해보자. '자기 위협 조절 변인'은 패배감이 속박감으로 변하는 요인인 반면, '동기 조절 변인'은 속박감이 자살 생각으로 변하는 가능성을 높이거나 낮추는 요인이다. 예를 들어 좌절된 소속감, 다른 사람에게 짐만 된다는 생각, 미래에 대한 부정적 전망, 사회적 지원이 거의 없는 상태가 있다. 이런 요인이 있으면 속박감으로 자살 생각이 출현할 가능성이 더 높아진다. 그러나 주목해야 할 것은 자살 생각이 속박감의 불가피한 결과물도 아니고, 모든 동기 조절 변인이 상황을 악화시키지도 않는다는 점이다. 어떤 조절 변인은 위에서 언급한 것처럼 보호 기능을 가진 완충 장치가 된다. 속박감을 경험하는 사람들 대부분은 심각한 자살 위험에 빠지지는 않는다. 무엇보다 사람들에게 해를 끼치는 요인에 개입 치료를 실시한다면 속박감을 느끼는 사람들을 보호할 수 있다. 하지만 문제는 누가 속박감을 느끼는 상태에 있는지 알아내는 것, 또 어떻게, 언제 개입해야 이들의 안전을 지킬 수 있는지 파악하는 것이다. 3부에서 어떻게 해야 사람들을 안전하게 지켜낼 수 있는지 그 방법을 소개하겠다.

미래를 긍정적으로 생각하기

놀랄 만한 일은 아니지만, 절망감이 엄습할 때 미래를 생각하는 일은 어둠 속에서 나아갈 길을 탐색할 수 있도록 도와준다. 예를 들어 인생의 올가미에 속박되었다는 느낌이 들 때, 앞으로 기대할 만한 희망적인 일이 아무것도 없다면 자살 생각이 떠오를 가능성이 높다. 이런 이유로 미래에 대한 생각은 IMV 모델에서 동기 조절 변인에 포함된다. 앤드루 매클라우드Andrew MacLeod의 연구에 근거하여, 우리는 오랜 세월에 걸쳐 미래에 대한 생각과 자살 위험 간 관계의 본질을 알아내기 위해 노력했다. 매클라우드는 로열홀러웨이대학교의 임상심리학자로 1990년대에 이 연구를 처음 시작했다. 그는 '미래 생각 과제future thinking task'라는 프로그램을 개발했는데, 이는 사람들에게 미래에 기대가 되거나 걱정되는 일 등을 이야기해보게 하는 간단한 구두 과제다.[40] 이 작업을 통해 사람들의 긍정적·부정적인 미래 생각을 알아낼 수 있다. 긍정적인 생각에는 '휴일에 놀러가는 것'에서 '남자 친구를 만나는 것' 또는 '저녁에 외식하러 나가는 것'까지 다양한 답변이 포함된다. 반면 앞으로 걱정되는 부정적인 일에 관해서는 '반려자와 다투는 것', '실업자가 되는 것' 또는 '병에 걸리는 것' 같은 전형적인 답변이 많이 나왔다.

매클라우드의 첫 연구 결과는 충격적이었다. 그는 자해를 했거나 자살 시도를 했던 사람들에게 미래를 어떻게 생각하는지 물은 후 이 답변을 자살 위험이 없는 사람들의 답변과 비교했는데, 확실한 패턴이 나타났다. 자살 위험이 있는 사람은 자살 위험이 전혀 없는 사람에 비해 미래에 대한 긍정적 생각이 적었고, 우울한 사람과 비교해도 역시 긍정적인 생각이 적었다. 더구나 부정적인 미래 생각에서는 다른 집단과 정도의 차이가 전혀 없는 것으로 보였다. 또한 우리 연구진뿐 아니라 다른 연구에서도, 자살 시도를 하는 사람들에게는 긍정적인 미래 생각이 결여되어 있다는 사실이 밝혀졌다.[41] 최근에 우리는 긍정적인 미래 사건을 생각할 수 있는 정도에 따라 자살 시도 후 몇 주간의 회복 상태를 예측할 수 있다는 사실을 밝혀냈다. 자살 시도 직후 긍정적인 미래를 겨우 몇 가지밖에 생각하지 못한 사람은, 긍정적인 생각을 많이 할 수 있는 사람에 비해 두 달 후 자살 위험이 훨씬 더 심해졌다.[42] 따라서 긍정적인 미래 생각은 단기적으로 자살을 예방하는 역할을 하는 것으로 보인다.

그러나 살아가면서 발생하는 대부분의 상황과 마찬가지로, 긍정적인 미래 생각과 자살 행동 간의 관계는 우리 연구진이 처음 생각했던 것보다 훨씬 복잡했다. 거두절미하자면 긍정적인 미래 생각은 자살 시도 후 몇 주간은 보호 역할을 하지만, 특정 유형의 생각은 이런 긍정적인 미래 생각이 실현되지 않을 경우, 중·장기적 관점에서 볼 때 당사자를 더욱 어둠 속으로 끌고 갈 수 있다. 이건 내가 한 연구에서 자살을 시도한 사람들을 해당 사건 이후 15개월간 추적한 결과 내린 결론이다.[43] 간단히 말해, 미래를 긍정적으로 생각하는 수준이 높지만 그 생각이 '자기 자신의intrapersonal' 미래에 국한되어 있는 사람은 자살 시도를 다시 할 가능성이 더 높았다. 이런 생각은 타인이 아닌 자신만을 고려하는, '나는 회복되고 싶다', '나는 자신감을 더 갖고 싶다', '나는 행복해지고 싶다' 같은 생각이다. 다시 말해 긍정적인 미래 생각이 '우울증에서 회복하고 싶다'인 경우로, 시간이 흘러도 우울증을 극복하지 못하면 속박감이 나타날 수 있다. 이렇게 되면 이들은 다시 '속박감→자살 생각'이라는 절망적인 사이클로 돌아간다.

자살 위험을 이해하는 과정에서 나는 핵심적인 결론 두 가지를 도출했다. 첫째, 미래에 대해 긍정적인 생각을 하는 것은 일반적으로 좋은 일이며, 우리는 사람들이 되도록 미래에 대해 희망을 품을 수 있도록 가능한 힘껏 도와야 한다. 둘째, 긍정적인 미래를 고려할 때 현실적으로 접근하는 것이 중요하고, 만약 어떤 희망이나 긍정적인 미래 생각이 이루어지지 않을 경우 다른 희망을 생각할 필요가 있다. 우리는 좀 더 자신을 받아들이고 스스로의 결점에 대해 자기 연민을 가질 필요가 있으며, 모두가 실패를 경험하고 그래도 괜찮으며 넓은 관점에서 보면 사람은 다들 그렇게 사는 거라고 스스로에게 상기시켜줄 필요가 있다. 내 동료인 세오나이드 클리어Seonaid Cleare는 자기 연민과 자살 생각 사이의 관계를 밝힌 연구 문헌 검토 프로젝트를 이끌었다.[44] 우리가 찾은 연구는 겨우 몇 가지에 불과했지만, 검토 결과는 분명했다. 자기 연민과 자기 용서는 우리를 보호하는 기능이 있다.

이 부분에서는 목적상, 동기 조절 변인의 해로운 역할과 보호 역할을 각각 짚어주는 이야기를 두 가지 소개하겠다.

강연이 끝난 후, 30대 여성 샬럿이 내게 찾아왔다. 샬럿은 전에 한 번도 자살을 시도한 적은 없었지만, 수많은 세월을 자살 생각을 하며 살아왔다. 샬럿은 자신의 문제를 되짚어 올라가면서 그동안 한번도 어딘가에 소속감을 느끼지 못했고 살아가는 내내 세상에 적응하느라 힘들었다는 이야기를 했다. 항상 이방인 같다는 생각을 했다고 말이다. 샬럿은 시골에 사는 트랜스젠더이며, 그가 성전환을 하자 부모님은 자식과 의절했다. 그는 10대 때부터 줄곧 정신건강 문제를 안고 살아왔다. 그는 내게 성 정체성과 관련된 불안감은 성전환 수술 이후 좋아졌지만, 여전히 심리적으로 속박된 느낌을 받는다고 이야기했다. 이제 '내 몸 안에 갇힌' 느낌은 완전히 사라졌지만, 샬럿은 여전히 정서적인 고통 속, 정서적 감옥에 갇혀 있었다. 샬럿은 단지 자신이 가치 있는 사람임을 느끼고 싶었고 가족의 소중한 일원으로 대우받으며 소속감을 느끼고 싶었다.

IMV 모델을 통해 봤을 때, 샬럿의 자살 생각을 더욱 악화시킨 것은 속박감과 동시에 일어난, 좌절된 소속감이었다. 다행히도 샬럿은 나와 만났을 때 상당히 양호한 상태였지만, 자살 생각은 좌절된 소속감 문제가 해결될 때까지 반복될 수 있다. 좌절된 소속감은 속박감과 자살 생각의 관계에 손상을 입히거나, 이 관계를 강화하는 요소로 보인다.

다른 이야기를 들어보겠다. 에이바는 생각을 바로 실행에 옮기는 사람으로, 10대 후반에 자살 시도를 한 번 한 적이 있다. 현재 24세인 에이바는 자기가 더 이상 자신에게 위험한 존재가 아니라는 점에서 안도감을 느낀다고 말했다. 다시 한번 말하지만, 에이바의 이야기는 드문 사례가 아니다. 에이바는 학창 시절에 괴롭힘을 당했고 낮은 자존감에 괴로워했으며, 이 때문에 지금도 친구를 사귀고 관계를 유지하는 게 어렵다고 말했다. 이뿐 아니라 에이바는 마음속에 깊은 죄책감을 숨기고 있었다. 그의 눈에 자신은 '골치 아픈' 10대였다. 10대 중반에 경찰과의 마찰로 몇 차례 물의를 일으켰고, 이 때문에 부모님께 너무 많은 고통과 고뇌를 안겨준 것이 후회스러웠다. 20세가 되는 생일 며칠 전, 에이바는 이미 지칠 대로 지쳐 있었다. 자신은 가족에게 짐만 되고, 자신이 죽어도 아무도 아쉬워할 사람이 없으며, 자신이 저지른 모든 일이 잘못된 짓이라 그냥 모든 걸 멈추고 싶다고 생각했다. 그리고 잠시 후 그는 병원에서 깨어났다. 당시에는 자신이 어디에 있는지, 또 어떻게 그곳에 온 건지 전혀 몰랐다. 다행히도 에이바는 자살 시도에서 목숨을 건졌고 정신과 전문 간호사에게 보내졌다. 그 간호사와 진정으로 마음에서 우러나온 소통을 하면서 에이바에게 전환점이 찾아왔다. 바로 그 간호사가 1차 진료의에게 에이바의 자폐 검사를 의뢰한 것이다. 나와 만났을 때 에이바는 잘 지내고 있으며, 자폐를 진단받은 후 자존감이 생겨났다고 말했다. 에이바는 이제 더 이상 가족에게 짐이 된다는 생각을 하지 않았다.

그동안 본인이 살아오면서 느꼈던 감정과 사회적으로 적응하기 힘들었던 이유를 이해할 수 있는 진단명이 나왔기 때문에, "이제 모든 게 이해가 간다"라고 하며 에이바는 환하게 웃었다. 전에는 가족이 자신을 '이상'하고 '예측할 수 없는' 아이라 생각할 거라고 느꼈지만, 이제 자신이 "더 이상 가족에게 문젯거리가 아니기" 때문에 그런 감정을 느끼지 않았다. 에이바의 삶은 완전히 바뀌었다. 그는 이제 대학을 다니며 재무학과 강의를 수강하면서 인생에서 진짜 목적을 가진 것에 고무되어 있다. 무엇보다 그는 자신이 가족에게 짐이란 생각을 더 이상 하지 않는다. 때로 무언가에 갇힌 듯한 느낌이 여전히 들지만, 이제 이런 정신적 스트레스를 관리할 수 있고 자살 생각까지 치닫지는 않는다. 에이바의 이야기를 통해 우리는 또 다른 동기 조절 변인인, 부담감(내 존재가 짐이라는 생각)을 해결했을 때 일어나는 심리 보호 효과를 알 수 있다. 또한, 일부 사람은 이렇게 자살 생각의 원인이 밝혀지면 그 영향이 누그러질 수 있다는 것도 알 수 있다.

에이바의 이야기는 한 걸음 나아가 더 광범위한 문제를 조명해준다. 자폐 스펙트럼 증상을 가진 사람은 자살 생각과 자살 행동 위험이 높다는 인식은 최근까지도 거의 없었다. 정확한 이유는 아직 확실하게 밝혀지지 않았지만, 심리학자 세라 캐시디Sarah Cassidy와 사이먼 배런 코언Simon Baron-Cohen은 도움받을 욕구의 결핍과 더불어 위장camouflaging, 즉 사회 상황에 대처하기 위해 자신의 자폐 스펙트럼 증상을 은폐하는 경향이 자살 위험과 독특하게 연관되어 있다고 지적한다.[45] 또한 자폐와 관련된 자살 사망은 보고되지 않는 경우가 많다는 점도 드러나고 있다. 자폐 증상이 있는 사람들의 자살을 예방할 요소는 물론 그들만이 지닌 위험을 이해하기 위해 훨씬 많은 연구가 진행될 필요가 있다.[46] 이뿐 아니라, 샬럿 같은 젊은 트랜스젠더를 도와주기 위해서도 더 많은 노력을 기울여야 한다.[47]

이번 장에서는 주로 자살에 대한 생각이 어떤 경로를 통해 생겨나는지를 집중해서 이야기했다. 이 정보를 통해 주변 사람들에게서 어떤 경고 신호를 식별해야 할지, 어떻게 그리고 왜 자살 생각이 생겨나는지 이해하는 데 도움이 되었기를 바란다. 다음 장에서는 IMV 모델의 의지 단계를 다루겠다. 여기에서는 왜 어떤 사람들은 자살 생각을 실천에 옮기고 또 어떤 사람들은 그렇지 않은지를 다루려고 한다.

8

자살 행동으로 이어지는
여덟 가지 요인

저는 제 아이가 그런 걸 할 거라는 생각을 해본 적이 없어요. 아들이 자살하기 몇 주 전에 죽을 생각을 해본 적이 있다고 저한테 말했지만 전 너무 두려워서 진짜 자살할 거냐고 직접 물어보지를 못했어요. 지금까지도 왜 그때 아들에게 물어보지 않았는지 의문을 가져본 적이 없어요. 이제야 뒤돌아 생각해보면 제 아들은 스스로 목숨을 끊을 그런 아이는 아니었어요. 말이 안 되는 소리로 들리겠지만, 우리 아들은 항상 생명력이 넘치는 아이였어요.

위의 말은 아들이 죽고 1년 후 가슴 깊이 상처를 품은 어머니와 나눈 대화의 일부분이다. 이 말을 들으면 어떤 사람이 자살에 대한 생각을 실행에 옮기고, 또 어떤 사람은 그렇지 않은지 선험적으로 인식하기가 믿기지 않을 정도로 어렵다는 사실을 알 수 있다. 자살 행동을 예측하는 능력을 향상하기 위해 노력하는 과정에서, 취약한 사람을 보호하려는 노력을 절대 멈춰서는 안 된다. 자살 연구 및 예방 분야에서 일하는 사람들은 매일 이런 엄청난 도전 과제를 놓고 씨름한다. 자살 생각을 하는 사람 중에서 누가 자살 시도를 할 가능성이 더 높은지 미리 알아내는 일 말이다. IMV 모델의 의지 단계(190쪽 참조)는 자살 생각에서 자살 시도로의 전환 과정을 명확히 이해하기 위해 만든 것이다. 의지 단계라는 용어는 심리학에서 널리 사용되는 말로, 한 사람이 어떤 행위에 뛰어들기로 작정한 후의 단계를 일컫는다. 반면 동기 단계는 한 사람이 어떤 행위에 뛰어들기로 작정하기까지의 과정을 말한다.

IMV의 의지 단계에서는 자살 생각을 행동으로 옮기는 사람들의 약 3분의 1에게서 나타나는 특정 요인을 꼽았다.[1] 어떤 사람이 자살 행동을 단행할 때, 이 행위가 사망으로 이어지는지의 여부에 영향을 미치는 것은 자살 방법이 치명적인 정도, 즉 '치사율 case fatality rate(어떤 방식으로 사망한 자살 건수를 같은 방식으로 자살을 시도한 건수로 나눈 비율)'이다. 우연이나 운 역시 자살 행동이 사망으로 이어지는지의 여부에 영향을 줄 수 있다.

이번 장에서 나는 누군가 자살 생각을 실행에 옮기려고 할 때 나타나는 징후를 소개하려고 한다. 더불어 자살 행위를 실행할 가능성을

2부 자살 생각은 어떻게 행동으로 이어지는가

타진해볼 수 있는 질문 몇 가지를 수록했다.

의지 단계는 그림 3(190쪽)에서 보는 바와 같이 여덟 가지 핵심 요인으로 이루어져 있고, 이 요인이 자살 생각을 실행으로 옮길 가능성을 높인다. 나는 동료이자 친구인 올리비아 커틀리Olivia Kirtley와 함께 2018년 IMV 모델을 업데이트할 때 이 요인들을 추가했다.[2] 또한, 그림 3에서는 각 요인 항목 바로 아래에 해당 요인이 여러분이 아는 누군가와 관련이 있는지 생각해보는 데 도움이 될 질문을 넣었다. 이들 요인은 자살 생각과 자살 행동를 잇는 다리와 비슷하다. 우리는 보통 두 지점을 견고하고 안전하게 연결하기 위해 다리를 건설하지만, 여기서는 이 다리를 무슨 수를 쓰든지 폭파해서, 우리 곁의 사람들이 자살 생각에서 자살 행동으로 연결되는 다리를 건너지 못하도록 조치하는 것이 목표다. 그림에서 보는 바와 같이, 의지 요인에는 환경적·사회적·심리적·생리적 요인이 있다.

나는 2018년 워싱턴 DC에서 열린 미국 자살학회에서 테드TED 형식의 강연을 한 적이 있었다. 이후 참석자 중 한 사람인 켄 노턴Ken Norton이 트위터에서 이를 언급하며 여덟 가지 요인을 "자살 생각과 행동을 잇는 여덟 가지 특징"이라고 설명했다.[3] 의지 요인의 핵심을 잘 잡아냈기 때문에 나는 이 설명이 상당히 마음에 들었다. 그 이후로는 이 그림을 설명할 때 그의 말을 꼭 곁들인다. 이제 각 요인의 특징을 차례로 살펴보자.

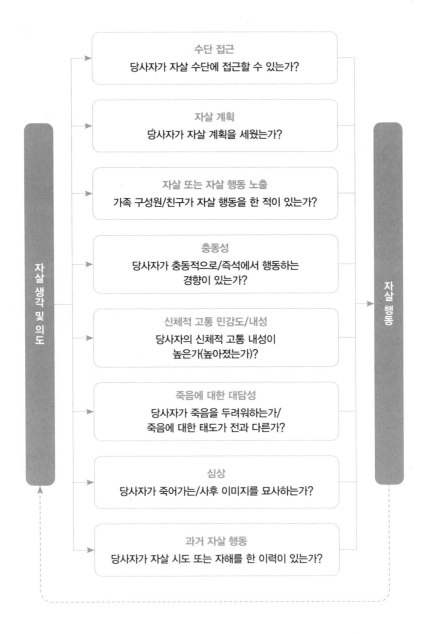

자살 생각 및 의도

자살 행동

수단 접근
당사자가 자살 수단에 접근할 수 있는가?

자살 계획
당사자가 자살 계획을 세웠는가?

자살 또는 자살 행동 노출
가족 구성원/친구가 자살 행동을 한 적이 있는가?

충동성
당사자가 충동적으로/즉석에서 행동하는
경향이 있는가?

신체적 고통 민감도/내성
당사자의 신체적 고통 내성이
높은가(높아졌는가)?

죽음에 대한 대담성
당사자가 죽음을 두려워하는가/
죽음에 대한 태도가 전과 다른가?

심상
당사자가 죽어가는/사후 이미지를 묘사하는가?

과거 자살 행동
당사자가 자살 시도 또는 자해를 한 이력이 있는가?

그림 3 **여덟 가지 의지 요인: 자살 생각에서 자살 행동으로의 전환**

2부 자살 생각은 어떻게 행동으로 이어지는가

수단 접근

첫 번째 요소는 자살 수단 접근이다. 이건 환경적인 의지 요인이다. 누군가 생을 끝낼 생각을 하고 있다고 할 때, 이들이 자살에 사용할 수단을 이미 확보했다면 자살 생각을 실행에 옮길 가능성이 크다는 것은 놀라운 일이 아니다. 실제 자살을 예방하는 요소를 연구한 자료 및 증거를 살펴보면, 자살 수단 접근 금지가 가장 강력한 자살 예방 효과를 발휘한다는 것을 알 수 있다.[5] 간단히 말해 자살에 대한 환경적·사회적·심리적인 장벽을 세워 자살 실행이 일어나지 않도록 개입하는 일은 생명을 구하는 데 도움이 된다. 몇 년 전 영국에서, 뜻하지 않은 부분에서 이에 대한 확실한 사례가 나왔다. 1950년대 이전 가정에서는 석탄에서 추출한 독성 가스를 사용했기에, 안타깝게도 당시 많은 사람이 일산화탄소 가스 중독으로 스스로 생을 마감했다. 하지만 1950년대 후반 영국에 비독성 천연가스가 도입되면서 1960년대와 1970년대에는 이런 중독으로 인한 자살 건수가 줄어들었다. 사실상 천연가스 도입이 6~7천 명가량의 목숨을 구한 것으로 추정된다.[6]

천연가스 도입이 자살률에 미친 영향은 에든버러에서 활동한 정신과 전문의, 노먼 크레이트먼Norman Kreitman이 이끈 획기적인 연구에서 발표되었다. 이 연구는 특정 자살 수단의 접근을 금지해도 그에 대한 '대체 효과substitution effect' 현상이 나타나지는 않는다는 점을 강조했다.[7] 일산화탄소의 경우, 이로 인한 사망이 감소했을 때 다른 수단에 의한 자살 사건은 소폭만 증가했다. 일반적으로 사람들은 특정 자살 수단에 단기적으로 접근이 금지되어도 그 대신으로 다른 자살 수단을 사용하지는 않는 것으로 드러났다. 하지만 혹여나 새로운 자살 방법이 출현하지 않는지 촉각을 곤두세워야 한다.[8]

지난 수년간 직간접적으로 자살 감소를 이끈 혁신적인 공중 보건 정책이 몇 가지 더 있다. 차량 배기 장치에 촉매 변환기를 설치하는 정책, 살충제 수입 및 판매 규제 강화 정책, 그리고 아세트아미노펜 등의 진통제를 16개들이 블리스터 포장blister pack◆으로 양을 한정하여 판매하는 정책 등이 있다.[9] 영국은 1998년에 아세트아미노펜 규제법을 도입했고, 몇 년 후 옥스퍼드대학교 정신과 전문의 키스 호튼은 규제 도입 이후 아세트아미노펜 관련 사망률이 43퍼센트 감소했다고 발표했다.[10]

좀 더 최근에는 나와 친한 친구이자 《국제 자살 예방 핸드북》을 공동 편집한 멜버른대학교의 제인 퍼키스Jane Pirkis와 그의 동료 연구진이 관련 연구를 진행했다. 이들 다리◆◆처럼 자살 시도 우려가 있는 장소에 예방 정책을 실시하는 것이 자살 예방에 효과가 있는지 알아보았다. 제인과 동료 연구진은 세 가지 종류의 수단을 검토했다. 하나는 접근 자체를 제한하는 방법(예: 다리에 방벽 또는 철조망 설치), 또 하나는 도움 요청을 유도하는 방법(예: 자살 위기에 빠진 사람이 도움을 요청할 수

◆   알약을 기포 모양의 투명 플라스틱 안에 개별 포장한 것.

있도록 상담 전화번호가 적힌 표지판 설치), 다른 하나는 제삼자가 생명을 구하기 위해 개입할 수 있는 가능성을 높이는 방법(예: 우려가 되는 곳에 CCTV 카메라 설치)이었다.[11] 검토 결과, 각각의 개입 방법을 통해 자살 우려가 있는 곳에서 자살 사망이 줄어든 것으로 나타났다. 이런 개입 방법을 단독으로 실시할 때보다 여러 가지를 같이 사용할 때 좀 더 효과적인지는 여전히 밝혀지지 않은 상태다. 개입 방법이 여러 취약 집단에서 모두 똑같이 효과를 보였는지도 확실하지 않다. 그래도 이들은 자살의 의지 단계에 초점을 맞추어 생명을 구하는 방법임이 확실하다. 또한 이렇게 대대적으로 개입하는 정책이 가진 이점을 잘 보여준다.

자살 계획

만약 사랑하는 사람이 자살 생각을 품고 있다면, 가장 먼저 해야 할 질문은 자살 계획을 세웠는지 여부를 묻는 것이다. 상대가 '그렇다'라고 답하면 다음 질문에서는 얼마나 계획이 구체적인지, 그리고 계획 실행을 위한 수단에 접근할 수 있는지의 여부를 파악해야 한다. 이 질문에도 '그렇다'라고 답한다면 그 사람은 스스로 목숨을 지킬 수 있을지 장담할 수 없는 상태이기 때문에 당장 조치를 취해야 한다. 만약 이 사람을 안전하게 지킬 수 없다는 생각이 들면, 1차 진료의나 정신건강 전문가, 또 필요한 경우 비상 서비스에 연락하라.

자살 계획의 기본으로 돌아가보면, 계획은 수단 접근과 관련 있는 의지 요인이다. 왜냐하면 당사자가 구체적인 계획을 **이미 세운 상태에서** 이를 실행할 구체적인 수단에 접근한다면, 환경적 요인을 제한해도 구체적 계획을 세워 자살 수단에 접근하기 때문에 자살의 낭떠러지로 떨어질 가능성이 높아지기 때문이다. 실제로 심리 연구를 통해 목표 지향적인 건강행동을 조사한 결과, 구체적인 **실행**implementation 의도(예: '나는 다음 주부터 매일 다섯 번 과일과 채소를 섭취하며 건강한 식생활을 할 거야')를 세우는 사람은 **목표**goal 의도(예: '건강한 식생활을 할 거야')만 세우는 사람에 비해 계획을 행동으로 옮길 가능성이 더 높은 것으로 나타났다.[12] 이 현상은 자살 행동에도 똑같이 적용된다. 실행 의도는 언제, 그리고 어디에서 특정 목표 지향적인 행동을 실행할지를 명확히 정하기 때문에 조건부 실행 계획으로 이루어진다. 조건부 실행 계획이라고 설명하는 이유는, 실행 의도가 목표한 행위를 촉발하는 요소와 이 요소 때문에 이어지는 반응을 기반으로 작용하기 때문이다 (예: '나는 만약 스트레스를 **받으면, 그때** 건강에 좋지 않은 과자를 먹는다').

실행 의도는 다양한 행위를 촉발하는 요인을 감지하는 데 도움이 되며, 이는 곧 특정 행위에 뛰어들고 싶어 하거나 이런 행위를 피하고 싶은 사람들을 위한 지원 서비스를 향상시킬 수 있다는 의미다. 공중 보건의 맥락에서 실행 의도를 다룰 때, 우리는 식생활이나 운동 같이 건강을 지키는 행동을 권장한다. 그러나 자살 예방의 맥락에서는 이와 정반대로 행동을 막아야 한다. ('만약') 사람들이 정신적 고통을 느낀다면, ('그때') 자살 행동에 뛰어드는 것을 막고자 노력해야 한다. 즉 '만약'과 '그때' 사이의 연결 고리를 깨고, '조건부 실행'의 연결 고리를 다르게 만들어 어떤 촉발 요인이 존재하더라도 이에 대한 반응으로 자살 행동이 나올 확률을 낮추기 위해 노력하는 것이다.

실행 의도 파악은 두 가지 면에서 자살 예방 효과가 있다. 첫째로, 실행 의도는 한 개인이 자살 계획을 구체적으로 세웠는지(어떤 계획을 언제, 어디서 실행할지) 여부를 파악하는 데 도움이 되고, 이런 정보의 도움으로 우리는 더 많은 사람을 안전하게 지킬 수 있다. 10장에서 우리를 자살 위험으로부터 보호하는 데 도움이 될 안전 대책 기법을 더 자세히 설명하겠다.

실행 의도 파악의 두 번째 장점은 사람들이 기존의 자살 촉발 요소와 자살 행동를 잇는 고리를 깰 수 있도록 독려하는 데 유용한 기법이라는 것이다. 자살을 행위라고 보았을 때, 자살 행동에 한 번 뛰어든 사람은 다시 이 일을 저지를 가능성이 크다. 이는 통계를 봐도 분명한 사실이다. 과거 행위가 미래 행위의 최고 예측 인자라는 것은 심리학에서 익히 알려진 사실이다. 이는 우리가 어떤 행위에 뛰어들면, 행위 촉발 요인과 해당 행위가 연결되었던 기억이 머릿속에 남기 때문이다. 따라서 다음에 동일한 촉발 요인을 마주하면 과거와 같은 반응이 나올 가능성이 크다. 만약 누군가 과거에 정신적 고통으로 속박감이 들어 자살을 시도했다면, 이 사람이 속박감에 다시 빠질 경우 자살 행동에 다시 뛰어들어 사망할 위험이 높아진다.

크리스 아미티지Chris Armitage와 나는 자살 행동을 **줄이기 위해** 조건부 실행 계획의 연결 고리를 이용해보고 싶었다. 크리스가 다른 건강 행위를 대상으로 이전에 진행했던 연구 두어 건을 토대로, 우리는 의지 도움 시트Volitional Help Sheet, 이하 VHS에 조건부 실행 계획을 고려한 내용을 넣었다.[13] VHS는 '끔찍한 마음 상태에서 벗어나 위안을 얻고 싶다'에서 '갇혀 있는 느낌이다' 또는 '희망이 없다'까지, 자살 행동에 뛰어들 유혹을 느끼게 하는 일반적인 자살 촉발 요인 또는 상황 열두 가지를 A4 한 쪽에 일렬로 나열한 용지다. 또한 VHS는 해결책 열두 가지를 제공하는데, 이 해결책은 임상심리학에 기반한 것으로 다른 임상 상황에서도 도움이 된다고 증명된 치료 기법이다. 이들 해결책은 '조건부 실행 계획'의 맥락에서 '만약' 뒤의 '그때'에 해당하는 반응으로, 여기에는 주의 전환 기법('그때는 대신 다른 일을 하겠다')을 사용하는 것에서 사회적 지원을 요청하는 것('그때는 이야기를 나눌 필요가 있다는 뜻이므로 내 말을 들어주는 사람을 찾겠다'), 그리고 약물 복용까지, 취할 수 있는 모든 대책이 포함된다. 이 시트는 이용자가 자살 행동 촉발 요인을 떠올리도록 유도한 다음, 이런 상황과 해결책을 연관지어 촉발 요인을 다른 반응(즉, 자해가 아닌 반응)과 연결한다. 또한 이용자들은 그들이 원하는 만큼 '상황-해결책' 연관 관계를 만들어 보는 활동을 수행한다. 이런 연관 관계를 만드는 목적은 다음 번에 속박감이 들었을 때(상황) 자해 또는 자살 행동으로 반응하는 대신 다른 해결책,

2부 자살 생각은 어떻게 행동으로 이어지는가

예를 들어 자신의 이야기를 들어줄 누군가를 찾아 나서는 식으로 대응하라는 것이다.

우리는 이 시트를 사용해서 자살 위험에서 벗어날 새로운 해결책을 원활하게 탐색하기 위해 노력하고 있다. 자살 행동을 일으키는 요인이 복합적이라는 점을 고려하면 간략한 시트 한 장이 자살이나 자해를 다 막아주지는 않겠지만, 일상 속 자살 예방 대책에 이 시트를 추가하면 위기 상황에 갇힌 사람들을 자살 행동에서 멀어지도록 유도하는 데 적합한 도움을 받을 수 있다. 여기서 나는 자살 행동 또는 자해 대책을 한 장의 단순한 시트로 압축할 생각은 전혀 없다는 점을 다시 한 번 힘주어 강조하고 싶다. 크리스와 내가 처음 VHS를 만들어 자살 위험을 가진 사람들에게 사용하는 문제를 논의했을 때, 사실 나는 약간 회의적이었다. 그러나 일부 사람들은 VHS 접근 방식의 도움으로 그들의 자살을 촉발하는 인자를 곰곰이 생각해보고, 자살 외 대응 방안을 고려하는 것으로 보인다. 따라서 결과적으로 일부 사람들에게는 분명 얼마 동안은 효과가 있다. 하지만 모든 잠재적 해결책이 그러하듯, 이 방법은 특정한 사람에게만 통할 뿐이다. 내가 보기에 VHS는 누군가 자살 생각에서 자살 행동으로 이행할 가능성, 즉 자살의 낭떠러지 끝으로 떨어질 가능성을 줄일 수 있는 많은 도구 중 한 가지다 (3부 참조).

VHS의 효과를 증명하기 위해 우리는 자살 행동 이후 치료를 받는 사람들을 대상으로 두 가지 연구를 실시했고, 두 연구에서 모두 고무적인 결과가 나왔다. 한 연구는 말레이시아에서 진행되었다.[14] 이 연구는 실험 정신이 필요했고 방법론적인 어려움이 있었지만, 결과적으로 VHS를 끝낸 사람들의 자살 행동 위험은 줄었다. 스코틀랜드에서 진행된 다른 연구에서는 자살 시도 이후 병원에 입원한 환자를 대상으로 완전한 무작위배정 임상시험이 실시되었다.[15] 6개월 후 해당 참가자들에게 연락하여 확인해 본 결과, VHS는 이후 자해 행위로 입원하는 사람의 숫자에는 아무런 영향을 미치지 못하는 것으로 보였다. 그러나 추가 분석을 해보니 재미있는 결과 패턴이 나왔다. 실제로 보니 VHS를 완성한 사람 중에서 우리 연구에 참여하기 전 자해 행동으로 입원했던 사람은 VHS가 효과가 있는 것으로 나타났다. 이들이 완전히 자해를 멈춘 것은 아니었지만, 6개월의 연구 기간 동안 자해를 한 횟수는 시트 작성 없이 일반 치료만 받은 사람들보다 더 적었다. 큰 힘이 되는 결과다. 그러나 과거 자해 이력이 있는 사람들에게 VHS가 어느 정도 유용한지는 좀 더 연구를 진행해서 다시 한 번 확인할 필요가 있다.

자살이나 자살 행동에 노출되는 경우

자살로 인해 슬픔을 두 번 겪은 사람으로서, 나는 상당히 많은 시간을 이 세 번째 의지 요인과 이것이 내 자신의 자살 위험에 끼치는 영향을 생각하며 보냈다. 또한 내가 현재 진행하는 연구를 통해 아이들이 자살에 간접 노출되면서 받는 영향은 물론, 내 절친한 친구인 클레어의 사망이 내 아이들의 자살 위험에 어느 정도 영향을 미칠지에 대해서도 많이 생각해보았다. 이런 두려움과 염려는 자살로 인한 사별을 겪은 이라면 흔히 경험한다. 실제 자살로 사랑하는 사람을 잃은 사람을 만나보면, 자신의 자식이나 가까운 사람에게 자살 위험이 전염될까봐 두려워한다.

앤절라 사마타는 영국 영화텔레비전예술협회[BAFTA]에서 추천한 다큐멘터리이자, 사실을 기반으로 한 최우수 TV 다큐멘터리 부문에서 마인드 미디어 상[Mind Media Award]를 수상한 〈자살 이후의 삶[Life After Suicide]〉의 진행을 맡았다. 나와 처음 만났을 때 앤절라는 내게 이런 질문을 던졌다. "제 아이들이 자살할 위험이 있을까요?"[16] 앤절라는 10년도 더 전에 자살로 남편을 잃었다. 두 아이의 엄마로서 그의 가장 큰 두려움은 아버지가 자살한 것에 영향을 받아 아이들도 스스로 목숨을 끊지 않을까 하는 걱정이었다. 나는 자살은 한 가지 요인으로 발생하는 것이 아니고, 비록 자살 위험이 있다고 해도 이런 위험을 정확한 맥락 안에서 이해하는 것이 중요하다는 점을 강조하면서 그를 안심시켜주려고 노력했다. 〈자살 이후의 삶〉은 아주 강한 메시지를 주는 영화다. 영화에서 앤절라는 영국 전역을 여행하면서 자살로 소중한 사람과 사별한 사람을 만나며 자살의 파괴적인 영향과 이들이 겪는 낙인, 그리고 이런 아주 복잡한 현상을 이해하려는 노력을 담았다.

나는 BBC 요청으로 이 영화의 고문을 맡았고 앤절라가 영화를 찍는 여정에서 만난 사람 중 한 명이기도 했다. 당시 나는 왜 사람들이 자살로 사망하는지 이해하기 위해 우리가 진행했던 연구를 이야기해 주었다. 원래 내가 영화에서 맡은 부분은 전문가 자문이었지만, 영화를 찍는 도중 리오 벌리 감독이 내게 카메라 앞에서 자살로 사별한 경험을 나눌 수 있는지 물어보았다. 그 전에 이런 개인적인 경험을 공개적으로 이야기한 적이 한 번도 없었기 때문에 처음에는 망설였지만, 어느 정도 생각한 후에 동의했다. 내 개인적인 고백에 사람들이 준 피드백은 내게 감동을 주었고 다른 사람들에게도 도움이 된 것 같아 기쁘다.[17] 그날 이후, 나는 내 자신의 상실감과 그것이 내게 끼친 영향을 전문적으로도 개인적으로도 솔직하게 공개하기로 결심했다. 사실 이 영화에서 사별의 경험을 털어놓지 않았더라면 이 책을 쓸 생각은 하지 못했을 것이다.

이런 프로그램은 영향력이 방대하다. 〈자살 이후의 삶〉은 2015년 처음 방영되었고, 이후 전 세계 5백만 명이 시청했다. 대단한 프로그램이 또 하나 더 있는데 바로 〈맨 업Man Up〉이다. 다큐멘터리 시리즈이자 자선단체 무벰버Movember가 자금을 댄 캠페인으로, 2016년 호주에서 방영되어 260만 명이 시청했다. 멜버른에서 활동하는 제인 퍼키스와 동료 연구진은 프로그램의 방송과 동시에 시작된 연구에서, 이 다큐멘터리 덕분에 사람들이 살아가는 데 힘든 상황을 맞이하는 경우 도움을 요청하는 비율이 늘었다고 발표했다.[18]

앤절라가 나에게 자살로 사랑하는 가까운 사람을 잃은 경험이 자녀와 자기 자신을 비롯한 다른 사람에게 미치는 위험에 대해 물었을 때, 나는 일단 자살 노출과 자살의 관계는 복잡하다고 강조했다. 더 물어볼 필요도 없이, 가까운 사람이 자살로 사망한 경우 이와 관련하여 스스로 목숨을 끊을 위험은 증가한다.[19] 2014년 발표된 연구 증거 검토에서 유니버시티칼리지런던의 알렉산드라 피트먼Alexandra Pitman과 동료 연구진은 자살로 반려자를 잃은 사람과 성인 자녀를 잃은 어머니가 자살할 위험이 높다는 결론을 내렸다.[20] 이들은 또한 부모를 자살로 여읜 자녀는 우울증 위험이 증가한다는 점도 발표했다. 부모의 자살은 자녀의 자살과 관련이 있으며 아버지의 자살보다 어머니의 자살 이후, 또 자녀가 어린 나이에 자살이 발생한 이후 그 위험성이 더욱 증가한다는 증거도 충분히 많다.[21] 여기에 더해 2020년 발표된 최근의 연구 검토에서는 부모의 자살이 성인 자녀의 자살 행동에 더욱 강한 영향을 미친다는 결과가 발표되었다.[22]

그러나 중요한 사실은 노출 자체는 자살을 유발하지 않는다는 점이다. 노출의 영향은 좀 더 간접적이며, 이미 여러 번 언급했지만 자살은 절대 한 가지 요인만으로 발생하지 않는다. IMV 모델의 관점에서 볼 때 노출은 자살 생각을 실행에 옮길 가능성을 높이는 사회적 의지 요인으로 작용한다. 자살 노출은 사별이라는 납득할 만한 영향 이외에는 직접적으로 누군가를 자살 그 자체로 몰고 가지는 않는다. 부모한 명이 스스로 목숨을 끊었을 경우, 이 경험은 정신적 외상을 초래할 수 있으며 어린아이에게는 더더욱 그렇다. 반려자를 잃었을 경우에도 마찬가지의 현상이 일어난다. 사별의 트라우마와 아픔 이외에도, 자살에 대한 노출이 어떻게 자살 위험을 높이는 것일까? 구체적인 작용 원리에 따르면 노출에 의한 사회학습 과정을 통해 위험이 증가하는 것으로 보인다. 자기와 가깝거나 동질감을 느끼는 사람(예: 나이가 같거나 배경이 같은 사람)의 자살 행동에 노출되면, 같은 행위를 모방할 가능성이 높아진다. 이런 사회학습은 비단 자살 행동뿐만 아니라 다른 행위에도 그대로 적용된다. 개개인의 행위는 다른 사람의 행위에 영향을 받는다.

연구자들은 자살 위험 노출과 연결될 가능성이 있는 또 하나의 방법론으로 인지적 접근성 또는 인지적 이용 가능성을 이야기한다.[23] 가까운 친구나 가족이 자살을 시도하거나 자살로 사망하는 경우 당연히 자살을 생각하게 되고 이에 관해 이야기하는 데 시간을 보내며, 이로 인해 자살에 대해 그 전에는 없었던 인지 현저성cognitive salience이 생긴다. 다시 말해 이런 현저성 때문에 자살을 인지하여 그에 접근할 가능성이 높아지고, 미래에 힘든 상황에 부딪혔을 때 자신만의 생각 속으로 들어갈 가능성이 더 높아진다. 부분적으로 자살이 고려 가능한 해결책, 즉 고통을 끝내는 수단이 되는 것은 이런 인지적 접근성 때문이다.

이야기를 계속 이어가기 전에 마음이 놓일 만한 이야기를 하겠다. 자살로 사별을 겪거나 자살에 노출된 사람 중 압도적으로 대다수는

2부 자살 생각은 어떻게 행동으로 이어지는가

절대 자살 위험을 띠거나 스스로 목숨을 끊지 않는다. 예전에 만난 어떤 가족은 나와 만나기 몇 달 전, 20대 중반 아들이 스스로 목숨을 끊었다. 아들이 죽고 몇 주가 흐른 후 어머니는 상담을 받으러 갔고, 비록 지금은 기억이 흐릿하지만 한번은 아연실색하며 고민에 빠지게 되었다. 상담사에게 아들의 자살로 다른 자녀의 자살 위험이 두 배로 증가했을 거라는 말을 들었기 때문이다. 어머니와 이에 관해 좀 더 이야기를 나눈 후 나는 그 상담사가 상대적 위험과 절대적 위험의 차이를 잘못 이해했다는 것을 알았다. (이 통계 용어는 내가 나중에 다시 설명하겠다.) 물론 자신 또는 사랑하는 사람이 질병(예: 암)에 걸리거나 비극적 결과(예: 자살)를 맞을 위험이 배가되었다는 소식을 듣는 것은 끔찍한 일이다. 하지만 이 말이 실제로 의미하는 바는 무엇일까?

위험이 '배가'되었다는 말을 정확히 이해하기 위해, 다음 사례를 통해 절대적 위험과 상대적 위험이 뜻하는 바를 살펴보기로 하자. 자살을 겪지 않은 사람이 자살로 사망할 절대적 위험은 인구 10만 명당 10명인 반면, 자살을 겪은 사람이 자살로 사망할 절대적 위험은 인구 10만 명당 20명 정도다. 이것을 자살의 상대적 위험 관점에서 표현한다면, 상당히 무시무시하게 들린다. 왜냐하면 자살로 인한 사별의 아픔을 겪은 사람의 자살 위험이 그렇지 않은 사람보다 두 배 높은 것으로 나타나기 때문이다. 하지만 절대적 위험 수치로 돌아가 보면, 이들이 자살할 절대적 위험 또는 자살할 가능성은 상대적으로 여전히 낮다. 이런 가설에서 자살률을 살펴보면, 절대적 위험률이 10만분의 20

이라는 것은 인구 10만 명당 20명이 자살로 사망한다는 의미다. 자살로 인한 사망은 하나하나가 모두 비극이고 그 위험은 통계적 측면에서도 실재하지만, 위험률은 낮기 때문에 이를 염려하기보다는 차후 위험을 줄이는 것이 실제 문제 해결에 도움이 되는 조치다. 또한 자살은 한 가지가 아닌 여러 요인의 복합적인 상호 작용으로 일어나며, 나이·배경·고인과의 관계에 따라 위험이 달라진다는 사실을 기억하는 것이 중요하다.[24]

소셜 미디어는 자살의 주요 원인인가

자살 및 자해의 노출은 다양한 형태를 띨 수 있다. 최근 몇 년 간, 자살 및 자해를 비롯한 모든 사회적 문제에서 소셜 미디어의 역할을 비난하는 언론의 보도가 빗발쳤다. 인생에서 벌어지는 모든 일과 똑같이, 소셜 미디어(예: 인스타그램, 페이스북, 트위터, 틱톡)와 행복 간의 관계는 일반적으로 보도되는 것보다 훨씬 복합적이다. 물어볼 것도 없이 과다한 소셜 미디어 사용은 해로우며 이미 취약한 사람들에게는 잠재적인 위험성이 높다. 나는 소셜 미디어 플랫폼을 될 수 있는 한 안전하게 만들어 우리 모두를 지키자고 강력하게 주장하는 사람이다.

하지만 안타깝게도 청년들의 비극적인 자살 사망이 보도될 때 해당 언론의 취재가 잘못된 경우가 너무 많다. 언론 보도는 자살의 수많은 원인을 한 가지 요인으로 일축하고, 그 요인으로 소셜 미디어를 지목

하는 경우가 많다. 바로 이 문제 때문에 넷플릭스 다큐멘터리 〈소셜
딜레마〉에서 미국에서의 아동 및 청소년의 자살 위험 증가 문제를 소
개했던 것이다.[25] 내 생각에 이 프로그램은 과다한 소셜 네트워킹 위
험에 경종을 울리는 것이 목적이고, 그 자체로 프로그램은 찬사를 받
을 만하다. 그리고 분명 흥미롭고 유익한 부분도 있다. 하지만 상당히
많은 사람에게 영향을 주는 청소년 자살 같은 중요한 주제를 단순한
방식으로 미약한 증거만 가지고 다뤘다는 사실은 실망스러웠다. 이
다큐멘터리의 프로듀서는 미국 질병통제예방센터Centers for Disease Control
and Prevention에서 발표한 충격적인 통계 자료를 제시했다. 해당 기관
은 2009년 이후 15~19세 여학생의 자해 비율이 62퍼센트 증가했고,
10~14세 여학생의 자해 비율은 189퍼센트 증가했다고 보고했다. 더
욱 우려할 만한 것은 2001년과 2010년 사이의 평균 자살률과 비교하
여 15~19세 여학생의 자살률이 70퍼센트, 10~14세 여학생의 자살
률은 151퍼센트 증가했다는 점을 부각했다는 것이다.[26] 내가 앞서 언
급했듯이 영국 여성 청소년의 자살률 역시 증가했다. 이런 통계는 받
아들이기 끔찍한 사실을 짚어준다.

물론 사이버 집단괴롭힘이나 모욕이 이런 일부 비극적인 사망의 원
인이 되었겠지만, 이렇게 자살률이 가파르게 증가한 것이 오로지 소
셜 미디어 탓이라는 증거는 전혀 없다.[27] 이 다큐멘터리에서도 사망
의 원인이 된 요소로 부각했지만, 나는 소셜 미디어가 '우리에게 강요
하는' 사회적 인정이 우리의 자존감·정체성과 얼마나 얽혀 있는지 염

려스럽다. 또 수면은 정신건강에 상당히 중요한 요소다. 소셜 미디어를 늦은 밤에 과하게 사용했을 때 수면에 부작용을 미칠 수 있다는 건 일일이 말할 필요가 없다. 이뿐 아니라, 나는 앞서 사회적 인정 추구와 사회적 완벽주의의 악순환으로 나를 비롯한 많은 사람들이 소셜 미디어 사용과는 관계없이 매일 살아가는 데 고전한다고 언급한 바 있다(156쪽 참조).

〈소셜 딜레마〉에서는 '자살/자해의 패턴을 살펴보면 소셜 미디어가 주범'이라고 말하지만, 나는 여기에 동의하지 않는다. 위에서 소셜 미디어의 해로운 점을 언급하긴 했지만, 사실 이런 단순한 주장을 뒷받침하는 증거는 전혀 없다. 게다가 자살 증가 현상을 설명하기 위해 폭넓은 사회적 맥락을 제공하는 시도도 전혀 이루어지지 않았다. 물론 한 편의 다큐멘터리에서 미세한 부분까지 제시하는 것은 어려울 수 있고 러닝 타임이 제한되어 있다는 점은 이해하지만, 프로그램 제작자들은 이런 중요한 공공 보건 문제를 제시할 때 사실을 올바르게 전달할 책임이 있다. 간단하게 말하자면 우리는 왜 어린 여학생 사이에서 자살률이 증가하는지 확실한 이유를 모르고, 소셜 미디어가 틀림없이 모종의 역할을 했겠지만 직접적인 위험 요인보다는 간접적인 요인으로 작용했을 가능성이 더 크다. 하지만 확실한 것은 수년에 걸친 자살률 증가가 2008년 경기 대침체 이후의 경제적 여파와 동시에 발생했다는 점이다.[28] 우리가 알기로 이후 정신건강 문제는 여성 청소년 집단에서 더 일반적으로 증가하는 추세이고, 이들은 자살 시도를 할 때 비교적 치명적인 방법을 사용하기 때문에 사망할 확률이 더 높다.[29] 또한 아동 및 청소년 정신건강 서비스가 과부하된 상태여서 치료를 받으려면 오래 기다려야 하는 상황인데다, 일부 국가의 경우 2008년 경제 침체 이후 서비스 지원금이 해마다 삭감되고 있다. 여성 청소년 집단의 자살 증가 원인이 최종적으로 밝혀진다면, 이들 모든 요인이 복합되어 작용한 것으로 나타날 것이다.

한편 우리는 촉각을 곤두세우고 누가 특히 위험한지 그리고 그 위험을 줄이기 위해 무엇을 할 수 있는지, 위험이 어떤 성질을 띠는지 잘 이해하기 위해 노력해야 한다. 또한 소셜 미디어가 빠른 시일 안에 사라질 리는 없기 때문에, 무조건 위험하다고 잠재적인 이점을 무시하지 말고 이를 좋은 쪽으로 이용해야 한다.

소셜 미디어 사용이 자살 또는 자해와 연관이 있다는 증거

지난 10년간 소셜 미디어 사용과 여러 가지 자살 위험 신호(자살 생각, 자해 및 자살 시도 등)의 관계에 관한 검토 작업이 수없이 이루어졌다.[30] 하지만 소셜 미디어 사용과 자살 자체의 직접적 관계를 조사한 연구는 거의 없었다. 대부분의 연구 검토는 자살 시도·자해가 자살로 이어진다는 결론만 내렸다.

소셜 미디어 사용과 자살 시도·자해 간의 관계를 고려할 때는 잠재적 해악은 물론 잠재적 이점도 조사하는 것이 중요하다. 2020년 발표된 한 연구 검토는 피츠버그대학교의 캔디스 비어네서Candice Biernesser와 동료 연구진이 진행한 것으로, 청소년·청년층의 소셜 미디어 사용과 자살 위험을 조사한 최고 수준의 연구 24건에 초점을 맞추었다.[31] 예상했겠지만, 소셜 미디어를 과하게 사용하거나 사용하는 데 문제가 있다고 보여진 청소년은 자살 생각이나 행위를 보고하는 확률이 높았다. 연구진은 또한 여러 다른 나라의 청소년 사이에서 사이버 집단괴롭힘이 자살에 대한 생각, 자해 및 자살 시도와 관련이 있다는 증거를 밝혀냈다. 후자는 스완지대학교의 앤 존Ann John이 이끄는 검토 작업을 토대로 발견되었다. 이들은 사이버 집단괴롭힘 피해를 겪어본 사람들은 그런 일을 당해보지 않은 사람에 비해 자해 또는 자살 시도를 할 확률이 두 배 이상 높다는 사실을 알아냈다.[32]

자살 또는 자해에 관한 정보를 온라인으로 검색하는 행위가 자살 위험과 관련이 있다는 증거도 있었다. 자살 위험이 있는 청소년들은 비슷한 성향이 있는 다른 사람들과 소셜 미디어에서 돈독한 관계를 맺고 있었다. 이는 예상 가능한 사항이지만, 이는 단지 연관성이 있다는 것이기 때문에 섣불리 인과관계가 성립한다는 결론을 내지 않도록 신중을 기해야 한다. 그러나 한 연구에서 자해를 시도했던 청소년이 다른 사람들이 올린 자해 이미지가 자신이 자해를 저지르는 데 영향을 주었다고 답변한 바 있다. 따라서 인스타그램 같은 소셜 미디어 플랫폼이 새로운 보호 규제를 도입해서 자극을 일으킬 수 있는 내용을 삭제하도록 한 것은 환영할 만한 일이다. 하지만 항상 그렇듯, 일부 청년들은 자해 이미지 삭제가 자해를 향한 사회의 고정관념과 낙인을 더하기만 할 뿐이라고 느끼기 때문에, 보호책과 규제(검열)는 종이 한 장 차이가 될 수 있다. 그러나 모든 것을 감안할 때 자살 노출은 의지 조절 변인으로 작용할 수 있으므로, 온라인 공간에서 이런 영상의 노출을 제어할 필요가 있다.

비어네서의 연구 검토는 소셜 미디어 사용이 청소년·청년에게 미치는 유익함에도 초점을 맞추었다. 다섯 건의 연구에서 소셜 미디어는 사회적 지원과 연결감을 제공했으며, 이는 이용자의 마음을 보호하는 효과가 있다. 예를 들어, 일부 청소년이 소셜 미디어에서 부정적인 소통을 경험했다고 밝히기도 했지만, 다수의 소통은 청소년들이 서로 공감하고 그들의 정서적 고통을 관리하는 데 도움을 주었다. 소셜 미디어가 청소년들에게 자해·자살 예방 자원을 알려주는 이정표 역할을 할 뿐 아니라, 사회적 지원이 소셜 미디어를 통해서 이루어진다는 사례도 있다. 그렇다면, 전반적으로 이미 자해·자살에 취약한 청소년들에게 소셜 미디어와 관련된 위험 요소가 있는 것은 분명하지만, 소셜 미디어가 자살 위험에 미치는 역할을 파악할 때는 중립적이고 신중한 자세를 취하는 것이 필요하다는 결론을 내릴 수 있다. 또, 우리 모두 소셜 미디어를 사용하면서 유익함을 경험하고 있으니, 이를 청소년들에게 해가 되는 쪽보다는 그들을 도와주는 쪽으로 이용하면 된다.

매체의 영향

나는 1990년대 후반, 텔레비전 영상이 자해를 저지를 가능성에 영향을 미칠 수도 있다는 매우 흥미로운 연구 결과에 놀란 적이 있다. 연구원들은 영국 의학 드라마 〈캐주얼티〉에서 방영된 고의적인 약물 과다 복용 장면에 관심을 두었다.[33] 이들은 드라마가 방영된 후 영국 전역의 약물 과용 건수가 증가했는지를 알아보았다. 결과는 아주 분명히 드러났다. 처음 방송이 나간 후 일주일 만에 약물 과다 복용으로 입원한 건수가 17퍼센트 증가했다. 게다가 약물을 과용했던 사람 일부를 인터뷰해보니, 이들 중 20퍼센트는 드라마 에피소드가 자해를 하자는 결심에 영향을 주었다고 답변했다.

자, 이제 시계를 돌려 2017년으로 가보자. 넷플릭스에서 방영된 〈루머의 루머의 루머〉는 큰 성공을 거둔 웹 드라마다.[34] 이 시리즈는 10대 여학생인 해나 베이커의 자살과 그가 스스로 목숨을 끊게 된 열세 가지 이유를 중심으로 진행된다. 나를 비롯해 자살 예방에 힘쓰는 수많은 사람은 첫 화를 보자마자, 이 드라마로 인해 청소년 사이에서 자살이 전염병처럼 번지지 않을까 우려했다. 사람들이 격분하자 넷플릭스는 드라마 방송에 경고 자막을 추가했다. 우리가 우려했던 점은 이 드라마가 자살에 관한 국제 방송 보도 지침을 어겼다는 것이었다. 이 지침은 프로그램 제작자를 검열하기 위한 것이 아니라, 방송에서 자살을 묘사할 때 책임감 있고 윤리적인 표현을 도모하기 위해 마련되었다.[35] 이 방송 지침은 자살 방법이나 자살 장소에 관해 불필요하게 자세한 정보를 제공하지 말고, 자극적인 헤드라인을 피하며, 자살의 이유를 지나치게 단순한 것만 제시하지 말고, 회복의 메시지를 강조해야 한다는 등의 실용적인 조언을 내놓는다.

특히 마지막 회에서 해나의 자살을 보여주는 장면은 지나치게 생생하고 불필요했으며 자살 방법을 자세하게 묘사하지 말라는 지침에 어긋난다. 당시 나는 블로그에 올린 글에서 해나의 자살이 불가피하고 유일한 선택이라는 묘사는 전혀 도움이 되지 않는다고 밝혔다.[36] 또한 이 부분은 암묵적으로 도움을 요청하는 것이 결국은 아무 소용이 없다는 메시지를 전했고, 자살 이후의 여파도 미화되었다는 느낌이 들었다. 〈루머의 루머의 루머〉가 처음 공개된 이후 3개월 동안 진행된 연구는 우리의 두려움을 더해주었다.[37] 연구의 저자는 연구 결과를 해석하는 데 주의하기를 당부하면서도, 방송이 시작된 직후 10~19세 남녀의 자살이 각각 12퍼센트와 22퍼센트 증가한 것으로 나타났다고 밝혔다. 이후 진행된 연구에서도 미국에 사는 10~17세 인구의 전반적인 자살률이 증가한 것으로 나타났다.[38] 그러나 후자의 연구에서 사용된 분석 방법에 대해서는 논란이 있다.[39] 한편 넷플릭스의 의뢰로 노스웨스턴대학교에서 미국·영국·브라질·호주·뉴질랜드의 청소년 및 부모를 대상으로 이 프로그램의 유익한 점에 중점을 두고 실시한 조사에서는 일부 다른 결과가 나왔다.[40] 이 보고서에 따르면 〈루머의 루머의 루머〉는 자살, 정신건강 및 집단괴롭힘 같이 언급하기 어려운 주제를 두고 부모와 자녀가 이야기할 수 있는 기회를 조성해주었다고 한다. 고맙게도 이런 토론과는 상관없이 넷플릭스는 해나의 죽음을 그리는 문제의 장면을 삭제했다. 프로그램 제작자들은 그들의 책임을 염두에 둘 필요가 있다.

미디어 노출과 자살 행동 간의 관계는 드라마에만 국한되지 않는다. 뉴스의 자살 보도, 특히 유명 인사의 자살 보도까지 그 영향력이 확장된다.[41] 자살 또는 자해를 묘사하는 방송의 영향이 다른 사람들의 자살 행동을 자극하는 현상을 가리켜 '베르테르 효과'라고 한다.[42] 괴테의 원작 소설 《젊은 베르테르의 슬픔》에서 주인공이 사랑하는 여성에게 거절당한 이후 스스로 목숨을 끊는데, 자살한 주인공의 이름을 따서 '베르테르 효과'라는 용어가 생겼다. 1774년 이 소설이 처음 발표되었을 때, 마치 이 소설을 읽고 젊은 베르테르에게 감정 이입이 된 듯 유럽 전역에서 젊은 남자들이 주인공과 같은 방법으로 자살을 했다는 보도가 있었다. 이런 자살은 카피캣* 또는 모방 자살이라고 불리거나, 자살 전파 사례로 설명된다.

17세기에 베르테르 효과라는 말이 처음 생기고 난 이후, 수많은 연구와 검토에서는 매체의 자살 묘사가 치명적·비치명적인 자살 행동 증가와 연관이 있으며 이에 관한 명확한 증거가 있다는 결론을 내렸다. 매체가 주는 효과는 다른 많은 위험 요인만큼 강력하지는 않으며 지속 기간도 짧다. 매체의 자살 보도가 주는 영향의 정도를 알아

◆   뉴스나 영화에 나오는 범죄나 자살을 모방하는 현상.

보기 위해 오스트리아 빈의과대학교의 토마스 니더크로텐탈러[Thomas Niederkrotenthaler]는 멜버른대학교의 매트 스피탈[Matt Spittal] 및 다른 연구진과 함께 제2차 세계대전 이후 모든 관련 연구를 검토했다.[43] 이 작업은 지금까지 시행된 가장 광범위한 검토로, 유명 인사의 자살에 초점을 맞추었다. 검토 결과 대체로 유명 인사의 자살 직후와 매체 보도 이후 1개월 동안, 자살 위험이 13퍼센트 정도 증가하는 것으로 나타났다. 이 결과는 충격적이며, 매체가 자살과 관련하여 보도 지침을 준수해야 하는 이유를 분명히 보여준다.

좀 더 최근에는 매체 보도를 좋게 이용하는 쪽으로 관심이 바뀌었다. 니더크로텐탈러 역시 이런 관점에서 연구를 이끌면서 어떻게 매체가 자살을 예방하는 데 긍정적인 역할을 할 수 있는지 알아보았다. 이 목적을 위해 그는 모차르트의 오페라 〈마술피리〉의 등장인물인 파파게노에 근거해서 '파파게노 효과'라는 말을 만들었다. 파파게노는 다른 사람들이 보여준 여러 가지 위기 대처 방법 덕분에 자살 위기를 극복한 인물이다.[44] 따라서 파파게노 효과란 자살 예방 효과를 불러오는 매체 보도를 말한다. 예를 들어 기자가 자살 위기를 극복한 사람들의 이야기처럼 긍정적인 결과를 기사화하면 긍정적인 효과가 생겨날 수 있다. 이런 보도는 자살 위기에 처한 사람들에게, 상황이 나아질 수 있으니 어려움을 참고 견디자는 희망찬 메시지를 전해준다. IMV 모델을 통해 살펴보면, 이런 메시지는 자살 노출의 악영향을 줄여주고 속박감을 더는 데 도움이 될 수 있으며, 자살 생각에서 자살 행동으로 통하는 생각의 경로를 차단할 수 있다. 또한, 위기에서 벗어나 회복이 가능하다는 본보기를 제시하기도 한다. 하지만 이를 진행하는 데 있어서 어려운 점이 있다면, 우리가 알고 있는 매체의 영향을 어떻게 하면 잘 해석해서 인터넷과 소셜 미디어를 지금보다 안전한 공간으로 만들어 나갈 것인가 하는 문제다. 우리에게는 베르테르보다는 파파게노가 더 필요하다.

연쇄 자살

마지막으로 자살 노출과 관련해 염려해야 할 현상으로 연쇄 자살suicide cluster이 있다. 이는 시간 또는 공간적으로 비교적 가깝게 발생하는 여러 건의 자살 사건을 뜻한다. 연쇄 자살로 인정되는 자살 건수에 대해서는 합의가 이루어지지 않았지만, 통계적으로 또는 한 공동체 안에서 예상되는 수치보다는 많을 것으로 해석된다. 연쇄 자살은 보통 '특정 지점point' 연쇄 또는 '대량mass' 연쇄로 나타난다. 특정 지점 연쇄는 보통 한 공동체나 기관 안에서 짧은 기간 동안 시간 및 공간적으로 연이어 발생하는 자살 사건을 말한다. 반면 대량 연쇄는 비교적 짧은 기간 동안 인구 전체에서 발생하는 자살 사건을 말한다. 유명 인사의 자살 이후 사망 사건이 증가하는 현상은 대량 연쇄의 한 사례다. 같은 기간 한 학교에서 연달아 발생하는 자살은 특정 지점 연쇄라고 할 수 있다. 하지만 인터넷과 소셜 미디어가 활성화된 시대에서는 이

둘을 구분하는 것이 무척이나 어렵다.

나는 조 로빈슨Jo Robinson과 제인 퍼키스와 함께《국제 자살 예방 핸드북》을 집필하면서 연쇄 자살에 한 장*을 할당해 이 자살 형태의 핵심 요소를 검토했다.[45] 연쇄 자살은 생각보다 훨씬 드물어서 인구 또는 환경에 따라 자살 사건 전체의 1~10퍼센트를 차지한다고 추정된다. 연쇄 자살은 청소년 사이에서, 또 학교나 정신과 시설에서 좀 더 흔하게 발생한다. 왜 연쇄 자살이 일어나는가 하는 문제에 대해서는 최소 두 가지 해석이 있다. 첫째는 자살 전염과 모방으로, 누군가의 자살에 노출된 사람들이 그 행위를 따라하는 것이다. 이들이 어떤 특정 방식으로 사망한 사람들과 동질감을 느낄 경우 이런 현상이 발생할 확률이 크다. 둘째는 동질적 관계assortative relating 또는 민감성으로, 자살 위험이 큰 사람들은 병원 같은 특정 환경에서 서로 동질감을 느끼기 때문에 집단 자살이 발생하는 것이라는 해석이다. 플로리다주립대학교의 토머스 조이너는 동질 효과가 대학생까지 확대되어, 방을 같이 쓰기로 선택한 학생들은 같은 방을 배정받은 학생들에 비해 자살을 생각하는 정도가 비슷하다는 것을 발견했다.[46] 연쇄 자살은 상대적으로 드문 일이지만, 개인·공동체·기관이 연쇄 자살의 위험에 방심하지 않고 적극적으로 선제 조치를 취해 일어날 가능성을 최소화하기 위해서는 더 많은 노력이 이루어져야 한다.

충동성

충동성은 자살 생각이 자살 행동으로 전환하는 데 관계하는 네 번째 의지 요인이다. 충동성은 우리의 일상 담화에 늘 등장하지만, 정의가 사람에 따라 제각각이고 평가 방식도 다양해서 충동성과 자살 위험 관계를 이해하는 데는 어려움이 있다. 지금은 이 책의 목적상, 무모하게 행동하고 자신의 행동이 미칠 여파를 생각하지 않는 사람의 성격적 특징을 설명하는 데 '충동성'이라는 단어를 사용하겠다. 왜 충동성이 의지 조절 변인인지는 비교적 단순한 논리로 설명 가능하다. 만약 생을 끝낼 생각을 하고 있는 사람이 평소 무모하게 행동하는 경향이 있다면, 그 사람이 충동적이지 않은 사람보다 자신의 생각을 실행에 옮길 가능성이 더 크다는 건 당연한 이치다. 그러나 다른 자살 위험 요인들과 같이, 충동성과 자살 위험 간 관계의 강도와 특성에는 논란의 여지가 있다. 충동성이 자살 행동와 아무 연관이 없는, 즉 자살이 아주 신중하게 계획적으로 이루어지는 경우도 있다.[47]

충동성과 자살 위험의 관계를 파헤치기 위해서는 한 '개인'의 충동성과 '자살 행동'의 충동성을 구분할 필요가 있다. 당사자가 상당히 신중한 성격을 지녔더라도, 자살 행동 자체는 충동적으로 발생할 수 있다. 충동성과 자살 위험 간 관계의 강도 역시 인생의 시기에 따라 변할 가능성이 크다. 충동 수준은 20대 중반에 최고조에 이르는 것으로 보이며, 나이가 들수록 자살 위험에 충동성이 미치는 영향이 감소

할 가능성이 크다. 충동성을 고려할 때는 알코올·약물·수면 부족 등 다른 억압 완화 요소의 영향을 고려할 필요가 있다. 위 요소는 성격적인 충동성과는 관계없이 충동적 자살 행동을 일으킬 수 있다.

수많은 연구를 통해, 우리 연구진은 자살을 생각했지만 한 번도 자살 시도를 하지 않은 사람들의 충동성과 자살 시도를 한 사람들의 충동성을 비교했다.[48] 그 결과 이번에도 IMV 모델과 일치하는 양상을 발견했다. 자살 시도를 했던 사람은 자살 생각만 한 사람에 비해 충동성 수준이 더 높은 것으로 나타났다. 하지만 충동성과 자살 행동 간 연관성의 강도는 연구에 따라 달랐으며, 어떤 연구에서는 연관성이 적은 것으로 나타났다. 우리의 연구 일부를 포함해 보다 최근의 연구에서는 더욱 복잡한 결과가 나타났다.[49] 부정 정서 조급성negative urgency과 같은 충동성의 특정 양상은 자살 생각이 자살 시도로 전환하는 데 주요한 역할을 하는 것으로 나타났다. 부정 정서 조급성은 감정에서 나오는 충동성으로, 부정적이거나 괴로운 상태일 때 성급하게 행동하는 현상을 말한다. 이는 자살 위험의 맥락에서 봐도 충분히 이해가 가는 현상이다. 부정 정서 조급성은 자기조절장애, 특히 충동 억제 능력과 관련이 있기 때문이다. 부정 정서 조급성이 높은 동시에 속박감이 들 때는, 자살 생각을 행동에 옮기고 싶다는 욕구를 억제하기가 어려우므로 자살 행동이 이루어질 가능성이 높아진다. 당연하지만, 알코올로 인한 부정 정서 조급성 역시 자살 생각이 자살 행동으로 전환하는 데 관련이 있다는 사실도 발견되었다.[50]

신체적 고통 민감도

신체적 고통 민감도와 죽음에 대한 대담성은 같이 묶여 설명되는 경우가 많다. 그 이유는 7장에서 언급했듯이 토머스 조이너가 제시한 자살 잠재력 개념이 이 두 요소로 이루어지기 때문이다.[51] 자살 생각이 자살 행동으로 전환되는 데 당사자가 자살을 실행할 잠재력이 있는지가 중요하다는 것에는 이견의 여지가 없다. IMV 모델 관점에서 볼 때, 나는 잠재력이 행동 실행을 좌우하는 수많은 의지 요인 중 하나에 지나지 않는다고 믿는다. 그러나 이와는 다르게 조이너의 대인 관계 이론에서는 잠재력이 자살 생각을 실행에 옮길지의 여부를 결정하는 핵심 요소라고 간주한다. 브리티시컬럼비아대학교 소속 심리학자 데이비드 클론스키David Klonsky는 자살 잠재력에 대해 좀 더 넓은 관점을 취한다. 그는 자신의 3단계 자살 이론에서 다음과 같이 자살 잠재력에 기여하는 세 가지 범주의 변수가 있다고 주장한다.[52]

1. 기질적 변수(예: 고통 민감도 같은 유전적 요인)
2. 후천적 변수(예: 고통에 익숙함)
3. 실용적 변수(예: 자살 수단에 대한 접근 가능성)

이 3단계 이론은 '생각에서 행동으로의 전환ideation-to-action 모델'로 불리는데, 그 이유는 이 이론이 '자살 생각 → 자살 행동'의 전환에 초점을 맞추기 때문이다.[53] 단, 이론적 관점과는 별개로, 많은 연구에서 신체적 고통 민감도와 죽음에 대한 대담성은 자살 행동과 연관이 있으며, 자살 생각이 생각에 그치는지 자살 시도까지 이어지는지를 가르는 요소인 것으로 나타났다. 자살을 시도하는 사람은 자살할 생각만 하는 사람보다 더 높은 수준의 신체적 고통을 견뎌냈으며 죽음을 덜 두려워하는 모습을 보였다.[54]

지금까지 신체적 고통 민감도를 여러 차례 언급했지만, 이것을 구체적으로 어떻게 측정하는지는 아직 설명하지 않았다. 누군가가 어느 정도로 신체적 고통에 민감한지, 얼마나 고통을 참을 수 있는지를 측정하는 것이 까다로운 일임은 여러분도 짐작할 수 있을 것이다. (나를 포함한) 일부 연구원들은 자가 보고 설문지를 이용해서 실험 참가자에게 본인이 겪는 상황이 얼마나 고통스러운지 점수를 매겨보라고 요청하지만, 개인적으로 그런 질문에 답하는 건 꽤 어려운 일이라고 생각한다.[55] 나 역시 과거에 뜻하지 않게 신체적 고통을 겪은 적이 있는데도 그렇다. 나는 대학교 1학년 때 저녁에 외출했다가 슬개골이 부러진 적이 있었는데, 다행히 그 자리에서 기절하지 않고 친구의 부축을 받아 응급실까지 갔다. 따라서 나는 내가 고통을 꽤 잘 참는 편이라고 생각하지만, 그럼에도 불구하고 자신의 신체적 고통의 민감도 또는 내성이 어느 정도라고 스스로 점수를 매기는 일은 어렵다. 그래서 신체적 고통에 대한 내성을 측정하기 위해 얼마나 고통에 민감한지 묻는 방법이 얼마나 정확할지 나는 별로 확신하지 못한다.

우리는 최근 신체적 고통 민감도를 묻는 방법에서 벗어나, 좀 더 실험적인 방법을 사용하여 신체적 고통 허용 한계치와 내성을 평가했다. 컴퓨터에 압력 측정기의 일종인 통각계를 설치해서 신체적 고통 민감도를 측정하면, 실험 조건이 달라도 손바닥에 가해지는 압력이나 힘이 얼마나 되는지 일정하게 기록할 수 있다.[56] 다시 말해 이 장치를 이용하면 고통에 대한 민감도와 내성을 좀 더 직접적으로 측정할 수 있다. 이 연구에서 우리는 고통 자체보다는 파스칼 단위의 압력을 기록하며, 피험자는 압력을 받고 잠깐 불편한 기분을 경험할 수 있다. 즉 고통과 비슷한 느낌을 경험하게 하는 것이다. 우리는 참가자의 안전과 안녕을 항상 가장 먼저 고려하며, 당연히 모든 참가자에게 연구의 성격에 관해 사전에 안내하고 동의를 받는다. 참가자에게 통각계의 여파는 전혀 남지 않는다. 또한 참가자들은 이유를 대지 않고도 언제라도 해당 연구 참여를 중단할 수 있다.

이런 실험 연구에서 우리는 통각계를 통해 참가자의 손바닥에 압력을 가하고(또는 참가자가 스스로 압력을 가한다) 참가자가 압력/힘이 불편하게 느껴지기 시작한다고 말하는 시점을 기록한다. 이 방법을 이용하면 참가자의 고통 허용 한계치를 알 수 있다. 그 다음에는 압력을 점차 강하게 가하면서 참가자에게 더 이상 참을 수 없는 시점을 알려 달라고 요청한다. 이 수준을 통해 참가자의 고통 역치를 측정할 수 있다. 이런 연구를 통해 고통 내성이 자살 이력에 따라 달라지는지, 시간에 따라 변하는지, 또 참가자의 기분이 저조하거나 속박감이 들거나 스트레스를 받을 때 내성 수준이 더 높아지는지를 알아볼 수 있다. 자살 위험이 있는 사람이 왜 높은 수준의 신체적 고통을 견딜 수 있는지는 다음과 같은 논리로 설명할 수 있다.

- 자살 위험이 있는 사람들은 정서적 고통에 너무 억눌린 상태에 있어(속박감을 받는 등) 신체적 고통을 인식하는 능력이 감소한다.
- 이 때문에 평상시보다 높은 수준의 신체적 고통을 견딜 수 있으며, 고통스러워서 견딜 수 없다는 생각을 하지 못한다.
- 이들이 높은 수준의 신체적 고통을 견딜 수 있다면, 더욱 고통스럽고 치명적인 자살 행동과 관련된 고통도 견딜 가능성이 있다.

이런 종류의 연구는 흥미롭지만 여전히 초기 단계에 머물고 있다. 하지만 자살 행동을 뒷받침할 수 있는 중요한 과정을 이해하는 데 도움이 될 중요한 연구임이 틀림없다. 만약 이 연구로 잠긴 문이 열린다면 생명을 구할 수 있는 길이 열릴 것이다. 나는 올리비아 커틀리와 로넌 오캐럴과 함께 고통 민감도와 자해에 관한 연구를 모두 검토했다. 이들이 서로 관계가 있다는 것은 분명했지만, 여전히 이 관계의 본질에 관해서는 밝혀지지 않은 문제가 너무나 많았다.[57] 예를 들어 자살 의도 없이 자해한 사람과 자살을 시도한 사람의 신체적 고통 내성이 동일할까? 또 신체적 고통 내성이 신체적으로 비교적 덜 고통스러운 자살 행동을 행하는 사람과는 어떤 관계가 있을까? 반복되는 자해가 신체적 고통 내성에 어떤 영향을 미칠까? 남자와 여자의 자살률이 차이가 나는 이유는 성별에 따라 고통 민감도가 다르기 때문일까? 올리비아는 이런 의문점을 만성 통증을 겪는 사람들의 자살 생각과 행동을 이해하는 데까지 확장했다.[58]

아직 알아내야 할 부분이 너무 많지만, 이런 종류의 연구는 누가 자살의 낭떠러지 끝으로 떨어질 가능성이 더 높은지, 누가 자살 생각을 한 후 자살을 시도할 가능성이 더 높은지 알아보는 데 있어 참신한 방법으로 접근하는 좋은 사례라고 할 수 있다. 하지만 안타깝게도 신체적 고통 내성 단계와 자살 위험 단계를 구체적으로 연결 짓기에는 아직 갈 길이 한참 멀다.

죽음에 대한 대담성

스스로 목숨을 끊기 위해서는 살고자 하는 근본적인 본능을 극복해야 한다고들 이야기한다. 이런 본능이 생물학적으로 준비된 정도를 넘어 의식적으로도 존재하는지는 모르겠지만, 지그문트 프로이트[Sigmund Freud]는 1920년대에 출간한 에세이 《쾌락 원리의 저편》에서 삶의 본능(에로스[eros])과 죽음의 충동(타나토스[thanatos])을 인간의 기본 본능이라고 했다.[59] 프로이트는 인생이 이 두 가지 요소 사이에서 분투하는 것이라 믿었다. 정신분석학자들의 이야기에 따르면, 자살은 죽음의 충동이 우세하고 이와 관련된 공격성이 내면으로 향할 때 발생한다. 실제 미국의 정신과 전문의 칼 메닝거Karl Menninger는 이런 관점과 일치하는 의견을 보이며, 자살이 180도 반대 방향에서의 살인이라고 말했다.[60] 그러나 이런 정신역동적 근거가 아니더라도 스스로를 죽이는 행위는 표면적으로 봐도 자신을 향한 공격적인 행동이며, 어느 정도는 죽음에 대한 본질적인 공포를 극복해야 가능한 행위다.

위에서 언급했듯이, 여섯 번째 의지 요인인 죽음에 대한 대담성은 자살 잠재력의 두 번째 요소이기도 하다. 자살을 시도한 사람은 일반적으로 자살을 한 번도 시도하지 않은 사람에 비해 자살과 죽음 자체에 대한 두려움이 덜하다는 건 오래전부터 연구를 통해 밝혀진 사실이다.[61] 죽음에 대한 대담성은 신체적 고통 민감도에 비해 자가 보고를 통해서도 수월하게 측정되는 인지 요소이기도 하다. 실제 몇 년 전, 제시카 리베이로Jessica Ribeiro와 그 동료 연구진은 자살 잠재력-죽음에 관한 공포 감소 척도ACSS-FAD를 개발했다.[62] 일곱 개 항목으로 이루어진 이 척도는 응답자에게 '내가 죽는다는 사실은 나에게 별 영향을 미치지 않는다'와 '나는 죽는 게 전혀 두렵지 않다' 같은 항목을 제시하고, 그 정도를 1에서 5까지 숫자로 매겨보라고 요구한다. 이들 항목에서 수치가 높게 나오고 자살 위험이 있는 사람일수록 수치가 낮은 사람에 비해 자살 생각을 실행에 옮길 가능성이 높고, 결과적으로 자살 위험이 더 크다. 사랑하는 사람이 무언가에 갇힌 듯한 느낌이 들고 죽는 게 두렵지 않다는 이야기를 하면, 빨리 조치를 취해서 이들이 안전감을 느끼고 자살 생각을 실행에 옮기지 않도록 해야 한다.

또한, 우리가 진행한 연구에 따르면 자살을 시도한 사람들은 자살 생각만 한 사람들에 비해 죽음을 덜 두려워하는 것으로 나타났다. 예를 들어, 내 동료 캐런 웨더럴과 세오나이드 클리어Seonaid Cleare가 이끄는 스코틀랜드 행복연구Scottish Wellbeing Study에서는 스코틀랜드에 사는 3천 5백 명의 청년을 대상으로 이들에게 정신건강에 관한 여러 가지 질문에 답해 달라고 요청했다. 이 연구를 마치고 발표한 첫 학술 논문에서, 우리는 죽음에 관한 대담성을 비롯한 심리적 요인 항목 전체에서 자살 이력이 있는 사람과 없는 사람의 응답을 서로 비교했다.[63] 분석한 결과 IMV 모델과 토머스 조이너의 대인 관계 이론과 같이, 자살을 시도했던 사람들은 자살 생각만 한 사람들에 비해 죽음을 확실히 덜 두려워했다. 하지만 이보다 충격적인 사실은 죽음에 대한 대담성이 우울증 또는 속박감 수준에 따라 달라진다고는 볼 수 없다는 것이었다. 이는 자살을 시도한 사람이 자살 생각만 한 사람보다 단순히 우울증 정도가 심하다고 단정할 수 없음을 시사하므로 주목할 필요가 있다. 또한 이 사실은 자살 생각이 자살 행동으로 변하는 현상이 대체로 의지 요인에 좌우된다는 점을 알려준다.

이제 내가 임상 연구에서 만났던 스탠이라는 사람의 이야기를 들어보자. 그는 30대 중반에 세상이 "무너지면서" "끔찍한" 시간을 보낸 후 자살 시도를 했다. 그는 시간이 흐르면서 죽음에 대한 두려움(죽음에 대한 대담성)이 어떻게 변했는지 이야기해주었다.

큰일이 연달아 터졌어요. 도저히 끝날 것 같지 않았죠. 먼저 제가 조선소에서 잘렸고 그 다음에 동생 마이크가 죽었어요. 이 두 가지 일이 지난 2월에 발생했습니다. 동생이 하늘나라에 갔다는 게 여전히 믿기지가 않아요. 동생과 저는 단짝이었거든요. 전 정말 화가 났어요. 그냥 모두에게, 아무나에게 화가 났어요. 누구든 만나면 싸움을 걸었고, 술 마시고 자고 또 싸웠어요. 그러던 어느 날 밤, 저는 취할 대로 취해서 더 이상은 견딜 수가 없고 그냥 제 자신이 밉다고 생각했어요. 그냥 다 끝내고 싶었지만 그렇게 할 수 없었어요. 제기랄, 두려움이 몰려왔죠. 예전에도 한 번 아내가 저를 떠났을 때 스스로 끝내겠다는 생각을 한 적이 있었지만, 그때는 그냥 지나갔어요. 그때는 사실 그 생각을 많이 하지 않았고, 뭘 어떻게 할지도 몰랐지요. 하지만 마이크도 떠난 이후로는 더 이상 버틸 수가 없더군요. 아침에 눈만 뜨면 온통 그 생각뿐이었어요. 그리고 그 생각을 하면 할수록, '두려울 게 뭐가 있어?', '분명 난 죽겠지', '옳은 일을 하는데 뭐가 문제야?' 같은 생각이 났어요. 그리고 다음번에는 일을 한번 저질러보자고 다짐했습니다. 그게 다예요. 저는 저와의 약속을 지켰는데, 제가 이 세상에 아직도 있다는 게 믿기지 않네요.

스탠은 화가 많이 나 있었지만 그를 만났던 기억을 되살려보면, 화가 났어도 공격적이지는 않았다. 스탠은 그냥 매우 평범한 사람이었다. 그때 그에게 왜, 또는 어떻게 해서 죽음에 대한 공포가 바뀌었는지 직접 물어봤어야 했다. 그에게 모종의 변화가 생긴 게 분명했으니까. 그는 이야기 도중 "두려움이 몰려왔다"고 했다. 나는 이 말을 죽는 게 두려웠다는 뜻으로 이해했다. 그러다 나중에 한동안 자살 생각에 사로잡히고 나서 그에게 뭔가 '돌파구'가 생겼던 것으로 보인다. 마치 뭔가가 바뀌거나 달라져서 더 이상 죽는 게 두렵지 않다는 것처럼 말이다. 마치 머릿속으로 무엇을 할 것인지(방법), 어떤 결과(죽음)가 나올 것인지를 계산해 놓은 것만 같다. 워낙 지쳐서 그랬을 수도 있고, 어쩌면 그가 품던 분노가 일으킨 결과일 수도 있다. 변화 경과가 어땠는지도 역시 분명치 않다. 두려움을 빨리 극복했을까, 아니면 시간이 걸렸을까? 생각의 변화를 일으킨 것은 무엇이었을까? 나는 절대 모를 일이다. 때때로 나는 그가 아직도 살아있는지 궁금하다.

스탠의 이야기는 자살 예방 분야에 도사리는 또 하나의 어려움을 조명해준다. 우리는 어떤 요소 때문에 죽음을 덜 두려워하게 되는 건지 더 깊게 이해할 필요가 있다. 대담성은 위험을 감수하는 경향과 연관이 있는 요소일까, 아니면 자존감이 바닥을 쳤거나 정신적으로 탈진해서 나온 부산물일까? 임종 과정과 사망에 노출될수록 두려움이 줄어드는 걸까? 삶에 대한 두려움이 죽음에 대한 두려움보다 더 클 수 있을까? 우리는 다른 의지 요인이 죽음에 관한 대담성에 미치는 영향이 얼마나 큰지 그 정도를 파헤쳐 볼 필요가 있다. 자살 위험을 이해하기 위해 앞으로 나아갈수록, 새로운 문제가 자꾸 생겨난다.

심상

나는 여러 날을 죽는 생각을 하며 보냈다. 단순히 죽을 생각만 한 것이 아니라, 머릿속으로 죽은 모습을 그릴 수 있었다. 나는 부모님이 있는 곳으로 돌아갔고 그곳은 정말 총천연색으로 생생했다. 마치 내가 그곳에 실제로 있는 것 같았다……

50대 중반에 자살 시도를 한 모의 말은 심상mental imagery의 한 양상으로, 사후 자기 자신의 모습을 자세하게 묘사한다. 이는 시각적 심상의 한 예로, 심상에는 인간의 오감 중 어느 것이라도 사용될 수 있다. 죽어가는 과정이나 죽음에 대한 심상은 의지 요인 여덟 가지 중 일곱 번째 요인이다. 자살 시도를 하거나 이후 자살로 사망한 것으로 밝혀진 사람들 중 일부는 자살 행동을 하면서 흥분에 휩싸여 실제로 자기 손에 죽어가는 심상을 경험했다고 보고한다. 자살 위험의 관점에서 우려스러운 점은, 인지적 의지 요인에 해당하는 심상이 자살 행동에 앞서 리허설과 같은 역할을 할 수 있다는 점이다. 즉, 마음의 눈으로 어떤 행위를 떠올리면 그 행위를 실제로 할 가능성이 높아진다.

이해하기 쉽도록, 운동선수들이 떠올리는 심상을 예로 들어보자. 심상이 운동선수의 기량을 향상시켜 준다는 것은 많은 연구가 증명하는 사실이다.[64] 나는 운동선수는 아니지만 테니스를 많이 치는데, 경기를 더 잘할 새로운 방법이 뭐가 있을지 항상 생각한다. 그래서 자기

계발 서적에 의지할 때가 종종 있는데, 책을 보면 모두 경기력을 최적화하는 핵심 기법으로 심상을 강조한다. 책에서는 공이 네트 위로 넘어가거나 내가 완벽하게 백핸드로 공을 쳐서 공이 상대편 코트 깊숙이 꽂히는 장면을 머릿속으로 상상하라고 가르친다. 나에게 얼마나 유용한지는 확신하지 못하겠지만, 이 기법은 효과적인 방법임이 꾸준히 밝혀졌으며, 자살 행동을 포함한 다른 행위에도 이와 동일한 원칙이 적용된다. 이런 심상은 모가 연상했던 심상처럼 죽음에 대한 두려움을 축소해 자살 위험을 증가시킬 수도 있다.

만약 여러분이 처음으로 누군가가 죽어가는 생각을 하거나 스스로 죽어가는 모습을 머릿속으로 그려볼 경우, 투쟁 혹은 도피 반응처럼 심장 박동이 빨라지거나 땀이 나는 심리적 반응이 일어날 수 있다. 이런 반응에는 불안감 또는 두려움을 느끼는 것이 포함되며, 이 결과 실제 죽음에 관한 행동이 늦춰질 수도 있다. 그러나 다음에 이런 심상이 떠오르면 그 전보다 두려움을 덜 느끼게 되며, 시간이 지나면서 이런 이미지에 노출되는 것이 익숙해져서 결과적으로 죽는 것에 두려움을 덜 느끼게 된다. 그리고 두려움을 덜 느낄수록 자살 위험은 증가한다. 실제로 스코틀랜드 행복연구진은 자살을 시도했던 사람들이 자살 생각만 하는 사람들에 비해 죽음에 대한 심상 정도가 더 높다는 사실을 발견했다.[65] 우리는 스웨덴에서 활동하는 임상심리학자 에밀리 홈스 Emily Holmes가 개발한 척도를 사용하여 심상을 측정했다.[66] 이 검사는 사람들에게 기분이 저조하거나 괴로울 때 자해 또는 자살을 저지르는 일 같은 죽음과 관련된 이미지를 상상하는지 질문한다. 예를 들어 이 검사에서 나오는 한 질문에서는 스스로 자해를 계획/준비하는 이미지나 자살 시도를 하는 장면을 얼마나 자주 떠올리는지 묻는다.

에밀리는 또한 '미래로의 순간 이동flash-forwards' 같은 특정 자살 관련 심상 유형에 관해서도 설명한다. 미래에 일어날 수 있는 자살에 대한 생각 또는 행동과 관련된 심상이라서 이런 명칭이 붙었다. 외상후스트레스장애를 겪는 사람들은 과거 트라우마를 일으킨 사건을 생각하면 생생한 심상이 머릿속에 침습하듯 떠오르는 경우가 있다고 보고하는데, 미래로의 순간 이동은 이런 플래시백* 현상과 비슷하다. 또한 미래로의 순간 이동은 현실감 있고 디테일이 풍부한 편이다. 이 현상을 경험한 사람들은 자살과 관련한 언어 사고보다 이런 이미지에 더 사로잡힌다고 보고한다. 이런 특징은 "총천연색으로 생생해 마치 내가 그곳에 실제로 있는 것 같았다"는 모의 자살 심상 묘사와 부합된다. 또한 이런 심상은 괴로움과 안도감을 둘 다 주기도 하는 것으로 평가된다. 그리 놀라운 현상은 아닌 것이, 자살 생각은 양면성을 띨 수도 있다는 것이 특징이기 때문이다.[67] 하지만 안도감이 들면 이 사람은 자살 생각을 통해 만족스럽다는 느낌을 받을 수 있고, 심해질 경우 이런 심상이 반복적으로 마음속에서 '불쑥' 되살아날 가능성이 커진다. 홍콩에서 실시된 한 연구에서는 미래로의 순간 이동을 통해 자

◆   소설, 영화 등에서 과거의 회상 장면으로 순간적으로 전환하는 현상.

살을 떠올릴 때 속박감을 같이 겪는 사람은 자살 생각이 악화될 가능성이 큰 것으로 나타났다.[68]

여기서 기억해야 할 점은, 자살과 관련된 심상은 자살 생각을 실행에 옮길 가능성을 높이는 요인이므로, 이런 미래로의 순간 이동 현상을 집중적으로 치료하면 자살 예방에 뜻깊은 수확을 거둘 수 있다는 것이다. 다시 말해, 누군가 자신이 죽어가거나 이미 죽은 모습을 떠올리는 경우, 이런 심상의 내용을 전달하며 도움을 받으면 자살 생각을 실행에 옮길 가능성이 줄어들 수 있다. 실제 마르티나 디 심플리치오 Martina Di Simplicio 와 에밀리를 비롯한 이들의 동료 연구진은, 최근 자해 경험이 있는 청년들에게 이미지네이터 Imiginator 라는 심상 기반의 짧은 심리학적 개입 검사를 시도해보았다.[69] 이들의 첫 시험 연구는 순조로웠으며, 청년들의 자해를 줄이는 데 도움이 될 수 있다는 희망이 생겼다. 하지만 이 검사가 정말로 효과가 있는지 알아보기 위해서는 완벽한 무작위배정 임상시험이 필요하다. 마지막으로 앞에서 자살 잠재력과 관련해 아직 답을 구하지 못한 문제가 있었던 것처럼, 우리는 죽어가는 과정과 죽음을 그리는 심상이 어떤 방식으로 전개되는지 아직 밝혀내지 못했다.

과거 자살 행동

마지막 여덟 번째 의지 요인은 누가 뭐래도 가장 중요한 요인이다. 누군가 자살 생각을 하다 이를 행동으로 옮겨 결국 낭떠러지 끝으로 떨어져 본 적이 있다면, 그 일을 다시 저지를 가능성이 높다. 전에도 언급한 적이 있지만, 과거 자살 행동은 미래 자살 행동을 예측하는 가장 정확한 요인이다.[70] 아래에 설명을 두 가지 곁들여보겠다.

1. 이 책 초반에 우리의 자살 예측 능력은 정확도 면에서 운이 좋으면 맞는 동전 던지기와 나을 게 없다고 이야기한 내용을 기억할 것이다.[71] 이 말은 사실이다. 하지만 아무리 그렇다 해도 과거 자살 시도 또는 자해 이력이 자살을 가장 잘 예측할 수 있는 단일 요인임에는 변함이 없다. 통계적으로, 과거 자살 행동에 한 번 뛰어든 경우 다시 자살을 시도할 확률이 높아진다. 그리고 과거 자해 행위가 의도적인 자살이었는지(자살 시도), 아닌지(자살 의도가 없는 자해)의 여부는 큰 차이가 없는 것으로 보인다.[72] 모든 자해 행동을 심각하게 받아들이라.

2. 통계적 위험은 임상적 위험과 동일하지 않다. 203쪽에서 절대적 위험과 상대적 위험이 어떻게 다른지 비교하여 설명한 부분을 기억하는가? 상대적 위험은 절대적 위험이 상대적으로 낮을 때에도 정말 끔찍하게 느껴질 수 있다. 자살 행동에 뛰어든 사람 중 대다수는 절대로 자살 또는 자해를 다시 시도하

지 않고 자살로 생을 끝내지도 않는다는 사실을 유념하자. 따라서 자살의 절대적 위험은 낮다. 우리 임상 연구에 따르면 자살 시도 후 병원에 입원한 사람 중 20~30퍼센트가 12개월 안에 자살 재시도로 치료를 받으며, 1퍼센트 미만의 사람만이 향후 자살로 사망한다.[73]

최근 브리스톨대학교에서 데이비드 건넬이 이끄는 자살 및 자해 연구 집단 소속 역학자들이 진행한 검토가 있다. 이들은 과거 자해 시도로 병원에 입원한 적이 있는 환자의 반복적인 자해와 그 이후 자살 관련 연구 증거를 모두 검토해보았다.[74] 이 검토 작업으로 자살 위험을 정량화할 수 있었는데, 이들은 자해 시도 이후 병원에 입원한 환자가 5년 안에 25명 중 1명꼴로 자살로 사망한다는 사실을 밝혀냈다. 또 이들 환자의 16퍼센트는 12개월 안에 또 한 번 자해 사건을 일으켰다. 이런 반복적인 자해 수치는 우리가 시행한 일부 연구에서 밝혀진 것보다 낮은데, 그 이유는 우리 연구가 의학적으로 좀 더 심각한 자살 시도를 다루는 경향이 있기 때문이다. 요지는 자살 행동 이력이 있는 사람 대다수는 절대로 자살 시도를 다시 하지 않고 또 자살로 사망하지 않는다는 것이다. 그렇다고 맘을 놓고 있어서는 안 된다. 자살을 특별히 정확하게 예측할 수는 없다 해도, 과거 자살 이력이 있는 사람을 안전하게 지키기 위해 어떻게 해야 하는지 항상 그 방법을 모색해야 한다.

IMV 모델을 이용하여 자살 위험을 이해하기

2018년 나는 올리비아 커틀리와 함께 IMV 모델을 업데이트했다. 우리는 이 모델의 의지 단계를 좀 더 자세히 정의하면서, 자살 생각과 자살 행동 간의 역학 및 임상 관계를 확인하기 위해 각 그림(그림 2과 3)에 점선을 추가했다.[75]

어떤 사람은 자살을 생각하다 그 생각을 실행에 옮기고, 이후 다시 속박감에 시달린 다음 다시 자살을 생각하다 또 한 번 자살 시도에 뛰어드는 악순환에 빠질 수 있다. 또 안타깝게도 어떤 사람은 첫 번째 자살 시도에서 사망하기도 한다. 얼마나 많은 사람들이 첫 번째 자살 시도에서 사망하는지 그 수를 정확히 알아내기는 어렵지만, 가장 믿을 만한 증거에 의하면 절반 이상이 첫 번째 시도에서 사망한다.[76] 이 통계는 우리의 가슴을 아프게 하고, 자살 시도자 중 절반 이상이 첫 번째 시도에서 사망하기 때문에 누군가 자살을 시도하는 단계로 들어서기 전이나 자살 위기 초기에 개입하는 일이 중요하다는 것을 부각한다. 따라서 우리는 패배감과 모멸감, 상실감, 수치, 거부감 및 속박감으로 이어지는 개인적·사회적·문화적 요인에 집중하여 자살 예방에 힘쓸 필요가 있다.

또 자살 예방 노력을 극대화하기 위해서는 다양한 위험 요인이 서로 영향을 준다는 것을 인식할 필요가 있다. 내 친구이자 동료인 노팅엄대학교의 심리학자 엘런 타운센드Ellen Townsend는 자해 측정을 위한 카드 분류 과제Card Sort Task for Self-harm, CaTS를 개발해 자해를 일으키는 생각, 감정, 행위 및 사건의 패턴을 알아보는 데 이용했다.[77] 이런 접근 방법을 이용하면 각 자해 사건에서 위험 요인의 영향이 어느 정도인지 비교할 수 있기 때문에, 그 사람에게 알맞은 개입 방식이 무엇일지 파악할 수 있다. 카드 분류 과제를 이용해 검사하면 어떤 특정 요인이 연구 대상자의 자해 또는 자살 시도와 연관되었는지 직접적으로 분석할 수 있을 뿐 아니라, 요인의 연쇄 반응을 확인하는 데도 도움이 된다. 예를 들어보면 자기혐오가 분노를 일으켰고, 이 분노가 가치 없다는 생각을 낳았으며, 이 생각이 속박감을 유발했고 결국 속박감이 자살 행동을 불러왔을 수 있다. 이런 자세한 정보의 도움으로 이후 자살 위기가 고조되는 것을 미리 막을 수도 있고, 임상적 개입으로 치료할 수 있는 요인이 있는지 알 수도 있다. 이렇게 사고·정서·행위가 전개되는 패턴을 알아낸다면, 이 사람이 도움이나 지원을 받아야 하는지 확인해보고 싶을 것이다. 카드 분류 작업은 전문가의 도움을 받을 수 있다는 정보도 알려주기 때문에, 조기 경보 시스템으로도 사용할 수도 있다.

위에서 설명했듯이 IMV 모델은 자살로 인한 사망 사건과 관련된 정황이 각각 고유하다는 점을 인정하되, 누군가 자살로 이끄는 공통의 요인과 경로를 밝히기 위해 노력한다. 자살 위험의 의지 단계를 파악할 때, 나는 의지 요인 여덟 가지 모두가 모든 자살 시도나 자살로 인한 사망과 연관되어 있다고 보지는 않는다. 그러나 그림 3에 나온 세부 요인을 이용하여 누군가 자살 생각을 실행에 옮길 가능성을 체계적으로 분석하고자 노력한다. 이 사람들이 특정 자살 수단을 확보하기 위해 계획을 세웠는지 알아보고, 만약 그렇다면 나는 환경의 안전을 기하는 데 노력을 집중한다. 실제로 이런 노력은 다음 3부에 나오는 중점 내용이다.

이번 장을 끝내기 전에 나는 자살로 사망한 사람의 자세하고 정확한 정황을 소개해 그들이 자살에 이른 경로를 일부 자세히 밝혀보고 싶다. 다음 사례는 스스로 목숨을 끊은 폴이라는 실존 인물에 관한 이야기이지만 몇몇 세부 사항은 기밀 유지를 위해 바꾸었다. 폴의 정황을 살펴보면서 여러분이 IMV 모델을 사용하여 자살 위험을 이해하고, 혹시 누군가 걱정되는 사람이 있다면 그 사람에게 모델을 어떻게 적용하면 좋을지 생각하는 과정에서 좀 더 확실한 방안을 찾길 바란다. 또한 여러분이 정신건강 전문가라면, 자살 위험이 있는 취약한 사람들을 위해 치료 계획을 세울 때 IMV 모델이 어떻게 기본 토대로 작용할 수 있는지 알게 될 것이다.

폴은 54세에 사망했다. 그의 어머니는 알코올 중독자였고, 그 역시 매일 술을 마신다고 인정했지만 과음하는 경우는 좀처럼 없었다. 그는 IT 업계에서 일했다. 첫 결혼은 그가 사망하기 4년 전에 끝이 났다. 그는 두 자녀를 두었으며 어릴 때부터 알고 지낸 사람과 새로운 관계를 시작하고 있었다. 파경을 맞은 이후 그는 다른 지역으로 이직했다. 어린 시절 살았던 곳으로 직장을 옮겼지만, 학창 시절 이후에는 그곳을 떠나 다른 곳에서 살았다. 새로 시작한 관계는 오래 가지 않아, 시작한 지 18개월 만에 끝이 났다. 그는 심한 고립감을 느꼈다. 자녀들과는 좋은 관계를 유지했지만 둘 다 다른 지역에서 대학을 다니고 있었고, 다들 각자의 삶을 사느라 바빴다.

10대 시절, 폴은 저조한 기분에 시달렸고 자해를 저질러 병원에 입원한 적이 있었지만, 공식적으로 우울증을 진단받거나 정신건강 문제로 약을 처방받은 적은 한 번도 없었다. 어릴 때 가깝게 지냈던 삼촌이 2년 전에 스스로 목숨을 끊었는데, 폴은 그의 죽음으로 상당히 충격을 받았다. 그의 장남이 하는 말에 따르면 폴은 외로워했고 항상 자기 자신을 가혹하게 비판했으며, 자살하기 얼마 전에는 아무 의욕도 없었다고 했다. 폴은 자신이 "더 이상 그 누구에게도 쓸모없는 사람"이고 이제까지 아무 의미 없는 삶을 살아왔다면서, 혼자가 된 게 당연하다는 이야기를 했다. 폴은 또한 대학 친구들과 연락하지 않고 지낸 것을 후회했다.

안타깝게도, 이혼한 중년의 남성이 혼자 살다 스스로 목숨을 끊은 폴의 이야기는 특이한 사례는 아니다. 전 세계 대부분 국가에서 자살로 사망한 사람들의 대다수는 '평생 결혼한 적이 없거나', '과거에 결혼을 했다 헤어졌거나', 사망 당시 '독신'인 사람들이었다. 영국에서 중년 남성은 다른 나이 집단과 비교하여 자살할 위험이 가장 높다.[78] 표면적으로 볼 때 폴의 인생 이야기는, 영국에서 첫 번째 결혼의 거의 절반이 이혼으로 끝난다는 점을 염두에 둘 때 비단 그만의 이야기가 아닌 수백만 명의 이야기일 수도 있다. 이는 많은 사람들이 잠재적으로 이혼 위기에 있다는 이야기다. 그렇다면 폴의 경우는 무엇이 다른 것일까? 폴이 왜 스스로 목숨을 끊었는지 확실히 알 길은 전혀 없지만, 잠재적 요인의 조각을 몇 가지 끼워 맞춰볼 수 있다. 아래 표에서 나는 IMV 모델의 3단계를 통해 폴의 사례를 간단하게 보여주려고 한다.

동기 전 단계	동기 단계	의지 단계
• 자기비판적인 태도 • 어머니의 알코올 중독 이력 • 파경 및 새로운 관계 실패	• 사회적 지원의 부족 • 좌절된 소속감 • '누구에게도 쓸모없음' • 미래에 대한 긍정적 생각 부족 • 패배감과 속박감	• 과거 자해 이력 • 삼촌의 자살 경험

자살을 이해하는 기반으로 IMV 모델을 사용할 때, 나는 한 개인이 느꼈을 패배감 또는 모욕감이 어느 정도였는지와, 당사자가 고통에서 빠져나갈 곳이 없다고 여겼는지의 여부를 고려한다. 반복적으로 언급했지만, 속박감, 즉 인생의 올가미에 갇혔다는 **인식**은 자살에 이르는 정신적 고통을 유발하기 때문에 매우 파괴적이다. 또 나는 여기서 분명 자살과 상관관계가 있는 이력의 조각을 끼워 맞춰 보려고 했

다. 한 개인이 어떤 취약성을 가지고 있었고(만약 있다면), 이런 취약성이 사망하기 며칠 또는 몇 주, 몇 달 전 어떤 부정적인 사건으로 악화되었는지 말이다. 폴의 경우에는 그의 먼 과거와 좀 더 최근의 사건에서 자살 위험에 불을 붙였을 만한 경고 신호가 여러 가지 있었을 것으로 보인다.

먼저 IMV 모델의 동기 전 단계부터 시작해보자. 이 단계는 자살 또는 자살 시도의 원인이 되었거나, 여기에 불을 붙였거나, '낙타의 등을 부러뜨린 마지막 지푸라기' 역할을 한 배경이나 부정적 사건을 알아보는 단계임을 기억할 것이다. 폴의 아들이 말한 대로 폴이 '자기 자신을 가장 가혹하게 비판했다'는 점은 그가 자기비판 성향이 높았다는 점을 알려준다. 자기비판은 취약한 정신건강 및 자살 생각과 관련된 성격적 특성이자 취약성 요인이다.[79] 하지만 자기비판 성향의 부정적인 면은 스트레스를 받는 기간에 가장 두드러지게 나타난다. 자기비판 자체가 자살을 유발하는 요소는 아니지만, 패배감을 느낄 가능성을 높일 수는 있다. 자기비판은 또한 우울증과 절망감, 속박감과 관련된 과거나 당시의 감정을 거듭 생각하는 성찰 과정을 유발할 수 있다.[80] 이는 내가 앞서 언급한(156쪽) 사회적 완벽주의와 비슷한 작용을 한다.

앞에서 보았듯이, 누군가의 환경과 인생 초년기의 트라우마 같은 부정적인 인생 사건의 경험을 알아보는 것은 중요한 일이다. 우리는 폴의 어머니가 알코올 중독 이력이 있었다는 점을 제외하고는 폴의 환경에 관해 아는 점이 많이 없다. 이 문제는 어린 시절의 행복감에 부정적인 영향을 끼쳤을 것이고 애착 관계 형성에도 영향을 주었을 것이다. 안타깝게도 이런 아동기 부정적 경험 노출 정도가 클수록 자살을 시도하거나 끝내 자살하는 등 성인기에 정신·신체건강이 악화될 가능성이 높아진다.[81]

"누구에게도 쓸모없는 사람"이란 이야기 또한 자신이 다른 사람(자녀들)에게 부담이 된다는 느낌과 잠재적으로 연관되어 있고, 이런 느낌은 아무 의미 없는 삶을 살아왔다는 생각과 함께 패배감을 한층 더했을 것이다. 폴은 우울한 상태일 때 어떤 희망도 볼 수 없었고, 자녀들이 있었지만 외로움을 느꼈으며 사회적인 지원을 받지 못했다. 또 폴은 직장을 다른 곳으로 옮겨서 매일 장거리를 통근했다. 정서적 지지라는 달걀을 반려자라는 바구니 하나에 모두 담은 중년의 남성은, 이 관계가 끝날 경우 사회적으로 고립될 위험이 커진다.[82]

자살 의지의 관점에서 살펴보면, 폴은 자살 위험과 관련된 과거 이력이 있었다. 자살 생각이 치명적인 자살 행동으로 전환한 원인이 되었을 사건이 적어도 두 가지 있었다. 오래전 일이었지만 폴은 과거에 자해를 한 적이 있었고, 그중 적어도 한 번은 상태가 심각해서 입원까지 했다. 따라서 그는 자신이 다시 한번 자해를 저지를 잠재력이 있다는 것을 인지했을 것이다. 어쩌면 예전에 품었던 자해 생각이 삼촌의 자살에 충격을 받으면서 다시 살아났고, 여기에 사회적 고립감, 절망감, 속박감이 더해져 더 이상 버틸 수 없다고 느낀 것일 수도 있다. 정신적으로 소진된 상태에서 그는 홀로 상황을 견뎌냈고, 스스로 목숨을 끊음으로써 그 고통에 종지부를 찍었다.

폴의 죽음은 IMV 모델의 핵심적인 전제를 보여준다. 즉 자살이 일어나기 위해서는 동기(자살 생각)와 의지(자살 생각을 실행에 옮기도록 하는 요인)가 필요하다는 점을 알려준다. 또한 미래에 폴 같은 사람이 자살로 사망하는 비극을 막기 위해 우리가 어디쯤에서 개입해야 할지 생각해볼 기회도 건넨다. 이 모델을 통해 폴의 죽음을 살펴보면, 동기 단계와 의지 단계 양쪽 모두에 개입해 도움을 주었을 때 누군가 자살을 시도하거나 자살로 사망할 가능성을 줄일 수 있다는 걸 알 수 있다. 앞에서 언급했듯이, 각 개인의 자살을 예측하기는 어렵지만, IMV 모델의 도움을 받으면 누구라도 주변인의 위험 요인과 잠재적 보호 요인이 무엇일지 생각해볼 수 있다. 따라서 누군가를 돕고자 할 때 자살 생각의 실행을 멈추는 데 초점을 맞추는 의지 단계에 개입하는 것은 물론, 자살 생각을 떠올리는 것을 저지하기 위한 동기 단계에 개입하는 것도 고려해야 한다.

3부와 4부에서는 자살에 취약한 사람을 어떻게 도우면 되는지에 대한 주제로 돌아가 보겠다. 취약한 사람들의 안전을 지키는 방법은 물론, 누군가에게 자살에 관해 곤란한 질문을 할 때 도움이 될 실용적인 조언도 제공할 것이다. 또한 자살의 충격에서 살아가기 위해 애쓰는 사람은 물론, 자살 위험이 있는 사람을 도우려는 사람에게 보탬이 될 방법도 안내하겠다.

자살 위험이 있는 사람을
안전하게 지킬 방법은 무엇인가

나는 클레어가 사망했다는 소식을 들었던 그 순간을 절대 잊을 수 없다. 그때 했던 통화, 그 얼어붙던 순간, 생생하고 고통스러운 기억이 섬광처럼 되살아난다. 그 눈물과 충격이 기억난다. 상황이 전혀 파악되지 않았다. 눈을 감고 클레어를 생각하면, 그 끔찍한 소식을 들었던 순간으로 돌아가고, 이내 죄책감과 함께 '그때 어떻게 했더라면 상황이 달라졌을까'라는 질문을 다시 하게 된다. 클레어는 괜찮아 보였고, 마지막으로 이야기를 나누었을 때에도 양호한 상태였다. 죽기 며칠 전에 클레어가 내게 보낸 마지막 이메일에서도 위험한 낌새는 없었다. 클레어는 죽기 전 몇 개월 동안 가혹한 시간을 보냈을 것이다. 그럼에도 나는 당시 클레어가 매우 행복하다고, 터널 끝에 있는 빛을 볼 수 있을 거라고 생각했다. 이는 자살로 사망한 이의 친구, 반려자, 부모와 자녀가 흔히 겪는 일이다. 고인의 반려자는 내가 겪은 것과 똑같은 감정을 경험하면서 스스로에게 왜 가까운 사람을 안전하게 지키지 못했냐고 되묻는다. 내가 무엇을 할 수 있었을까? 무엇을 해야 했을까? 비록 우리가 사랑했던 사람은 이제 되돌아올 수 없지만, 우리가 임상의이든, 연구원이든, 그들의 가족이나 친구나 동료이든, 위험에 처한 다른 사람을 도와줄 수는 있다.

3부에서는 자살 위기에 처한 사람을 지원하는 데 효과적이라고 입증된 개입 방법 몇 가지를 안내하겠다. 개입은 행위나 건강 상태의 변화를 가져오도록 의도된 전략, 기법, 도구 및 기타 요소를 말할 때 쓰는 용어다. 이 책의 목적상, 여기서 언급하는 '개입'은 자살 생각과 행위를 줄이거나 없애는 것을 목표로 한다. CBT와 같은 개입 방법은 장기적인 임상 개입으로, 숙련된 정신건강 전문가가 실시한다. 또 이보다 단기적인 안전 계획 같은 대책은, 고통을 겪는 사람이 자신을 안전하게 지키도록 대비하는 데 도움을 줄 수 있다.

4부에서는 자살에 취약한 사람들을 지원하는 데 있어서 좀 더 실용적인 정보를 제공하겠다. 비록 개인적인 수준에서의 자살 예방은 어렵지만, 우리가 적극적으로 대응하고자 한다면 자살의 위험을 줄이기 위해 할 수 있는 일이 있다. 안타깝게도 모든 자살을 예방하는 건 불가능하다. 하지만 한 사회의 일원으로서 이런 개인의 비극을 막기 위해 우리가 할 수 있는 일은 아주 많다. 이런 예방책은 공중 보건 영역에서도 시급한 과제다.

먼저 안전 계획을 단계별로 설명하기 전에, 단기 개입을 간략하게 소개하겠다. 3부의 마지막 장인 11장에서는 장기 개입을 설명하겠다. 이 방법은 지금까지 효과가 있는 것으로 밝혀졌으며, 자살의 정신적 고통을 누그러뜨리는 면에서 가장 기대가 큰 개입 방법이다.

9

단기 연락 개입:
가치감과 유대감 높이기

8장에서 설명한 의지 도움 시트 VHS는 자살에 취약하거나 자살 위험이 있는 사람들을 지원하는 데 도움이 되는 수단으로, 이들을 자살 행동에 뛰어들지 않도록 유도하면서 지원하는 방법이다(196쪽 참조). 그러나 VHS 외에도, 최근 몇 년간 연구·임상 분야에서 자살 위험에 처한 사람들에게 도움을 줄 가능성이 있어 상당한 관심을 끌어 모은 지원 방법이 많이 있다. 이런 도구는 종종 '단기 연락 개입'이라는 이름으로 분류된다. 이 방법은 현재 자살 위험이 있거나 자살 위험이 있었던 사람들과 특정 방식으로 연락하면서 진행하며, 이름에서 알 수 있듯이 짧은 개입 기간이 특징이다. 또한 굳이 정신건강 전문가가 진행할 필요가 없다. 이런 유형의 개입 방법은 좀 더 장기적으로 진행되는 심리치료나 정신사회적 개입과는 다르다(이 방법은 11장에서 설명하겠다). 이런 단기 개입 방법은 최소한의 연락으로도 실행 가능하다. 예를 들어, 임상의가 퇴원한 환자에게 안부를 묻는 편지를 보내거나 환자가 퇴원한 이후 그 사람의 상태를 확인하고자 연락하는 식의 방법이 있다. 이런 방법에 관심이 점점 커지는 이유는, 자해나 자살을 시도한 환자가 병원에서 퇴원해도 1차 진료의에게 안내문이 전송된다는 것 외에는 아무 후속 조치도 없는 경우가 태반이기 때문이다. 이런 연락 개입은 퇴원 후 형식적인 외래치료를 받고 싶어 하지 않거나 도움을 청하고 싶어 하지 않는 사람들에게도 도움이 된다.

이런 단기 개입 방법이 간략하고 강도가 약한데도, 어떻게 자살을 예방하는 효과를 내는 것일까? 이에 대해서는 수많은 해석이 존재한다. 앞서 나는 VHS의 도움을 받으면 긍정적 조건부 실행 계획을 실행할 수 있고, 이에 따라 자살 생각이 자살 행동으로 전환되는 일이 저지되어 자살 위험이 줄어든다고 언급했다.[1] 그러나 이는 가능성 있는 여러 가지 방법 중 하나일 뿐이다.

편지처럼 개인과의 연락을 유지하는 저강도 개입 방법의 경우, 단순한 연락 유지 행위를 통해 환자와의 연결감을 도모하여 자살을 예방하는 효과가 있다. 이런 편지는 위험에 처한 사람에게 도움을 요청하라는 신호를 보내는 역할을 하기도 한다. 누군가에게 당신은 소중한 사람이고, 다른 이들에게 짐만 되는 사람이 아니며, 어려움에 처했을 경우 도움을 구할 수 있다는 것을 알리고 기회의 문을 열어주는 역할 말이다. 유대감을 주기 위해 사람들에게 '당신은 소중한 사람이다' 라고 말해주는 일은 효과가 있다. 우리는 수많은 연구를 통해 사회적 단절, 고립, 좌절된 소속감, 수치심, 자신이 아무 가치가 없다는 느낌이 모두 자살 위험의 원인이 된다는 것을 알고 있다.[2] 따라서 IMV 모델과 대인 관계 이론에 따라 유대감과 자존감을 높일 수 있다면, 자살 생각이 떠오르거나 악화될 가능성이 줄어든다.

또 한 가지 고려할 사항은 자살 시도 이후 응급실에 실려간 사람 중 일부는 부정적인 경험을 보고하며 응급실에 도착했을 때보다 더 악화된 기분으로 퇴원한다는 사실이다.[3] 이들은 입원으로 심한 단절감과 모멸감을 느끼기도 한다. 자신이 의료진들의 시간을 허비하고 부족한 병상만 차지하고 있다고 느끼기 때문이다. 이들은 병원에 자신보다 더 긴급한 환자가 많다고 생각한다. 비록 퇴원 이후 단기적인 연락이 입원해 있을 때 받는 연민과 존엄, 존중으로 치료받는 느낌을 절대 대신하지는 못하지만, 누군가 자신이 소중하다는 사실을 느끼도록 돕고 인생이 살 만한 가치가 있으며 손을 뻗으면 도움을 구할 수 있다는 것을 상기시키는 한 방편이 될 수 있다. 무엇보다, 그동안 내가 만난 자살 예방의 최전방에서 임상 서비스를 제공하는 사람들은 대부분 인정이 많고 치료하는 환자를 진심으로 걱정한다는 점을 강조하고 싶다.

약 20년 전 샌프란시스코 캘리포니아대학교의 제롬 모토Jerome Motto 와 앨런 보스트롬Alan Bostrom이 발표한 획기적인 연구는 단기 연락 개입에 관해 많은 관심을 촉발했다.[4] 연구 방안은 단순했다. 우울증이나 자살 위험이 있지만 지속적인 병원 치료를 거부했던 환자를 무작위로 선발해서, 이들이 퇴원하고 30일 후 일부에게는 단기적 개입을 시도했고 일부에게는 시도하지 않았다. 즉 환자의 절반은 '관심 편지'를 받았고 나머지 절반은 퇴원 이후 아무 연락도 받지 않았다. 편지에서 임상의는 환자의 상태를 걱정했고 환자에게 원할 경우 연락하라는 단순한 내용만 전했다. 다음은 관심 편지의 한 예다.[5]

> 존 선생님께,
>
> 환자분께서 이곳 병원에서 치료를 받으신 지 시간이 좀 흘렀네요. 모쪼록 잘 지내셨기를 바랍니다. 혹시 저희에게 남기실 말씀이 있으시면 언제라도 기쁘게 듣겠습니다.

편지는 처음 4개월간 매달, 그 후 8개월간 두 달에 한 번, 이후 4년간 3개월에 한 번 보냈다. 따라서 환자는 5년에 걸쳐 총 24통의 편지를 받았다. 이후 인상적인 결과가 나왔다. 연구 기간 5년 동안 편지를 받은 사람들의 경우 편지를 받지 않은 사람보다 자살로 사망할 가능성이 낮았다. 그러나 자세히 분석해보니 이로운 효과가 5년에 걸쳐 있었던 것은 사실이지만, 자살 감소는 대부분 연구 시작 이후 2년 안에 일어났다. 이쯤에서 한번 숨을 고르고 이 결과가 뜻하는 의미를 생각해볼 필요가 있다. 정신적으로 고통받고 있는 사람과 연락을 유지하는 것만으로도 강력한 자살 예방 효과를 낼 수 있다는 것을 말이다.

이 결과를 우리 일상생활에도 적용할 수 있다. 주변에 누군가 힘들어하는 사람이 있다면 그 사람에게 연락을 취해 자신의 소식을 전하고 안부를 묻자. 때로는 괜찮지 않아도 괜찮고, 도움의 손길을 요청해도 괜찮다는 것을 이들이 인정하도록 도와만 주어도 충분하다.

70대 초반 여성 자흐라의 경우, 자신을 챙겨준 이웃이 없었다면 자신은 지금 이 세상에 없었을 거라고 말했다. 자흐라는 아파트에 혼자 살면서 많은 사람과 교제하지 않고 그저 이웃과 농담만 주고받으며 지냈다. 그러던 그는 지난해에 하나밖에 없는 언니를 잃고 병을 얻어 한동안 너무나 힘든 시간을 보내야 했다. 그의 말을 그대로 빌리자면, 지난해는 "진이 있는 대로 다 빠진" 해였다. 자흐라는 우울했고 아파트를 나서는 게 너무나 두려웠다. 나가는 게 왜 불안한지는 몰랐지만, 결국 집에만 머문 결과 지독하게 외로움을 느꼈다. 언니가 죽은 그해 겨울은 어둡게 느껴지는 날이 허다했다. 기분이 푹 가라앉아서 이대로 계속 살 수 있을지 갈피를 잡지 못하는, '자살 직전'의 상태였다. 그런데 어느 날 저녁, 난데없이 이웃 한 사람이 아파트 문 밑으로 메모지를 하나 밀어 넣었다. "어떻게 지내세요? 요즘 통 뵙질 못했네요. 아무 일 없으시길 바라고 있어요. 커피라도 한잔 하고 싶으시면 말씀 주세요"라고 적힌 단순한 메모였다. 그냥 그게 다였다. 지나가다 인사만 나눌 정도로 거의 잘 알지 못하는 사람에게서 받은 메모 그 이상도 이하도 아니었다. 자흐라는 이런 단순한 메모가 "진정으로 내 생명을 구해주었다"고, 자신을 절망감에서 잠깐이라도 벗어나게 해주었다고 말했다. 그 메모는 자신이 가치 있는 사람이라는 생각을 하게 해주었다. 누군가 몸소 시간을 내서 자신에게 관심을 가져주었다는 사실이 자흐라에게는 의미가 컸다.

소통의 위력은 관심 편지에 대한 연구에서도 드러난다. 몇몇 응답자는 연구진에게 편지를 받고 자흐라처럼 자신에 대한 가치감과 유대감이 들었다고 썼다. 그중 한 사람은 이렇게 답변했다. "그 사소한 메모가 제게 얼마나 의미가 큰지 상상도 못 하실 거예요. 설사 가족이 저를 내친다 해도, 저를 걱정해주는 사람이 있다는 생각이 들어요. 진심으로 감사해요." 또 다른 응답자는 이렇게 덧붙였다. "당신의 메모는 제게 따뜻함과 기쁨을 주었어요. 누군가 저를 걱정한다는 사실을 알기만 해도 큰 힘이 됩니다."[6]

이런 긍정적인 결과가 나왔지만, 실망스럽게도 관심 편지가 그 이후 자살률에도 영향을 끼친다는 연구 결과는 전혀 나오지 않았다. 아마도 그 이유는 대부분의 단기 개입 연구가 자살률 변화보다 자해 또는 치명적이지 않은 자살 행동을 줄이는 데 집중하기 때문일 것이다. 사실 지난 5년에서 10년에 걸쳐 단기 연락 개입 등 체계적인 정신사회적 개입에 관한 검토 결과가 발표되었다.[7] 비록 다른 기준이 적용되긴 했지만, 이들 검토는 모두 한결같이 정신사회적 개입이 어느 정도 효과가 있다고 말한다. 이 중 역학자 앨리슨 밀너Allison Milner(2019년 36세의 나이에 비극적 사고로 사망했다)가 이끈 연구 검토는 특히 단기 연락 개입의 효용성에 초점을 맞추어 진행되었다.[8] 환자가 응급실이나 병원

시설에 입원한 후 전화로 연락하거나 응급 위기 카드를 사용하거나 엽서·편지를 보내는 등의 방법으로 위기에 개입해 그 효과를 평가했다. 위기 카드는 환자 퇴원 시 제공되며 일상적인 치료에 일부 사용하거나, 필요할 때 위기 상황에서 입원할 수 있도록 도움을 받거나 다른 형태의 비상 지원 서비스를 받을 때 사용할 수 있다. 엽서를 통한 개입은 관심 편지와 상당히 비슷하다.

밀너와 동료 연구진이 수행한 검토와 다른 연구 결과를 종합해보면, 단기 개입을 통해 자해·자살을 시도하는 사람들의 숫자는 줄지 않았지만, 대신 그 횟수는 줄어들었다. 8장의 내용을 기억한다면 이 결과가 스코틀랜드에서 진행한 VHS 연구 결과와 비슷하다는 것을 알 수 있다.[9] 따라서 이런 단기 개입은 한 사람이 자살 행동에 뛰어드는 것을 전적으로 막을 수는 없다 해도, 자해의 빈도수를 줄이는 데는 도움이 될 수 있다. VHS 결과와 위의 검토 결과를 결합한 결과를 살펴보면 해당 연구가 우리에게 꼭 기억하라고 전하는 메시지가 있다. 바로 위험에 처한 사람을 지원하는 행위가 보호 효과가 있다는 것이다. 이런 지원 활동은 전화 통화, 도움 시트, 편지 등 다양한 형태를 띨 수 있다. 이런 작은 지원 활동은 공식적인 임상 접촉을 꺼리는 사람들에게 특히 유용하다. 또한 우리 모두가 기억해야 할 메시지가 하나 더 있다. 바로 타인에게 관심을 보이는 일이 한 생명을 구할 수 있다는 것이다.

10

안전 계획 6단계:
자살 위기에 놓인 누군가를 지키는 법

스테파니 두프닉Stephanie Doupnik와 동료 연구진은 2020년에 단기 연락 개입을 넘어 다른 연구 검토를 발표했다.[1] 이번에는 '단기 집중 관리 식 자살 예방 개입'이라는 방식이 그 이후의 자살 시도를 줄일 수 있는지 알아보았다. 이들의 연구 검토에는 우리가 개발한 VHS는 물론 기능적 분석(왜 해당 행동이 발생하는지 이해하는 한 방법), 치료 평가, 문제 해결 기술, 동기 인터뷰와 같은 조직적 환자 관리, 안전 계획, 위기 대응 계획 및 다른 단기적 치료 개입과 9장에서 다룬 단기 연락 개입도 포함되었다. 두프닉과 동료 연구진이 모든 연구 결과를 종합한 후 알아낸 사실은 단기 집중 관리식 자살 예방 개입으로 환자가 병원에서 퇴원하고 몇 주, 몇 개월 후에 자살을 시도하는 건수가 줄어들었다는 것이다. 연구진은 또한 이런 단기 집중 개입을 받은 사람은 차후 진행되는 정신건강 관리 프로그램에도 참여할 확률이 높았다고 밝혔다. 자살 시도에 관한 일곱 건의 연구 중 네 건에 안전 계획이 포함되었으므로, 안전 계획은 자살의 위험에서 사람들을 보호하는 중요한 요소라고 볼 수 있다. 또한 안전 계획은 자살예방자원센터-미국 자살예방재단Suicide Prevention Resource Centre-American Foundation for Suicide Prevention(SPRC-AF-SP) 기록부에서 '최고의 대책'으로 인정받았다.[2]

안전 계획은 두 사람, 보통 환자와 정신건강 전문 의료진이 공동으로 만드는 체계적인 개입 방법이다.[3] 이 방법은 취약한 사람을 안전하게 지키는 데 도움이 되는 기법일 뿐만 아니라 경고 신호를 확인하는 방법이기도 하다. 쉽게 말해, 안전 계획은 자살하고 싶은 느낌을 실행에 옮기지 못하게 도와주는 '비상 계획'이다. 그림 4(255쪽)에 나온 대로, 안전 계획은 6단계로 구성되며 보통 자살 위기를 겪은 당사자가 작성한다.[4]

처음 안전 계획을 접했을 때, 솔직히 나는 그 단순한 형태와 실용적 내용에 (좋은 쪽으로) 놀랐다. 나는 그 전부터 안전 계획이 하나의 자살 예방법이라는 이야기를 많이 들었고 많은 임상 전문 의료진이 이를 일상적인 진료에서 사용한다는 것을 알았다. 하지만 전문가가 이 안전 계획을 본래 의도와 다른 방식으로 사용하는 일이 많다는 사실에는 염려가 되었다. 어떤 전문가는 환자가 병원에서 퇴원할 때 이를 건네주면서 집에 가서 계획을 작성하라고 권유한다. 이렇게 하는 건 의

1단계   위기가 고조될 수 있다는 경고 신호(생각, 심상, 기분, 상황, 행위)

1 _____

_____

2 _____

_____

3 _____

_____

2단계   내부 대처 전략 – 다른 사람에게 연락하지 않고도 내 문제에서 벗어나기 위해 할 수 있는 활동(휴식, 신체 활동)

1 _____

_____

2 _____

_____

3 _____

_____

3단계   기분을 전환해주는 사람들과 사회환경

1 이름: 관계: 전화:

2 이름: 관계: 전화:

3 장소:

4 장소:

4단계 도움을 요청할 수 있는 사람

1 이름: 관계: 전화:

2 이름: 관계: 전화:

3 이름: 관계: 전화:

5단계 위기 상황에서 연락할 수 있는 전문가나 기관

공중기관: 전화:

공중기관의 이름:

1 _____

2 _____

6단계 환경을 안전하게 만들기

1 _____

_____

2 _____

_____

3 _____

_____

그림 4 **안전 계획**[5]

료인이 각 단계마다 의견을 제시하며 환자를 안내할 수 없기 때문에, 최선의 방법이 아니다. 또 어떤 전문가는 환자와 같이 머리를 맞대고 안전 계획을 작성한 후 이를 환자의 지속적인 임상 관리에 포함한다. 이 방법이 가장 좋다. 내가 안전 계획을 처음 알았던 당시에는 이 방법에 대한 무작위배정 임상시험 결과가 전혀 없어서 이 대책이 자살 행동을 줄여주는 데 효과가 있음을 증명하지 못했고 나 또한 이 사실을 의식해 안전 계획을 적극적으로 다루지 못했다. 다행히 이후 안전 계획의 효과 증거가 늘어났다. 결정적인 무작위배정 임상시험 결과는 아직 없지만, 그래도 여러 연구 결과에 따르면 안전 계획은 자살 위험의 사람들을 안전하게 지키는 데 분명 도움이 된다.[6]

미국의 임상 심리학자인 바버라 스탠리Barbara Stanley와 그레고리 브라운Gregory Brown, 그리고 안전 계획 개입의 최초 설계자들은 2018년 안전 계획의 유용성을 알려주는 상당히 설득력 있는 연구를 발표했다.[7] 이들은 소위 코호트 비교 연구*에서 안전 계획이 후속 조치로 이루어지는 전화 연락과 더불어 미국 재향군인 병원 응급실에 내원한 환자의 자살 행동을 실제로 줄였는지 조사했다.

이들은 두 가지 다른 부류의 병원을 비교했다(코호트 비교). 한 쪽은 환자가 일반 치료는 물론 안전 계획 및 전화 지원을 받은 병원(개입 병원)이었고 다른 한 쪽은 환자가 오직 일반 치료만 받은 병원(대조군 병

  ◆   특정 요인에 노출된 집단과 노출되지 않은 집단을 추적하고 연구 대상 질병의 발생률을 비교하여, 해당 요인과 질병 발생 관계를 조사하는 연구 방법.

원)이었다. 결과는 상당히 긍정적이었다. 환자가 안전 계획과 전화 지원 개입을 받은 병원의 경우 자살 행동이 45퍼센트 더 적게 나타났다. 대조군 병원과 비교하여 안전 계획과 전화 지원을 제공한 병원에서는 6개월의 추적 관찰 기간 동안 자살 행동 비율이 절반 정도 낮았다. 이 연구에서는 안전 계획과 전화 지원이 서로에게 어떤 영향을 미치는지는 밝혀낼 수는 없었다. 환자들은 퇴원한 이후 적어도 두 번 전화 연락을 받았고 이 전화로 자살 위험이 있는지 관찰 추적했다. 환자는 그들의 안전 계획을 검토하고 수정하며, 추가적 치료 개입에 방해가 되는 요소가 무엇인지 알아볼 수 있었다.

우리는 또한 영국에서 세이프텔SAFETEL이라는 확인 전화 지원과 함께 안전 계획에 대한 연구를 실시하여, 영국 국민보건서비스에 이런 안전 계획 개입을 포함시키는 것이 실현 가능하고 사회적으로 용인될 수 있을지 알아보았다.[8] 연구진은 바버라와 그레고리와 협동해서 연구를 진행했으며, 연구 준비의 일환으로 안전 계획을 최고 수준으로 구현할 수 있도록 훈련을 받았다. 훈련의 일환으로 나는 자살을 시도했던 환자 역할을 했고 바버라는 정신건강 전문가 역할을 맡았다. 이어진 나머지 훈련과 더불어 이 역할극은 믿기지 않을 정도로 분명한 결과를 보여주었다. 안전 계획이 그 형식을 넘어서 훨씬 많은 기능을 한다는 사실이 드러난 것이다. 안전 계획을 만들면서 나는 바버라와 역할극만 했을 뿐이지만, 바버라가 품은 연민과 공감, 그리고 따뜻한 심성을 느낄 수 있었다. 그리고 이 세 가지는 안전 계획의 주춧돌과

3부 자살 위험이 있는 사람을 안전하게 지킬 방법은 무엇인가

같은 요소다. 안전 계획은 환자와 의료인 두 사람이 자살의 촉발 요인을 함께 짚어보고 향후 위험을 상쇄할 방안을 계획하도록 도와주는 도구다. 이 방침은 양방향 대화를 통해 작성되는데, 보통 자살에 취약한 사람이 어떻게 해서 자살을 시도하게 되었는지를 들려주는 것으로 시작한다. 이렇게 심리 상태를 진술할 때는 프로토콜을 중심으로 형식을 완성하는 데 집착하기보다는 사람을 중심으로 진행하는 것, 즉 앞에 있는 사람에게 집중하는 것이 아주 중요하다. 또한 현재 정신적으로 곤경에 처한 당사자가 그들만의 인생과 경험에 있어서는 그 누구보다도 전문가라는 사실을 기억하는 것이 중요하다. 나는 바버라와 그레고리가 제공한 훈련과 이들이 이번 장에서 개발한 자료에서 도움을 상당히 많이 받았다.[9] 이들이 제공한 훈련은 어떤 것이 안전 계획에 **해당하는지**, 어떤 것이 안전 계획이 **아닌지** 확실한 기준을 밝혀 주었다.

안전 계획은 한 사람의 기분 상태가 정상으로 회복될 때까지 당사자가 자살 생각을 하지 못하도록 유도하기 위한 단기 개입 방법으로 고안되었다. 자살 생각은 심해지다 약해지기도 하고, 떠올랐다가 사라지기도 한다.[10] 따라서 안전 계획은 자살 생각이 심해질 때 사람을 안전하게 지켜주는 요긴한 도구다. 심한 자살 생각이 발생한 후 얼마나 오래 지속되는지 정확히 알기는 힘들다. 보통 이런 높은 강도의 자살 생각은 가끔 발생해서 짧은 기간 지속되는 경향이 있지만, 또 어떤 사람에게는 낮은 강도로 좀 더 오래 지속될 수 있다.[11] 대부분의 경우, 높은 강도의 자살 생각이 짧게 지속될 때 자살 위험에 빠진 사람들을 안전하게 지키는 것은 자살 행동을 막는 아주 중요한 조치다. 누군가가 금방이라도 자살을 저지를 것 같은 위험한 순간에, 우리는 이 사람이 동기 단계를 건너 의지 단계로 들어가지 않기를 간절히 바란다. 그러나 자살에 이르는 문이 열려 있는 이런 위기의 순간에는 당사자가 그 문을 통과해서 죽음을 맞을 위험이 도사리고 있다. 바로 이 단계에서 안전 계획이 필요하다.

문이라는 비유를 계속 고수해보자면, 안전 계획은 문 자체를 닫아주지는 못한다. 그보다는 자살 위험이 있는 사람의 주의를 돌리거나, 이들이 다른 사람에게 연락하도록 유도하거나, 아니면 문을 통과하는 대신 다른 일을 해보라고 권장한다. 자살 예방 방침은 사람들이 자살 생각에서 자살 행동으로 가는 문지방을 넘지 않도록 막고, 자살 생각이 가라앉고 문이 닫힐 때까지 이들을 안전하게 지켜주는 역할을 한다. 그리고 많은 사람에게 발생하는 상황이지만 문이 다시 열린다 해도, 그때는 이런 상황에 대비가 되어 있다. 스스로를 안전하게 지키기 위해 다시 한번 상황에 대처할 준비가 되어 있는 것이다. 다르게 표현하자면, 안전 계획은 자살 생각·충동에 대한 개인의 통제 의식을 향상시켜준다.

안전 계획은 비석에 새긴 글귀처럼 바꿀 수 없는 것이 아니다. 안전 계획은 처음부터 추후 바뀔 수 있는 문서로서 설계된다. 세이프텔 연구에서 우리는 바버라와 그레그가 재향군인 병원에서 했던 실험과 비숫하게 안전 계획과 후속 전화 지원을 결합, 실시해서 평가해보았다. 그 결과 병원에서 안전 계획을 작성했던 사람들의 20퍼센트가 이후 전화 지원에서 그들의 안전 계획을 수정했다는 것을 알게 되었다.

안전 계획에는 내적·사회적으로 기분을 전환해주는 요소를 나열하고, 더불어 위기 상황에서 도움을 요청할 수 있는 사람들의 이름과 세부 정보도 기록해야 한다. 안전 계획은 위기 상황에 빠진 사람을 위한 계획이지, 도와주는 사람이 세우는 계획은 아니라는 점을 항상 기억하라. 방침의 내용은 그 문장이 읽기 쉬워야 하며, 무엇보다 당사자가 직접 기록해야 한다. 이렇게 해야 당사자는 방침이 자기 것이라는 생각을 하게 된다. 무엇보다 안전 계획은 두 사람, 보통 정신건강 전문가와 자살 위험이 있는 사람이 서로 협력해 작성하며, 후자의 안전을 목표로 중요한 의료적 공백을 매우는 과정이다. 안전 계획 개입을 처음 개발할 때 바버라와 그레고리가 목표로 했던 것은 퇴원과 후속 치료 사이의 간호 공백 기간에 환자를 안전하게 지키는 것이었다. 환자와 의료인의 협력은 안전 계획의 효과적인 완성에 가장 기본적인 요소다. 서로 협력하는 동안에는, 환경과 상황이 어떻든 서로 존중과 연민을 표해야 치료 참여 효과를 높이는 데 도움이 된다.

영국 국립정신건강협력센터National Collaborating Centre for Mental Health, NCCMH는 영국 보건교육원Health Education England, HEE과 함께 자해 및 자살 예방을 위한 역량 체계를 개발해, 의료진과 비의료진 모두가 안전 계획으로 긍정적 효과를 볼 수 있을 사람에게 이를 구현할 수 있도록 도모했다.[12] 이 체계는 정신건강 전문가뿐 아니라 교사, 청소년 지도사, 경찰 및 자원봉사자 등 여러 다양한 노동 계층에 적용된다. 또한 이 체계는 안전 계획 이외의 분야까지 확장 적용되어 자살 위험의 동기-의지 단계를 구별해주는 기능을 발휘한다. 나는 기쁘게도 이런 체계의 계발을 조언하는 성인 전문가 고문 단체의 일원으로 활동했다. 우리 연구진이 다양한 공동체에 자살 예방 개입 기술을 전파하기 위해 노력했던 과정이 있어 가능한 일이었다.

보통 안전 계획을 실시할 때 위험 측정과 기분 점검도 병행하지만, 안전 계획은 장기적인 기분 관찰이나 관리를 위해 쓸 수 있는 도구는 아니다. 또한 자살 위험이 임박한 사람을 위해 고안된 도구도 아니다. 누군가 심한 자살 충동을 느낄 경우, 필요하다면 비상 서비스에 연락하는 등 기본적인 위험 평가 절차를 따라야 한다는 점을 기억하라.

마지막으로, 인지장애가 있는 사람들에게 안전 계획을 사용할 때는 반드시 이들에게 맞게 방침의 내용을 적절하게 수정해서 제시해야 한다. 자폐인처럼 신경 발달 체계가 일반인과 다른 사람들에게 표준 안전 계획을 제공하는 것이 적합한지도 역시 분명하게 밝혀지지 않은 상태다. 하지만 나는 뉴캐슬대학의 재키 로저스Jacqui Rodgers가 이끄는 연구에 참여하여 자폐인에 맞게 수정한 안전 계획의 적합성을 점검하는 중이다.[13] 효과적인 맞춤식 안전 계획을 자폐 스펙트럼을 가진 청소년·청년들에게 조만간 사용할 수 있게 되기를 희망해본다.

안전 계획 6단계

안전 계획 6단계를 구성하는 각 요소는 모두 증거 기반의 자살 예방 전략에서 가져온 것이다.[14] 이들 요소에는 문제 해결 및 대처를 용이하게 해주는 기술, 사회적 지원의 확인 및 이용, 긴급 연락망 등이 포함되어 있다. 또한 이들 요소는 치명적인 수단 제한을 통한 안전한 환경 유지, 서비스 연결망 홍보, 공동체 치료 참여를 도모하기 위한 동기 고취에 초점을 맞춘다.

보통 안전 계획은 정신적으로 고통받는 개인과 정신건강 전문가가 공동으로 작성해야 한다. 하지만 사정이 여의찮은 경우, 다음 사항을 숙지하면 누구라도 위기에 처한 사람을 도와 안전 계획을 완성하도록 지원할 수 있다. 위에서 언급한 역량 체계 이외에도, 포 멘털 헬스4 Mental Health♦에서 유용한 온라인 안전 계획 자원을 개발했다(362쪽 참조). 만약 누군가 당장이라도 자해를 할 위험에 처해 있다는 생각이 들면, 1차 진료의, 정신건강 전문가, 또는 비상 서비스에 연락하기 바란다.

안전 계획을 작성하려면, 우선 가장 최근에 일어난 자살 위기 당시와 또 그 전후에 발생한 정확한 사건의 진상을 입수해야 한다. 이때 사건을 일으키거나 촉발한 요소가 무엇인지, 또 이런 사건에 당사자가 어떻게 반응했는지 등의 세부 정보가 필요하다. 이런 식으로 대화

♦   일반인을 위해 정신건강 프로그램을 제공하는 영국의 기관.

를 진행하면 위기의 강도를 낮출 수 있는 특정 전략이나 행동 방침을 세울 수 있을 뿐 아니라 경고 신호를 포착하는 데도 도움이 된다. 안전 계획은 미래의 위험한 상황을 대비하는 기본 수칙이 되고 안전 행동을 미리 연습하는 기회가 되기도 한다. 심각한 위기 상태에서 문제해결 능력이 떨어진 사람에게도 유용할 수 있다.

안전 계획이 최적의 효과를 내기 위해서는 한 개인의 이야기를 이해하고 자살 생각이 들기 전 24시간 동안 어떤 일이 발생했는지 파헤쳐볼 필요가 있다. 특히 다음 사항을 알아낼 필요가 있다.

- 어떤 요인이 자살 생각 및 행동에서 핵심적인 역할을 했는가?
- 어떤 일이 자살 생각을 일으켰는가?
- 왜 그 상황에서 자살 시도가 일어났고, 다른 상황에서는 일어나지 않았는가?

또한 당사자의 감정이 괜찮은지도 주기적으로 확인하는 것이 필수다. 유연하게 안전 계획 작성을 진행하는 것도 중요하다. 안전 계획에는 1단계부터 6단계까지 번호가 매겨져 있지만, 꼭 정해진 순서로 작성할 필요는 없다. 단 여섯 단계 모두를 작성할 것을 권장한다. 안전 계획은 대화를 통해 만들어가야 하기 때문에, 당사자가 이야기할 때 이들이 말하기 곤란해하는 부분을 주의 깊게 살펴야 한다. 당사자가 개인적인 생각을 드러내는 걸 어려워할 수 있으니, 이들에게 부담감을 주거나 억지로 다그치지 말자. 물론 부드럽게 대화를 안내하고 유도하는 것은 도움이 될 수 있다. 자살 동기를 인터뷰할 때 널리 쓰이는, 사람 중심의 상호 소통 기법을 활용하는 것도 도움이 된다. 한 개인의 가치·목표·동기·염려하는 점을 알아보고, 이 요소를 가지고 안전 계획을 작성하는 데 초점을 맞추면 된다.[15] 이런 기법이나 원칙은 OARS로 간추릴 수 있다.

- 열린 질문Open questions. '당신은 자살을 생각하나요?'처럼 '네' 또는 '아니오'라는 답변이 나올 질문은 되도록 피하라. 사람들에게 자신의 이야기를 하도록 기회를 열어주고, 이들에게 무엇이 중요하고 어떤 일이 자살 위기에 영향을 주었는지 알아보라.

- 인정Affirmations. 언어적·비언어적 피드백을 활용하여 아무리 사소하더라도 당사자의 노력과 발전을 인정해준다. 긍정적인 변화를 이끌 수 있는 강점과 행동을 식별·인정하고, 이를 말과 몸짓으로 표현해주면 당사자에게 변화가 가능하다는 자신감이 생긴다. 이는 당사자의 경험을 인정하는 데도 도움이 된다. 자살 시도를 하는 사람들은 많은 경우 어려운 환경에서 자랐고, 그 결과 그들의 생각·감정·행동을 지금까지 인정받지 못했을 수 있으므로 이렇게 인정해주려는 노력은 중요하다. 말할 필요도 없이, 이런 말과 몸짓은 진심과 진정성이 담겨야 한다.

- 들은 내용을 다시 말해주기Reflective listening. 상대방이 이야기한 내용을 이해한 대로 그 사람에게 다시 말해주는 것은 좋은 습관이다. 이때는 들은 문장을 '다른 말로 바꾸어' 전달해보자. 이는 당신이 상대의 말을 이해했다는 것

을 상대가 확인할 수 있게 해주는 기회이며, 참여 의지와 신뢰가 쌓인다.

- 요약^{Summaries}. 들은 내용을 다시 말해주기와 비슷하다. 상대방이 언급한 핵심 문제를 간결하게 정리해서, 말하는 중간 중간 내용을 요약해본다. 이 또한 상대에게 이해했다는 것을 확인시켜주는 또 하나의 과정이며, 복잡하거나 길게 논의한 이후 다시 이야기에 집중할 수 있도록 도와준다. 이야기 주제나 방향을 전환하는 데도 도움이 된다.

1단계: 경고 신호 포착하기

저는 정말, 정말 성질이 급하고요. 제가 정말 나쁜 사람이라는 생각에 꽂힌 채 살아요. 제가 너무 이기적인 사람이라는 생각과 수치심에 빠지면 잠을 많이 자게 되고요.

위의 말은 최근에 일어난 자살 시도의 경고 신호가 무엇이었냐는 질문에 무함마드가 내놓은 답변이다. 그는 전에도 자살을 시도한 적이 있었고 자살을 경고하는 신호에 관해 많이 생각했기 때문에 경고성 사고('나는 나쁜 사람이다')과 감정('수치스럽다'), 행동('잠을 많이 잔다')을 재빨리 포착할 수 있었다.

안전 계획을 작성할 때는, 자살 위기 전에 있었던 경고 신호를 당사자와 조력자가 같이 합심해서 찾아내야 하고 이를 당사자가 직접 기록해야 한다. 당사자에게 자살하고 싶은 생각이 들기 시작했을 때 어떤 종류의 일이 발생했고, 어떤 생각이나 감정이 들었는지 물어보라. 어떤 사람은 자살 촉발 요인이 무엇인지 확실하게 알고 있지만 또 어떤 사람은, 특히 사전 계획 없이 자살 시도를 한 사람은 경고 신호가 무엇인지 알지 못할 수 있다. 항상 상대에게 감정을 이입해서 답하도록 하자. 이렇게 하면 특정 사고·감정·행동을 탐지하는 데 도움이 된다. 다음과 같이 몇 가지 예시를 생각해봐도 좋다.

- 사고: '나는 공간만 낭비하는 쓰레기 같은 사람이다.'
- 감정: 무기력, 속박감, 압도된 느낌, 절망, 무감각
- 행동: 위험한 행동, 다른 사람과의 단절·고립, 자기비판

255쪽의 안전 계획에는 경고 신호를 적는 기입란이 세 칸만 있지만, 경고 신호를 여러 가지 생각해내는 사람이 있다면 칸 수를 늘려도 된다. 반면 어떤 사람은 고작 한두 가지만 생각해내기도 한다. 세이프텔 연구에 따르면 경고 신호에는 수면 부족, 악몽, 과대망상, 돌발적인 생각, 음주, 불안, 일상 루틴의 변화, 슬픔, 과도한 생각, 무시당한 경험, 전 반려자와의 연락, 부정적인 생각, 고립 등이 포함되었다.

당사자가 이런 경고 신호를 경험하는 경우, 이때 안전 계획에 의지하면 좋다는 것을 같이 이야기해주어도 도움이 된다. 그러면 당사자가 이 순간에 스스로를 안전하게 지키기 위해 자살 생각을 누그러뜨리려고 안전 계획을 실행하고 싶어 할 수도 있다. 사람들은 안전 계획

을 다양한 방식으로 사용한다. 어떤 사람은 지갑이나 가방에 용지를 접어서 가지고 다니고, 어떤 사람은 용지를 냉장고에 붙여놓기도 하고, 또 어떤 사람은 휴대전화로 사진을 찍어 보관한다. 어떤 사람들은 위기감이 고조될 때 1단계부터 6단계까지 차례대로 단계를 밟아가는 반면, 어떤 사람들은 단계를 건너뛰거나 안정감을 느끼기 시작하는 단계에서 멈춘다. 다시 한번 말하지만 어떤 방식을 취하든 괜찮다. 핵심은 안전 계획을 위기 당사자에게 도움이 되는 방식으로 사용하는 것이다.

2단계: 내부 대처 전략 확인하기

2단계는 내부 대처 전략을 다른 사람들과 협력하여 찾아보는 단계다. 내부 대처 전략은 자살 생각/충동에 잘 대처하기 위해 개인이 혼자 적용할 수 있는 방법이다. 종합적으로 볼 때 이런 대책은 장소나 시간에 상관없이 쉽게 접근할 수 있는 방법으로 설정한다. 이 대책을 끌어내려면 자살 생각이 들기 시작할 때 여기에서 주의를 돌리기 위해 어떤 방법을 사용할 수 있는지 당사자에게 물어보면 된다. 기분을 좋게 하는 일, 자신이 즐기는 일이거나 자신을 평온한 상태로 '이끌어주는' 일이면 된다. 내부 대처 전략의 예는 다음과 같다.

- 좋아하는 음악 듣기

- 그림 그리기

- 목욕하면서 긴장 풀기

- 비디오 게임 하기

- **TV 시청**

- 반려동물 산책시키기

- 요가하기

- 낚시 가기

안전 계획을 작성할 때 가장 핵심적인 부분은 대처 전략이 실천 가능하고 안전한지 알아보는 것이다. 이를 위해서는 안전 계획을 적용할 때 장해물이 있을지, 그리고 해당 당사자가 위기를 겪는 동안 이 전략을 실제로 사용할 가능성이 얼마나 있을지 등을 가늠해본다. 대처 전략의 장해 요소와 실행을 용이하게 해주는 요소를 함께 점검하는 일은, 내가 바버라와 그레고리와 했던 훈련에서 깨달은 가장 중요한 교훈이었다.

자살 시도 이후 병원에서 치료를 받은 줄리엣의 경우를 예로 들어보자. 줄리엣은 내부 대처 전략으로 '나가서 달리기'를 제안했다. 겉으로 봤을 때 이 전략은 합당한 제안이었다. 그러나 낮 또는 밤, 어느 시간에 자살 생각이 고조되는 경향이 있는지 물어보니 줄리엣은 대개 늦은 저녁시간, 즉 잠자리에 들기 전에 심해진다고 답했다. 그렇다면 다시 생각해볼 때 밤늦은 시간에 달리기를 하러 나가는 것은 물리적으로 안전하지 않을 수 있으므로 현명한 대처 전략이 아닐 수 있다. 또 다른 대처 전략으로 줄리엣이 제안한 것은 '독서'였다. 다시 한 번 당부하지만, 당사자가 위기 상황에서 대처 전략을 사용할 수 있는지 여부를 따져보는 것이 중요하다. 나의 경우 괴로운 생각이 들 때는 집중이 잘 되지 않는다. 하지만 줄리엣은 아무리 생각이 야생마처럼 날뛴다고 해도 녹서에 방해가 되지는 않는다고 답했고, 따라서 그에게 독서는 안전 계획에 포함하기 좋은 내부 대처 전략이었다. 또한 내부 대처 전략을 세울 때는 되도록 전략을 구체적으로 정하는 것이 도움이 된다. 예를 들어 독서나 넷플릭스 시청을 제안하는 경우 무슨 책을 읽고 무엇을 볼 것인지 같이 생각해보고, 정서적으로 강렬하거나 우울한 감정을 일으킬 수 있는 내용은 피하도록 유도한다.

바버라와 동료 연구진은 생태순간평가ecological momentary assessment를 이용하여 진행한 새로운 연구에서 흥미로운 사실을 알아냈다. 생태순간평가는 사람들에게 무엇을 하고 있는지, 지금 순간 감정이 어떤지 실시간으로 질문하고 그 답을 휴대 장치에 입력하게 하는 기법이다.[17] 이 방법을 통해 연구진은 시간 흐름에 따른 자살 생각의 변화가 감정에 대처하기 위해 수행하는 다른 활동에 얼마나 영향을 받는지 알아볼 수 있다. 현재 자살 위험이 있는 사람들은 바쁘게 움직이고, 긍정적으로 생각하고, 자신에게 유익한 일을 하는 것처럼 기분 전환이 되는 긍정적인 활동 기반의 전략이 단기적으로 자살 생각의 강도를 줄이는 데 도움이 된다고 답했다.[16] 이들은 또한 스스로에게 안정감을 주고 위기가 지나갈 때까지 감정을 잘 다스리도록 도와주는 마음챙김 기반의 전략이 효과적이라고 대답했지만, 이런 전략이 자살 생각의 강도를 줄이지는 못하는 것으로 보였다.

3단계: 기분을 전환해줄 수 있는 사람과 사회적 장소 확인하기

자살 생각이나 충동에서 주의를 돌릴 수 있도록 도와줄 사람이나 사회적 환경이 있는지 확인하는 단계다. 여기에서 중요한 것은 기분 '전환'이므로, 그 사람과 감정이나 정서에 대해 자세히 논의할 필요는 없다. 다시 한번 강조하지만 전략을 실행하거나 적용할 확률, 그리고 이를 방해하는 요소가 무엇인지 점검하라. 당사자가 말한 사람이 당사자와 정기적으로 만나 이야기를 나누는 사이인가? 당사자에게 기꺼이 전화를 해줄 사람인가? 아니면 당사자와의 만남에 동의할 사람인가? 이와 같은 논의를 통해 당사자가 언급한 사람과 사회적 장소가 전략에 적용하기 적합한지 아닌지 확인한다. 만약 체육관이 언급되었다면 문 여는 시간이 언제인지, 당사자가 필요할 때 열려 있는지 확인한다. 물론 술집 같은 알코올이 제공되는 장소는 피하는 것이 상책이다.

도움이 되는 사람과 사회적 장소의 예는 다음과 같다.

* 친구, 가족, 지인

- 커피숍, 공원, 체육관, 예배당, 박물관, 극장, 도서관

피해야 할 장소는 다음과 같다.

- 술집, 나이트클럽
- 마약을 사용하고 구할 수 있는 환경
- 도박 환경(마권 판매소, 카지노)

4단계: 자살 생각이 일어나는 경우
믿을 만한 가족/친구에게 연락하기

이제는 당사자가 위기 상태에 있을 때 이야기하면 도움이 될 만한 다른 사람에게 초점을 옮겨보겠다. 이들은 당사자가 자살 생각을 편하게 털어놓을 수 있는 안전하고 믿을 만한 사람들이다. 이 단계를 진행하면서 위험 신호와 상황을 감지하는 것에서 누군가를 안전하게 지키는 데 도움이 될, 좀 더 능동적인 대책으로 초점을 옮겨보겠다. 이 단계는 당사자가 느끼기에 다른 단계를 통해서는 자신을 안전하게 지키지 못할 것 같은 느낌이 들 때 진행한다. 자살 위험이 있는 사람과 이 단계를 작성할 때는, 믿을 만하다고 선택한 사람과 이야기하면 감정이 누그러질지 한번 생각해보라고 조언한다. 예를 들어 당사자의 괴로움을 가중시킬 수도 있는 전 반려자를 도움이 되는 사람으로 지목

하는 것은 현명하지 못한 선택일 수도 있다. 선택한 가족이나 친구는 18세 이상이어야 하며, 이전 두 단계에서 권장했듯이 이 사람들에게 실제로 연락할 수 있는지 또 연락할 때 장해 요소가 있을지 찬찬히 생각해보라. 의무 사항은 아니지만, 당사자에게 이 단계에서 선택한 사람과 안전 계획 사본을 같이 공유할 의향이 있는지 물어보는 것도 좋은 방법이다. 적어도 이 사람들은 안전 계획에 일조하는 일에 동의할 것이고 해당 당사자가 자신에게 무엇을 바라는지 알게 될 것이다. 자살 위험이 있는 사람들은 많은 경우 사회적으로 고립되어 있거나 단절되어 있어서 필요할 때 자신이 의지할 사람이 없다는 현실을 민감하게 받아들인다. 이 점을 당사자에게 부각하면 절대로 안 된다. 따라서 이 단계는 작성하지 못할 가능성도 있다.

5단계: 전문가에게 연락해서 도움 요청하기

위기 상황이 계속 전개되는 경우에 당사자가 연락할 수 있는 전문가와 기관을 알아보는 단계이다. 이전 단계만으로는 자살 생각과 충동을 줄이기에 충분치 않고, 자신의 안전이 걱정되는 경우 의지할 수 있는 수단이다. 나라마다 다르긴 하지만, 중요한 전문가와 기관에는 일반의, 정신과 전문의, 지역 정신과 전문 간호사, 위기 해결 및 가정 치료팀, 사회복지사, 사마리탄즈와 같은 전화 상담 서비스, 국민보건서비스, 비상 서비스 등이 있다. 마찬가지로 자살 위기를 겪는 동안 이런 서비스를 이용할 수 있을지, 또 이용할 때 장해 요소는 없는지 미리 확인하는 것이 중요하다. 예를 들어, 어떤 사람은 위기 상황에서 바로 연락할 수 있도록 전문가와 기관의 전화번호를 휴대전화에 저장해두는 것이 도움이 된다고 한다. 도움을 요청하는 일은 행위이고, 따라서 요청 행동의 실천 원칙은 다른 행위의 원칙과 동일하다는 것을 명심하자. 다시 말해 위기 상황에서 도움을 요청할 가능성을 높이기 위해서는 위기를 촉발한 요소, 장해 요소, 위기를 부추기는 요소를 차근차근 생각해보는 것이 아주 중요하다. VHS와 마찬가지로 안전 계획의 목적은 본질적으로 자살 위기가 고조될 때 도움을 요청할 의지가 자살 행동을 넘어서도록 돕고, 도움 요청 실행에 나설 가능성을 높이는 것이다.

6단계: 환경을 안전하게 만들기

지금까지의 안전 계획 단계는 경고 신호와 대처 전략을 확인하고 위기 상황에서 연락할 사람의 명단을 작성하는 데 중점을 두었다면, 마지막 단계는 환경을 안전하게 만드는 데 주력한다. 틀림없이, 이 단계는 우리가 반려자, 부모, 또는 친구로서 사랑하는 사람을 도와 그 환경을 안전하게 만드는 데 도움을 주는 과정이기 때문에 자살 예방에 큰 효과를 낼 수 있다. 6단계에서 진정 당사자와 함께 해결해야 할 일은 치명적인 자살 수단(예: 많은 양의 처방약 또는 기타 환경적인 자살 촉발 요인)을 없애거나 제한하는 것이다. 이 단계에서는 당사자가 환경을 바꾸는 데 동의해야 하기 때문에 다른 어떤 단계보다 당사자와의 협력이 중요하다. 우선 자살 위기 상황에서 자해를 할 때 사용할 수 있는 수단에 관해 서로 이야기해보고 이런 수단을 실제로 입수할 수 있는지의 여부를 알아본다. 또한 위기 상황에서 자신을 안전하게 지키는 중요한 방법이 자해를 일으킬 수 있는 수단을 없애거나 해당 수단에 대한 접근을 제한하도록 미리 조치를 취하는 것임을 인정하는 과정도 필요하다. 어떻게 하면 우리가 환경을 안전하게 만들 수 있을지 묻고, 서로 동의하에 이를 위한 대책을 세워보라. 계획이 구체적일수록 방침을 실행할 가능성이 높아진다.

이 단계의 이행 의도를 다시 생각해보고, 환경을 안전하게 만들 방법과 시기, 장소에 관해 서로 합의를 보는 게 좋다. 예를 들어 만약 당사자가 약물을 과용하지 않을까 걱정된다면, 서로 동의한 후 집으로 가서 모든 독성 약물을 폐기처분하거나 약물을 자물쇠 달린 상자에 보관하거나 다른 사람(예: 반려자)에게 약물을 관리해달라고 부탁할 수 있다. 계획을 명확히 수립해서 장해 요소를 생각해보고, 이전 장해 요소와 마찬가지로 문제를 해결할 수 있는 해결책을 마련해보라.

6단계가 작성하기 가장 어렵다고 말하는 사람들도 있다. 치명적인 수단 접근을 제한하는 문제는 실현 가능성도 확실치 않고, 당사자가 이를 민감하게 받아들일 수 있기 때문이다. 실제로 미국의 동료 연구진과 이야기해보면 총기 접근 제한에 관해 특히 민감하게 반응하는 사람이 많다고 한다. 이런 어려움은 당사자와 멀리 떨어진 곳에 총기를 보관한다거나, 서로 합의해 총기와 탄약을 따로 놓는 등의 방법으로 문제를 해결한다.[18] 6단계에서 또 하나의 문제는 자살 염려가 있는 지역(예: 다리)이나 자살 수단(예: 목매달기)의 접근을 제한하는 일이 상당히 어렵다는 것이다. 이에 대비해 이런 지역에 접근할 수 없도록 미리 계획을 세우거나(예: 직장에서 집으로 올 때 다른 경로를 택해서 위험한 곳을 피하는 방법), 자살에서 흔히 사용할 수 있는 수단에 아예 접근을 못하도록 대책(예: 끈이나 묶을 수 있는 재료를 모두 없애거나 자물쇠를 채워 한 곳에 보관하는 방법)을 세울 수 있다.

안전 계획 작성이 완성되면, 이 계획을 검토하고 당사자로부터 피드백을 받아서 포함하고 싶은 내용을 모두 기록했는지 확인한 후 대화를 끝낸다. 안전 계획을 완성했다고 개인의 안전이 보장되는 것은 아니지만, 그 사람이 자살 위기를 겪을 때 자살 생각을 실행에 옮기지 않을 확률이 분명히 높아진다.

안전 계획 포켓 카드

사람들을 안전하게 지켜줄 장기 개입 방법을 소개하기 전에, 그레고리와 바버라가 개발한 안전 계획 포켓 카드Safety Plan Pocket Card(안전 계획의 다섯 가지 수칙)를 살펴보겠다. 이 카드는 안전 계획을 실행하는 사

람들을 위해 중요한 사항을 간략하게 요약한 훌륭한 지침이며, 다음과 같이 작성한다.[19]

안전 계획 포켓 카드

안전 계획을 세우는 근거 Rationale **:**
아래 사항을 설명해보자.

- 자살 위기가 어떻게 나타났다 사라지며, (개인적 경험을 살펴봤을 때) 경고 신호는 무엇인가?
- 안전 계획이 자살하고 싶은 생각의 실행을 막는 데 얼마나 도움이 되는가?
- 안전 계획은 어떤 일련의 단계로 이루어져 있는가? – 현 단계가 도움이 되지 않으면 다음 단계로 갈 것(꼭 순서대로 하지 않아도 됨!).

자살 위험을 낮추기 위한 위기 대처 React **:**
두 사람이 협력해서 아래 사항을 진행해보자.

- 각 단계가 있는 이유를 이해한다.
- 각 대처 전략 또는 지원에 관한 의견을 브레인스토밍한다.
- 구체적으로 수립한다.
- 단계의 실현 가능성을 높이고, 장해 요인을 제거한다.

치명적인 수단 접근 제한 Remove **:**
두 사람이 같이 아래 실행 계획을 짜보자.

- 자살의 최적 수단이나 계획의 접근을 제한한다.
- 총기 접근을 제한한다.

안전 계획을 검토해서 염려되는 점 해결 Review **:**
안전 계획 이용에 관해 다음 피드백을 받아보자.

- 안전 계획 사용의 유용성과 사용 가능성
- 안전 계획의 보관 장소와 사용하는 시기
- 안전 계획이 자살 생각을 실행에 옮기지 못하게 막는 데 도움이 되었는가? 만약 아니라면 그 이유는 무엇인가?
- 안전 계획을 어떻게 수정하면 좀 더 도움이 되겠는가?

그레고리 K. 브라운과 바버라 스탠리(2017)

11

장기 개입:
자살 생각을 치료하기

지난 25년간, 자살 행동을 줄이기 위한 장기적 정신사회 개입의 효용을 측정하는 무작위배정 임상시험이 꾸준히 실시되었고, 그 건수도 상당히 많이 증가했다. 앞서 언급했듯이, 이런 장기적 개입은 보통 정신건강 전문가가 특정 유형의 치료를 매뉴얼에 따라 진행한다. 그러나 무작위 배정 임상시험의 건수는 대폭 늘었지만, 코크란 연합의 체계 리뷰 라이브러리Cochrane Library of Systematic Reviews◆를 살펴보면 아직 연구가 부족하다는 것이 확실하게 드러난다. 코크란 라이브러리는 증거 검토 분야에서 최고 수준이며, 보건 정책 결정을 공식적으로 알릴

◆　코크란 연합은 보건의료의 효과와 근거에 관한 최신 정보를 제공하는 국제기관이며, 코크란 리뷰는 이곳에서 진행하는 체계적인 검토 시스템이다.

때 사용된다. 2016년 코크란은 정신사회적 개입 증거에 관해 두 건의 검토 결과를 발표했다. 하나는 성인 치료 연구 결과였고 다른 하나는 아동과 청소년 치료 연구 결과였다.[1] 이 두 검토는 모두 옥스퍼드대학교의 키스 호튼이 이끌었으며, 과거에 자살을 시도한 사람은 물론 자해한 사람까지 포함하여 모든 형태의 자살 행동에 초점을 맞추었다. 이 두 가지 연구 검토에서는 장기 개입은 물론 단기 연락 개입도 포함되었지만, 성인 17,699명에게 겨우 55회, 아동과 청소년 1,126명에게 11회 시행한 것이 다였다.

코크란 리뷰는 연구에 상당히 엄격한 기준을 적용하는 경향이 있고, 이 검토가 발표된 이후 개입 시행 횟수가 계속 증가했지만, 여전히 충분하지 않다. 실제로 정신건강 연구는 신체건강 연구에 비해 전혀 동등한 대접을 받고 있지 못하다. 예를 들어 자선 기관인 MQ 정신건강 연구소MQ Mental Health Research에서는 환자 한 명당 암 연구에 쓰이는 비용이 정신건강 연구에 드는 비용보다 25배 더 많은 것으로 추정되었다.[2] 설상가상으로 자살 예방 연구는 이런 기금의 극히 일부밖에 받지 못한다. 암 연구 지원을 멈추자는 것이 아니라, 신체건강과 정신건강 지원의 균형을 어느 정도 맞추자는 것이다.

이번 장에서 나는 자살 행동 예방에서 가장 큰 희망을 제공하는 정신사회적 개입 도구 중 중요한 몇 가지를 소개하겠다. 이 책에서 설명했듯이, 많은 과학 연구 검토에서 이런 개입을 통해 자살 생각 및 행동이 줄어든다고 말하지만, 사실 이들 개입이 자살을 확실히 막는다는 증거는 없다. 그렇다고 이런 개입이 자살을 전혀 막아주지 못한다는 것은 아니다. 그보다는 자살 감소 효과를 보여주기 위해 필요한 표본 크기가 너무 커서 대부분의 경우 지금까지 필요한 규모로 연구가 시행되지 못했다는 뜻이다.

이제 각각의 요법을 차례로 소개하겠다. 각 개입 방법에서 능동적인 요소가 무엇인지 생각해보고, 이들 요소가 IMV 모델의 다른 구성 요소와 어떻게 연관되어 있는지 살펴보자. 서로 다른 접근 방식 사이에 공통적인 특징이 많이 존재한다는 것을 알 수 있을 것이다. 안타깝게도 이들 각 치료의 이용 여부는 지역마다 다르고 이미 치료를 기다리는 대기자가 있는 경우도 많기 때문에, 우선 1차 진료의나 가정의학과 의사에게 연락해볼 것을 권장한다. 이들은 여러분의 지역에서 어떤 요법을 이용할 수 있는지, 그 치료를 어떻게 이용하면 되는지 아는 사람들이다. 하지만 다시 한번 언급하지만 누군가 당장이라도 자살할 위험에 있는 것 같다는 생각이 들면 주저하지 말고 비상 서비스에 연락하기 바란다.

변증법적 행동 요법

미국 워싱턴대학의 심리학자인 마샤 리네한Marsha Linehan이 개발한 변증법적 행동 요법Dialectical behaviour therapy, 이하 DBT은 자살 행동과 경계선 인격장애borderline personality disorder, BPD에 잘 맞는 치료 방법이다. 경계선 인격장애는 정서적 불안, 어지러운 사고 패턴, 충동적 행동, 격정적이지만 종종 불안정적으로 변하는 타인과의 관계를 특징으로 하는 정신질환의 진단명이다. 리네한은 수십 년 동안 정신치료 분야의 거물이었다. 그는 평생을 정신질환 치료 연구에 전념하다, 68세에 처음으로 자신도 정신질환과 싸워왔다는 사실을 밝혔다. 17세 때 26개월이나 입원한 사실, 이후 이어진 수차례의 자살 시도, 해를 이어 거듭해서 자해를 시도했던 과거를 고백한 것이다. 그러나 세월이 흘러 다양한 치료를 받으면서 그는 마음을 회복했다. 2011년 〈뉴욕타임스〉와의 인터뷰에서 밝혔듯이, 리네한은 변화가 필요하다는 인식과 함께 자신을 있는 그대로 받아들일 줄 알게 된 덕분에 회복할 수 있었다고 말한다.[3] 실제로 이 두 가지 요소가 바로 DBT의 토대다. DBT는 수용과 마음챙김 등의 여러 다양한 개념을 결합한 CBT의 일종이다.

'변증법적'이라는 말은 '변증법dialectic'이라는 단어에서 나온 것으로, 모순과 그 해결책을 연구한다는 뜻이다. 따라서 DBT의 목표는 현실의 수용과 변화의 필요 사이에서 균형을 찾아 삶의 모순적 문제를 해결하는 것이다. 그중 한 가지 목표는 자살 행동이나 다른 위험하고 불안정적인 행동은 물론, 치료에 방해가 될 수 있는 행동을 공략하는 것이다. 여기에서 '위험하고 불안정적인 행동'이 경계선 인격장애 증상에 해당된다. DBT는 치료자의 자문과 함께 매주 정신치료, 집단 기술 훈련, 전화 지원이 결합된 집중적인 개입 방식으로 보통 12개월에 걸쳐 진행된다. 최근 자살 의도가 있거나 없는 자해 행동을 한 여성 양측을 대상으로 리네한이 실시한 획기적인 무작위배정 임상시험에서 인상적인 결과가 나왔다. 이 연구는 1년은 치료를 진행하고 1년은 후속 관찰을 하는 2년간의 과정으로 진행되었다. 연구 결과 DBT를 받은 여성들은 자살 시도 건수가 반으로 줄었고 자살 생각으로 입원하는 건수도 줄었다.[4] 좀 더 최근에는 DBT의 수정 버전인 DBT-A가 반복적인 자해 및 자살 행동 이력이 있는 청소년에게 효과적일 것이라는 증거가 많이 나왔다.[5] 청소년이 대상인 DBT-A는 개입 기간이 19주로 단축되었다. 그러나 DBT-A 역시 매주 개인 치료, 가족 기술 훈련, 가족 치료, 개인치료자와의 전화 상담 등 필요에 따라 성인을 위한 기존 버전과 같은 과정으로 구성된다. 여러 다른 연구에서 나온 결과를 종합해 봤을 때, 성인 및 청소년 대상 DBT는 자해 또는 자살 시도를 하는 사람들의 비율보다는 자해나 자살 행동의 빈도수를 줄이는 데 효과가 있는 것으로 보인다.

인지치료와 인지행동치료

자살 행동을 목표로 한 모든 정신사회적 개입 방법 중에서, 연구 활동은 대부분 인지치료(cognitive therapy, 이하 CT)와 CBT(인지행동치료)에 집중되었다. CT와 CBT의 차이가 무엇인지는 나도 확신하지 못하겠다. 내가 봤을 때 이 둘은 서로 바꾸어 사용되는 경우가 많기 때문이다. 여기에서는 CT이든 CBT이든, 해당 연구 저자가 사용한 용어를 그대로 유지했다. CBT는 1960년대에 미국 정신과 전문의이자 정신치료자인 에런 벡Aaron T. Beck이 우울증을 개념화하고 치료하는 새로운 방법으로 개발한 치료법이다. 심리학계에 많은 영향을 끼친 그의 치료법은 우울증의 인지 모델에 기반하고 있다.[6] 이 인지 모델에서는, 우울증을 가진 사람은 정보 처리 시스템이 제대로 작동하지 않아 자기 자신, 세상, 미래를 보는 관점이 왜곡되어 있다는 것을 중요한 전제로 삼는다. 이 세 가지 인지 결함으로 이들은 결국 자신이 사랑받지 못하는 존재고, 주변 사람들이 자신을 가치 없는 사람이라고 생각하며, 미래에는 상황이 악화될 뿐이라고 믿게 된다. 벡에 따르면 이런 믿음은 부정적 자동 사고negative automatic thoughts 같은 인지 편향을 통해 생겨난다. 부정적 자동 사고는 습관적으로 일어나고, 우리가 느끼고 행동하는 방식에 나쁜 영향을 주기 때문에 스트레스를 받을 때 특히 문제가 된다. 이런 사고로 인해 자기비판적인 성향이 심해질 수 있고, 최악의 상황이 곧 일어날 것이라고 믿고 파국적인 생각을 하게 된다. 또한 세상을 흑백논리로 볼 가능성이 높아지기 때문에 상황을 오로지 좋거나 나쁜 쪽으로만 판단하게 된다. IMV 모델의 핵심 요소로 돌아가보면, 어떻게 이런 부정적 자동 사고가 (더불어 다른 인지 편향도) 패배감, 모욕감, 부담감을 주고 견딜 수 없는 속박감을 불러오는지 쉽게 이해가 될 것이다.

 백은 처음에는 우울증 치료를 위해 인지 모델을 기반으로 CBT를 개발했다. 이는 역기능적 사고*와 행동에 맞서고, 정서 조절 기능을 향상하고 문제 해결 전략을 고안하기 위한 것이었다. 현재 CBT는 자살 행동 등 여러 다양한 정신건강 문제에 확대 적용되고 있다.[7] CBT는 일련의 치료 단계를 통해 사람들이 본인의 사고 및 행동 방식의 개념을 다시 잡을 수 있도록 도와주고, 정신적 고통을 덜고 향후 어려운 상황에서도 나아갈 수 있게 새로운 기술을 습득하도록 이끌어준다.

한편 그레고리 브라운은 자살 시도 예방을 위한 결정적인 실험을 이끌어 2005년 그 결과를 발표했다. 그레고리는 벡과의 연구 협업을 통해 자살을 시도했던 성인이 자살 시도 반복을 예방하기 위해 특별히 고안된 CT를 받은 경우, 일반적인 치료 집단의 참가자보다 향후 18개월에 걸쳐 자살을 다시 시도할 확률이 50퍼센트 더 낮다는 사실을 발견했다.[8] 10회의 CT를 거치면서 자살 시도 전 있었던 것으로 보이는 충동적 생각, 심상 등이 확인되었고, 그 이후 계속되는 스트레스 인자와 자살 생각 촉발 요인에 대처할 인지 및 행동 전략이 개발되었다. 치료가 끝나갈 즈음에는 자살 시도 재발 예방은 물론, 부족한 문제 해결 및 충동 조절 능력, 사회적 고립 같은 다른 취약 요인도 다루어졌다. 좀 더 최근에는 임상심리학자 데이비드 러드David Rudd와 크레이그 브라이언Craig Bryan 및 동료 연구진이 군인들에게 단기 형태의 CBT를 시행한 결과, 평소 개인적으로 치료를 받은 사람들에 비해 해

◆　　　문제 영역에 관한 왜곡된 관념이나 생각.

당 군인들의 자살 시도가 60퍼센트 줄었다고 발표했다.[9] 이런 단기 형태의 CBT가 다른 인구층에도 효과적인지의 여부는 시간이 지나야 밝혀질 것이다.

앞서 언급한 코크란 리뷰로 돌아가 보면, CBT는 다양한 인구 계층과 연구 집단에서도 치료가 효과가 있다는 가장 강력한 증거를 보여준다. 실제 코크란 리뷰는 일반 치료에 비해 'CBT 기반의 정신치료에서 의미 있는 치료 효과가 있었다'라고 결론내렸다. 그러나 아동과 청소년의 경우 이들의 자살 행동을 줄이는 데 CBT가 어느 정도 효과적인지는 확실히 밝혀지지 않았다. 이 점이 확실하지 않은 이유는 청소년층을 대상으로 한 연구 건수가 극히 적기 때문이다. 그러나 12개월짜리 정신역동적 정신치료인 정신화mentalisation◆ 기반 치료가 청소년의 자해를 줄이는 데 효과적일 수 있다는 증거가 있다.[10] 매주 개인 치료와 매달 가족 치료로 이루어지는 이 개입 치료법은 충동성과 정서 조절 개선을 목표로, 청소년들이 어려운 상황에서 다른 사람의 감정은 물론 자신의 감정을 좀 더 잘 표현하고 생각할 수 있도록 한다. 또한 런던킹스칼리지의 데니스 아우그린Dennis Ougrin과 동료 연구진은 청소년의 자살 시도와 자해 문제에 대한 개입 치료에 주목하여 연구 검토를 진행했다.[11] 이들은 DBT, CBT, 정신화 기반 치료 연구를 살펴본 결과, 개입 치료가 효과가 있다고 결론내렸다.

◆　　정신적 요인을 이해하는 능력.

요약하자면, 다양한 심리적 개입 치료를 비교해 봤을 때 이런 개입 과정이 집중하는 대상이나 치료의 근거는 각각 다를 수는 있어도, 동일한 핵심 요소가 치료 대상으로서 반복되어 나타났다는 것을 알 수 있다. 사실 충동성, 자기비판, 대처, 심상, 문제 해결, 자존감 등의 이런 공통 요소는 모두 IMV 모델에서도 찾아볼 수 있다.

자살 위기에 대한 협력적 평가 및 관리

자살 위기에 대한 협력적 평가 및 관리Collaborative Assessment and Management of Suicidality, 이하CAMS는 미국 가톨릭대학교의 임상심리학자인 데이비드 조브스David Jobes가 개발했다.[12] CAMS는 잠재적인 심리를 우선시하는 것과 반대로 자살 생각·충동·행동을 치료의 **주된** 대상으로 인식하고 집중 공략하는 데 중점을 맞춘다. CAMS는 자살 생각·행동의 평가 및 치료를 위한 기반이다. CAMS의 연구 철학은 취약한 환자를 안정시키고 이들이 스스로의 안전을 챙기도록 빠르게 조치하는 것이다.[13] 나는 데이브 조브스와 그가 하는 연구를 오랫동안 알고 있었고, 2008년 글래스고에서 열린 자살 및 자살 행동에 관한 유럽 심포지엄European Symposium on Suicide and Suicidal Behaviour에서 그가 한 이야기는 상당히 인상 깊게 다가왔다. 조브스는 CAMS 개발의 기본이 되었던 그의 이념 몇 가지를 반복해서 이야기했다. 그중 특히 두 가지가 내 마음에 강하게 다가왔다. 이 두 가지는 CAMS와 관련된 것이지만, 자살 예방의 모든 측면에도 적용된다.

첫째, 그는 임상 치료의 향상을 위해서 우리가 자살을 정신질환의 한 증상이나 부산물로 보는 환원주의적 관점에서 벗어나야 한다고 오랜 시간 주장해왔다. 자살 생각·행동을 줄이려면 정신질환 치료 이상의 노력이 필요하다. 이는 나도 의견을 같이 하는 부분이었지만, 그는 자살 위기와 관련된 정신적 고통을 경감하기 위해서는 약물 이외의 요소가 필요하다는 점을 분명히 했다. 그렇다고 정신질환 치료에서 약물이 도움이 안 된다는 이야기는 아니다. 그보다는 자살 위험이 있는 환자를 치료할 때 자살 생각을 무엇보다 먼저 중점적으로 치료해야 한다는 의미다. 자살 생각은 다른 다양한 심리적 고통과 더불어 핵심 치료 대상이 되어야 한다.

둘째, 조브스는 환자와 임상의의 관계에서 전통적인 '크레펠린식 Kraepelinian' 접근 방식(정신의학에 큰 영향을 끼친 독일 정신과 전문의 에밀 크레펠린Emil Kraepelin의 이름을 딴 접근 방식. 많은 사람들이 그를 현대 정신의학의 창시자로 평가한다)에 도전장을 내밀었다. 크레펠린식 접근 방식의 대표 주자들은 임상의를 전문가로, 환자나 고객은 질문에 답하고 진단을 받는 수동적인 응답자로 개념화하는 경향이 있었다. 조브스는 임상의가 환자에게 일방적으로 지시하는 크레펠린식 접근 방식에서 벗어나 협동적인 관계를 추구하면서 '관계 역학'을 바꾸는 데 열중했고, 그 결과 CAMS에 '협력적collaborative'이라는 단어가 들어가게 되었다. CAMS 방식에서는 환자가 본인의 치료에서 적극적인 협력자 역할을 한다. 환자는 임상의와 힘을 합해 고통에 대한 해결책을 찾기 위해 노력한다. 임상의는 공감하는 마음으로 자살 생각을 직접 다루고, 죽고 싶어 하는 환자의 욕구를 인정해주지만 이들이 그 대안을 찾고 여기에 동의하도록 도와준다. 이런 방식은 임상의가 평가와 치료 계획을 진행하면서 환자와 함께 해결책을 찾기 위해 노력한다는, 개념적인 협업일 뿐만 아니라 문자 그대로 '협력적' 평가가 이루어지는 작업이다.

CAMS의 중심에는 자살 상태 측정 양식Suicide Status Form, 이하 SSF이라는 임상 도구가 있다. 이 양식은 상태 평가에서 안정화·치료 계획까지 환자 치료에 전반적으로 사용된다. 초기 평가에는 환자 개인의 정신적 고통이 얼마나 큰지 알아보기 위해 세 부문에 걸쳐 SSF가 사용된다. 즉 환자가 본인의 정신적 고통과 연관된 환경 평가, 포괄적인 위험 평가, 자살하려는 순간의 전반적인 위험을 자체 평가한다. 또한 SSF는 살아야 할 이유와 죽어야 할 이유를 비교해서 도출해내고, 자살하고 싶은 생각이 들지 않도록 도와줄 한 가지 요소를 찾아내도록 구성되어 있다. SSF의 마지막 부문에서는 치료 계획의 협상을 도모한다. 문제 해결을 달성하기 위한 세세한 목표와 목적, 개입과 더불어 일련의 해결할 문제를 중심으로 치료 계획이 수립된다.

내가 알기로 연구 증거를 모으기 위해 다섯 건의 무작위배정 임상시험에서 CAMS가 시행되었으며 나머지 시험은 현재 진행 중이다.[14] 이들 연구에서는 CAMS가 지역 공동체의 외래 환자, 정신 치료 전문

시설의 입원 환자, 학생, 군인 사이에서 자살 생각을 줄이는 데 효과적이라는 증거가 지속적으로 나왔다. 하지만 지금까지 실행된 연구들은 표본 크기가 상대적으로 작았기에, 자살 행동을 줄이는 데 CAMS가 효과적인지의 여부를 판단하기는 어려운 면이 있다.

자살 시도 단기 개입 프로그램

장기적인 치료 개입이 효과적이라는 증거 기반 연구가 늘어나고 있긴 하지만, 이런 개입은 치료가 일관적으로 이루어지지 않는다는 것이 문제다. 많은 환자들이 담당 임상의가 자신을 이해하지 못한다고 느끼거나, 치료가 환자 중심 방식으로 이루어지지 않는다고 불평한다(위에서 설명한 CAMS와 기타 다른 정신사회적 개입은 예외다). 이런 문제를 해결하기 위해, 스위스 베른대학의 콘라드 마이클Konrad Michel과 귀진 마일러트Gysin-Maillart가 자살 시도 단기 개입 프로그램Attempted Suicide Short Intervention Program, 이하 ASSIP를 개발했고, 임상 결과는 2016년 처음 발표되었다.[15] 이 프로그램의 이론적 근거는 '자살은 목표 지향적인 행동'이라는 것이다. 이 견해에 따르면, 자살을 이해하기 위해서는 한 개인의 이야기와 이들의 믿음, 의도, 욕구를 이해할 필요가 있다. 이 렇게 자살을 목표 지향적인 행동이라고 보는 관점은 IMV 모델을 개발하는 과정에서 내게 중요한 영향을 끼쳤다. 나는 지금도 자살 관련 담화에서 콘라드 마이클의 견해를 인용한다. 내가 알기로 그는 처음으로 자살이 단순한 질환과 병변의 징후가 아닌, 의식적인 행동이라고 이야기한 사람이었기 때문이다. 그는 이 견해를 ASSIP를 공동 개발하기 한참 전부터 수십 년 동안 고수해왔다.

ASSIP는 치료 과정에서 협력을 우선시하며, 이 협력은 임상의와 환자의 관계를 말한다. ASSIP는 국제 활동 단체인 에시 그룹에서 개발한 임상 지침을 상당히 많이 인용했다. 에시 그룹은 20년도 훨씬 전에, 자살 시도 이후 환자에 대한 비상사태 평가의 질을 염려한 임상의들이 모여 결성한 단체다. 이 단체는 스위스 에시에서 1년에 두 번 정기적으로 회의를 주최하여, 자살 위험이 있는 환자들에게 제공할 새로운 치료 방식을 구상할 방법을 토론했다. 2002년, 나는 우연히 그해 열린 2차 회의에 참석하는 행운을 누렸다. 그때 콘라드가 회의 워크숍에서 환자들이 자신의 자살 생각과 행동이 어떠했는지 이야기하는 장면을 비디오로 재생해서 보여준 기억이 생생하다. 우리는 환자와 임상의 사이의 대화를 분석해서 가장 좋은 치료 방법을 확인하고, 이 만남을 재고해서 배워보는 시간을 가졌다.

에시 그룹에서는 치료 방식 향상을 위해 여섯 가지 원칙을 합의해 발표했다. 해당 원칙은 오늘날에도 치료에 적용되는 원칙으로, 여기서 강조할 만한 가치가 있다.[16]

1. 환자와 함께 대화하면서 그들의 자살 생각에 공감하고 이해하라.

2. 자살 위험이 있는 환자 대부분은 낮은 자존감으로 정신적 고통을 겪고 있다

는 것을 알아두라.

3. 환자를 비판하지 말고 지지하라.

4. 환자 자신의 이야기로 심리사회적 사정[*]^{assessment}을 시작하라.

5. 환자와 임상의는 치료 관계를 맺는 것을 목적으로 만난다.

6. 자살 행동의 새 모델은 환자의 자살 상태를 공감하고 이해하는 데 중요한 도구다.

오늘날 개발되는 새로운 정신사회적 개입도 대부분 위 원칙을 따른다는 것은 마음 든든한 일이다. 10장에서 소개한 안전 계획 같이 짧은 시간에 이루어지는 개입 방식이 효과를 거두기 위해서는 환자와 임상의가 서로 협조해야 하고 자살 위험으로 겪는 정신적 고통을 함께 이해해야 한다. 따라서 도움이 되는 치료 관계를 빨리 확립할 필요가 있다.

ASSIP로 다시 돌아가보자. 이 프로그램은 전체 기간을 세 기간으로 나누어 임상을 진행하며, 이후에는 2년에 걸쳐 표준 형식을 따라 작성된 편지를 발송한다.[17] 첫 번째 기간에서는 환자와 임상의 간의 치료 관계가 확립되고, 어떻게 해서 자살 시도를 하게 되었는지 환자의 사연을 자세히 묻는 인터뷰가 진행된다. 이 인터뷰는 환자의 동의 후 녹음되고, 이후 두 번째 기간에서 녹음된 인터뷰를 재생한다. 인터

◆ 측정하고자 하는 대상과 관련된 자료를 수집하고 평가하는 활동을 뜻하는 심리학 용어.

뷰의 목적은 자살 생각이 자살 행동으로 전환되는 과정을 살펴보고, 자살 위기를 서로 공감하면서 이해하는 것이다. 환자는 또한 심리 교육 자료를 제공받아 본인의 상황을 자세히 이야기하고 되짚어보면서 (성찰) 이 자료에 자신의 의견을 기입한다. 세 번째 기간에서는 심리 교육 자료를 가지고 상의하면서 자살의 경고 신호를 확인하고, 환자에 맞는 안전 전략을 합의해 위기 시 연락할 전화번호·도움을 받을 수 있는 장소 목록·안전 전략을 환자에게 제공한다. 환자는 이후 24개월에 걸쳐 첫 1년은 3개월마다, 그 다음 해는 6개월마다 관심 편지와 비슷하게 서명 날인된 편지를 받는다. 이 편지는 사적인 문장이 두어 개 정도 들어가기도 하지만 표준 형식에 따라 작성되며, 환자에게 자살 위기가 장기적으로 위험하다는 것과 안전 전략이 중요하다는 것을 상기시켜준다.

지금까지 발표된 ASSIP의 무작위배정 임상시험은 단 한 건밖에 없지만, 그 결과는 상당히 고무적이다. 2년간의 추적 관찰 기간 동안 자살 시도가 5건밖에 없었다. 이와 비교하여 ASSIP를 적용하지 않은 일반 치료 집단에서는 자살 시도가 41건 있었다.[18] 다시 말해, 반복 자살 시도의 위험이 83퍼센트 줄어든 것이라고 볼 수 있다. 이와 함께 ASSIP를 받은 환자는 추적 관찰 기간 동안 입원 일수가 72퍼센트 줄어들었다. 전 세계적으로도 각국 연구 단체가 ASSIP 임상 실험을 진행하고 있으므로, 긍정적인 연구 결과가 계속 나오기를 희망해본다.

비대면 개입

지금까지 나는 자살 위험에 있는 사람을 직접 만나서 진행하는 개입 방식에 초점을 맞추었다. 하지만 이 방법은 자살로 사망한 사람 대부분이 사망 전 12개월 동안 임상 관리를 받지 않았다는 사실을 외면하고 있다.[19] 이들은 위에서 언급한 맞춤식 치료의 혜택을 받지 못했을 가능성이 크다. 게다가 내가 앞서 강조했듯이, 대면 치료를 이용할 수 있는지는 지역에 따라 다르고 기껏해야 대기 명단에 이름을 올리는 정도가 고작인 경우도 있기 때문에, 우리는 이를 대체할 치료법을 고려할 필요가 있다. 여기에 더해 자살로 사망한 사람들은 과거에 도움을 구해본 적이 전혀 없는 경우가 많다. 따라서, 비대면 개입 방식은 도움을 청하지 않거나 소외된 사람들에게 도움을 주는 중요한 수단이다. 이 개입 방식은 형식이 다양하다. 어떤 방식은 불면증이나 우울증의 대응 방안으로 자기주도식 CBT를 제공하고, 또 어떤 방식은 마음챙김이나 안전 계획을 제시한다.[20] 비대면 개입 방식이 모두에게 적합하지는 않지만, 코로나19 이후 전 세계에서 널리 사용될 것으로 보인다. 그렇다면 비대면 개입 방식은 자살 예방에 효과가 있을까?

일반적으로 자살 생각과 행동을 집중 공략하는 비대면 개입 방식에 효과가 있다는 증거는 우울증과 불안 같은 정신건강 문제의 온라인 지원 방식에 비해 많지 않다. 하지만 호주에 있는 동료 연구진은 최근 몇 년간 혁신적인 자살 예방 비대면 개입 방식을 개발하고 평가하는 일을 주도해왔다. 예컨대 2019년, 정신건강 연구원인 미셸 토록

Michelle Torok은 시드니의 블랙도그연구소Black Dog Institute의 수석 과학자인 헬렌 크리스텐센Helen Christensen 및 동료 연구진과 함께 자살 위험군을 위한 자기 주도식 개입 치료 검토 결과를 발표했다.[21] 이들은 자살 생각을 공략하는 열 가지 직접 개입 방식과 자살 생각보다 우울증을 공략하는 여섯 가지 간접 개입 방식을 알아냈다. 연구원들은 이런 개입 방식을 적용하자 치료 직후 자살 생각이 줄어든 것을 발견했다. 또한 간접 개입보다는 직접 개입의 효과가 크다는 것도 알아냈다. 따라서 온라인 우울증 치료 앱이나 웹사이트는 그 자체로는 자살 예방 효과를 제대로 낼 가능성이 없다. 이 점은 대면 개입이든 비대면 개입이든 자살 생각을 직접 치료해야 한다는 데이브 조브스의 주장에 힘을 실어준다.

또 자기 주도식 비대면 개입 방식의 치료 효과가 대면 치료와 강도가 상당히 비슷하다는 점도 주목할 만하다. 그러나 비대면 개입 방식의 효과에 관해서는 아직 풀리지 않는 문제가 많다. 대면 치료와 비슷하게, 비대면 개입 방식이 남성과 여성, 청년층과 중·장년층, 서로 다른 민족, 세계 다른 지역에 사는 사람들(예: 고소득 국가와 중·저소득 국가에 사는 사람들)에게 동일한 효과를 내는지는 아직 확실하게 밝혀지지 않았다. 또한 비대면 개입에서 효과를 내는 요소가 무엇인지, 예방 효과가 얼마나 오래 지속되는지, 그리고 무엇보다 이 개입 방식이 실제로 자살 시도를 줄이는지에 관해서도 아직 알 수 없다. 자살을 예방하기 위한 비대면 개입을 연구하는 과학은 아직 초기 단계에 머물러 있는 것이 현실이다. 그러나 앞으로의 전망은 긍정적이다. 비대면 개입 방식의 효과가 얼마나 좋은지 자세히 알아내려면 아직 해야 할 일이 많지만, 최근까지 나온 증거는 희망적인 편이다.

요약하자면, 증거 기반의 정신사회적 개입은 비대면 치료든 대면 치료든 이를 필요로 하는 사람이 실제로 이용할 수 있는지가 중요하다. 자살 위기로 응급 처치를 받는 환자 중에는 제대로 된 치료 계획이나 지원 대책 없이 퇴원하는 경우가 많다. 이들을 지속적으로 치료하는 일을 우선적으로 시행하기 위해 우리는 지금보다 더욱 분발할 필요가 있다(이에 대한 증거도 확실하다). 환자가 위기에서 회복기로 접어드는 전환기 과정에서 안전 계획을 세우고, 해당 전문가를 신속하게 소개하고, 추후 관찰 및 지원을 조직적으로 병행할 필요가 있다.[22]

4부

자살로 고통받는 사람을
어떻게 도울 것인가

자살 예방에 관한 국내·국제적 담화에서, 나와 같이 자살 분야에서 활동하는 사람들은 '친구나 가족이 자살할까 봐 걱정된다면 제발 이들에게 직접 물어보라'고 목청껏 외쳐왔다. 이 책의 마지막 장에서는 자살 의향을 직접 물어본 사람들의 이야기를 들어보고, 이 질문이 어떻게 목숨을 구하는 데 도움이 되었는지 알아본다.

그러나 막상 자살에 관해 물어보기란 쉬운 일이 아니다. 따라서 어떻게 질문하면 되는지 방법을 설명하고 가장 좋은 예를 제시해 명확한 안내와 지침을 제공하고자 했다. 자살에 관해 당사자에게 질문할 때, 여러분이 부디 자신감을 갖고 이야기를 꺼냈으면 한다.

또한 자살 생각을 하고 있거나 자해 성향이 있는 자녀와 10대 청소년을 도울 때 가족 구성원에게 필요한 지침을 실었다. 더불어, 이와는 달리 자살 위험이 있는 친구나 동료를 지원할 때 쓰는 방법도 소개했다. 자살 위험이 있는 사람 중에는 트라우마가 있는 사람이 많다는 점을 고려할 때, 우리는 트라우마에 관해 좀 더 많은 정보를 알아야 할 필요가 있다. 또한 트라우마의 결과로 자살에 취약해질 수 있는 가족·동료·친구에게 무엇이 필요한지 잘 헤아

려 보아야 한다. 또한 자살이 가족·동료·친구에게 끼치는 파괴적인 영향과,

담당 환자가 자살로 사망할 경우 주치의가 받는 충격도 함께 알아보겠다.

12

자살에 관해 묻는 방법

누군가에게 자살 생각이 있는지 묻는다고 그 사람에게 자살할 생각을 주입한다는 증거는 전혀 없으며, 오히려 이런 질문이 생명을 구하는 대화의 시작이 될 수 있다는 내용을 기억할 것이다(80쪽). 따라서 누군가의 안위가 걱정된다면, 그 사람에게 자살 생각을 하고 있는지 아닌지 직접 물어보길 바란다. 이런 질문을 꺼내면 그 사람에게 필요한 도움과 지원을 줄 수 있다. 연구 증거 외에도, 나는 실제로 친구나 동료에게 자살할 생각이 있는지 물었던 덕분에 위험에 처했던 사람들이 도움을 받을 수 있었다는 사례를 많이 접했다.

수년 전, 내가 출연한 다큐멘터리가 방영된 후, 잭이라는 청년이 내게 이메일을 보냈다. 그는 방송을 본 후 친구에게 생을 끝낼 생각을 하는지 물었다고 전해주었다. 그가 본 다큐멘터리는 BBC 프로그램 〈프로페서 그린: 자살과 나Professor Green: Suicide and Me〉로, 영국 래퍼 프로페서 그린이 남성의 자살에 대해 알아보기 위해 개인적인 여정을 떠나는 다큐멘터리다.¹ 그는 아버지의 자살을 좀 더 잘 이해하고 싶다는 충동에 이끌려 이 여정을 시작했고, 영국에서 발생하는 모든 자살의 4분의 3이 남성에 의한 것이라는 통계에 충격을 받았다. 그는 백만 장이 넘게 팔린 앨범의 수록곡 〈모든 걸 읽어라Read All About It〉를 통해 아버지의 죽음에 관한 랩을 부른 적이 있지만, 이 다큐멘터리에서 처음으로 가까운 가족에게 아버지의 죽음을 공개했다. 나는 이 다큐멘터리를 보며, 특히 어린 시절 대부분 그를 보살펴주었던 보모와 관련된 부분에서 가슴이 아팠다.

프로페서 그린은 자살의 심리학을 이해하기 위해 자살 전문가인 나를 인터뷰하기도 하고, 자살을 시도한 사람이나 자살의 영향을 직접적으로 받은 사람들을 만난다. 벤은 그런 사람 중 한 명으로, 과거에 자살 시도를 한 적이 있지만 현재는 회복 후 잘 지내고 있는 전직 럭비 선수다. 잭이 이 영화에서 도움을 많이 받은 부분이 바로 벤이 나온 장면이었다. 잭은 "전에는 왜 사람들이 자살을 하는지 그렇게 깊이 생각한 적이 한번도 없었지만" 이를 계기로 자살과 정신건강에 대해 달리 생각하게 되었다. 그는 다큐멘터리를 보기 전에는 자살이란 생각만 해도 "너무 무서운" 주제이며, 스스로 목숨을 끊은 사람은 "정신적으로 병이 있는 것이므로 이들을 돕기 위해 할 수 있는 일이 없"다

4부 자살로 고통받는 사람을 어떻게 도울 것인가

고 생각했다. 그는 또한 다큐멘터리에서 벤을 보기 전까지는 자살 시도자가 자신과는 "다른 부류"의 사람들이라고 생각했다. 벤을 보고 잭은 자신의 형제를 떠올렸다. 둘은 생김새뿐만 아니라 말투와 행동 방식도 비슷했다. 다큐멘터리의 도움으로 잭은 자살 위험이 있는 사람도 여느 사람들과 다를 바 없다는 것을 깨달았다. 그리고 2주 후, 그는 얼마 전 여자친구와 헤어진 친구 압둘과 밖에서 술을 마셨다. 압둘은 기분이 상당히 가라앉아 있었지만, 원래 압둘이 자신의 감정을 잘 이야기하는 편이 아니어서 잭은 처음에는 가벼운 대화를 유지했다.

압둘은 그동안 힘든 일을 숱하게 겪었지만, 연인과의 이별은 그중 가장 최근에 일어난 일이었다. 그날 밤, 프로페서 그린의 다큐멘터리를 보고 용기가 난 잭은 친구에게 자살할 생각이 있냐고 물었다. 지금에 와서 생각해보면 그때는 자기도 어떻게 말해야 할지 몰랐기 때문에 어색하게 질문을 꺼냈다고 했다. 하지만 잭의 노력은 마법을 부렸다. 처음에 압둘은 잭의 질문에 깜짝 놀랐지만 이내 아무 말도 하지 않고 울기 시작했다. 잭이 나중에 안 사실이지만, 압둘은 '너무 지쳐서 그냥 죽고 싶다'는 생각을 그동안 한번도 입 밖에 낸 적이 없었고, 그래서 잭의 말을 듣고 안도의 눈물을 흘렸다. 잭이 더듬거리면서 그 질문을 꺼냈을 때, 압둘은 마치 어깨를 짓누르던 짐 하나를 덜어낸 것 같은 느낌을 받았다. 또한 누군가 자신이 괜찮지 않다는 사실을 알아주었다는 사실에 감정이 복받쳤다. 무어라 설명하기는 힘들었지만, 처음으로 다른 사람과 자신의 '어두운 생각'을 나누고 나니 자신을 좀 더 통제할 수 있겠다고 느꼈고, 안도감이 들었다. 그 다음날, 압둘은 1차 진료의에게 연락했고 곧 상담사를 만났다. 상담사는 압둘이 연인과의 결별 등 그동안 경험한 상실감을 추스르는 데 정말 많은 도움을 주었다. 압둘은 그 이후에도 몇 달을 힘들어했지만, 다시 한번 자살 생각이 들 경우 잭에게 연락하기로 약속했다. 그리고 잭과 처음 자살에 관한 대화를 나눈 지 몇 주 후, 압둘은 정말 잭에게 연락했다. 너무나 우울한 기분에 짓눌려 자신이 스스로를 지킬 수 없을 것 같다는 느낌이 들었던 것이다. 그러나 잭에게 솔직하게 이야기한 덕분에 압둘은 상담사와 만날 때까지 위기를 잘 넘길 수 있었다.

다행히도, 잭과 압둘 같은 사례가 주위에 점점 더 많아지고 있다. 실제로 우리는 최근 스코틀랜드에서 〈자살 예방을 위해 하나 된 우리 United to Prevent Suicide〉라는 자살 예방 대중 인식 개선 캠페인을 시작했다.[2] 이 캠페인의 목적은 일반 대중이 자살에 관해 이야기할 수 있는 지식과 기술, 자신감을 갖추고 도움이 필요한 사람에게 손을 내밀 수 있도록 하는 것이다. 그 대상은 자살 위험이 있을지도 모르는 친구나 지인, 동료, 가족을 둔 우리 모두다. 우리는 "자살 예방은 우리 모두의 일이다"라는 구호를 토대로 자살을 예방하기 위한 사회 운동을 펼치고 있다. 그리고 이 구호는 정말로 맞는 말이다. 자살이라는 재앙을 물리칠 유일한 방법은, 우리 모두가 아무리 사소한 일이라도 자살을 예방하기 위해 각자 할 수 있는 역할을 하는 것이다. 그 역할에는 미소를 짓거나 어려움에 처한 사람에게 손을 내미는 일, 정신건강에 관한 낙인을 접할 때마다 그에 맞서는 행위 등도 포함된다.

정신건강 자선단체인 사마리탄즈는 몇 년 전 대중 인식 개선 캠페인 〈말 한마디가 생명을 살린다Small Talk Saves Lives〉를 시작했다. 이 캠페인은 자살 예방에서 우리 모두가 각자의 역할을 할 수 있음을 알려주는 또 하나의 훌륭한 본보기다.[3] 이 캠페인의 핵심 목표는 사소한 말 한마디가 누군가의 자살 생각을 멈추고 생명을 구하는 데 도움이 된다는 내용을 일반 대중에게 알리는 것이다. 이 캠페인은 영국 교통경찰, 철도망, 영국 광역 철도 산업과 함께하여, 일반 대중에게 기차역처럼 자살 위험이 있는 모든 장소에서 위기에 처한 사람과 대화를 시도하도록 독려한다. 캠페인 내용은 다음과 같이 간단하다. "누군가에게 도움이 필요하다는 생각이 들면, 그 직감을 믿고 대화를 시도하세요." 중요한 것은 사마리탄즈가 이 캠페인을 만드는 과정에서 과거에 자살 위험이 있던 사람들과 상담을 진행했으며 영국 미들섹스대학교의 심리학자 리사 마자노Lisa Marzano가 이끈 연구 결과도 참조했다는 점이다.[4]

본래 이런 캠페인의 실제 영향을 가늠해보기란 어려운 일이지만, 이 멀티미디어 캠페인은 시작한 지 15일 만에 무려 천만 명 이상에게 알려졌다. 이렇게 짧은 시일 안에 인지도를 넓게 된 것은 스티븐 프라이와 로드 앨런 슈가 같은 유명 인사의 도움 덕분이었다. 한편 호주에서는 대중 인식 캠페인 〈괜찮으세요R U OK?〉가 실시되고 있다. 이는 호주인 수천 명에게 누군가 괜찮지 않다고 말할 때 어떻게 말해야 할지 그 방법을 알려주는 위대한 사회 운동이다. 이 캠페인은 생명을 구할 수 있는 대화를 나눌 수 있도록 이에 맞는 팁과 자료를 제공한다.[5]

스코틀랜드는 오래전부터 자살 예방을 정부 정책 전면에 내세웠던 국가로 전 세계에서 인정받았다. 스코틀랜드가 자살 예방을 중요 정책으로 추진한 이유는 이곳의 자살률이 수십 년간 영국의 네 구성국 중에서 가장 높았기 때문이었다. 내가 1990년대 후반 스코틀랜드로 이사 왔을 때, 이곳의 자살률은 잉글랜드보다 두 배나 높았다. 스코틀랜드 북부 산악지방인 하일랜드의 자살률은 더더욱 높았다. 이후 상황이 상당히 호전되어 10~15년 사이 스코틀랜드의 자살률은 20퍼센트 줄어들었다. 무엇 때문에 이렇게 자살률이 줄었는지 확실히 알 수는 없지만, 2002년부터 스코틀랜드에서 자살 예방을 위한 국가적 전략과 실행 계획이 추진되어 온 것이 사실이다.[6] 당시 국가적 전략의 핵심은 자살에 관해 직접 이야기를 꺼내는 것과 도움을 요청하는 일이 중요하다는 것을 강조하는 것이었다. 이 자살 예방 실행 계획을 통해 수천 명의 사람들이 자살 예방 개입 훈련을 받았고, 정신적 고통으로 힘들어하는 이들 수천 명은 단기간으로 알코올 개입 훈련을 받았다. 여기에 더해 스코틀랜드의 모든 지역 당국은 각 공동체의 필요에 맞게 자체 지역 자살 예방 실행 계획을 개발했다. 이런 전략의 핵심에는 자살 예방을 위해 국가적 실행 계획은 물론 지역적 실행 계획을 갖춘 공중 보건 접근 방식이 필요하다는 인식과, 우리 모두가 자살을 막기 위해 각자의 역할을 할 수 있다는 신념이 있었다.

자살에 관해 질문하는 팁

자살에 관해 질문하는 것은 어려운 일이므로, 여기에서 여러분에게 도움이 될 만한 팁 몇 가지를 알려주겠다. NHS 스코틀랜드 보건기관Health Scotland*은 스코틀랜드의 자살 예방 대처를 위해 〈대화의 기술 Art of Conversation〉을 개발했다. 이는 자살에 관해 이야기하고 자살을 둘러싼 낙인을 줄이기 위한 지침으로서 개발된 자료 겸 캠페인이다.[7] 〈대화의 기술〉은 매우 훌륭한 자료로, 어쩌면 잭도 압둘과 자살에 관해 대화하면서 이 자료를 유용하게 썼을지도 모른다. 이 자료의 부제 "질문하라. 말하라. 생명을 구하라"는 캠페인의 취지를 분명하게 나타낸다. 누군가에게 기분이 어떤지 물으면 그에게 긍정적인 변화를 가져올 수 있다는 견해를 널리 알리는 문장이다. 하지만 이 자료에는 이런 부제 이상의 것이 들어 있다. 자살을 둘러싼 속설을 타파하고 자살을 올바르게 이해하는 데 핵심이 되는 사실이 담겨 있고, 누군가 자살할 위험이 있음을 알려주는 경고 신호를 안내한다. 자살의 경고 신호는 앞에서 다뤘지만, 이 자리에서 중요한 다른 신호와 함께 다시 한 번 언급할 가치가 있다고 본다.

◆　　스코틀랜드 국영 건강 교육 및 홍보 기관.

어떤 사람이 다음과 같은 징조를 보인다면, 그건 그 사람이 자살을 생각한다는 신호다.

- 무언가에 갇힌 것만 같다는 말, 자신이 다른 사람에게 짐만 된다는 말, 미래가 절망적일 것이라는 생각이 든다는 말을 한다.
- 상실, 거부, 스트레스를 일으키는 사건을 겪었고 이 때문에 고생하고 있다.
- 값나가는 물건을 나눠주거나 유언장을 작성하는 등 신변을 정리하고 있다.
- 기분이 이상하게 좋아 보인다. 이는 그가 자살이 문제의 해결책이 될 것이라고 마음을 굳혔기 때문일 수 있다.
- 수면, 식사, 음주, 약물 복용 등의 행위나 위험을 감수하는 행위에 뚜렷한 변화가 생겼다.
- 자해 경험이 있거나 전에 자살을 시도한 적이 있다.
- 예측 불가능한 행동을 하거나, 평상시 성격과 다른 행동을 한다.

들어주라

내 경험에 자살 생각이나 자해 관련 질문을 할 때 사람들이 만날 가장 큰 장벽은, 만약 친구나 가족이 "맞아, 자살 생각이 들어"라고 답하면 이에 어떻게 말해야 할지 몰라 당황한다는 것이다. 물론 누군가 자살할 생각을 하고 있다고 말할 경우, 두렵고 걱정되는 마음이 드는 것은 당연하다. 그들에게 엉뚱한 소리를 할까 봐, 일을 더 그르칠까 봐, 어떻게 대처해야 할지 몰라 두려울 수 있다. 이런 걱정은 이 사람의 문제를 해결하는 데 도움을 주고 싶다는 간절한 바람 때문에 생긴다. 하지만 때로는 이들의 말을 들어주는 것만으로 충분하며, 이를 계기로 이들이 힘을 얻어 도움을 요청하기도 한다. 이들의 문제를 해결하는 건 여러분의 책임이 아니다. 나 역시 이런 잘못을 자주 저지른다. 상대방 말을 듣는 대신 문제를 해결해주려 한다. 하지만 이런 상황에서 잘못하면 상대방이 말하는 내용의 핵심 요소를 놓칠 수 있다. 상황을 호전시키기 위해 다음에 어떻게 하면 좋을까 하는 생각에 정신이 팔리기 때문이다. 의도는 좋지만, 이런 대처는 그 순간 친구나 가족이 원하거나 필요로 하는 것이 아닐 수 있다.

들기의 힘을 결코 과소평가하지 말라. 그저 들어준다는 것은 상당히 중요한 일이다. 특히 열린 질문을 하면서 부드럽게 상대를 살피는 경우 더욱 그렇다. 이런 유형의 들기를 '능동적 들기active listening'라고 하는데, 듣는 사람이 상대방이 하는 말에 집중하면서 말하는 내용을 이해한 다음 답하는 것을 말한다. 능동적 들기를 통해 상대방은 어떤 내용을 털어놓았을 때 마음이 편해지는지 알게 되고, 대화를 통제하고 주도하게 된다. 265쪽에서 다룬 인터뷰 기법으로 돌아가보자. 여기에서 나오는 OARS 기법은, 상대방에게 힘을 주는 효과적이고 능동적인 들기 능력을 길러준다.

또한 대화를 통제한다는 것 역시 이 맥락에서 중요하게 고려해야 할 요소인데, 자살 위험이 있는 사람은 무기력하고 자신을 통제할 수 없다는 느낌을 받는 경우가 많기 때문이다. 여기서 사소한 통제력만 발휘해도 큰 차이가 날 수 있다. 자살 위험이 있던 사람이 자신의 정서를 통제할 힘을 다시 되찾을 수 있음은 물론, 살아가며 겪을 일을 통제하기 위한 기반을 다시 다질 수도 있다.

연민을 보이라

우리 연구진은 스코틀랜드에서 정신적 고통 단기 개입Distress Brief Intervention 프로그램을 개발했다.[8] 이는 스코틀랜드 정부가 주도하고 영국 국민보건서비스, 교육계, 사회 및 자원 봉사 분야, 경찰 등 다양한 부문의 인력이 참여하는 프로그램으로, 정신적 고통에 처한 사람들을 위해 여러 기관이 협력하여 위기에 응답하는 서비스다. 나는 글래스고대학교에서 동료 잭 멜슨Jack Melson과 캐런 웨더럴과 함께 이 서비스의 프로그램 개발을 주도했다. 여기서 정신적 고통 단기 개입 프로그램을 언급하는 이유는, 위기 상황에 있는 사람에게 하나로 연결된 연민의 지원망을 제공하는 것이 이 프로그램의 목적이기 때문이다. 내 생각에 자살을 생각하는 사람에게 필요한 것은 바로 이 연민의 지원망이다. 우리 모두는 하나로 연결되어 있고 연민이 담긴 도움을 받을 수 있다는 든든한 느낌을 이들이 느낄 수 있도록 힘써야 한다.

정신적 고통 단기 개입에서 쓰인 연민의 개념은 폴 길버트가 내린 연인의 정의에 기반한다. 그는 영국의 임상심리학자이자 저술가로, 연민 중심의 치료법을 주도하는 세계적인 권위자 중 한 명이다. 그는 연민은 단순한 친절이나 보살핌 이상의 것이라고 정의했다.[9] 연민이란 용기를 내서 다른 사람이 겪는 고통의 원인을 헤아리고 이 원인을 해결할 지혜를 갖추는 것이다. 처음 대화를 시도할 때는 친절과 보살피려는 마음에 치우쳐 이야기를 이끌어갈 가능성이 클 것이다. 이때 용기와 지혜라는 요소를 생각하면 도움이 된다. 연민의 기본은 곤경에 처한 사람의 관점에서 상황을 볼 수 있는 능력이다. 이를 위해서는 공감이 필요하다. 공감이란 다른 사람의 감정을 인식하고 이해할 줄 아는 능력을 말한다.

우리는 이 원칙을 자기 자신에게도 동일하게 적용해야 한다. 자기 연민은 자신의 행복에 중요한 요소이기 때문이다. 나는 개인 치료를 받기 전에는 믿을 수 없을 정도로 자기비판적이었고 내 실패를 받아들이지 못했으며, 많은 시간 내 자신을 질책하며 보냈다. 그러나 수개월, 수년에 걸쳐 치료를 받으면서 나는 자기 연민이라는 용기와 지혜의 덕목을 키웠고, 이 과정은 내 자신의 정신건강에도 매우 유익했다. 물론 내 말만 무조건 믿으라는 건 아니다. 앞에서 언급했듯이, 관련 연구 자료를 검토한 내 동료, 세오나이드 클리어는 자기 연민이 높은 사람일수록 자해와 자살 생각을 할 가능성이 낮다는 사실을 발견했다.[10] 자기비판적인 생각이 들 때는, 그날 자신이 한 말이나 행동 중에서 잘한 게 무엇인지 생각해보자.

신뢰와 협력을 구축하라

자살 위험이 있는 사람과 대화할 때는, 이들이 인생 초기에 역경을 겪었거나 트라우마 이력이 있을지도 모른다는 사실을 기억하면 도움이 된다. 7장에서 봤듯이, 아동기에 경험한 트라우마는 정신건강에 매우 해로우며, 명백한 자살 위험 요인이다. 게다가 이런 트라우마는 성인이 되어 관계를 형성할 때도 영향을 끼친다. 이들은 타인을 믿지 못하게 될 수 있고, 도움을 요청하기 꺼려하거나 다른 사람이 도움을 줘도 이를 받아들이기 어려워하는 등 타인을 향한 불신을 나타낼 수 있다. 이런 이유 때문에 이들은 치료에 잘 참여하지 않기도 한다. 그래서 자살 위험이 있는 사람들은 연락이 잘 안 된다는 말이 나오곤 한다. 그러나 '연락이 안 된다'라는 말은 사실과 다르며 오해의 여지가 있기 때문에 나는 이 말을 좋아하지 않는다. 이 사람들과 연락이 안 된다기보다는, 우리가 이들에게 연락하지 못한 것이다. 앞에 대기자가 많은 경우도 있고 치료 참여를 방해하는 다른 요인이 있는 경우도 있다. 또, 자살 위험이 있는 사람들이 치료 서비스가 그들의 필요에 맞지 않다고 느끼거나 서비스에 실망했다는 경우도 많다.

다행히 자살 위험이 있는 사람들이 치료에 참여하는 일이 어렵다는 점이 인정되어서인지, 이런 점을 극복하는 전략은 물론 이런 장해 요

4부 자살로 고통받는 사람을 어떻게 도울 것인가

소가 있다는 사실을 인식하는 수준이 점차 높아졌다. 실제로 스코틀랜드는 본국의 노동 인력에게 트라우마의 영향을 주지시키고 여기에 대처하기 위한 지식과 기술 기반을 개발하고 있는 선두 국가 중 하나다. 스코틀랜드 국민보건서비스 교육기관NHS Education Scotland은 스코틀랜드 정부와 트라우마를 겪은 경험이 있는 사람들과 연합하여 '심리 트라우마 극복 체계Transforming Psychological Trauma Framework'를 개발했다. 이 체계의 목표는 모든 노동 부문에 트라우마를 고려한 관행을 투입하는 것이다.[11] 이뿐만 아니라, 이 프로그램의 보급으로 트라우마의 영향을 입은 성인과 아이들이 나이에 상관없이 그들의 필요한 부분을 이해받고 결핍을 채웠으면 하는 희망이 생겼다. 이 체계를 떠받치는 원칙은 트라우마를 경험한 사람과 일할 때 유용할 간단한 지침이므로, 이 책에서도 언급할 가치가 있다. 사실 나는 여기서 한 걸음 더 나아가, 이 원칙이 도움이나 지원을 필요로 하는 사람과 나누는 대화의 주춧돌이 되어야 한다고 본다. 해당 원칙은 다음과 같이 다섯 가지로 요약할 수 있다.

1. 협력

2. 힘을 실어주기

3. 선택

4. 신뢰

5. 안전

3부에서 밝혔듯이, 자살 위험에 대처하는 가장 효과적인 개입 방법은 모두 협력을 통해 이루어진다. 마찬가지로 가족이든 친구든 의료 전문가든, 누구라도 트라우마를 겪은 사람에게 무엇이 필요한지 고려할 때는 위와 동일한 원칙을 적용해야 한다. 다루기 어려울 수 있는 주제를 언급할 때는 한 걸음 뒤로 물러나서 상대방의 관점으로 상황을 바라보는 것이 좋다. 우선 상대에게 무엇이 필요한지 묻고 이들의 필요사항을 채워주기 위해 같이 노력하자. 그리고 본인이 필요로 하는 사항에 스스로 결정을 내릴 수 있도록 여러 선택지를 함께 살펴보고, 이들에게 힘을 실어주자. 이들에게 지원을 받는 것을 고려해보라고 권하는 경우, 이들이 선택지를 고를지 말지 고민할 때 그 결정을 도와줄 수 있는 방법이 있는가? 여러분이 의료 전문가라면 의료 지원을 받을 수 있는 선택지를 제공하라. 만약 상대가 학대 생존자일 경우 해당 지원을 제공하는 사람의 성별을 선택할 수 있도록 배려하는 것이 좋다 (지원을 받는 과정에서 제약이 있을 수는 있다). 또한 이들을 도울 때는 정직하고 분명한 자세를 일관되게 취하면서 신뢰를 구축하기 위해 노력해야 하며, 무엇보다 사생활과 기밀을 보장해야 한다. 말할 것도 없이 신뢰를 구축하기 위해서는 기밀 보장의 한계를 분명히 짚고 넘어가는 과정이 필요하며, 당사자가 스스로에게 또는 다른 사람에게 해를 끼치는 경우 기밀을 끝까지 보장할 수 없다는 점을 밝혀야 한다.

어떻게 하면 자살에 관한 질문을 잘할 수 있을까? 이 질문에 나는 두 단어로 답하고 싶다. 인간적으로 하자!

13

자살 위험이 있는 사람을 돕기

우리 모두가 걱정하는 것은, 자살 위험이 있거나 자해를 할 수도 있는 가족, 친구, 동료를 어떻게 하면 가장 잘 도와줄 수 있는가 하는 문제다. 물론 어떻게 도와줘야 좋을지는 당사자 또는 당사자의 가족 관계에 달려 있다. 이번 장에서는 당사자에게 필요한 지원 방법을 소개하고, 어려운 상황을 헤쳐나갈 수 있는 지침을 제공하고, 주의 깊게 살펴야 할 사항을 중점적으로 알아보겠다. 이 지침은 앞에서 사람들에게 자살 위험이 생기는 이유를 설명한 정보와, 바로 전 장에서 소개한 자살에 관해 묻는 방법을 기반으로 삼아 구축한 것이다. 친구와 동료를 지원하는 방법을 소개하기 전에, 우선 가족을 지원하는 방법부터 알아보겠다.

자살 생각이나 자해를 하는 청소년 가족의 경우

자살 생각이나 자해를 하는 청소년 가족을 도와줄 때 실행할 첫 번째 단계는, 이들이 현재 겪고 있는 어려움을 이해하는 것이다. 물론 여기서 지원하려는 가족은 자신의 가족이 될 수도, 친구의 가족이 될 수도 있다. 하지만 나는 일반적인 가족을 생각하며 이 꼭지를 썼다. 그렇게 설명해야 가깝고도 먼 타인을 어떻게 하면 잘 도와줄 수 있을지 한 발짝 물러나 차분히 생각하는 데 도움이 될 거라고 생각한다.

여러분의 가족이나 다른 사람의 가족 중에 자살 생각이나 자해를 하는 청소년이 있다면, 그 사람의 가족들은 이게 어떻게 된 일인지 파악하고 이 일이 자신들에게 또 가까운 사람들에게 무엇을 의미하는지 받아들이느라 고심할 것이다. 실패감, 수치심, 죄책감, 충격, 분노는 자살 생각이나 자해를 하는 청소년의 부모와 가족이 흔히 느끼는 감정이다. 부모에게 가장 중요한 일은 자녀를 위험한 상황으로부터 안전하게 지키는 것이다. 보통 자녀를 지키려 할 때, 부모는 잠재적인 외적 위험으로부터 이들을 보호하는 데 집중하거나 이들의 신체적 건강을 지키는 데 최선을 다한다. 자녀가 스스로를 해칠 수 있다는 생각은 대부분의 부모에게 용납할 수 없는 생각이다. 그러나 내가 이 책의 다른 부분에서 언급했듯이, 청소년 자해 비율이 얼마나 심각한지를 보면 정신이 번쩍 들 것이다. 청소년 열 명 중 적어도 한 명은 16세 무렵 자해를 경험하고, 다섯 명 중 한 명은 여학생이며, 그 전 12개월 사이에 이미 자해를 경험했을 가능성이 상당히 높다.[1] 이보다 훨씬 많은 청소년들이 자살 생각을 드러내고, 일부는 자해 이후 입원한다. 성소수자 청소년 역시 자해 생각·행동을 할 위험이 높다.[2]

가족들은 어떻게 해야 할지, 누구에게 의지해야 할지 갈피를 잡지 못하며, 감당하기 어려울 정도의 낙인과 무력감을 겪기도 한다. 몇 년 전, 옥스퍼드대학교의 앤 페리Anne Ferrey와 키스 호튼은 자해한 적이 있는 자녀를 둔 부모를 인터뷰하여 이에 기반한 연구를 발표했다.[3] 연구 결과는 눈물겨울 정도로 가슴을 아프게 했고, 어려운 시기를 겪는 가족을 꼭 지원해야 한다는 절박함을 잘 부각했다. 연구에 참여한 부모는 그들의 자녀가 자해를 했다는 사실을 알고 난 후 즉각적으로 받은 충격을 이야기했다. 부모들은 해당 사실을 믿을 수 없었고 충격을 받았을 뿐만 아니라 정신건강에도 지속적인 타격을 입었다고 고백했다. 어떤 부모는 우울증을 겪고 감정적으로 소진되었으며 과잉 불안과 지나친 보호 성향이 생겼다고 했다. 해당 청소년의 형제자매가 받는 영향 역시 다양했는데, 어떤 부모는 형제자매가 분노했다고 보고했고 또 어떤 부모는 형제자매가 서로 도와준다고 말했다. 형제자매가 자해한 형제나 자매에게 책임감을 느낀다는 경우도 있었고, 자해를 한 형제나 자매를 둔 것에 수치심을 느끼는 경우도 있었다.

이 인터뷰는 대체적으로 자녀가 자해를 했거나 자살 생각을 하는 경우 이 사실이 가족 구성원 모두에게 미치는 충격적인 영향을 잘 드러내주었다. 당연한 일이지만 가족이 느끼는 압박감을 통해 기존에 있었던 가족 간 갈등이나 분열이 다시 드러나기도 하며, 이 때문에 가족 모두에게 정서적 부담감이 한층 가중될 수 있다. 따라서 청소년 자해나 자살 충동으로 고충을 겪는 가족을 지원할 때 이러한 문제를 염두에 두는 것이 좋다. 만약 여러분이 이런 상황에 처한 부모라면, 상충되는 감정을 많이 겪게 될 거라는 사실을 인정하는 것이 중요하다. 이뿐 아니라 앞에서도 언급했듯이 자기 자신에게 가혹하게 대하지 말고, 전문가의 지원은 물론 가족과 친구가 주는 지원을 스스로 이용하도록 노력하자.

이 인터뷰에서 눈 여겨볼 중요한 주제가 하나 더 있다. 바로 많은 부모가 깊은 고립감을 겪는다는 것과 이들을 위한 사회 지원이 매우 중요하고 필요하다는 것이다. 어떤 부모는 친구의 비공식적 지원이 도움이 된다고 느꼈지만, 또 어떤 부모는 지원 단체가 도움이 되었다고 말했다. 안타깝게도 내가 아는 한, 이렇게 좋은 지원 단체는 정말 소수에 불과한 실정이다. 글래스고에 살든, 베이징이나 뉴욕에 살든, 선택할 수 있는 지원책에 제한이 있다. 이런 연구 결과는 자녀가 자해를 하거나 자살을 시도한 가정의 구성원을 몇 년이나 수없이 만나본 내 경험과도 일맥상통한다. 부모가 처음 아이의 자해 사실을 알고 난 후 충격을 극복하고 나면, 수많은 질문이 머릿속에서 맴돈다. 어떻게 하면 내 아이를 안전하게 지킬 수 있을까? 누구에게 도움을 부탁할 수 있을까? 왜 내 아이에게 필요한 것을 채워주지 못했을까? 다른 사람들은 나와 내 가족을 어떻게 생각할까? 어떻게 아이의 사생활을 보호하면서 도움을 받을 수 있을까? 이런 질문에 쉽게 답을 낼 수 없는 것이 현실이다. 하지만 이런 질문을 떠올린다는 것은 자살 위험이 있거나 자해를 하는 자녀의 문제에 대처하려는 가족들이 정작 필요한 자원을 폭넓게 제공받지 못한다는 현실을 잘 보여주기도 한다. 이런 질문은 이 장에서 전하고자 하는 핵심 내용의 일부이기도 하다.

가족들은 이런 어려운 상황에 대처하며 불안감을 많이 느낀다. 몇 년 전 한 가족과 만나 대화를 하는 도중 이런 불안감을 감지했던 기억이 난다. 나는 청소년 자살과 자해에 관해 대중 강연을 막 끝낸 참이었다. 공식적인 질의응답 시간을 마치고 모두가 자리를 뜬 후에도 나를 기다리는 한 부부가 있었다. 사실 나는 이미 강연하는 도중에 이 부부를 봤다. 내가 이야기를 하는 도중 아버지가 울컥하는 모습을 보였고 나와 눈이 마주치자 그는 마치 '전 괜찮아요'라고 말하는 것처럼 고개를 끄덕였다. 그래서 이들이 남아 있는 것을 보고 이 아버지의 상태를 확인할 기회가 생겨서 기뻤다.

당시 이들은 이 아버지의 표현대로 "끔찍한 악몽" 속에서 살아가고 있었다. 15세 아들 애런은 초등학교 시절부터 교우 관계를 어려워했다. 그는 '왕따'가 되었고 자존감은 '맨 밑바닥'을 쳤다. 애런은 자신이 친구들과 조금 다르다는 이유로 아무도 자기를 좋아하지 않는다고 계속 생각했다. 지금도 애런에게는 가장 친하다고 할 만한 친구가 없다. 사춘기가 닥치자 상황은 더욱 악화되었고 애런은 성 정체성에 대해서도 어려움을 겪었다. 그는 13세가 되어 오래지 않아 정말

'어두운 시기'를 겪었지만, 그의 부모님은 최근 들어 상황이 나아졌다고 생각했다. 아들은 집에서 혼자 있는 시간에 만족하는 것으로 보였고, 여가 시간에는 플레이스테이션으로 게임을 했다. 이런 모습이 다른 청소년들이 겪는 모습과 그다지 달라보이지 않아서 부부는 크게 염려하지 않았다. 하지만 나와 만나기 두 달 전쯤 애런은 수면장애를 심하게 겪었다. 이후 정말 갑작스럽게 어느 날 밤, 부부는 약물 과다 복용으로 의식을 잃은 아들을 발견했고 아들은 병원에 입원했다. 애런은 충동적으로 약물을 과다 복용했었으며 왜 그랬는지 설명할 수 없다고, 그저 "상황을 감당하기 버거웠다"라고 했다. 상태가 심각했지만 애런은 정말 운이 좋았다. 후유 장해 없이 이틀 후 퇴원했기 때문이다. 그러나 애런의 가족은 무너졌다. 애런의 부모님은 죄책감을 심하게 느꼈고, 아들에게 정말로 필요한 게 무엇인지 몰랐다고 수치스러워하며 아들이 또 그런 일을 저지를 거라고 전전긍긍했다. 앤 페리가 인터뷰한 다른 부모들과 마찬가지로, 애런의 부모는 충격에 빠졌다. 애런의 자해가 마치 부모로서의 자격을 향한 공격인 것 같았기 때문이다. 물론 애런의 의도는 그게 아니었지만, 이들 부부는 아들에게 분노를 느낄 수밖에 없었다. 충분히 수긍이 가는 부분이다. 이런 감정은 자살 시도자의 가정을 지원할 때 살펴야 할 중요한 정서 반응이기도 하다.

애런의 부모님은 어떻게 상황이 그렇게 급격하게 악화되었는지, 또 어떻게 그렇게 되도록 아들의 마음을 몰랐는지 이해할 수 없었다. 이들 부부는 지난날을 돌이켜보면서, 몇 주 전에 아들이 공격적이고 예측할 수 없는 태도를 다소 보여서 걱정했다는 말을 했다. 하지만 약물을 과용할 것이라고는 전혀 생각하지 않았다. 부부는 애런의 불안을 사춘기의 폭풍 탓이라고 생각했고, 아들이 자신의 성 정체성과 수면 장애 때문에 힘들어한다고 생각했다. 이들은 자신의 가정에 일어난 일을 파악하는 데 도움이 될 거라는 희망에 내 강연을 찾아왔다. 그들은 내가 구체적인 답을 해줄 수 없을 거라는 것을 이미 알고 있었지만, 나와 이야기를 나누고 싶어 했고 아들을 안전하게 지키기 위해 무얼 어떻게 하면 될지 알고 싶어 했다.

나는 먼저 내가 의사가 아니라고 말하며 양해를 구했다. 그리고 아들의 1차 진료의를 다시 만나서 안전 계획을 꼭 작성해두라고 당부했다. 그러나 이들은 무력감을 느끼고 있었고 국민보건서비스에도 실망한 상태였다. 애런은 약물을 과다 복용했지만 자살 의도를 부인했기 때문에 고위험군으로 분류되지 않았다. 부부는 애런 앞에 이미 치료 대기자가 많다는 이야기도 들었다. 그들이 보기에 아들에게 국민보건서비스의 안전망이 필요한 시점에 안전망이 무너져버렸고, 아들은 물론 가족 전체가 아무 지원도 받지 못하고 어려운 상황을 홀로 헤쳐나가는 꼴이 되었다. 자녀의 안전과 안녕을 지키려고 발버둥 치는 부모들에게, 부디 이 책이 희망과 조언을 전해주어 이런 끔찍한 시련을 헤쳐나가는 데 도움을 줄 수 있기를 바란다.

안타깝게도 이런 일은 드문 사례는 아니다. 영국을 포함한 많은 나라에서, 아동과 청소년 정신건강 치료를 받기 위해 믿을 수 없을 정도로 많은 인원이 대기하고 있다. 이건 일선에서 일하는 직원의 잘못이 아니며, 이들 역시 치료가 지연되는 사태에 좌절한다. 정치인들은 정신질환과 신체질환을 비슷하게 중시해야 한다는 이야기를 종종 한다. 비록 최근 몇 년 사이 이 점에 있어서 어느 정도 발전이 이루어지긴 했지만, 안타깝게도 이는 대체로 현실로 이루어지기보다는 바람으로만 남아 있다. 애런의 가족이 겪은 망망대해에서 길을 잃은 듯한 경험, 자녀를 지원하고 보호할 방법을 몰라 막막해하는 현실은 다른 수많은 가족들이 겪는 고난이 어떤지 보여준다. 청소년과 이들의 가족을 시기적절하게 지원하기 위해서는 더 많은 부분의 결핍이 충족되어야 한다. 어떤 청소년이 당장이라도 자살을 저지를 것 같다는 염려가 들면, 지체하지 말고 비상 서비스에 연락해야 한다는 것을 항상 기억하라.

학교에서 자해 및 자살 행동 위험을 관리하는 방안에 대해서도 생각해볼 필요가 있다. 물론 이렇게 하는 데는 어려움이 따르겠지만, 스웨덴 카롤린스카 연구소Karolinska Institute의 다누타 바세르만Danuta Wasserman이 이끄는 대규모 유럽 연구에서는 〈정신건강을 잘 아는 청소년 Youth Aware of Mental Health, YAM〉이라는 조직적 프로그램이 청소년의 자살 시도와 자살 생각을 줄이는 데 효과적이라는 사실이 밝혀졌다.[4] 이는 또래 집단이 당사자를 지원하는 프로그램으로, 청소년들이 그들의 정신건강에 대해 서로 이야기하면서 그들에게 중요한 문제를 토론한다.

이 프로그램을 전면적으로 실행하는 것은 불가능하겠지만, 만약 실행할 경우 학교는 프로그램의 원칙을 준수하여 안전한 공간에서 학생들이 역할극을 체험하고 자신의 정신건강과 행복에 관해 토론할 수 있도록 권장해야 한다.

지난 몇 년간, 부모나 보호자가 아동의 자해에 대처하는 데 매우 유용할 온라인 도움 자료가 몇 가지 개발되었다. 예컨대 앤 페리와 키스 호튼은 가족과의 인터뷰에 기반하여 〈자해에 대처하기: 부모와 보호자를 위한 지침Coping with self-harm: A guide for parents and carers〉이라는 온라인 도움 자료를 만들었다.[5] 이 프로그램은 먼저 자해가 무엇이고 그 원인이 무엇인지 설명하고, 왜 초기에 자해에 대처하는 게 중요한지를 강조한다. 이어서 이 프로그램의 지침을 이용해, 부모와 보호자가 청소년의 자해에 대처하기 위해 취할 수 있는 실용적인 조치를 간략하게 설명하겠다.

대화의 물꼬를 트는 방법

원활한 대화는 자녀를 지원하는 시작이자 중간이며 끝이다. 자해 사고가 일어난 경우 이에 잘 대처하는 것이 절대적으로 중요하다. 그러나 부모가 충격에 빠진 상태에 있거나, 아이에게 화가 나 있거나, 아이가 부모에게 화가 나 있다면 효과적인 대처가 어려울 수 있다. 위에서도 살펴봤지만, 애런의 부모님은 상당히 상반된 감정을 가지고 있었다. 아들을 사랑했지만 화가 나고 겁도 났다. 그렇다면 효과적으로 대화하려면 어떻게 해야 할까? 〈자해에 대처하기〉에 이에 도움이 되는 조언이 몇 가지 나오는데, 다음 몇 문단에 걸쳐 내 생각과 함께 이 지침을 요약해보겠다. 아이의 자해에 대처하는 일이 어렵다는 점을 고려해서, 여러분이 시도할 수 있을 조치로 정리했다. 이는 곧 자해에 대처하는 일이 어렵다는 뜻이니, 어쩔 수 없는 일로 성급해지거나 겁이 나거나 좌절감이 들 때 자기비판에 빠지지 않도록 노력하라. 이런 감정은 충분히 나올 수 있는 반응이다.

대화를 시작하되 아주 부드럽게 하고, 아이가 순순히 따를 경우 편하게 자해 이야기를 꺼내자. 긴장감을 줄이고 싶다면, 걷거나 드라이브를 하러 나가는 등 다른 활동을 계획하고 이후 대화를 시도한다. 애런의 부모는 바닷가 근처에 살았고, 약물 과다 복용 사건이 일어나고 며칠 후 아들과 함께 바닷가를 산책하며 당시 상황에 대해 이야기를 나누었다. 청소년은 처음에 자해를 부인하거나 뭐라고 말할지 모르겠다고 할 수 있다. 이런 대화를 할 때는 다양한 감정이 작용할 가능성이 크다. 당황하거나 수치심을 느끼거나 화가 날 수 있고, 이 세 가지 감정이 동시에 일어날 수도 있다. 만약 자녀가 자해를 한 사실을 부인한다 해도 괜찮다. 나중에 다시 대화를 시도하자. 그러나 답하기 어려운 질문을 할 때는 항상 자녀에게 빠져나갈 출구를 마련해줄 것을 기억하자. 속박된 것 같거나 구석에 몰린 느낌이 들면, 깊이 있는 대화는 하지 못할 가능성이 크고 적개심을 느낄 수도 있다. 또한 기존에 느끼던 속박감이 더해질 수도 있다. 가능한 자녀에게 해명할 기회를 주고 그 말을 들어줄 거라는 확신을 주어라. 자녀를 비판하지 않도록 노력하고, 이들에게 '네가 무슨 말을 해도 너를 사랑하고 앞으로도 변함없이 사랑할 것'이라고 말하자. 자녀의 자해 행동으로 부모의 사랑이 변하지 않는다는 확신을 주자.

자녀가 이야기를 원치 않는 경우 화내지 않도록 노력한다. 이럴 경우 다른 사람, 가령 1차 진료의 또는 다른 의료진 같은 전문가와 이야기를 나누면 어떻겠냐고 제안하자. 자녀가 얼굴을 맞대고 하는 대화는 꺼려할 수 있지만, 메신저나 이메일로 보내는 문자 메시지에는 마음을 열 수도 있다는 점도 고려한다. 왜 자해를 했냐는 질문을 할 때는 "무슨 일이 있었니?" 같은 질문을 시도하고, "뭐가 문제야?" 같은 부정적 감정이 실린 질문은 피하라.

어쩌면 자녀는 자신이 현재 느끼는 감정을 이해하지 못해 괴로워할 수도 있다. 특히 사춘기를 겪고 있거나 자신의 정체성을 파악하는 중일 때 더욱 그렇다. 이들은 또한 여러 가지 정체성을 '시도'해볼 수도 있다. 가능한 자녀를 인정해주고 이들에게 공감과 연민을 표현하자. 자녀의 감정을 인정해주는 것은 정말 중요하다. 왜 그런 감정을 느끼는지 이해할 수 없다 해도, 그게 청소년이 겪는 현실이다. 자녀의 감정을 경시하지 않도록 노력해야 한다. 자녀에게 그들의 감정을 이해한다고 말하면서 공감을 나타내고, 네가 겪는 고통이 걱정되고 고통을 줄여주기 위해 도와주고 싶다고 표현하면서 연민을 보여주어야 한다. 자녀가 겉으로는 괜찮아 보여도 분명 속으로는 힘들어하고 있으며, 그들의 감정은 본인이 가장 잘 알고 있다는 사실을 항상 기억하라. 어떤 부모님은 자녀의 일은 자신이 가장 잘 안다고 생각해서 이 사실을 받아들이기 힘들어 한다.

일단 대화가 이루어지면 자해의 촉발 요인이 무엇인지 자녀가 찾을 수 있도록 도와주자. VHS(196쪽 참조)를 사용하거나 안전 계획(255쪽 참조)을 자녀가 가지고 있는 경우 이를 활용하면 도움이 된다. VHS와 안전 계획은 다음 번에 자해의 촉발 요인을 만났을 경우 다르게 대응할 방법을 조직적으로 생각하는 데도 유용하다. 안전 계획에서 언급했듯이, 자해에 대처하는 대안을 생각할 때는 당사자와 머리를 맞대고 함께 생각하자(다음 쪽 참조).

정서를 표출할 다른 방법들

자녀를 '자해하는 사람'으로 정의하지 말라. 강점을 상기시켜 주고, '너는 패배자가 아니며 고난은 지나갈 것'이라고 이야기하자. 어린 청소년의 경우, 현재 위기 이후의 희망을 바라보기가 어려울 수 있다. 미래에는 상황이 나아질 거라고 안심시켜주고, 지금 비록 무엇이 도움이 될지 알 수 없다 하더라도 계속 생각해보면 되고, 어쩌면 의사에게 자문을 구하는 것이 도움이 될 수도 있다고 이야기하자.

현재 겪고 있는 자해 사건 이후의 삶을 생각하고, 대안을 도출하기 위해 노력하자. 자녀가 감정과 정서에 대처할 다른 방법을 생각할 수 있도록 한다. 이런 대안으로는 영화를 보거나 음악을 감상하는 등 주의를 돌리는 활동이 있고, 목욕을 하거나 그림을 그리거나 창조적인 활동을 하며 마음을 진정시키는 활동도 있다. 정서를 표출하는 다른 방법을 생각해도 도움이 된다. 어떤 청소년에게는 통하는 방법이 다른 사람에게는 통하지 않을 수도 있다. 그래도 얼음 덩어리를 녹을 때까지 손에 꽉 쥐고 있는다거나 고무 밴드를 손목에 끼고 튕기는 행동을 하면 긴장감이 풀어지는 효과가 있다. 어떤 청소년은 운동을 하거나, 펜으로 피부 위에 그림을 그리거나, 베개 같이 부드러운 물건을 치는 것도 스트레스를 줄이는 데 효과적이라고 말한다.

이야기할 대상 찾기

누구에게 이야기할지 결정하는 일은 쉬운 일이 아니다. 이야기할 대상을 결정할 때는, 상대가 어떤 반응을 보일지 생각해야 한다. 듣는 사람이 섬뜩해할까? 이 사람이 이해해줄까? 이뿐 아니라 사생활을 보호할 필요성과 지원을 받을 필요성을 잘 견주어가면서 생각해야 한다. 마찬가지로 형제자매 같은 다른 가족에게 이야기하는 문제에 관해서도 자녀와 충분히 이야기를 나누어야 한다. 다시 한 번 말하지만 이에 정해진 답은 없다. 이는 비밀을 유지했을 때와 사실을 털어놨을 때의 득과 실을 따지는 문제다. 여기에 다른 형제자매 역시 본인의 정서를 관리하는 데 도움을 필요로 할 수 있다. 아무리 자해 사실을 숨기다 해도 다른 형제자매가 뭔가 큰일이 일어난 것 같다고 눈치를 챌수 있기 때문이다.

이야기할 대상에는 온라인 세계도 포함될 수 있다. 청소년은 이미 온라인상에서 그들의 경험을 공유했을 수도 있고, 이와 비슷한 행동을 고려하고 있을 수도 있다. 호주 멜버른 청소년정신건강센터Centre for Youth Mental Health의 조 로빈슨Jo Robinson과 동료 연구진은 청소년 네트워크를 이용해 '#챗세이프chatsafe'를 공동 개발했다. #챗세이프는 자살과 자해에 관해 청소년이 온라인에서 안전하게 소통하기 위한 지침으로 상당히 유용하다.[6] 이 자료는 온라인에 게시글을 올릴 때 실용적으로 활용할 수 있는 도구와 도움이 되는 지침을 제공하며, 호주 외 다른 나라에서도 사용할 수 있도록 보완되기도 했다. #챗세이프는 특히 청소년이 온라인에서 그들의 생각과 감정을 공유하고 싶을 경우 고려해야 할 주의 사항을 알려준다. 온라인 게시글은 걷잡을 수 없이 퍼질수 있다는 사실과 한번 올리면 삭제하기 어렵다는 사실을 상기시켜주고, 게시글을 올리고 난 후 관리하는 데 유용한 조언도 준다. 또한 청소년이 자기 마음을 관리할 때 참고할 실용적인 조언도 제시한다. 이뿐 아니라 #챗세이프는 청소년이 자살로 사망하는 비극적인 사건이 일어날 경우 개설할 추모 웹사이트에 관한 지침도 제공한다.

1차 진료의의 역할

자해나 자살 위험 관리에서 1차 진료의의 역할을 과소평가해서는 안된다. 이들은 우리가 받는 의료의 문지기와 같은 사람이다. 자살로 사망하는 사람 대부분은 사망하기 전 1년 동안 정신건강 서비스의 도움을 받지 않지만, 35세 미만의 청년 중 적어도 60~80퍼센트는 자살 전 12개월 이내에 1차 진료의를 만나 상담한다.[7] 또 자해를 하는 청년의 절반 이상이 그 전 6개월 사이에 1차 진료의에게 연락을 취한다.[8]

청년뿐 아니라 전 연령대의 자살 위험을 인식하고 관리하는 데 있어서 1차 진료의가 지닌 잠재력은 무한하다. 물론 1차 진료의에게도 제약은 많이 있다. 첫째로 진찰 시간이 10분 미만으로 제한되는 경우가 꽤 있어, 이 시간 안에 자세한 정신사회적 평가를 시행하기가 어렵다. 둘째로, 자살로 사망하는 사람들 대다수가 사망하기 12개월 안에 1차 진료의나 1차 전담 간호사를 방문하지만, 이들 모두가 자살 위기를 겪고 있다고 먼저 밝히지는 않는다. 이 문제를 해결하기 위해 나는 모든 1차 진료의에게, 염려되는 환자에게는 직접 자살 생각을 하는지 물어보고, 만약 그렇다고 하면 자살 계획도 있는지 질문한 다음 환자의 대답에 따라 대처하라고 요청한다.

다음 내용은 1차 진료의를 염두에 두고 작성했지만, 여러분의 자녀가 자살 위험이 있거나 자해를 하는 경우, 이 내용은 1차 진료의에게 무엇을 기대해야 할지 알아보는 기회를 줄 것이다. 여기서 핵심 원칙은 1차 진료의는 해당 환자와 대화로 관계를 맺어야지 위험 평가 척도나 도구에만 의지하면 안 된다는 것이다. 1차 진료의는 환자와 이야기하면서 환자의 과거에 관한 정보를 모을 수 있고 이 정보를 현재 정황과 통합해서 환자의 위험뿐 아니라 그에게 필요한 사항도 차근차근 파악할 수 있다. 다시 한번 이야기하지만, 영국 국립보건임상연구원의 자해 관리 지침과 같이, 1차 진료의는 자살 위험을 알아보기 위해 임상 위험 도구와 척도에만 의존해서는 안 된다. 이런 도구와 척도는 실제 사례에 그대로 들어맞지 않는다. 맨체스터대학교의 자살 및 정신건강 안전에 관한 영국 전역 기밀 조사UK's National Confidential Inquiry into Suicide and Safety in Mental Health의 연구 수석이자, 내 절친한 동료인 나브 카푸르Nav Kapur는 지난 몇 년간 이런 도구나 척도가 자살을 예측한다는 증거가 전혀 없다고 주장해왔다. 간단히 말해 이런 도구에서 얻는 결과만으로 임상 관리를 결정해서는 절대 안 된다.[9] 물론 이런 도구는 좀 더 포괄적인 정신사회적 평가의 일환으로서, 또는 자살 위험에 관한 토론을 체계화하는 수단으로서 도움이 될 수 있다. 실제 임상 도구나 척도에서 얻을 수 있는 정보는 당사자의 가족은 물론 1차 진료의가 청소년을 지원할 때 유용하게 사용할 수 있다.

조 로빈슨과 인디아 벨에어스-월시India Bellairs-Walsh 및 이들의 동료 연구진은 자해를 하거나 자살 위험이 있는 청소년이 1차 진료의에게 무엇을 원할지 추측하는 대신, 호주 청소년 집단에게 그들의 견해를 직접 물어보았다.[10] 여러분이 부모나 1차 진료의일 경우 이런 당사자의 견해가 상당히 귀중한 정보가 될 것이다. 청소년이 1차 진료의에게 무엇을 원하고 필요로 하는지 정확히 이해하는 데 도움이 되기 때문이다. 이 문답을 통해 청소년이 진료받을 때 중요시하는 것 다섯 가지가 도출되었다.

첫째, 청소년은 의료인과의 협력적 대화를 원했다. 이쯤 되면 내가 같은 말을 계속 반복하는 것처럼 들릴지 모르지만, 협력적 대화는 자해를 관리하거나 자살을 예방하기 위해 우리가 해야 할 일 중에서도 핵심을 차지한다. 의료 전문가가 환자의 정신건강을 가장 잘 안다는, 온정주의적 견해가 판치는 시대는 지났다. 또한 청소년들은 1차 진료의가 주도적으로 자신의 신체건강뿐만 아니라 정신건강에 대해서도 질문해주기를 원했다. 일부 청소년들은 1차 진료의가 그들의 자살 위험을 충분히 살펴보지 않았다고 말하며 이는 도와줄 기회를 놓친 것이나 다름없다고 비판했다. 우리는 이런 결과를 예의주시할 필요가 있다. 협력적 대화는 결정의 득과 실을 따지는 일을 넘어, 치료 선택지를 고려하는 일까지 확대되어야 한다. 청소년들의 말에 따르면 이런 접근 방식은 환자의 자율성과 정보에 근거한 의사 결정을 도모하는 데 매우 중요하다. 부모의 경우 이런 접근은 자녀와 함께 1차 진료의와 논의해야 할 사항일 수 있다.

둘째, 자살 위험을 겪고 있다고 공개할 때 초래되는 사생활 침해에 대한 두려움이 있다. 이런 두려움의 장벽에 부딪혀 일부 청소년들은 개인적인 정신건강과 자살 생각에 대해 자세히 털어놓지 못한다. 이 점은 부모와 1차 진료의 모두 청소년들이 무엇을 염려할지 생각하는 과정에서 고려해야 할 부분이다. 호주에서 이루어진 한 연구에 따르면 청소년들은 어떤 정보가 의료 기록에 남을지, 의료 기록이 디지털화되면서 정보가 유출되지 않을지 걱정했다. 병원이 환자의 개인 정보로 무슨 일을 하는지, 그리고 이 정보가 누구에게 공개되는지에 관한 투명성이 확보되어야 하며, 이런 사항을 1차 진료의가 환자에게 명료하게 밝힐 필요가 있다.

셋째, 청소년들은 1차 진료의가 사용하는 단어를 중시했다. 예를 들어 어떤 청소년은 '위험에 처해 있다'라는 말을 꺼려했다. 이 단어는 부정적이고 두려움을 불러일으키는 말이기 때문이다. 이들은 1차 진료의가 위험보다는 행복에 초점을 맞추고 좀 더 긍정적인 단어를 생각하기를 바랐다. 청소년들은 또한 1차 진료의가 진단을 내리는 데 급급하기보다는 그들의 증상과 경험에 좀 더 집중해서 자신을 한 명의 온전한 인간으로 대우해주기를 원했다. 또 이들은 누군가를 아픈지 혹은 아프지 않은지를 가리는 인습적인 방식으로 판단하는 의료계의 접근 방식에도 거부 반응을 보였고, 이런 방식이 문제가 있으며 어떤 경우에는 아무 소용이 없다고 생각했다. 의학적인 꼬리표나 진단명에만 얽매이지 말고, 청소년의 몸부림과 이들이 살아가야 할 세상을 청소년의 눈을 통해 봐달라는 부탁도 있었다. 이는 우리 모두가 기억해야 할, 꼭 필요한 조언이다.

넷째는 바로 앞에서 소개한 내용과 관련이 있는데, 바로 1차 진료의가 취하는 태도였다. 1차 진료의가 무관심하게 대처하거나 냉정한 태도를 보인다면 청소년들은 당연히 이런 의사에게 반감을 가지며, 이는 청소년이 정신건강 문제를 털어놓는 것을 방해한다. 말할 것도 없이, 이 주제는 본질적으로 청소년을 지원하는 모두에게, 즉 가족에서 친구, 교사에서 건강 및 사회복지 전문가까지 동일하게 적용된다. 또한 청소년들은 형식적으로 항목만 체크하는 상호 작용을 달갑게 여기지 않는다. 이들은 자살 위험이나 자해를 의논할 때 자신들의 이야기를 적극적으로 들어주고 눈을 잘 맞추고 관심을 보여주는 자세가 중요하다고 언급했다. 따라서 이들을 비판하거나 무시하거나 이들의 염려를 대수롭지 않게 여기는 태도를 피해야 한다. 나이가 어린 사람은 개인적인 정보를 털어놓을 때 마치 벌거벗은 듯한 기분을 느낀다는 것을 명심하자.

마지막으로 청소년은 1차 진료의를 실용적 지원을 제공하는 사람으로서 상당히 중요하게 인식했다. 1차 진료의는 위기의 순간에 꼭 필요한 자원으로 평가되었고, 어떤 청소년은 상담 후 이들로부터 후속 조치를 받는 것이 중요하다고 밝혔다. 이는 놀라운 일이 아니다. 자해를 하거나 자살 위험이 있는 청소년은 본인이 가치 있는 사람이라고 느끼지 못하는 경우가 많기 때문에, 이들의 안위에 계속 관심을 보이는 1차 진료의나 전문가는 이들에게 강력한 영향을 줄 수 있다.

자신을 돌보라

앤 페리와 키스 호튼의 연구에서 밝혀졌듯이, 자해·자살 경험이 있는 청소년의 부모나 보호자는 상당한 정서적인 충격을 받는다. 이들이 마지막으로 신경 써야 할 점은 다음과 같다. 제발 스스로의 안위를 챙기는 데 힘쓰라. 물론 위기 상황에서 자신을 챙기는 것이 어려울 수 있지만, 이건 아주 중요한 일이다. 자신을 위한 시간을 내자. 스스로의 필요를 챙기지 못하고 있다면 자녀의 필요를 채워줄 수 있는 상황이 아닌 것이다.

> 자녀가 위험에 처했다는 생각이 들면, 1차 진료의나 정신건강 전문의와 같은 전문가의 도움을 받거나 전화 상담 서비스에 연락하라. 만약 자녀가 당장이라도 목숨을 잃을 위험에 처해 있다는 생각이 들면, 주저하지 말고 비상 서비스에 연락하라. 359쪽에 도움이 되어줄 곳의 연락처와, 도움이 필요할 때 가야 할 곳들을 수록했다.

자살 위험이 있는 친구나 동료 돕기

친구를 두 명이나 자살로 잃은 내가 자살 위험이 있는 친구나 동료를 지원하는 문제에 대해 제대로 조언할 자격이 있는 사람인지 모르겠다. 하지만 나는 클레어가 사망한 이후, 지난날의 내 경험을 반추하는 데 많은 시간을 보냈다. 나는 클레어와 함께 그의 자살 생각에 대해 수차례 논의했고, 마지막에도 그가 겪던 고통에 대해 깊이 있는 대화를 나눈 기억이 생생하게 남아 있다. 클레어는 속박감을 느꼈고 정신적으로 너무 지쳐 있었다. 그날의 대화는 눈물과 깊은 포옹으로 끝났다. 당시 아장아장 걸어다니던 내 딸아이가 우리 사이에 끼어들어 클레어에게 덥석 안겼기 때문이다. 클레어와 내 딸은 서로를 몹시 아끼는 사이였다. 클레어는 아침 시간을 힘들어했지만, 우리 집에 오면 다른 사람들이 잠을 자고 있을 때도 딸과 함께 일찍 일어나 시간을 같이 보내곤 했다. 둘 사이에는 특별한 유대감이 있었다.

정신적 고통에 관해 클레어와 마지막으로 이야기를 나눈 그날은 그가 자살하기 몇 달 전이었다. 나는 그때 내가 클레어에게 다르게 대했더라면 어땠을까 하고 종종 후회한다. 물론 과거를 바꿀 수는 없지만, 그때 충분히 단도직입적으로 클레어의 문제를 대하지 않았다는 생각이 자꾸 고개를 든다. 그의 무력감에 관해 이야기를 나눈 기억은 나지만, 클레어가 자살 생각을 실행에 옮길지 여부에 관해서는 이야기를 전혀 꺼내지 않았다. 왜 그런 이야기를 꺼내지 않았는지 답을 얻기 위해 머리를 쥐어짰다. 그저 클레어가 자살 생각을 실행에 옮길 리 없다고 생각해서 물어보지 않았을까? 클레어가 '그렇다'라는 대답을 할까 봐 두려워서 물어보지 못했을까? 클레어가 거기까지는 대화를 진행하고 싶어 하지 않아서 내가 은연중에 그 심중을 알아차렸을까?

솔직하게 말하면 나는 내가 왜 물어보지 않았는지 여전히 모르겠다. 그리고 나는 이 때문에 아직도 후회를 안고 살아간다. 클레어를 좀 더 도와줄 수도 있었다는 생각이 계속 든다. 과거로 돌아간다면 그의 정신적 고통을 좀 더 심각하게 받아들였을 텐데, 당시에는 그렇게 하지 않았다. 그래서 나는 만약 누군가 자살 생각을 드러내는 사람을 도와주고 있다면, 항상 이들에게 "자살 충동을 실행에 옮길 생각을 한 적이 있나요?"라고 직접 물어보라고 조언한다. 만약 그렇다고 답한다면 이들과 함께 도움을 요청할 방법과 안전 계획을 알아보고, 내가 앞에서 언급했듯이 이들의 안전이 염려된다면 서둘러서 전문가에게 연락할 것을 권유하면 된다. 만약 이들이 꺼려한다면 여러분이 대신 연락해도 되는지 물어보자. 하지만 이들이 계속 고집을 부려 자살 위험이 임박했다는 생각이 들면 바로 비상 서비스에 연락해야 할지도 모른다.

사람들은 자신의 감정을 감추려 하고 아무 문제도 없는 것처럼 보이려고 노력하는 경우가 많기 때문에, 누군가 자살 위험이 있는지 알아내는 것은 매우 어려운 일이다. 그래도 눈과 귀를 총동원해서, 현실을 감당하기 힘들다는 경고 신호를 보내는 이가 있는지 예의 주시하라. 앞에서도 이미 이런 경고 신호를 설명했지만, 이 신호는 여기서 다시 언급해도 될 만큼의 가치가 있다.

속박감이나 무력감은 경고 신호에 포함된다. 동요하는 것, 위험한 행동에 관여하는 것, 외로움을 나타내는 것, 자신이 다른 사람에게 짐이 된다고 생각하는 것 또한 눈여겨볼 만한 경고 신호다. 앞서 서너

차례 외로움과 자살이 연관이 있다고 언급했지만, 그에 대한 구체적인 증거는 이야기하지 않았다. 내 동료인 헤더 매클렐런드Heather Mc-Clelland는 우리가 실시한 검토에서 바로 이 문제를 다루었고, 그 결과는 분명했다.[11] 외로움이 지속되면 자살 생각·행동이 발생할 가능성이 있으며, 외로운 사람에게서 우울증이 증가한다는 점으로 그 관련성이 설명된다. 그러나 이 관계를 시간의 흐름에 따라 구체적으로 조사한 연구가 아직 없기 때문에, 외로움과 자살 자체 간의 관계가 어떠하다고 단정할 수는 없었다.

IMV 모델(140쪽)을 참고하면, 이 모델을 통해 숨어 있는 경고 신호를 좀 더 찾을 수 있을 것이다. 친구와 동료가 자신의 자살 위험을 고백하면 언제나 이 말을 심각하게 받아들이라. 이 책의 시작 부분에서 언급했듯이, 자살로 사망하는 사람의 약 40퍼센트는 누군가에게 본인의 자살 생각 여부를 고백한다. 다른 사람에게 자살 생각이 있다고 고백하는 것은 좋은 일이다. 그들이 도움의 손길을 구한다는 것을 의미하기 때문이다. 감정을 드러낸다는 어려운 일을 해냈으니 용감한 행동이기도 하다. 이들은 자살 이야기를 들은 상대방이 어떻게 반응할지 알 수 없어 걱정할 수도 있다. 그러니 친구나 동료가 자신의 자살 생각을 털어놓는다면 섣불리 비난하지 않도록 노력하자. 충격과 당황, 믿지 못하겠다는 반응도 보이지 말라. 이들에게 필요한 것은 연민과 공감이다. 만약 이를 보여주지 않으면, 이들은 마음의 문을 다시 닫을지도 모른다.

14

자살의 충격에서 살아남기

자살로 인한 이별이 당사자에게 끼치는 영향은 어마어마하다. 1부 도입부에서 밝혔듯이, 자살로 사망한 사람을 아는 지인의 수는 자살 사망자 한 명당 무려 135명이나 된다. 동종 연구 중 최대 규모 연구에서, 영국 자살 사별 연구 Suicide Bereavement UK의 샤론 맥도널 Sharon McDonnell은 영국에서 자살로 사별을 경험한 사람 7,150명을 대상으로 조사를 진행했다.[1] 맥도널은 이들에게 지원 서비스 이용 여부는 물론 자살에 어떤 영향을 받았는지 질문했다. 조사 결과는 2020년에 〈슬픔을 딛고 희망으로: 자살로 사별하거나 자살의 영향을 받은 사람들의 목소리 From Grief to Hope: The collective voice of those bereaved or affected by suicide〉라는 제목의 보고서로 출간되었다. 응답자 다섯 명 중 네 명은 자살로 인한 사망으로 큰 충격이나 어느 정도의 충격을 받았다고 말했다. 3분의 1 이상은 정신건강 문제가 생겼다고 보고했고 38퍼센트는 목숨을 끊을 생각을 한 적이 있다고 답했다. 자살로 사별한 사람들의 목소리는 너무 오랫동안 드러나지 않았고 이들은 적절한 도움을 받지 못했다. 다행히도 이런 상황이 나아지는 추세지만, 아직 갈 길이 멀다.

2017년 브리티시 라디오 진행자이자 텔레비전 진행자인 조 볼은 반려자 빌리를 자살로 잃었다. 언론에서 그가 반려자를 잃었다는 기사를 읽은 기억이 난다. 볼은 슬픔을 도저히 견딜 수 없었고, 자살로 사별한 많은 사람들과 마찬가지로 '왜'라는 질문, 즉 '왜 사랑하는 사람을 구할 수 없었을까?'라는 질문으로 괴로워했다. 하지만 시간이 지나면서 자신이 반려자를 구하기 위해 할 수 있는 일은 아무것도 없었을 거라는 사실을 받아들이게 되었다고 말했다. 그는 빌리의 고통이 끝났다는 사실에 조금 위안을 받았다. 반려자를 잃은 상실감을 계기로 볼은 모금 캠페인인 스포츠 릴리프Sport Relief를 시작했다. 이는 장장 350마일(약 563킬로미터)에 달하는 거리를 자전거로 종주하며 정신건강에 대한 인식을 높이고, 남성 자살의 규모와 정서적으로 고통받는 남성이 많은 결핍을 떠안고 있다는 현실을 알리기 위한 캠페인이었다. 볼이 영국 전역의 정신건강 기관을 위해 백만 파운드 넘는 자금을 모은 것을 보면, 그의 영웅적인 노력은 분명 헛된 것이 아니었다.

2019년 세계 자살 예방의 날, 스코틀랜드의 스포츠 진행자 에이미 아이언즈는 반려자인 웨인을 자살로 잃은 지 9개월 후, 자신의 정신건강과 싸우면서 얼마나 끔찍한 고통을 겪었는지 이야기했다. 당시 아이런즈가 트위터에 올린 글은 큰 파급을 일으켰다. 그녀는 트위터에서 사람들에게 도움을 요청하라고 촉구하고 자신이 겪었던 고통도 고백하면서, 희망의 메시지로 끝을 맺었다.[2]

> 웨인을 자살로 잃은 후 나는 내 인생에 의구심을 품고 살았다. 오늘 #세계자살예방의날에 나는 이런 말을 하고 싶다. "사람들에게 말하세요. 부끄러워하거나 자신의 감정을 숨기지 마세요. 당신은 혼자가 아닙니다." 그리고 무엇보다, 지금보다 좋은 날이 찾아올 테니 제발 버티라고 말하고 싶다. 나 역시 그렇게 잘 버텨냈다는 사실이 정말 기쁘다.

에이미의 트위터 게시글은 그 자체로 단기 개입에 해당한다. 이 글은 248쪽에서 설명한 관심 편지의 특징을 갖춘 글이며, 앞으로 상황이 나아질 수 있다는 희망을 준다. 몇 주 후, 나는 스코틀랜드의 최신 자살 통계 발표 결과에 관해 BBC 스코틀랜드와 인터뷰를 하던 중 에이미를 만났다. 나는 에이미의 정신건강 증진을 향한 열정, 특히 남성도 도움을 요청해야 한다는 그녀의 메시지에 감명을 받았다. 틀림없이, 에이미의 게시글은 매일 살아가기 위해 몸부림치는 사람들과 자살로 사별한 이들을 포함해 수많은 사람들에게 도움이 되었을 것이다. 이 게시글에 줄줄이 달린 댓글들은 그가 전한 메시지가 사람들에게 도움과 지지를 주었다는 증거였다.

몇 달 후 나는 스코틀랜드 BBC 라디오에서 에이미의 목소리를 들었다. 안타깝게도 이 방송에서 에이미는 스포츠 이야기를 하지 않았다. 그는 청취자에게 호소하는 어조로 인터넷 악성 댓글에 대해 이야기했다. 에이미는 익명의 인스타그램 계정에게 악플 피해를 입었다. 댓글 작성자는 "남자친구가 스스로 목숨을 끊은 건 당신 때문 아닌가요?"라는 악의적 질문을 올렸다. 비열하기 이를 데 없고 받아들일 가치도 없는 질문이지만, 에이미가 이에 대응해 할 수 있는 일은 별로 없었다. 사랑하는 사람을 자살로 잃은 사람들은 대부분 에이미 같은 공인은 아니지만, 이런 글은 인터넷 악플 문제 이상의 문제를 드러낸다. 그동안 나는 자신의 잘못 때문에 사랑하는 사람을 자살로 잃었다는 생각으로 고통을 견딜 수 없다고 고백하는 반려자 또는 가족을 수도 없이 많이 만났다. 자살 사별자는 자신이 잘못해서 그런 일이 생긴 거라고 자책하는 경우가 많기 때문에, 이들이 이런 불쾌한 메시지를 감당하기 힘들다는 것은 불 보듯 뻔한 일이다. 이 책에서도 앞서 이 문제를 언급했다. 사랑하는 사람의 죽음을 두고 다른 사람들이 자신을 비난할지도 모른다는 생각 때문에 유족들의 고통이 더욱 심해진다고 말이다.

여기서 자살 사별자인 앤디를 만나보자. 앤디의 이야기에는 자살 사별자들이 사랑하는 사람을 잃은 지 얼마 되지 않았을 때 느끼는 죄책감과 자책이 드러난다. 20대 후반인 앤디와 마이클은 여러 해를 알고 지내온 사이였다. 이들이 사귄 지 겨우 9개월 만에, 같이 산 지

4개월 만에 마이클이 사망했다. 그야말로 마른하늘에 날벼락 같은 일이었다. 두 사람은 10대 후반부터 꽤 오랫동안 정신건강 문제를 안고 살았다. 마이클과 앤디는 둘 중 하나가 자살한다면 분명 마이클이 아니라 앤디일 것이라는 농담을 자주 했다고 한다. 앤디는 자해를 반복해 20대 초반 대부분을 팔에 붕대를 감고 지냈다. 반대로 마이클은 앤디가 알기로 주의력결핍 및 과잉행동장애ADHD와 불안 증상으로 18세부터 약물을 복용했지만 한 번도 자해를 하거나 자살을 시도한 적은 없었다.

마이클은 죽기 전 자신의 과거를 상대로 분투했다. 고아원에서 자란 그에게 친모의 연락이 닿았던 것이다. 친모와의 재회는 마이클을 뒤흔들어 놓았다. 그 일은 그가 바라던 것이 아니었다. 이 일을 계기로 그는 과음을 하기 시작했다. 앤디는 술을 많이 마시는 편이 아니어서 마이클의 음주로 꽤 여러 차례 그와 다툼을 벌였다. 앤디가 보기에 마이클은 세상에 화가 단단히 나 있었다. 마치 어머니와의 만남으로 몇 년 동안 묻혀 있던 인생의 고통이 와락 쏟아진 것 같았다. 앤디가 살아 있는 마이클의 모습을 마지막으로 본 것은 둘이 싸움을 대판 벌인 후, 마이클이 울면서 집을 뛰쳐나간 때였다. 이런 일은 전에도 있었기에 앤디는 별 걱정을 하지 않았다. 그는 다음 날 아침 눈을 뜨면 마이클이 자기 옆에 있을 거라고 생각하고 잠자리에 들었다.

그러나 마이클은 돌아오지 않았다. 다음 날 앤디는 마이클을 실종신고했고, 이후 사흘 만에 그의 시신이 그들이 살던 곳에서 멀리 떨어지지 않은 공터에서 발견되었다. 내가 앤디와 이야기를 나누었을 때는 마이클이 사망한 지 12개월이 되어가던 시기였다. 앤디는 "이제는 안 좋은 날보다 좋은 날이 더 많다"며, 이를 자신의 상태가 좋아졌다는 증거로 보았다. 그러나 안 좋은 날이면 마이클이 처음 사망했을 때만큼 끔찍한 기분이 들었다. 어쩔 수 없는 일이었다고 스스로에게 계속 말해줘도, 어둠이 몰려오는 날에는 그의 마음이 그날의 마지막 싸움으로 끌려들어갔다. 그리고 내가 앞서 언급한 고통스러운 '왜?'라는 질문 앞에 서게 되었다. 왜 그날 밤 할 말이 있어도 좀 참지 싸움을 벌였을까? 왜 마이클에게 필요한 게 뭔지 좀 더 세심하게 관찰하지 않았을까? 왜 마이클이 아파트를 나간 뒤 그에게 전화하지 않았을까? 물론 괜찮은 날에는 이런 질문에 다르게 답한다. '싸움은 한 사람이 아닌 두 사람의 문제야. 나는 마이클이 겪던 문제를 정말로 잘 도와주었지만, 그것으로는 충분치 않았어. 게다가 마이클이 나에게 전화할 수도 있었고. 싸우고 난 뒤 화해의 손길을 내미는 사람이 항상 나여만 한다는 법은 없어.'

이런 질문은 우리 모두가 인간관계에서 경험하고 고민하는 문제지만, 가까운 사람이 스스로 목숨을 끊은 후에 이에 대한 답을 찾아봐야 할 사람은 많지 않다. 앤디는 칠흑과도 같은 순간이 찾아오면 다른 사람들이 마이클의 죽음을 두고 그를 비난할 거라는 생각에 집착한다. 앤디가 이 순간을 너무도 견디기 어려워하는 건 그의 일부 역시 자신이 비난받아야 할 사람이라고 믿기 때문이다. 앤디는 마이클의 직장 동료들이 마이클의 자살은 앤디 책임이라고 수군거리는 소리를 분명 들었다고 했다. 나는 그와 함께 대화하면서 이 부분을 더 깊게 파고들어 보았다. 그 결과 직장 동료들이 그의 생각대로 말했다는 증거는 전혀 없는 것으로 보였다.

마이클을 잃고 6개월이 흐른 후에도 앤디는 그의 직계 가족 외에는 누구에게도 본인의 상실감을 이야기하고 싶지 않았고, 무엇보다 "선의의 지원 단체에 내 이야기를 꺼내고" 싶지 않았다고 했다. 그래도 1차 진료의의 권유와 가까운 친구들의 독촉으로 자살로 인한 사별 생존자Survivors of Bereavement by Suicide, 이하 SOBS 모임에 마지못해 참석하기 시작했다. 그는 이 단체가 상당히 도움이 된다는 것을 깨달았다. SOBS는 19세 이상의 자살의 아픔을 겪은 이들을 지원해주는 조직이다. 이 조직을 통해 앤디는 그의 죄책감과 타협하게 되었고 자신이 마이클의 죽음에 책임이 없다는 사실을 받아들일 수 있었다. 또한 이 단체는 앤디가 심하게 느꼈던 고립감과 낙인으로 인한 상처를 해소하는 데도 도움이 되었으며, 현재 그는 이런 단체를 강력하게 지지하는 사람이 되었다.

하지만 이런 단체가 도움이 된다는 것을 알면서도 이들을 만나는 길로 가지 않는 사람들이 있을 수 있다. 나는 무엇보다 자살로 사별한 사람들이 다양한 선택권을 보유하는 것이 중요하다고 생각한다. 사실 이런 지원은 필요한 사람이면 누구나 이용할 수 있어야 한다. 그러나 안타깝게도 실상은 그렇지 않다. 사별에 대한 지원은 자선 단체를 통해 이루어지는데, 이들 단체는 보통 기금을 모금하며 운명을 이어나간다. 그래서 지원 수요를 감당할 수 없는 경우가 많다. 자살 유족을 전적으로 지원하는 서비스를 국가 전역에서 일상적으로 이용할 수 없다는 것은 부끄러운 일이다. 실제 영국 자살 사별 연구 보고서에서 제시하는 두 가지 권고 사항이 이와 관련된 내용으로 구성되어 있다. 첫 번째 권고 사항은 사별 지원 서비스에서 최소한의 국가 기준을 준수할 것을 요청하는 것이고, 두 번째 권고 사항은 자살로 사별하거나 아픔을 겪은 사람을 위해 국가에서 온라인 자원을 마련할 것을 호소하는 것이다.

자살로 사별한 사람을 돕기

자살로 인한 사망 이후 주변인이 겪는 슬픔은 각자 다르지만, 공통적으로 죄책감, 분노, 무력감과 같은 기분과 감정을 느낀다. 자살의 아픔을 겪은 사람이 쓴 책이나 그런 사람들의 경험이 들어간 책 중에는 정말로 도움이 되는 훌륭한 책이 많다.[3] 그러나 아내를 잃은 사별자가 최근 나에게 말해준 것처럼, 사별 직후 이런 책을 읽기란 어려운 일이다. 그는 자살의 아픔에 관한 책은 모두 내용이 좋았지만 사별 초기에는 책을 읽을 만큼 오래 집중할 수 없었다고 한다. 그래서 그는 보통 인터넷을 검색하며 위안을 받았다. 그렇게 여기저기 기웃거리던 어느 날, 그는 드디어 정보의 바다에서 금광을 발견했다. 우연히 옥스퍼드 대학교의 키스 호튼이 개발한 〈도움은 가까이에Help is at Hand〉라는 온라인 자료를 접하게 된 것이다. 이 훌륭한 온라인 자료는 영국 공중보건국과 영국 국립자살예방연맹UK National Suicide Prevention Alliance의 지원을 받은 것이다. 이 자료는 내용이 포괄적이지만 읽기 힘들지 않고, 사망에 관해 어떻게, 누구에게 이야기할지 실용적인 조언을 제공하는 것은 물론, 어떤 감정을 느낄 수 있는지에 관한 정보를 제공한다. 고인과 각양각색의 관계를 맺었던 사람들에게 도움이 되는 특별 조언도 제공한다.

이 자료는 어린이의 부모나 이들과 가까운 사람이 자살로 사망한 경우, 아이에게 이를 전해야 하는 어려운 일을 감당하기 위해 필요한 정보를 제공한다. 이 경우 부모에게 일어난 일로부터 아이를 보호하겠다고 생각하는 건 자연스러운 반응이다. 물론 아이의 나이와 이해 수준에 따라서 그렇게 할 수도 있고, 결정은 분명 부모나 보호자에게 달려 있다. 하지만 보통은 진실을 말하는 편이 더 낫다. 진실을 말해야 아이들이 우연히 다른 수단을 통해 실제 벌어진 상황을 알아차릴 위험이 없고, 또 그래야 이들에게 질문을 할 기회와 믿을 만한 어른이 자신을 안심시켜줄 기회가 생긴다. 아이들은 사망 소식을 접하면 버림받았다는 느낌에 죄책감, 충격, 못 믿겠다는 반응까지 다양한 감정과 정서를 경험할 수 있다. 이밖에 아이에게 고인의 시신을 보여줄지, 아이를 장례식에 참여하게 할지의 여부도 결정해야 할 수 있다. 다시 이를 결정하는 건 아이의 나이와 이해 수준에 따라 달라지기에 쉽지 않다. 그래도 가능한 아이에게 선택권을 주는 것이 좋다. 개인적인 경험이지만 클레어가 사망했을 때 나는 내 어린 딸을 장례식에 데려가지 않기로 했다. 그러나 나는 이 결정을 후회한다. 아이는 그때 장례식에 참석했더라면 좋았을 거라고 말한다. 아이에게는 클레어가 살아 있다가 어느 날 갑자기 사라져 다시는 영영 그를 만날 수 없게 된 일이었기 때문이다. 내 딸은 클레어를 잃었다는 사실에 말로 다할 수 없을 정도로 슬퍼했고, 이런 경험에 혼란을 느꼈다. 딸은 클레어와 이별을 하지 못했던 것이다.

만약 아이가 너무 어려서 사실대로 말해줄 수 없다는 판단이 들면, 나중에 아이가 좀 더 컸을 때 사실을 조용히 말해주고 왜 그때는 다른 이야기를 했는지 이유를 들려준다. 《빨간 초콜릿 코끼리: 자살의 아픔을 겪은 아이들을 위해 Red Chocolate Elephants: For children bereaved by suicide》처럼, 부모나 다른 성인들이 아이와 이런 민감한 주제를 이야기할 때 대화를 자연스럽게 이끄는 데 도움이 되는 정말 좋은 책도 있다.[5] 또한 자살로 사별을 겪은 아이들을 위한 전문 사별 지원 서비스 기관도 있으니, 1차 진료의에게서 안내를 받으면 된다. 만약 형제자매가 사망한 경우, 아이가 앞에서 언급한 반응을 보일 뿐만 아니라 형제자매와 해결되지 않은 문제를 그대로 떠안은 상태일 수 있다. 특히 사망한 형제자매와 어려운 관계를 유지한 경우 더욱 그렇다. 청소년이 이런 문제를 헤쳐나가기 위해서는 어른의 세심한 도움이 필요하다.

고인의 친구와 동료도 잘 살펴보는 것이 중요하다. 이들은 소외감을 느끼거나 자신이 슬퍼할 자격이 없다고 생각하기 때문이다. 비록 친구나 동료가 고인과 삶을 함께 나누었다 해도, 이들은 고인과 가족 관계가 아니기 때문에 소외감을 느낄 수 있다. 하지만 이들 역시 인생에서 중요한 사람을 잃었기 때문에 큰 충격과 슬픔에 빠졌을 것이고, 이게 대체 무슨 일인지 이해하느라 몸부림칠 것이다. 필요한 경우 이들에게도 사별 지원 서비스를 제공하는 것이 중요하다. 이 점은 영국 자살 사별자 설문조사에서도 드러난 사안이다. 자살로 친구를 잃은 사람들은 사회적 고립감과 사별 지원 서비스로부터 소외된다는 느낌은 물론, 박탈감을 느끼거나 슬픔을 감추기도 한다고 보고했다.

친구의 죽음이 끼치는 영향은 클레어가 사망한 이후 내가 줄곧 진지하게 생각해온 문제다. 그래도 나는 운이 좋았다. 클레어 사망 직후 파리로 날아가 그의 남편 데이브를 도왔고, 그의 가족과 한 주를 같이 보낼 수 있었고, 시신을 영국으로 데려오기 위해 프랑스의 번거로운 절차를 처리하느라 애썼다. 그 당시에는 데이브와 클레어의 동생, 시동생을 도와주려고 한 일이었지만, 그 일은 내 자신의 슬픔을 극복하기 위해서도 정말 중요했다. 파리에서 이들과 함께하면서 나는 많은 위안을 얻었다. 눈물 젖은 통곡과 전혀 믿지 못할 현실 사이를 오가던 그 5일 동안, 우리는 클레어와의 추억을 함께 나누었고 그가 떠난 것을 애도하는 것은 물론 그의 삶을 기렸다. 그 일주일의 많은 부분은 이제 흐릿해졌지만, 마지막 날에 집으로 돌아가는 클레어의 마지막

비행을 준비하면서 이른 아침 장의사를 찾았던 기억만큼은 선명하다.

나의 경우 클레어가 사망한 후 유가족에게 도움을 줄 수 있어서 다행이었지만, 많은 사람들이 친구가 떠난 후 나오는 다른 경험을 했다고 보고한다. 자살 사별자 회의에서 만났던, 대학 시절 친구 리를 자살로 잃은 린다는 여전히 리의 가족에게 화가 나 있었다. 그는 친구의 가족이 자기를 장례 절차에서 배제했다고 느꼈다. 원래 장례는 가족이 주관한다는 것을 그도 어느 정도는 이해했다. 그러나 린다가 화가 난 이유는 둘이 아주 친한 사이였을 뿐만 아니라, 리가 가족과 관계가 정말 좋지 않았기 때문이다. 리가 대학을 다니며 힘들어할 때 그를 챙겨준 사람은 린다였다. 내가 린다와 이야기를 나누었을 때는 그가 리와 사별한 지 2년이 지난 후였지만 린다는 여전히 리의 죽음으로 비통해하고 있었으며, 리가 사망한 후 벌어진 일 때문에 제대로 슬퍼하지도 못했다고 단호하게 말했다. 린다가 겪은 구체적인 정황은 차치하고라도, 이 사례는 우리가 고인과 다양한 부분에서 관계를 맺었던 사람에게 신경을 써야 한다는 것을 짚어준다. 고인이 이들과 어떤 관계를 맺었든, 이들 역시 배려와 지원을 받을 필요가 있다.

〈도움은 가까이에〉로 돌아가서, 도움을 줄 때 필요한 핵심 사항과 더불어 내가 사별을 겪은 사람들과 이야기하면서 얻은 생각을 요약해서 정리한 내용을 아래에 수록했다. 만약 주변 지인 중에 자살로 사랑하는 사람을 잃은 경우가 있다면, 다음의 각 사항을 지침으로서 염두하길 바란다.

- 우리 모두는 저마다 다르기 때문에, 느끼는 슬픔도 저마다 다르다.

- 사별을 극복하는 데는 정해진 방법이 없다.

- 사별한 사람에게 어떻게 감정을 관리해야 하는지 말하지 말라. 당신이 사별자인 경우, 누군가 이런 이야기를 한다면 좋은 의도에서 하는 말이니 참으라.

- 자살의 상실감으로 인한 고통은 고인과 친인척 관계가 아닌 사람들(예: 친구와 동료)도 심하게 느낄 수 있다.

- 슬픈 감정은 견디기 어려울 정도로 고통스러울 수도 있고, 평온한 순간에도 나타날 수 있다.

- 사망한 지 몇 주, 몇 개월 후에 슬픔의 강도가 어느 정도일지는 예측하기 어렵다. 유일하게 예측할 수 있는 것은, 슬픔은 예측할 수 없다는 것이다.

- 분노에서 충격, 죄책감, 수치심, 거부감, 두려움, 외로움, 속박감 및 낙인까지 다양한 감정과 느낌이 들 수 있다.

- 슬픔으로 인해 땀, 현기증, 두통 등 신체에 이상 증세가 나타날 수 있다.

- 사별자는 우울증, 불안, 외상후스트레스, 자살 생각을 나타내는 등 정신건강에 영향을 받을 수 있다.

- 어떤 사람들은 고통을 겪는 와중에도 사랑하는 사람이 이제 더 이상 고통받지 않을 것이며, 생을 끝내기로 한 것은 그들의 선택이니 자살을 받아들이게 되었다고도 한다.

마이클은 실용적으로 도움이 되는 대처 중에서 생각과 감정을 털어놓는 것이 유익하다고 느꼈다. 물론 모든 사람은 저마다 자신만의 시간을 보내며 그들 나름의 방법을 찾게 된다. 마이클은 SOBS에 연락하기 전에는 가까운 친구와 가족에게 이야기했다. 어떤 사람에게는 지원 단체에 참여하기보다는 애도 상담가나 심리학자를 찾아가는 게 나을 수도 있다. 어떤 사람은 시간을 내서 고인을 기억하는 것도 도움이 된다고 말한다. 추모에는 여러 많은 형태가 있으며, 일기를 쓰거나 추억 상자를 만들거나 특별한 장소를 방문하는 것 등이 포함될 수 있다. 활발한 활동을 계속하고 자조모임에 참여하려고 노력하는 사람도 있다. 도움이 되지 않는 일을 생각하거나, 감정을 억누르거나, 술을 더 마시거나 타인의 도움을 찾지 않는 것은 아마 '반드시 피해야 할' 목록 1순위에 해당될 것이다.

고인과 사별한 가족·친지나 친구의 곁을 지키는 것은 사별자를 돕는 핵심 원칙이다. 이들에게 누군가와 이야기를 나누고 싶을 때면 언제든지 당신이 곁에 있다는 점을 상기시켜주자. 개인적 판단은 피하고 공감과 연민을 나타내라. 위에서 언급했듯이 모든 사람은 슬픔을 다르게 겪기 때문에 어떻게 감정을 관리해야 한다는 이야기는 꺼내지 않도록 노력하라. 감정은 매일 느껴지는 대로 받아들여야 한다. 곁에 있어준다는 것이 중요한 이유는, 이들에게는 그저 죽음에 대한 질문을 들어줄 사람이나 추억을 나눌 기회가 필요하기 때문이다. 특히 기념일과 휴일 같이 특별한 날에는 견디기 어려울 수 있다. 이들을 돌보며 정서적으로 격렬한 감정이 들거나 감정이 소진될 수 있으니, 당신의 마음을 잘 살피는 것도 중요하다. 직장 동료가 사별을 당한 후 일에 복귀하는 경우, 다른 사람에게 이를 알리는 문제에 관해 어떻게 해주면 좋을지 해당 동료와 미리 이야기해보는 것이 도움이 된다. 가장 중요한 원칙은 본인이 바라는 것을 존중해주는 것이다. 어떤 사람은 직장 동료가 사정을 알아주길 바라고 다른 사람들이 죽음을 애도하면 이를 고마워하지만, 반대로 어떤 사람은 사생활을 지키고 싶어 한다.

　매년 자살로 이별의 아픔을 새로 겪는 사람이 수백만 명이나 생겨나지만, 자살로 사별한 사람을 효과적으로 지원하는 방법에 대한 연구와 그 증거는 놀라울 정도로 부족하다. 게다가 사후 개입postvention 연구의 질은 여전히 낮고 그 양도 적다. 사후 개입은 자살로 이별을 겪은 사람들을 지원하는 개입 서비스를 말한다. 2019년 멜버른대학교의 칼 안드리센Karl Andriessen과 동료 연구진은 자살로 이별의 아픔을 겪은 사람들을 위한 개입 서비스의 검토 연구를 발표하면서 슬픔, 정신건강, 자살과 관련된 개입 결과도 함께 보고했다.[6] 연구진은 35년간의 자료를 모두 살펴보았지만, 검토 기준에 맞는 연구는 고작 11건에 불과했다. 실망스럽게도 엇갈리는 결과가 나타났다. 자살로 인한 일반적인 슬픔에 개입하는 지원은 어느 정도 있었지만, 자살 후 복합적인 슬픔에 개입하는 서비스의 효과는 미약했다. 개입 서비스의 형태가 매우 다른 경우도 많아, 어느 방식이 효과적인지 파악하기 어려웠다. 어떤 방식은 그룹 기반이고, 또 어떤 방식은 정신치료에 해당했으며 치료 횟수 역시 1회에서 16회까지 다양했다. 그러나 이 연구의 저자는 효과적으로 드러난 개입 서비스 몇 가지를 긍정적인 어조로 밝히면서, 지원 및 치료, 교육적 접근 방식을 채택한 개입이 가장 전망이 좋다고 결론을 내렸다. 저자는 또한 훈련을 잘 받은 사람이 개입 서비스를 효율적으로 이끄는 것이 중요하다고 강조하면서, 개입 매뉴얼을 사용하는 것이 도움이 된다고 밝혔다.

이런 검토 연구는 환영할 만하지만, 어떤 개입이 효과가 있는지에 관해서는 여전히 정답보다 의문점이 많다. 예를 들어 병원 환경과 가정 환경을 비교할 때 어느 쪽에서 개입이 더 효과적으로 진행되는지, 또는 이런 개입 서비스가 전 연령대에서, 다른 문화 배경에서, 고·중·저소득 국가에서 똑같이 효과를 나타내는지는 아직 확실하게 밝혀지지 않았다. 자살로 인한 사별을 겪으면 자살할 위험이 증가한다는 점을 고려할 때, 나는 이 분야의 연구가 정말 필요한 지원을 받아야 한다고 주장한다.[7]

자살로 상담 고객이나 환자를 잃은 경우

여러분이 정신건강 전문가라면 환자나 상담 고객을 자살로 잃을 때의 충격을 알고 있을 것이다. 이것은 우리 연구진이 최근 한 연구 문헌 검토에서 파헤쳐본 주제다. 내 동료이자 경험이 풍부한 심리상담사인 데이비드 샌드포드David Sandford의 주도로 우리 연구진은 정신건강 전문 의료진이 자살로 환자를 잃었을 때 받는 충격을 보고한 연구

54건을 확인했다.[8] 연구 전반에 걸쳐 의료진이 겪는 가장 흔한 반응은 죄책감과 충격, 슬픔, 분노, 자책으로 가족과 친구가 받는 영향과 비슷했다. 어떤 의료인은 왜 환자의 죽음을 예상하지 못했는지 스스로에게 의문을 던지기도 했다. 이런 충격은 개인적인 차원의 반응에만 국한되지 않았다. 이들은 스스로 전문가로서의 능력을 의심했다. 어떤 정신건강 전문가는 자살 위험 관리에 좀 더 조심스럽고 방어적인 전략을 택하게 되었다고 했다. 한 연구에서는 자살로 환자를 잃어 트라우마를 겪은 의료진의 절반이 임상적으로 심각한 수준의 정신적 고통을 겪는다고 보고했다. 연구 전반에서 일관적으로 도출된 결론은 자살로 인한 충격에 대해 의료진이 좀 더 훈련을 받을 필요가 있다는 것, 이들을 위한 비공식적 지원이 도움이 된다는 것이었다.

이 연구 프로그램의 일환으로 데이브는 정신건강 전문 의료진과 심층 인터뷰를 실시해서, 의료인이 환자의 사망으로 받은 충격을 당사자에게 직접 들어보았다.[9] 6년 동안 인지행동치료사로 일해온 수전을 예로 들어보자. 그는 최근 임상에서 치료했던 사람이 스스로 목숨을 끊었다는 소식을 들었을 때의 충격과 그때 받은 트라우마가 어땠는지를 강조했다.

저는 충격에 사로잡혀 그냥 울기만 했어요…… 정신적 외상을 입히는 사건이 다 그렇듯 그 일이 마치 어제 일인 것만 같아요. 그 사실을 알았던 날이 정확히 기억나니까…… 사실은 그렇지 않은데도 마치 그 일이 제 책임인 것 같고, 재판을 받는 것 같은 기분이 들죠.

병원을 개업해 3년 동안 심리적 행복에 관해 상담해온 이사벨은 자살로 환자를 잃었을 때 충격에 빠졌던 심경을 다음과 같이 밝혔다.

정말 충격적이었고, 생각했던 것보다 더 혼란스러웠어요. 정말이지 이루 말할 수 없을 정도였어요……. 하도 몸이 부들부들 떨려서 꼭 어딘가가 아픈 것 같았죠.

그가 느끼는 책임감 역시 뚜렷하게 전해진다.

제가 맡은 일이었고, 그 애는 제 환자였고……, 이 어린 친구가 그렇게 된 게 제 책임이라는 생각에……. 저는 이 아이에게 정말 강한 책임감을 느꼈어요. 아이 어머니에게 그저 너무 죄송스러웠고, 그렇게 어린아이에게 그런 일이 벌어졌다는 게 너무 안타까웠어요. 세상에, 앞으로 끔찍한 일이 벌어지겠죠. 사람들은 제게 책임을 물 거고, 저를 갈기갈기 찢어놓을 거예요.

데이브의 연구에는 여성인 정신건강 전문가만 참여했지만, 나는 남성 전문가와 나눈 대화와 우리 연구진의 연구 검토 결과를 통해 남성 정신건강 전문가 역시 같은 경험을 토로한다는 사실을 알고 있다. 자살의 원인은 복합적이므로 누군가의 죽음에 대한 책임을 한 사람에게만 물어서는 안 된다는 점을 중요하게 기억하자.

정신건강 전문가가 보이는 이런 반응을 통해 자살로 환자를 잃은 정신건강 의료인의 자기 돌봄이 중요하다는 것과 이들에게 지원이 필요하다는 것을 알 수 있다. 정확히 이런 목적으로 정신과 전문의를 위한 자료가 개발되었으며, 이는 자살로 환자나 고객을 잃은 모든 정신건강 전문가에게 적용할 수 있다. 옥스퍼드 자살연구센터Centre for Suicide Research에서 개발한 이 자료는 도움이 될 만한 다양한 전략을 제시한다. 일례로 한 전략은 정신건강 전문가에게 환자 사망 후 주변 사람들과 일정 기간 연락을 유지하라고 조언한다.[10] 이렇게 하면 고립될 위험이 줄어들고, 신뢰하는 사람에게서 도움을 받을 기회가 생긴다. 다른 전략에서는 정신건강 전문가가 자기비판에 빠져 스스로를 비난하지 말고 자기에게 연민을 가지라고 조언한다. 또한 공식적·비공식적 도움을 구하는 일의 가치와 더불어, 스스로의 정서적·신체적 건강에 집중하는 일이 중요하다는 것도 강조한다. 일시적으로나마 근무 패턴을 조정하는 걸 고려해보라고도 조언한다. 이 방법은 필요한 경우 자살의 충격과 트라우마에서 회복하는 데 도움이 될 수 있다.

슬픈 현실은 정신건강 전문가라면 대부분 직업 생활 중 자살로 환자를 잃을 가능성이 높다는 것이다. 정신건강 전문가의 반응은 저마다 다르겠지만, 만약 이들이 자신의 안위를 돌보지 않는다면 정말로 자살 위험에 취약한 사람을 도와주기는 힘들 것이다. 자살의 충격에 대처하는 일은 정신건강 치료 현장에만 국한되는 주제는 아니다. 여기서 언급하는 원칙과 염려해야 할 사항은 보건·법의학·사회복지·교육 현장에서 일하는 전문가에게도 적용된다. 교사와 사회복지사 또는 교도관이 겪는 정신적 고통은 결코 정신건강 전문가의 고통보다 덜하지 않다. 누구든 고객·환자·학생·재소자를 자살로 잃는다면, 필요한 경우 연민 어린 지원을 받아야 한다는 것을 확실히 할 필요가 있다.

아래는 국내 및 전 세계에서 자살 위기에 처한 사람 또는 자살의 아픔을 겪은 사람을 위해 도움을 주는 기관이다.

한국 기관

24시간 이용 가능한 상담전화

보건복지부 자살예방상담전화 1393

보건복지부 정신건강상담전화 1577-0199

청소년전화 1388

한국생명의전화 1588-9191

보건복지상담센터 국번 없이 129

생명의전화 1588-9191

학교폭력예방상담전화 117

여성긴급전화 1366

청소년 상담 1388/110 (휴대전화일 경우 지역번호+1388(110)), 문자 #1388, 카카오톡 #1388과 친구 맺기 후 상담

청소년 모바일 상담센터 http://teentalk.or.kr/

한국생명존중희망재단 지원 사업

자살유족 자조모임

자살 사후대응 현장개입

심리부검면담

자살 유족 치료비 지원

자세한 사항은 한국생명존중희망재단 홈페이지(https://www.kfsp.or.kr/web) 참조, 혹은 한국생명존중재단 유족지원팀(02-3706-0514) 문의

자살예방센터

각 지자체별 정보 참조: http://suicideprevention.or.kr/04_sub/05_sub.html

금융 관련 상담

서민금융통합콜센터 1397

고용복지플러스센터 work.go.kr

대한법률구조공단 132, klac.or.kr

한국도박문제예방치유원 1366, kcgp.or.kr

기타 기관

각 의료기관 정신건강의학과, 응급의학과

각 지자체 시/군/구청

경찰서 112

소방서 119

마지막 끈을 놓기 전에

NHS 111은 24시간 응급치료, 상담, 정신건강 지원을 제공한다.

웹사이트: www.111.nhs.uk

사마리탄즈Samaritans는 정신적 고통을 받는 사람이면 누구든지 지원해주는 자원 봉사 기관이다.

이메일: jo@samaritans.org

웹사이트: www.samaritas.org

위기에 처한 청소년

차일드라인Childline은 문제를 겪고 있는 영국의 19세 미만 청소년을 위한 무료 전화 상담 서비스다.

웹사이트: www.childline.org.uk

더 믹스 The Mix는 청소년(25세 미만)을 위한 정보 및 지원 서비스이다. 무료 비밀 전화 상담 서비스로, 온라인 공동체 또는 사회 차원에서 운영된다.

웹사이트: www.themix.org.uk

파피루스PAPYRUS는 청년 자살 예방에 전념하는 국가 자선단체다. 영국 호프라인HOPE-LINEUK을 운영하며 자살 위험에 있는 청년(35세 미만)에게 지원과 조언을 제공한다.

이메일: pat@papyrus-uk.org

웹사이트: www.papyrus-uk.org

샤우트Shout는 어려움을 겪는 사람에게 언제 어느 때라도 무료로, 일주일, 하루 24시간 비밀 문자 메시지 지원 서비스를 제공한다.

웹사이트: www.giveusashout.org

영마인즈YoungMinds는 도움이 필요한 모든 청년에게 정신건강 지원 서비스를 제공하는 것을 목표로 한다. 영마인즈 메신저 서비스는 정신적 위기를 겪는 청년에게 일주일, 하루 24시간 무료로 제공된다.

웹사이트: www.youngminds.org.uk

위기에 처한 성인

포 멘털 헬스 4 Mental Health 는 안전 계획 자료를 포함해 다양한 정신건강 훈련 프로그램을 개발한 전문가 집단이다.

웹사이트: www.stayingsafe.net/home

에이지 UK Age UK 는 노년층을 지원하고 서비스를 제공한다.

웹사이트: www.ageuk.org.uk

브리딩 스페이스 Breathing Space (스코틀랜드 단독)는 17세 이상의 스코틀랜드 국민 중 저조한 기분, 우울증, 불안 증상을 겪는 사람에게 무료 비밀 전화 서비스를 제공한다.

웹사이트: www.breathingspace.scot

캄 CALM 은 영국에서 남성의 자살을 막기 위해 설립되었다. 전화 서비스는 무료이며, 익명 및 비밀로 진행된다.

웹챗: www.thecalmzone.net/help/webchat

이메일: info@thecalmzone.net

웹사이트: www.thecalmzone.net

라이프라인 Lifeline 는 정신적 고통을 겪는 사람을 위한 북아일랜드의 위기 응답 무료 전화 서비스다.

웹사이트: www.lifelinehelpline.info

마인드 Mind 는 정신건강 문제를 겪는 사람에게 힘을 주는 조언과 지원을 제공한다.

이메일: info@mind.org.ik

웹사이트: www.mind.org.uk

영국 국립자살예방연맹 National Suicide Prevention Alliance, NSPA 은 자살 발생을 줄이고 자살로 사별을 겪었거나 자살의 영향을 받은 사람을 지원하기 위해 영국의 공공, 민영 기관 및 자원 봉사 기관이 함께 만든 단체다.

웹사이트:https://www.nspa.org.uk

세인 라인SANE Line 은 가족, 친구, 보호자 등의 정신질환에 영향을 받는 사람을 위해 정규 노동 시간 외에 운영하는 국가 무료 전화 서비스다.

이메일: support@sane.org.uk

웹사이트: www.sane.org.uk

실버 라인 Silver Line 은 노년층에게 정보와 조언을 제공하는 무료 비밀 전화 서비스이다.

웹사이트: www.thesilverline.org.uk

자살 사별자

에이지 UK Age UK 는 노년층에게 서비스와 지원을 제공한다.

웹사이트: www.ageuk.org.uk

사별 조언 센터 Bereavement Advice Centre 는 주변인이 자살로 사망한 후 해야 할 조치에 대해 사람들을 지원하고 조언한다.

웹사이트: www.bereavementadvice.org

영국 아동 사별 서비스 Child Bereavement UK 는 아동이 사별의 아픔을 겪거나 아동이 사망한 경우, 아동·청소년(25세까지)·부모·가족을 대상으로 이들이 삶을 재건할 수 있도록 도와주는 기관이다.

이메일: support@childbereavementuk.org

웹사이트: www.childbereavementuk.org

크루즈 사별 치료소 Cruse Bereavement Care 는 자살의 아픔을 겪은 아동, 청소년, 성인에게 지원 및 조언, 정보를 제공한다.

이메일: helpline@cruse.org.uk

웹사이트:www.cruse.org.uk

자살 후 지원 파트너십 Support After Suicide Partnership 은 사별한 사람이나 자살의 영향을 받은 사람에게 세세한 지원 서비스를 제공한다.

웹사이트: www.supportaftersuicide.org.uk

자살 사별 생존자 Survivors of Bereavement by Suicide, SOBS 는 자살로 사별한 성인에게 헌신적

지원을 제공하는 국가 자선 단체이다.

이메일: email.support@uksobs.org

웹사이트: www.uk-sobs.org.uk

연민하는 친구 Compassionate Friends는 어떤 이유로든 자녀를 잃은 사람들에게 지원 서비스를 제공한다.

이메일: helpline@tcf.org.uk

웹사이트: www.tcf.org.uk

윈스턴스 위시 Winston's Wish는 사별한 아동과 가족을 위해 지원 서비스를 제공한다.

이메일: chris@winstonswish.org.uk

웹사이트: www.winstonswish.org.uk

국제 기관

비프렌더스 월드와이드 Befrienders Worldwide는 자살 충동에 시달리거나 정신적 고통에 시달리는 사람들을 위해 정서적 지원 서비스를 제공하는 국제 네트워크다. 이 웹사이트에는 국제적 도움 및 지원에 관한 유용한 정보가 들어 있다.

웹사이트: www.befrienders.org

국제자살예방협회International Association for Suicide Prevention, IASP는 아프리카, 아시아, 유럽, 북아메리카, 오세아니아, 남아메리카에서 위기 대응 지원을 제공하는 기관의 데이터베이스를 관리한다.

국제 위기 지원: https://www.iasp.info/resources/Crisis_Centres

자살협회Suicide.org 역시 국제 위기 무료 전화 서비스의 데이터베이스를 관리한다.

웹사이트: www.suicide.org/international-suicide-hotlines.html

자살에서 안전한 학교 및 대학 건립 Building Suicide-Safer Schools and Colleges은 교사와 직원을 위한 지침을 제공한다.

www.papyrus-uk.org/save-the-class

#챗세이프chatsafe는 젊은 사람들이 온라인상에서 자살과 자해에 관해 안전하게 대화할 수 있도록 도와주는 도구와 팁을 제공한다.

www.orygen.org.au/chatsafe

자해 대처 Coping with Self-Harm는 부모와 보호자를 위한 지침을 제공한다.

www.psych.ox.ac.uk/news/new-guide-for-parents-who-are-coping-with-their-child2019-self-harm-2018you-are-not-alone2019

무슨 말을 할까 Finding the Words는 자살로 이별의 아픔을 겪고 자살의 영향을 받은 사람을 지원하는 방법을 제공한다.

https://hub.supportaftersuicide.org.uk/resource/finding-the-words

도움은 가까이에 Help is at Hand는 어떤 사람이 자살로 사망했다고 추측되는 경우의 사후 지원을 안내한다. 자살로 이별의 아픔을 겪은 사람들을 위한 자료다.

www.supportaftersuicide.org.uk/resource/help-is-at-hand

환자가 자살로 사망한다면 If a Patient Dies by Suicide는 정신과 전문의를 위한 자료다.

www.rcpsych.ac.uk/members/supporting-you/if-a-parient-dies-by-suicide

정신건강을 위한 국가 협동 센터 National Collaborating Centre for Mental Health**의 잉글랜드 국민 보건서비스 건강 교육**Health Education England은 자해나 자살 위험이 있는 사람들을 지원하는 자료로, 자해 및 자살 예방 역량 프레임워크를 제공한다.

www.hee.nhs.uk/our-work/mental-health/self-harm-suicide-prevention-frameworks

영국 자살 사별 연구 Suicide Bereavement UK는 자살 사별을 위한 훈련법을 안내한다.

www.suicidebereavementuk.com

자살예방자료센터Suicide Prevention Resource Center는 자살 예방 훈련을 위한 광범위한 정보 및 자료를 보유한다.

www.sprc.org

대화의 기술 Art of Conversation은 자살에 관해 이야기하고 듣는 방법과 자살을 향한 낙인
을 줄이기 위한 지침이다.

www.healthscotland.com/documents/2842.aspx

자살률 제로 연맹 Zero Suicide Alliance은 자살 인식에 대한 온라인 트레이닝을 제공한다.

www.zerosuicidealliance.com

나는 이 책에서 지금까지 자살 예방을 연구하면서 개인적으로, 또 직업적으로 알게 된 사실을 잘 담아내려고 노력했다. 지난 12개월간의 집필 과정을 돌이켜보니 자꾸 내 자신이 받은 개인 치료와 이 과정이 비슷하다는 생각이 들었다. 기획 초기에는 내가 이 책에서 무엇을 말하고 싶은지 감이 잡히지 않았다. 나는 구속감과 좌절감을 느끼며 스스로의 목소리를 찾느라 고생을 했다. 이런 감정을 겪으니, 매주 아침 8시에 상담실에 가던 치료 초기 기간이 떠올랐다. 글래스고에 위치한 으리으리한 빅토리아풍 타운하우스의 계단에 발을 올려놓은 순간, 나는 정말 긴장되었다. 그때는 스스로에게 반복적으로 질문을 던지곤 했다. '앞으로 50분 동안 무슨 말을 하지?' 상담실로 들어가자마자 바로 이야기를 시작할 수 있도록 나는 재빨리 머릿속으로 대본을 써내려가면서, 날아올 질문에 미리 보호막을 쳤고 침묵이 흐르지 않도록 준비를 단단히 했다. 이건 분명 치료에 스스로 한계를 만드는 일이었지만, 당시에는 내가 공유하고자 하는 내용에 통제감을 유지하고 안정감을 느낄 수 있는 수단이었다.

마음속으로 써내려간 대본이 나에게 쳐주는 보호막을 포기하고, 그 자리에 내 자신이 끓어오를 공간을 허용하기까지는 몇 주가 걸렸다. 하지만 이걸 해내자 내 자신에 대한 불만이 무엇 때문이었는지 이해할 수 있었고, 내가 느끼던 공허함의 본질에 다가갈 수 있었다. 이 과정이 내가 이 책을 써온 과정과 상당히 비슷하다. 처음에는 원고지에 쓸 말을 생각하느라 너무 고심한 나머지 한숨 돌릴 시간도 없었고, 중요한 내용을 의식의 수면 위까지 솟아오르게 할 여유도 없었다. 나는 원래 자살 예방을 둘러싼 핵심적인 사실 몇 가지에만 집중할 생각이었다. 이 분야가 나에게는 안전 지대였기 때문이다. 그러나 차츰차츰 시간이 흘러 몇 주, 몇 달이 지나면서 집필에 자신감이 붙었다. 이런 식으로 얻어낸 자유로움 덕분에 나는 내 자신의 경험으로 돌파구를 찾을 수 있었다.

밤마다 나는 컴퓨터 앞에 앉아 개요를 구성하는 문장 몇 개만 생각해두고 머릿속에서 어떤 말이 나오나 기다렸다. 그러면 자살 생각에 시달리거나 자살로 사별한 사람과 과거에 가졌던 만남이 꽤 자주 떠올랐고, 이것이 왜, 또는 어떻게 어떤 사람에게는 자살 생각이 생기고 어떤 사람에게는 그렇지 않은가 하는 이야기를 전하는 데 도움이 되었다. 또 이런 기억은 문제의 핵심을 집어내어, 생명이 헛되게 사라지는 것을 막거나 남겨진 사람들을 더 잘 지원하기 위해 우리가 무엇을 해야 하는지 알려주었다. 부디 이 책이 개인적인 경험과 연구 증거를 잘 결합해서, 자살 충동에 시달리는 사람들이 어떤 고통을 경험하는지 독자들에게 전달할 수 있었으면 하는 마음이다. 자살은 이기적인 행동이 아니다. 대부분의 사람들에게 자살은 절망에서 비롯된 행위의 극치다.

나는 또한 자살을 둘러싼 속설을 타파하고 자살 생각이 어떤 경로를 거쳐 자살 행동으로 전환하는지, 자살 행동을 막기 위해 무엇이 효과적인지 알리고자 했다. 이 과정에서 나는 희망을 전하기 위해 노력했다. 자살 충동에 시달리는 사람들과 자살의 아픔을 겪은 사람들을 위한 희망을. 비록 잃어버린 사람을 되찾을 수는 없지만, 아직 우리 곁에 남은 사람은 도울 수 있고, 우리가 함께 힘쓴다면 더 많은 생명을 구할 수 있다. 한 사회의 일원으로서 자기 자신과 주변 사람에게 좀 더 친절과 연민을 베푼다면, 자살의 파괴적 영향에서 모두를 조금이라도 더 지킬 수 있을 거라는 희망을 품어본다.

감사의 말

이 책은 정말 가족과 친구와 동료의 많은 지원, 격려, 통찰력, 영감이 없었다면 나오지 못했을 것이다.

특히 앤디 덴홀름Andy Denholm, 로넌 오캐럴, 대릴 오코너, 수지 오코너Suzy O'Connor, 제인 퍼키스, 알렉산드라 피트먼, 스티브 플라트, 케이티 로브에게 감사를 전한다. 이들은 매번 다른 집필 단계에서 해당 부분을 읽고 내게 소중하고 건설적인 피드백을 해주거나 나를 대신해서 팩트 체크를 해주었다. 그러므로 이 책에서 정확하지 않은 부분이 있다면 말할 필요도 없이 그건 모두 내 책임이다. 세오나이드 클리어와 캐런 웨더럴에게도 감사를 전한다. 이들은 내가 책의 구성을 생각하고 있었을 때 흔쾌히 자문 역할을 해주었다. 집필 작업에 관해 내게 조언을 아끼지 않은 윌 스토에게도 감사를 표한다.

그동안 나는 너무나 운이 좋게도 뛰어난 많은 사람들과 일하면서 내 생각을 구축해왔고 이들은 대부분 내 곁을 오래 지켜준 동료들이었다. 크리스 아미티지, 클레어 캐시디Clare Cassidy, 데렉 드 베우르스,

이먼 퍼거선Emon Ferguson, 데이비드 건넬, 키스 호튼, 데이브 조브스, 나브 카푸르, 수전 라스무센, 노엘 시히, 엘런 타운센트, 마크 윌리엄스에게 고마움을 전하고 싶다. 자살행동연구소의 현재와 과거 모든 구성원에게 큰 감사를 표한다. 이 책에서 언급한 연구는 대부분 이들이 이끌었다. 그 에너지와 열정, 열의는 매일 나에게 끊임없이 영감을 준다.

연구의 여정에서 만난 모든 사람들, 특히 자살의 아픔을 겪었거나 자살 충동에 시달리는 모든 분들에게도 나는 빚을 졌다. 그들의 이야기와 애통함에, 그리고 희망을 나와 기꺼이 나누려는 마음에 나는 겸허해졌다. 지난 25년간 우리 연구 조사에 동참해 준 모든 이들에게도 감사를 전하고 싶다. 일일이 말할 필요도 없이, 우리가 일구어낸 연구 성과는 아낌없이 시간을 제공해준 이분들 덕분이었다.

이 책은 뜻밖의 운이 어느 정도 작용하지 않았다면 결코 세상에 나오지 못했을 것이다. 서론에서 언급했듯이, 나는 몇 년간 이 책을 쓰고 싶었지만 글의 구조나 형식을 어떻게 잡을지 감을 잡을 수가 없었다. 그러던 중 2019년 7월, 크레타 섬에서 휴가를 보내던 어느 날 밤, 드디어 나에게 '바로 이거다' 하는 돌파구가 열렸다. 나는 앞으로 나아갈 방향을 잡을 수 있었고 영국에 돌아가자마자 가능한 출판사에 연락해보자고 마음먹었다. 그런데 바로 여기에서 뜻밖의 운이 동시에 발생했다. 영국으로 돌아온 날 이메일 수신함을 쭉 살펴보던 중 '출간을 제안합니다'라는 제목의 악의 없어 보이는 메시지가 눈에 띄었다. 펭귄랜덤하우스의 기획 편집자인 사라 시윈스키가 보낸 이메일이었다. 처음에는 아마 책 제안서를 검토해달라는 요청일거라 생각하고 그냥 지나쳤다. 알고 보니 사라는 당시 출산 휴가 중이었고, 직장 복귀 후 진행할 프로젝트 몇 가지를 시작하고 싶어서 나에게 메일을 보낸 것이었다. 그리고 그중 하나가 자살에 관한 책이었다. 어떻게 그렇게 우연히 타이밍이 들어맞았는지 믿기지 않았다. 사라에게 무한한 감사를 느낀다. 그는 이후 몇 주 동안 나와 함께 책의 구성을 짜주었고 나에게 버밀리온Vermilion의 편집자인 샘 잭슨을 소개해주었다. 샘은 마타 카탈라노와 함께 내게 지원을 아끼지 않았으며, 출판의 길을 능숙하게 안내해주었다. 담당 편집자인 줄리아 켈러웨이의 도움을 받게 된 것도 내겐 정말 행운이었다. 그녀의 날카롭지만 섬세한 제안과 편집 덕분에 책의 수준이 상상할 수 없을 정도로 높아졌다.

마지막으로 이 책은 수지, 포피, 오이신의 아낌없는 지원이 없었다면 세상에 나오지 못했을 것이다. 2020년 가을과 겨울 내내 저녁과 주말 대부분을 다락방에서 처박혀 있던 나를 이해해주었으니까.

1부 누가 자살할 위험이 있는가

1   World Health Organization (2018). World suicide prevention report.

2   Cerel, J., Brown, M. M., Maple, M., Singleton, M., Van de Venne, J., Moore, M., & Flaherty, C. (2019). How many people are exposed to suicide? Not six. *Suicide and Life-Threatening Behavior*, 49, 529–34.

3   McCrea, P. H. (1996). Trends in suicide in Northern Ireland 1922–1992. *Irish Journal of Psychological Medicine, 13*, 9–12; O'Neill, S., & O'Connor, R. C. (2020). Suicide in Northern Ireland: epidemiology, risk factors, and prevention. Lancet Psychiatry, 7, 538–546.

4   World Health Organization (2018). World suicide prevention report; World Health Organization (2019). Suicide in the world: Global health estimates.

1장 자살은 어떻게 일어나는가

1   O'Connor, R. C., Sheehy, N. P., & O'Connor, D. B. (1999). A thematic suicide note analysis: Some observations on depression and previous suicide attempt. Crisis, 20, 106–14.

2   O'Connor, R. C., & Leenaars, A. A. (2004). A thematic comparison of suicide notes drawn from Northern Ireland and the United States. *Current Psychology*, 22, 339–47.

3   O'Connor, R. C., & Nock, M. K. (2014). The psychology of suicidal behaviour. *Lancet Psychiatry, 1*, 73 – 85.

4   Silverman, M. M. (2016). Challenges in defining and classifying suicide and suicidal behaviors. In: O'Connor, R. C., & Pirkis, J. (eds.) (2016). *The International Handbook of Suicide Prevention*. Wiley-Blackwell, 11 – 35; Siddaway, A. P., Wood, A. M., O'Carroll, R. E., & O'Connor, R. C. (2019). Characterizing selfinjurious cognitions: Development and validation of the Suicide Attempt Beliefs Scale (SABS) and the Nonsuicidal Self-Injury Beliefs Scale (NSIBS). *Psychological Assessment, 31*, 592 – 608.

5   National Institute for Health and Care Excellence (2011). Selfharm in over 8s: Long-term management [clinical guideline CG133]. Retrieved from https://www.nice.org.uk/guidance/ cg133 (accessed 10 Sept. 2020). (The self-harm management guidelines are currently being updated: National Institute for Health and Care Excellence (not yet published). Self-harm: Assessment, management and preventing recurrence [in development GID-NG10148]. Retrieved from https://www.nice.org.uk/guidance/indevelopment/gid-ng10148 (accessed 1 Feb. 2021).

6   Kapur, N., Cooper, J., O'Connor, R. C., & Hawton, K. (2013). Attempted suicide versus non-suicidal self injury: New diagnosis, or false dichotomy? *British Journal of Psychiatry, 202*, 326 – 8.

7   World Health Organization (2018). Global health estimates 2016: Deaths by cause, age, sex, by country and by region, 2000 – 2016; World Health Organization (2 Sep. 2019). Suicide: Key facts. Retrieved from https://www.who.int/news-room/factsheets/detail/suicide (accessed 25 Nov. 2020).

8   Naghavi, M. (2019). Global, regional, and national burden of suicide mortality 1990 to 2016: Systematic analysis for the Global Burden of Disease Study 2016. *BMJ, 364*.

9   World Health Organization (2018). Global health estimates 2016: Deaths by cause, age, sex, by country and by region, 2000 – 2016; Vijaykumar, L., & Phillips, M. (2016). Suicide prevention in low-and middle-income countries. In: O'Connor, R. C., & Pirkis, J. (eds.) (2016). *The International Handbook of Suicide Prevention*. Wiley-Blackwell, 507 – 23; World Health Organization (2 Sep. 2019). Suicide: Key

facts. Retrieved from https://www.who.int/ news-room/fact-sheets/detail/suicide (accessed 25 Nov. 2020).

10 Turecki, G., Brent, D. A., Gunnell, D., O'Connor, R. C., Oquendo, M. A, Pirkis, J., & Stanley, B. H. (2019). Suicide and suicide risk. Nature Reviews Disease Primers, 5(74); Turecki, G., & Brent, D. A. (2016). Suicide and suicidal behaviour. *Lancet, 387*(10024), 1227 – 39; Hawton, K., Saunders, K. E. A., & O'Connor, R. C. (2012). Self-harm and suicide in adolescents. *Lancet*, 379, 2373 – 82.

11 National Center for Health Statistics (Apr. 2020). Increase in suicide mortality in the United States, 1999 – 2018. Retrieved from https://www.cdc.gov/nchs/products/ databriefs/db362.htm (accessed 2 Jan. 2021); Office for National Statistics (3 Sep. 2019). Suicides in the UK: 2018 registrations. Retrieved from https://www.ons. gov.uk/peoplepopulationandcommunity/birthsdeathsandmarriages/deaths/bulletins/ suicidesintheunitedkingdom/2018registrations (accessed 10 Oct. 2020).

12 Richardson, C., Robb, K. A., & O'Connor, R. C. (2020). A systematic review of suicidal behaviour in men: A narrative synthesis of risk factors. *Social Science & Medicine*; Scourfield, J., & Evans, R. (2015). Why might men be more at risk of suicide after a relationship breakdown? Sociological insights. *American Journal of Men's Health, 9*, 380 – 4; Scourfield, J., Fincham, B., Langer, S., & Shiner, M. (2012). Sociological autopsy: An integrated approach to the study of suicide in men. *Social Science & Medicine, 74*, 466 – 73; Canetto, S. S., & Cleary, A. (2012). Men, mas-culinities and suicidal behaviour. *Social Science & Medicine*, 74, 461 – 5; Hunt, T., Wilson, C. J., Caputi, P., Woodward, A., & Wilson, I. (2017). Signs of current suicidality in men: A systematic review. *PLOS ONE*, 12, e0174675.

13 The World Health Organization publishes the latest available international suicide rates: https://www.who.int/teams/mentalhealth-and-substance-use/suicide-data (ac-cessed 27 Jan. 2021).

14 Naghavi, M. (2019). Global, regional, and national burden of suicide mortality 1990 to 2016: Systematic analysis for the Global Burden of Disease Study 2016. *BMJ, 364*; World Health Organization (2018). Global health estimates 2016: Deaths by cause, age, sex, by country and by region, 2000 – 2016.

15 National Center for Health Statistics (Apr. 2020). Increase in suicide mortality in the United States, 1999 – 2018. Retrieved from https://www.cdc.gov/nchs/products/databriefs/db362.htm (accessed 2 Jan. 2021).

16 Office for National Statistics (3 Sep. 2019). Suicides in the UK: 2018 registrations. Retrieved from https://www.ons.gov.uk/peoplepopulationandcommunity/birthsdeathsandmarriages/deaths/ bulletins/suicidesintheunitedkingdom/2018registrations (accessed 3 Nov. 2020); Samaritans (n.d.). Suicide facts and figures. Retrieved from https://www.samaritans.org/scotland/aboutsamaritans/research-policy/suicide-facts-and-figures/ (accessed 26 May 2020).

17 Turecki, G., Brent, D. A., Gunnell, D., O'Connor, R. C., Oquendo, M. A, Pirkis, J., & Stanley, B. H. (2019). Suicide and suicide risk. *Nature Reviews Disease Primers, 5* (74); Office for National Statistics (3 Sep. 2019). Suicides in the UK: 2018 registrations. Retrieved from https://www.ons.gov.uk/peoplepopulationandcommunity/birthsdeathsandmarriages/deaths/bulletins/suicidesint heunitedkingdom/2018registrations (accessed 3 Nov. 2020).

18 Naghavi, M. (2019). Global, regional, and national burden of suicide mortality 1990 to 2016: Systematic analysis for the Global Burden of Disease Study 2016. *BMJ, 364*.

19 World Health Organization (2014). Preventing suicide: A global imperative.

20 Arensman, E., Griffin, E., & Corcoran, P. (2016). Self-harm: Extent of the problem and prediction of repetition. In: O'Connor, R. C., & Pirkis, J. (eds.) (2016). *The International Handbook of Suicide Prevention*. Wiley-Blackwell, 61 – 73.

21 Hawton, K., Saunders, K. E. A, & O'Connor, R. C. (2012). Selfharm and suicide in adolescents. *Lancet, 379*, 2373 – 82; Gillies, D., Christou, M. A., Dixon, A. C., Featherston, O. J., Rapti, I., Garcia-Anguita, A., Villasis-Keever, M., Reebye, P., Christou, E., & Al Kabir, N. (2018). Prevalence and characteristics of selfharm in adolescents: Meta-analyses of community-based studies 1990 – 2015. *Journal of the American Academy of Child & Adolescent Psychiatry, 57*, 733 – 41.

22 Uddin, R., Burton, N. W., Maple, M., Khan, S. R., & Khan, A. (2019). Suicidal ideation, suicide planning, and suicide attempts among adolescents in 59 low-income and middle-income countries: A population-based study. *Lancet Child & Adolescent*

마지막 끈을 놓기 전에

Health, 3, 223 – 33.

23 Cabello, M., Miret, M., Ayuso-Mateos, J. L., Caballero, F. F., Chatterji, S., Tobiasz-Adamczyk, B., Haro, J. M., Koskinen, S., Leonardi, M., & Borges, G. (2020). Cross-national prevalence and factors associated with suicide ideation and attempts in older and young-and-middle age people. *Aging & Mental Health, 24*, 1533 – 42.

24 Nock, M. K., Borges, G., Bromet, E. J., ······ & Williams, D. (2008). Cross-national prevalence and risk factors for suicidal ideation, plans and attempts. *British Journal of Psychiatry, 192*, 98 – 105.

25 di Giacomo, E., Krausz, M., Colmegna, F., Aspesi, F., & Clerici, M. (2019). Estimating the risk of attempted suicide among sexual minority youths: A systematic review and meta-analysis. JAMA Pediatrics, 172, 1145 – 52; Glenn, C. R., Kleiman, E. M., Kellerman, J., Pollak, O., Cha, C. B., Esposito, E. C., Porter, A. C., Wyman, P. A., & Boatman, A. E. (2020). Annual research review: A meta- analytic review of worldwide suicide rates in adolescents. *Journal of Child Psychology and Psychiatry, 6*, 294 – 308; McNeil, J., Ellis, S. J., & Eccles, F. J. R. (2017). Suicide in trans populations: A systematic review of prevalence and correlates. *Psychology of Sexual Orientation and Gender Diversity, 4*, 341 – 53.

26 Platt, S. (2016). Inequalities and suicidal behavior. In: O'Connor, R. C., & Pirkis, J. (eds.) (2016). *The International Handbook of Suicide Prevention*. Wiley-Blackwell, 258 – 83.

27 Holmes, E. A., O'Connor, R. C., Perry, V. H., Wesseley, S., Arseneault, L., Ballard, C., Christensen, H., Cohen Silver, R., Everall, I., Ford, T., John, A., Kabir, T., King, K., Madan, I., Michie, S., Przybylski, A. K., Shafran, R., Sweeney, A., Worthman, C. M., Yardley, L., Cowan, K., Cope, C., Hotopf, M., & Bullmore, E. (2020). Multidisciplinary research priorities for the COVID-19 pandemic: A call for action for mental health science. *Lancet Psychiatry, 7*, 547 – 60.

28 Gunnell, D., Appleby, L., Arensman, E., Hawton, K., John, A., Kapur, N., Khan, M., O'Connor, R. C., Pirkis, J., & the COVID-19 Suicide Prevention Research Collaboration. (2020). Suicide risk and prevention during the COVID-19 pandemic. Lancet Psychiatry, 7, 468 –71; Moutier, C. (2020). Suicide prevention in the COVID-19 era: Transforming threat into opportunity. *JAMA Psychiatry*.

29 Yip, P. S., Cheung, Y. T., Chau, P. H., & Law, Y. W. (2010). The impact of epidemic outbreak: The case of severe acute respiratory syndrome (SARS) and suicide among older adults in Hong Kong. *Crisis, 31*, 86–92.

30 Reeves, A., McKee, M., & Stuckler, D. (2014). Economic suicides in the Great Recession in Europe and North America. *British Journal of Psychiatry, 205*, 246–7.

31 Czeisler, M. É., Lane, R. I., Petrosky, E., Wiley, J. F., Christensen, A., Njai, R., Weaver, M. D., Robbins, R., Facer-Childs, E. R., Barger, L. K., Czeisler, C. A., Howard, M. E., & Rajaratnam, S. (2020). Mental health, substance use, and suicidal ideation during the COVID-19 Pandemic – United States, June 24–30, 2020. *MMWR. Morbidity and Mortality Weekly Report, 69*, 1049–57.

32 O'Connor, R. C., Wetherall, K., Cleare, S., McClelland, H., Melson, A. J., Niedzwiedz, C. L., O'Carroll, R. E., O'Connor, D. B., Platt, S., Scowcroft, E., Watson, B., Zortea, T., Ferguson, E., & Robb, K. A. (2020). Mental health and wellbeing during the COVID-19 pandemic: Longitudinal analyses of adults in the UK COVID-19 Mental Health & Wellbeing study. *British Journal of Psychiatry*.

33 Niederkrotenthaler, T., Gunnell, D., Arensman, E., Pirkis, J., Appleby, L., Hawton, K., John, A., Kapur, N., Khan, M., O'Connor, R. C., Platt, S., & the International COVID-19 Suicide Prevention Research Collaboration (2021). Suicide research, prevention, and COVID-19. Towards a global response and the establishment of an international research collaboration. *Crisis, 41*, 321–30; John, A., Pirkis, J., Gunnell, D., Appleby, L., & Morrissey, J. (2020). Trends in suicide during the COVID-19 pandemic. *BMJ, 371*,m4352; Tanaka, T., & Okamoto, S. (2021). Increase in suicide following an initial decline during the COVID19 pandemic in Japan. *Nature Human Behavior*.

34 Galasinski, D. (21 Jun. 2019). Re-visiting language and suicide [blog]. Retrieved from https://dariuszgalasinski.com/2019/06/21/language-and-suicide-2/#more-2280 (accessed 25 Sep. 2020).

35 Rasmussen, S., Hawton, K., Philpott-Morgan, S., & O'Connor, R. C. (2016). Why do adolescents self-harm? An investigation of motives in a community sample. *Crisis, 37*, 176–83; de Beurs, D., Vancayseele, N., van Borkulo, C., Portzky, G., & van Heeringen, K. (2018). The association between motives, perceived problems

and current thoughts of self-harm following an episode of self-harm. A network analysis. *Journal of Affective Disorders, 240*, 262-70.

36 Padmanathan, P., Biddle, L., Hall, K., Scowcroft, E., Nielsen, E., & Knipe, D. (2019). Language use and suicide: An online crosssectional survey. *PLOS ONE, 14*, e0217473.

2장 자살을 결심하기까지

1 Leenaars, A. A., Dieserud, G., Wenckstern, S., Dyregrov, K., Lester, D., & Lyke, J. (2018). A multidimensional theory of suicide. *Crisis, 39*, 416-27.

2 Turecki, G., Brent, D. A., Gunnell, D., O'Connor, R. C., Oquendo, M. A, Pirkis, J., & Stanley, B. H. (2019). Suicide and suicide risk. *Nature Reviews Disease Primers, 5* (74).

3 O'Connor, R. C., Sheehy, N. P., & O'Connor, D. B. (1999). A thematic suicide note analysis: Some observations on depression and previous suicide attempt. *Crisis, 20*, 106-14.

4 National Confidential Inquiry into Suicide and Safety in Mental Health (Dec. 2019). Annual report 2019: England, Northern Ireland, Scotland and Wales. Retrieved from https://sites.manchester.ac.uk/ncish/reports/annual-report-2019-england-northerni-reland-scotland-and-wales/ (accessed 9 July. 2020).

5 Walker, M. (2018). *Why We Sleep*. Penguin. (《우리는 왜 잠을 자야 할까》, 매슈 워커 지음, 이한음 옮김, 열린책들, 2019.)

6 Hysing, M., Sivertsen, B., Morten Stormark, K., & O'Connor, R. C. (2015). Sleep problems and self-harm in adolescence. *British Journal of Psychiatry, 207*, 306-12.

7 Liu, R. T., Steele, S. J., Hamilton, J. L., Quyen, B. P., Furbish, K., Burke, T. A., Martinez, A. P., & Gerlush, N. (2020). Sleep and suicide: A systematic review and meta-analysis of longitudinal studies. *Clinical Psychology Review, 81*, 101895; Russell, K., Allan, S., Beattie, L., Bohan, J., MacMahon, K., & Rasmussen, S. (2019). Sleep problem, suicide and self-harm in university students: A systematic review. *Sleep Medicine Reviews, 44*, 58-69; Pigeon, W. R., Bishop, T. M., & Titus, C.E. (2016). The relationship between sleep disturbance, suicidal ideation, suicide attempts, and

suicide among adults : A systematic review. *Psychiatric Annals, 46*, 177 – 86.

8 Shneidman, E. (1996). *The Suicidal Mind*. Oxford University Press.(《자살하려는 마음》, 에드먼 슈나이드먼 지음, 서청희·안병은 옮김, 한울, 2019.)

9 Williams, M.(1997). *Cry of Pain: Understanding Suicide and SelfHarm*. Penguin ; O'Connor, R. C., & Portzky, G. (2018). The relationship between entrapment and suicidal behavior through the lens of the integrated motivational – volitional model of suicidal behavior. *Current Opinion in Psychology, 22*, 12 – 17 ; Taylor, P. J., Gooding, P., Wood, A. M., & Tarrier, N. (2011). The role of defeat and entrapment in depression, anxiety, and suicide. *Psychological Bulletin, 137*, 391 – 420.

10 Kavalidou, K., Smith, D., & O'Connor, R. C. (2017). The role of physical and mental health multimorbidity in suicidal ideation. *Journal of Affective Disorders, 209*, 82 – 5.

11 Naroll, R. (1969). Cultural determinants and the concept of the sick society. In : Plog, S. C., & Edgerton, R. B. (eds.) (1969). *Changing Perspectives in Mental Illness*. Rinehart and Winston, 128 – 55.

12 International Association for Suicide Prevention (n.d.). World Suicide Prevention Day : Impact report. Retrieved from https:// www.iasp.info/pdf/WSPD_2020_impact_report.pdf (accessed 14 Dec. 2020).

3장 자살에 대한 속설과 오해

1 Turecki, G., & Brent, D. A. (2016). Suicide and suicidal behaviour. *Lancet, 387*(10024), 1227 – 39 ; O'Connor, R. C., & Nock, M. K. (2014). The psychology of suicidal behaviour. *Lancet Psychiatry, 1*, 73 – 85.

2 O'Connor, R. C., & Sheehy, N. P (1997). Suicide and gender. *Mortality, 2*, 239 – 54.

3 Cavanagh, J., Carson, A., Sharpe, M., & Lawrie, S. (2003). Psychological autopsy studies of suicide : A systematic review. *Psychological Medicine, 33*, 395 – 405 ; Vijayakumar, L. (2005). Suicide and mental disorders in Asia. *International Review of Psychiatry, 17*, 109 – 14 ; Phillips, M. R., Yang, G., Zhang, Y., Wang, L., Ji, H., & Zhou, M. (2002). Risk factors for suicide in China : A national case-control psycho-

logical autopsy study. *Lancet, 360* (9347), 1728 – 36.

4   Hjelmeland, H., & Knizek, B. L. (2017). Suicide and mental disorders: A discourse of politics, power, and vested interests. *Death Studies, 41,* 481 – 92.

5   Turecki, G., Brent, D. A., Gunnell, D., O'Connor, R. C., Oquendo, M. A, Pirkis, J., & Stanley, B. H. (2019). Suicide and suicide risk. *Nature Reviews Disease Primers, 5*(74): Too, L. S., Spittal, M. J., Bugeja, L., Reifels, L., Butterworth, P., & Pirkis, J. (2019). The association between mental disorders and suicide: A systematic review and meta-analysis of record linkage studies. *Journal of Affective Disorders, 259,* 302 – 313.

6   O'Connor, R. C., & Nock, M. K. (2014). The psychology of suicidal behaviour. *Lancet Psychiatry, 1*$, 73 – 85; van Heeringen, K. (2001). Towards a psychobiological model of the suicidal process. In: van Heeringen, K. (ed.) (2001). *Understanding Suicidal Behaviour.* John Wiley & Sons.

7   Vijaykumar, L., & Phillips, M. (2016). Suicide prevention in lowand middle-income countries. In: O'Connor, R. C., & Pirkis, J. (eds.) (2016). *The International Handbook of Suicide Prevention.* Wiley-Blackwell, 507 – 23.

8   Naghavi, M. (2019). Global, regional, and national burden of suicide mortality 1990 to 2016: Systematic analysis for the Global Burden of Disease Study 2016. *BMJ, 364*; World Health Organization (2018). Global Health Estimates 2016: Deaths by cause, age, sex, by country and by region, 2000 – 2016.

9   Shneidman, E. (1996). *The Suicidal Mind.* Oxford University Press.(《자살하려는 마음》, 에드먼 슈나이드먼 지음, 서청희·안병은 옮김, 한울, 2019.)

10   Franklin, J. C., Ribeiro, J. D., Fox, K. R., Bentley, K. H., Kleiman, E. M., Huang, X., Musacchio, K. M., Jaroszewski, A. C., Chang, B. P., & Nock, M. K. (2017). Risk factors for suicidal thoughts and behaviors: A meta-analysis of 50 years of research. *Psychological Bulletin, 143,* 187 – 232.

11   Dazzi, T., Gribble, R., Wessely, S., & Fear, N. T. (2014). Does asking about suicide and related behaviours induce suicidal ideation? What is the evidence? *Psychological Medicine, 44,* 3361 – 3.

12   Shneidman, E. S. (1985). *Definition of Suicide.* John Wiley & Sons.

13   Kevin Hines's website describes his journey to recovery as well as other useful suicide

prevention resources: http://www.kevinhinesstory.com (accessed 15 Aug. 2020).

14 Tidemalm, D., Runeson, B., Waern, M., Frisell, T., Carlström, E., Lichtenstein, P., & Långström, N. (2011). Familial clustering of suicide risk: A total population study of 11.4 million individuals. Psychological Medicine, 41, 2527 – 34; Fu, Q., Heath, A. C., Bucholz, K. K., Nelson, E. C., Glowinski, A. L., Goldberg, J., Lyons, M. J., Tsuang, M. T., Jacob, T., True, M. R., & Eisen, S. A. (2002). A twin study of genetic and environmental influences on suicidality in men. *Psychological Medicine, 32,* 11 – 24.

15 O'Connor, R. C., Rasmussen, S., Miles, J., & Hawton, K. (2009). Deliberate self-harm in adolescents: Self-report survey in schools in Scotland. *British Journal of Psychiatry, 194,* 68 – 72; O'Connor, R. C., Rasmussen, S., & Hawton, K. (2014). Adolescent selfharm: A school-based study in Northern Ireland. *Journal of Affective Disorders, 159,* 46 – 52.

16 Hawton, K., Saunders, K. E., & O'Connor, R. C. (2012). Selfharm and suicide in adolescents. *Lancet, 379,* 2373 – 82; Madge, N., Hawton, K., McMahon, E. M., Corcoran, P., De Leo, D., de Wilde, E. J., Fekete, S., van Heeringen, K., Ystgaard, M., & Arensman, E. (2011). Psychological characteristics, stressful life events and deliberate self-harm: Findings from the Child & Adolescent Self-harm in Europe (CASE) Study. *European Child & Adolescent Psychiatry, 20,* 499 – 508.

17 O'Connor, R. C., & Nock, M. K. (2014). The psychology of suicidal behaviour. *Lancet Psychiatry, 1,* 73 – 85; Turecki, G., Brent, D. A., Gunnell, D., O'Connor, R. C., Oquendo, M. A, Pirkis, J., & Stanley, B. H. (2019). Suicide and suicide risk. *Nature Reviews Disease Primers, 5*(74); Stack S. (2000). Suicide: A 15-year review of the sociological literature. Part I: Cultural and economic factors. *Suicide & Life-Threatening Behavior, 30,* 145 – 62; Scourfield, J., Fincham, B., Langer, S., & Shiner, M. (2012). Sociological autopsy: An integrated approach to the study of suicide in men. Social Science & Medicine, 74, 466 – 73; Colucci, E. (2013). Culture, cultural meaning(s), and suicide. In: Colucci, E., & Lester, D. (eds.), & Hjelmeland, H., & Park, B. C. B. (cols.) (2012). *Suicide and Culture: Understanding the Context.* Hogrefe Publishing, 25 – 46.

18 Zalsman, G., Hawton, K., Wasserman, D., van Heeringen, K., Arensman, E., Sar-

마지막 끈을 놓기 전에

chiapone, M., Carli, V., Höschl, C., Barzilay, R., Balazs, J., Purebl, G., Kahn, J. P., Sáiz, P. A., Lipsicas, C. B., Bobes, J., Cozman, D., Hegerl, U., & Zohar, J. (2016). Suicide prevention strategies revisited: 10-year systematic review. *Lancet Psychiatry, 3,* 646 – 59; the World Health Organization has also published a really helpful document on 'national suicide prevention strategies', which includes details of progress, examples and indicators: https://apps.who.int/iris/bitstream/handle/10665/279765/9789241515016-eng.pdf (accessed 10 Jan. 2021).

19 Naghavi, M. (2019). Global, regional, and national burden of suicide mortality 1990 to 2016: Systematic analysis for the Global Burden of Disease Study 2016. *BMJ, 364.*

20 Scotland's recent suicide rates and suicide prevention action plans are available online: https://www.gov.scot/policies/mentalhealth/suicide (accessed 12 Jan. 2021).

21 Franklin, J. C., Ribeiro, J. D., Fox, K. R., Bentley, K. H., Kleiman, E. M., Huang, X., Musacchio, K. M., Jaroszewski, A. C., Chang, B. P., & Nock, M. K. (2017). Risk factors for suicidal thoughts and behaviors: A meta-analysis of 50 years of research. *Psychological Bulletin, 143,* 187 – 232.

22 Platt, S. (2016). Inequalities and suicidal behavior. In: O'Connor, R. C., & Pirkis, J. (eds.) (2016). *The International Handbook of Suicide Prevention.* Wiley-Blackwell, 258 – 83.

23 Nock, M. K., Borges, G., Bromet, E. J., . . . & Williams, D. (2008). Cross-national prevalence and risk factors for suicidal ideation, plans and attempts. *British Journal of Psychiatry, 192,* 98 – 105.

24 O'Connor, R. C., Wetherall, K., Cleare, S., Eschle, S., Drummond, J., Ferguson, E., O'Connor, D. B., & O'Carroll, R. E. (2018). Suicide attempts and non-suicidal self-harm: A national prevalence study of young adults. *British Journal of Psychiatry Open, 4,* 142 – 8.

25 Hawton, K., Bergen, H., Kapur, N., Cooper, J., Steeg, S., Ness, J., & Waters, K. (2012). Repetition of self-harm and suicide following self-harm in children and adolescents: Findings from the Multicentre Study of Self-harm in England. *Journal of Child Psychology and Psychiatry and Allied Disciplines, 53,* 1212 – 19.

4장 끝없는 고통의 터널

1 Borges, G., Bagge, C. L., Cherpitel, C. J., Conner, K. R., Orozco, R., & Rossow, I. (2017). A meta-analysis of acute use of alcohol and the risk of suicide attempt. *Psychological Medicine, 47*, 949–57.

2 Shneidman, E. (1996). *The Suicidal Mind*. Oxford University Press. (《자살하려는 마음》, 에드먼 슈나이드먼 지음, 서청희·안병은 옮김, 한울, 2019.)

3 McDermott, L. (2016). An interpretative phenomenological analysis of the lived experience of suicidal behaviour [D Clin Psy thesis]. University of Glasgow. Retrieved from http://theses.gla. ac.uk/7569 (accessed 20 Oct. 2020).

4 Hawton, K., Saunders, K. E. A., & O'Connor, R. C. (2012). Selfharm and suicide in adolescents. *Lancet, 379*, 2373–82.

5 Joiner, T. (2007). *Why People Die By Suicide*. Harvard University Press. (《왜 사람들은 자살하는가?》, 토머스 조이너 지음, 김재성 옮김, 황소자리, 2012.)

6 O'Connor, R. C., & Nock, M. K. (2014). The psychology of suicidal behaviour. *Lancet Psychiatry, 1*, 73–85.

5장 자살은 죄가 아니다

1 O'Connor, R. C., & Nock, M. K. (2014). The psychology of suicidal behaviour. *Lancet Psychiatry, 1*, 73–85.

2 World Health Organization/International Association for Suicide Prevention (2017). Media guidelines. Retrieved from https://www.iasp.info/media_guidelines.php (accessed 9 Jan. 2021).

3 Turecki, G., Brent, D. A., Gunnell, D., O'Connor, R. C., Oquendo, M. A., Pirkis, J., & Stanley, B. H. (2019). Suicide and suicide risk. *Nature Reviews Disease Primers, 5* (74).

4 O'Connor, R. C. (1999). The boundaries: Health psychology and suicidal behaviour. *Health Psychology Update, 36*, 4–7.

5 Bostwick, J. M., & Pankratz, V. S. (2000). Affective disorders and suicide risk: A reexamination. *American Journal of Psychiatry, 157*, 1925–32.

6 Quinn, F., Chater, A., & Morrison, V. (2020). An oral history of health psychology

in the UK. *British Journal of Health Psychology, 25*, 502 – 18.

7   Conner, M., & Norman, P. (2005). *Predicting Health Behaviour*. Open University Press.

8   The International Association for Suicide Prevention has a task force on the decriminalisation of suicide: https://www.iasp.info/decriminalisation.php (accessed 18 Jan. 2021); Mishara, B. L., Weisstub, D.N. (2016). The legal status of suicide: a global review. International Journal of Law and Psychiatry 44, 54 – 74.

9   O'Connor, R. C. & Sheehy, N. P (1997). Suicide and gender. *Mortality, 2*, 239 – 54.

6장 속박감, 자살 심리의 핵심

1   O'Connor, R. C., Platt, S., & Gordon, J. (eds.) (2011). *The International Handbook of Suicide Prevention: Research, Evidence and Practice*. Wiley-Blackwell.

2   Platt, S. (1984). Unemployment and suicidal behaviour: A review of the literature. *Social Science & Medicine, 19*, 93 – 115.

3   O'Connor, R. C. (2011). Towards an integrated motivational – volitional of suicidal behaviour. In: O'Connor, R. C., Platt, S., & Gordon, J. (eds.) (2011). *The International Handbook of Suicide Prevention: Research, Policy and Practice*. Wiley Blackwell, 181 – 98; O'Connor, R. C. (2011). The integrated motivational –volitional model of suicidal behaviour. *Crisis, 32*, 295 – 8.

4   Shneidman, E., & Farberow, N. (1957) Clues to Suicide. McGraw-Hil! Book Company; Shneidman, E. (1967). Essays in Self-destruction. Science House; Baumeister, R. F. (1990). Suicide as escape from self. *Psychological Review, 97*, 90 – 113.

5   Baechler, J. (1979). *Suicides*. Basic Books; Baechler, J. (1980). A strategic theory. *Suicide and Life-Threatening Behavior*, 10, 70 – 99; Shneidman, E. (1996). *The Suicidal Mind*. Oxford University Press. (《자살하려는 마음》, 에드먼 슈나이드먼 지음, 서청희·안병은 옮김, 한울, 2019.)

6   Williams, M. (1997). *Cry of Pain: Understanding Suicide and Self-Harm*. Penguin; Williams, J. M. G., Crane, C., Barnhofer, T., & Duggan, D. S. (2005). Psychology and suicidal behaviour: Elaborating the entrapment model. In: Hawton, K.

(ed.) (2005). *Prevention and Treatment of Suicidal Behaviour*. Oxford University Press, 71–90.

7   Gilbert, P., & Allan, S. (1998). The role of defeat and entrapment (arrested flight) in depression: An exploration of an evolutionary view. *Psychological Medicine, 28*, 585–98.

8   MacLean, P. D. (1990). *The Triune Brain in Evolution*. Plenum Press.

9   Gilbert, P., & Allan, S. (1998). The role of defeat and entrapment (arrested flight) in depression: An exploration of an evolutionary view. *Psychological Medicine, 28*, 585–98.

10   O'Connor, R. C., Smyth, R., Ferguson, E., Ryan, C., & Williams, J. M. G. (2013). Psychological processes and repeat suicidal behavior: A four year prospective study. *Journal of Consulting & Clinical Psychology, 81*, 1137–43.

11   O'Connor, R. C., & Portzky, G. (2018). The relationship between entrapment and suicidal behavior through the lens of the integrated motivational–volitional model of suicidal behavior. *Current Opinion in Psychology, 22*, 12–17; Taylor, P. J., Gooding, P., Wood, A. M., & Tarrier, N. (2011). The role of defeat and entrapment in depression, anxiety, and suicide. *Psychological Bulletin, 137*, 391–420; Siddaway, A. P., Taylor, P. J., Wood, A. M., & Schulz, J. (2015). A meta-analysis of perceptions of defeat and entrapment in depression, anxiety problems, posttraumatic stress disorder, and suicidality. *Journal of Affective Disorders, 184*, 149–59.

12   De Beurs, D., Cleare, S., Wetherall, K., Eschle-Byrne, S., Ferguson, E., O'Connor, D. B., & O'Connor, R. C. (2020). Entrapment and suicide risk: The development of the 4-item Entrapment Scale Short-Form (E-SF). *Psychiatry Research, 284*, 112765.

13   Wetherall, K., Cleare, S., Eschle, S., Ferguson, E., O'Connor, D. B., O'Carroll, R. E., & O'Connor, R. C. (2020). Predicting suicidal ideation in a nationally representative sample of young adults: A 12 month prospective study. *Psychological Medicine*.

14   Morrison, R., & O'Connor, R. C. (2008). A systematic review of the relationship between rumination and suicidality. *Suicide and Life-Threatening Behavior, 38*, 523–38; Law, K. C., & Tucker, R. P. (2018). Repetitive negative thinking and suicide:

A burgeoning literature with need for further exploration. *Current Opinion in Psychology, 22*, 68–72.

15 Camus, A. (1985). *The Myth of Sisyphus*. Penguin.(《시지프 신화》, 알베르 카뮈 지음, 김화영 옮김, 책세상, 1997.)

16 Haig, M. (2015). *Reasons to Stay Alive*. Canongate.(《우울을 지나는 법》, 매트 헤이그 지음, 강수희 옮김, 책읽는수요일, 2016.)

17 Steele, C. M., & Josephs, R. A. (1990). Alcohol myopia: Its prized and dangerous effects. *American Psychologist, 45*, 921–33.

18 Richardson, C., Robb, K. A., & O'Connor, R. C. (2020). A systematic review of suicidal behaviour in men: A narrative synthesis of risk factors. *Social Science & Medicine*.

19 Honeyman, G. (2018). *Eleanor Oliphant is Completely Fine*. HarperCollins.(《엘리너 올리펀트는 완전 괜찮아》, 게일 허니먼 지음, 정연희 옮김, 문학동네, 2019.)

7장 자살 생각이 나타나는 과정

1 O'Connor, R. C. (2011). Towards an integrated motivational – volitional of suicidal behaviour. In: O'Connor, R. C., Platt, S., & Gordon, J. (eds.) (2011). *The International Handbook of Suicide Prevention: Research, Policy and Practice*. Wiley Blackwell, 181–98; de Beurs, D. P., van Borkulo, C. D., & O'Connor, R. C. (2017). Association between suicidal symptoms and repeat suicidal behaviour within a sample of hospital-treated suicide attempters. *BJPsych Open, 3*, 120–6.

2 O'Connor, R. C., & Kirtley, O. J. (2018). The integrated motivational –volitional model of suicidal behaviour. *Philosophical Transactions of the Royal Society B., 373*, 20170268.

3 O'Connor, R. C. (2011). Towards an integrated motivational – volitional of suicidal behaviour. In: O'Connor, R. C., Platt, S., & Gordon, J. (eds.) (2011). *The International Handbook of Suicide Prevention: Research, Policy and Practice*. Wiley Blackwell, 181–98.

4 Williams, M. (1997). *Cry of Pain: Understanding Suicide and SelfHarm*. Penguin; Gilbert, P., & Allan, S. (1998). The role of defeat and entrapment (arrested flight)

in depression: An exploration of an evolutionary view. *Psychological Medicine, 28*, 585 – 98.

5 Storr, W. (2017). *Selfie: How the West Became Self-Obsessed.* (《왜 사람들은 자살하는가?》, 토머스 조이너 지음, 김재성 옮김, 황소자리, 2012.); van Orden, K. A., Witte, T. K., Cukrowicz, K. C., Braithwaite, S. R., Selby, E. A., & Joiner, T. E., Jr (2010). The interpersonal theory of suicide. *Psychological Review, 117*, 575 – 600; Chu, C., Buchman-Schmitt, J. M., Stanley, I. H., Hom, M. A., Tucker, R. P., Hagan, C. R., Rogers, M. L., Podlogar, M. C., Chiurliza, B., Ringer, F. B., Michaels, M. S., Patros, C., & Joiner, T. E. (2017). The interpersonal theory of suicide: A systematic review and meta-analysis of a decade of cross-national research. *Psychological Bulletin, 143*, 1313 – 45.

6 Armitage, C. J., & Conner, M. (2001). Efficacy of the theory of planned behaviour: A meta-analytic review. *British Journal of Social Psychology, 40*, 471 – 99.

7 O'Connor, R. C., Armitage, C. J., & Gray, L. (2006). The role of clinical and social cognitive variables in parasuicide. *British Journal of Clinical Psychology, 45*, 465 – 81.

8 같은 자료.

9 O'Connor, R. C. (2007). The relations between perfectionism and suicide risk: A systematic review. *Suicide and Life-Threatening Behavior, 37*, 698 – 714; Smith, M. M., Sherry, S. B., Checn, S., Saklofske, D. H., Mushquash, C., Flett, G. L., & Hewitt, P. L. (2018). The perniciousness of perfectionism: A meta-analytic review of the perfectionism – suicide relationship. *Journal of Personality, 86*, 522 – 42.

10 Turecki, G., Brent, D. A., Gunnell, D., O'Connor, R. C., Oquendo, M. A, Pirkis, J., & Stanley, B. H. (2019). Suicide and suicide risk. *Nature Reviews Disease Primers, 5* (74).

11 같은 자료.

12 Stone, M., Laughren, T., Jones, M. L., Levenson, M., Holland, P. C., Hughes, A., Hammad, T. A., Temple, R., & Rochester, G. (2009). Risk of suicidality in clinical trials of antidepressants in adults: Analysis of proprietary data submitted to US Food and Drug Administration. *BMJ, 339*, b2880.

13 O'Connor, R. C., Whyte, M. C., Fraser, L., Masterton, G., & MacHale, S.

(2007). Predicting short-term improvement in wellbeing following presentation to hospital with self-harm: The conjoint effects of social perfectionism and future thinking. *Behaviour Research and Therapy, 45,* 1543 - 55: O'Connor, R. C. (2007). The relations between perfectionism and suicide risk: A systematic review. *Suicide and Life-Threatening Behavior, 37,* 698 - 714: O'Connor, R. C., Rasmussen, S., & Hawton, K. (2010). Predicting depression, anxiety and self-harm in adolescents: The role of perfectionism and stress. *Behaviour Research and Therapy, 48,* 52 - 9.

14 O'Connor, R. C. (2007). The relations between perfectionism and suicide risk: A systematic review. *Suicide and Life-Threatening Behavior, 37,* 698 - 714: Smith, M. M., Sherry, S. B., Checn, S., Saklofske, D. H., Mushquash, C., Flett, G. L., & Hewitt, P. L. (2018). The perniciousness of perfectionism: A meta-analytic review of the perfectionism - suicide relationship. *Journal of Personality, 86,* 522 - 42: Roxborough, H. M., Hewitt, P. L., Kaldas, J., Flett, G. L., Caelian, C. M., Sherry, S., & Sherry, D. L. (2012). Perfectionistic self-presentation, socially prescribed perfectionism, and suicide in youth: A test of the perfectionism social disconnection model. *Suicide & Life-threatening Behavior, 42,* 217 - 33.

15 Miller, W. R., & Rollnick, S. (2013). *Motivational Interviewing: Helping People Change.* Guilford Press, third edition. (《셀피》, 윌 스토 지음. 이현경 옮김, 글항아리, 2021.) The male suicides: How social perfectionism kills. Mosaic Science. Retrieved from https://mosaicscience.com/story/male-suicide (accessed 9 Jan. 2021).

16 Hewitt, P. L., & Flett, G. L. (1991). Perfectionism in the self and social contexts: Conceptualization, assessment and association with psychopathology. *Journal of Personality and Social Psychology, 60,* 456 - 70: Flett, G. L., & Hewitt, P. L. (2002). *Perfectionism: Theory, Research and Treatment.* American Psychological Association.

17 O'Connor, R. C., Rasmussen, S., & Hawton, K. (2010). Predicting depression, anxiety and self-harm in adolescents: The role of perfectionism and stress. *Behaviour Research and Therapy, 48,* 52 - 9.

18 Kahneman, D. (2011). *Thinking, Fast and Slow.* Penguin. (《생각에 관한 생각》, 대니얼 카너먼 지음, 이창신 옮김, 김영사, 2019.)

19 Greenwald, A. G., McGhee, D. E., & Schwartz, J. L. (1998). Measuring individual differences in implicit cognition: The implicit association test. *Journal of Personali-*

ty and Social Psychology, 74, 1464 – 80.

20 Nock, M. K., Park, J. M., Finn, C. T., Deliberto, T. L., Dour, H. J., & Banaji, M. R. (2010). Measuring the suicidal mind: Implicit cognition predicts suicidal behavior. *Psychological Science, 21*, 511 – 17.

21 Cha, C. B., O'Connor, R. C., Kirtley, O., Cleare, S., Wetherall, K., Eschle, S., Tezanos, K. M., & Nock, M. K. (2018). Testing moodactivated psychological markers for suicidal ideation. *Journal of Abnormal Psychology, 127*, 448 – 57.

22 Platt, S. (2016). Inequalities and suicidal behavior. In: O'Connor, R. C., & Pirkis, J. (eds.) (2016). *The International Handbook of Suicide Prevention*. Wiley–Blackwell, 258 – 83; Armstrong, G., Pirkis, J., Arabena, K., Currier, D., Spittal, M. J., & Jorm, A. F. (2017). Suicidal behaviour in Indigenous compared to nonIndigenous males in urban and regional Australia: Prevalence data suggest disparities increase across age groups. *Australian and New Zealand Journal of Psychiatry, 51*, 1240 – 8; Machado, D. B., Rasella, D., & Dos Santos, D. N. (2015). Impact of income inequality and other social determinants on suicide rate in Brazil. *PLOS ONE, 10*, e0124934.

23 O'Connor, R. C., & Nock, M. K. (2014). The psychology of suicidal behaviour. *Lancet Psychiatry, 1*, 73 – 85; Chen, T., & Roberts, K. (2020). Negative life events and suicide in the national violent death reporting system. *Archives of Suicide Research*.

24 Turecki G. (2018) Early–life adversity and suicide risk: The role of epigenetics. In: Pompili M. (ed.) (2018). *Phenomenology of Suicide*. Springer.

25 Felitti, V. J., Anda, R. F., Nordenberg, D., Williamson, D. F., Spitz, A. M., Edwards, V., Koss, M. P., & Marks, J. S. (1998). Relationship of childhood abuse and household dysfunction to many of the leading causes of death in adults. The Adverse Childhood Experiences (ACE) Study. *American Journal of Preventive Medicine, 14*, 245 – 58; Bellis, M. A., Lowey, H., Leckenby, N., Hughes, K., & Harrison, D. (2014). Adverse childhood experiences: Retrospective study to determine their impact on adult health behaviours and health outcomes in a UK population. Journal of Public Health, 36, 81 – 91.

26 Dube, S. R., Anda, R. F., Felitti, V. J., Chapman, D. P., Williamson, D. F., & Giles, W. H. (2001). Childhood abuse, household dysfunction, and the risk of attempted suicide throughout the life span: findings from the Adverse Childhood Expe-

riences Study. *JAMA, 286*, 3089−96.

27 Turecki G. (2018) Early−life adversity and suicide risk: The role of epigenetics. In: Pompili M. (ed.) (2018). *Phenomenology of Suicide*. Springer.

28 O'Connor, D. B., Gartland, N., & O'Connor, R. C. (2020). Stress, cortisol and suicide risk. *International Review of Neurobiology, 152*, 101−30.

29 O'Connor, D. B., Ferguson, E., Green, J., O'Carroll, R. E., & O'Connor, R. C. (2016). Cortisol levels and suicidal behavior: A meta−analysis. *Psychoneuroendocrinology, 63*, 370−9; Berardelli, I., Serafini, G., Cortese, N., Fiaschè, F., O'Connor, R. C., & Pompili, M. (2020). The involvement of hypothalamus−pituitary−adrenal (HPA) axis in suicide risk. *Brain Sciences, 10*, 653; O'Connor, D. B., Branley−Bell, D., Green, J., Ferguson, E., Carroll, R. E., & O'Connor, R. C. (2020). Effects of childhood trauma, daily stress and emotions on daily cortisol levels in individuals vulnerable to suicide. *Journal of Abnormal Psychology*, 129, 92−107.

30 O'Connor, D. B., & O'Connor, R. C. (9 Apr. 2020). Siblings. *The Psychologist*. Retrieved from https://thepsychologist.bps.org.uk/siblings (accessed 1 Sep. 2020).

31 Smeets, T., Cornelisse, S., Quaedflieg, C. W. E. M., Meyer, T., Jelicic, M., & Merckelbach, H. (2012). Introducing the Maastricht Acute Stress Test (MAST): A quick and non−invasive approach to elicit robust autonomic and glucocorticoid stress responses. *Psychoneuroendocrinology, 37*, 1998−2008.

32 O'Connor, D. B., Green, J. A., Ferguson, E., O'Carroll. R. E., & O'Connor, R. C. (2017). Cortisol reactivity and suicidal behavior: Investigating the role of the hypo-thalamic−pituitary−adrenal axis responses to stress in suicide attempters and ideators. *Psychoneuroendocrinology, 75*, 183−91.

33 O'Connor, D. B., Green, J. A., Ferguson, E., O'Carroll, R. E., & O'Connor, R. C. (2018). Effects of childhood trauma on cortisol levels in suicide attempters and ideators. *Psychoneuroendocrinology, 88*, 9−12.

34 O'Connor, D. B., Branley−Bell, D., Green, J. A., Ferguson, E., O'Carroll, R. E., & O'Connor, R. C. (2020). Effects of childhood trauma, daily stress, and emotions on daily cortisol levels in individuals vulnerable to suicide. *Journal of Abnormal Psychology, 129*, 92−107.

35 Zortea, T. C., Gray, C. M., & O'Connor, R. C. (2019). The relationship between

adult attachment and suicidal thoughts and behaviors: A systematic review. *Archives of Suicide Research, 23,* 1 – 36.

36 Zortea, T. C., Dickson, A., Gray, C. M., O'Connor, R. C. (2019). Associations between experiences of disrupted attachments and suicidal thoughts and behaviours: An interpretative phenomenological analysis. *Social Science & Medicine, 235,* 112408.

37 van Orden, K., Witte, T. K., Cukrowicz, K. C., Braithwaite, S., Selby, E. A., Joiner, T. E. (2010). The interpersonal theory of suicide. Psychological Review, 117, 575 – 600.

38 Pollock, L. R., & Williams, J. M. (2001). Effective problem solving in suicide attempters depends on specific autobiographical recall. *Suicide & Life-Threatening Behavior, 31,* 386 – 96.

39 Pollock, L. R., & Williams, J. M. (2004). Problem-solving in suicide attempters. *Psychological Medicine, 34,* 163 – 7.

40 MacLeod, A. K., Pankhania, B., Lee, M., & Mitchell, D. (1997). Parasuicide, depression and the anticipation of positive and negative future experiences. *Psychological Medicine, 27,* 973 – 7.

41 MacLeod, A. K., & O'Connor, R. C. (2018). Positive futurethinking, wellbeing and mental health. In: Oettingen, G., Sevincer, A. T., & Gollwitzer, P. (eds.) (2018). *The Psychology of Thinking about the Future.* Guilford Publications Inc, 199 – 213.

42 O'Connor, R. C., Fraser, L., Whyte, M. C., Machale, S., & Masterton, G. (2008). A comparison of specific positive future expectancies and global hopelessness as predictors of suicidal ideation in a prospective study of repeat self-harmers. *Journal of Affective Disorders, 110,* 207 – 14.

43 O'Connor, R. C., Smyth, R., & Williams, J. M. G. (2015). Intrapersonal positive future thinking predicts repeat suicide attempts in hospital treated suicide attempters. *Journal of Consulting and Clinical Psychology, 83,* 169 – 76.

44 Cleare, S., Gumley, A., O'Connor, R. C. (2019). Self-compassion, forgiveness, suicidal ideation and self-harm: A systematic review. *Clinical Psychology & Psychotherapy, 26,* 511 – 30.

45 Cassidy, S., Bradley, P., Robinson, J., Allison, C., McHugh, M., & Baron-Cohen,

S. (2014). Suicidal ideation and suicide plans or attempts in adults with Asperger's syndrome attending a specialist diagnostic clinic: A clinical cohort study. *Lancet Psychiatry, 1,* 142－7; Richards, G., Kenny, R., Griffiths, S., Allison, C., Mosse, D., Holt, R., O'Connor, R. C., Cassidy, S., & Baron-Cohen, S. (2019). Autistic traits in adults who have attempted suicide. *Molecular Autism,* 10, 26.

46 Cassidy, S., & Rodgers, J. (2017). Understanding and prevention of suicide in autism. *Lancet Psychiatry, 4,* e11.

47 Mak, J., Shires, D. A., Zhang, Q., ······ & Goodman, M. (2020). Suicide attempts among a cohort of transgender and gender diverse people. *American Journal of Preventive Medicine, 59,* 570－7.

8장 자살 행동으로 이어지는 여덟 가지 요인

1 Nock, M. K., Borges, G., Bromet, E. J., ······ & Williams, D. (2008). Cross-national prevalence and risk factors for suicidal ideation, plans and attempts. *British Journal of Psychiatry, 192,* 98－105.

2 O'Connor, R. C., & Kirtley, O. J. (2018). The integrated motivational－volitional model of suicidal behaviour. *Philosophical Transactions of the Royal Society B., 373,* 20170268.

3 Norton, K. (20 Apr. 2018). Twitter. Retrieved from https://twitter.com/kennnaminh/status/987404512829861889 (accessed 3 Feb. 2021).

4 O'Connor, R. C., & Kirtley, O. J. (2018). The integrated motivational－volitional model of suicidal behaviour. *Philosophical Transactions of the Royal Society B., 373,* 20170268.

5 Zalsman, G., Hawton, K., Wasserman, D., van Heeringen, K., Arensman, E., Sarchiapone, M., Carli, V., Höschl, C., Barzilay, R., Balazs, J., Purebl, G., Kahn, J. P., Sáiz, P. A., Lipsicas, C. B., Bobes, J., Cozman, D., Hegerl, U., & Zohar, J. (2016). Suicide prevention strategies revisited: 10-year systematic review. *Lancet Psychiatry, 3,* 646－59; Chen, Y-Y., Chien-Chang Wu, Wang, Y., & Yip, P. S. (2016). Suicide prevention through restricting access to suicide means and hotspots. In: O'Connor, R. C., & Pirkis, J. (eds.) (2016). *The International Handbook of Suicide Prevention.*

Wiley–Blackwell, 609 – 36; Gunnell, D., Fernando, R., Hewagama, M., Priyangika, W. D., Konradsen, F., & Eddleston, M. (2007). The impact of pesticide regulations on suicide in Sri Lanka. *International Journal of Epidemiolology, 36*, 1235 – 42.

6   Hawton, K. (2002). United Kingdom legislation on pack sizes of analgesics: Background, rationale, and effects on suicide and deliberate self-harm. *Suicide & Life-Threatening Behavior, 32*, 223 – 9.

7   Kreitman N. (1976). The coal gas story. United Kingdom suicide rates, 1960 – 71. *British Journal of Preventive & Social Medicine, 30*, 86 – 93.

8   Arya, V., Page, A., Gunnell, D., & Armstrong, G. (2021). Changes in method specific suicide following a national pesticide ban in India (2011 – 2014). *Journal of Affective Disorders, 278*, 592 – 600.

9   Mann, J. J., Apter, A., Bertolote, J., ····· & Hendin, H. (2005). Suicide prevention strategies: A systematic review. *JAMA, 294*, 2064 – 74.

10   Hawton, K. (2002). United Kingdom legislation on pack sizes of analgesics: Background, rationale, and effects on suicide and deliberate self-harm. *Suicide & Life-Threatening Behavior, 32*, 223 – 9; Hawton, K., Bergen, H., Simkin, S., Dodd, S., Pocock, P., Bernal, W., Gunnell, D., & Kapur, N. (2013). Long term effect of reduced pack sizes of paracetamol on poisoning deaths and liver transplant activity in England and Wales: Interrupted time series analyses. *BMJ, 346*, f403.

11   Pirkis, J., Too. L. S., Spittal, M. J., Krysinska, K., Robinson, J., Cheung, Y. T. (2015). Interventions to reduce suicides at suicide hotspots: a systematic review and meta-analysis. *Lancet Psychiatry, 2*, 994 – 1001.

12   Gollwitzer, P. M., & Sheeran, P. (2006). Implementation intentions and goal achievement: A meta-analysis of effects and processes. In: Zanna, M. P. (ed.) (2006). *Advances in Experimental Social Psychology*. Elsevier Academic Press, vol. 38, 69 – 119.

13   Armitage, C. J., & Arden, M. A. (2012). A volitional help sheet to reduce alcohol consumption in the general population: a field experiment. *Prevention Science, 13*, 635 – 43; O'Connor, R. C., Ferguson, E., Scott, F., Smyth, R., McDaid, D., Park, A., Beautrais, A., & Armitage, C. J. (2017). A randomised controlled trial of a brief psychological intervention to reduce repetition of selfharm in patients admitted to hospital following a suicide attempt. *Lancet Psychiatry, 4*, 451 – 60.

14 Armitage, C. J., Abdul Rahim, W., Rowe, R. & O'Connor, R. C. (2016). An exploratory randomized trial of a simple, brief psychological intervention to reduce subsequent suicidal ideation and behaviour in patients hospitalised for self-harm. *British Journal of Psychiatry, 208,* 1 - 7.

15 O'Connor, R. C., Ferguson, E., Scott, F., Smyth, R., McDaid, D., Park, A., Beautrais, A., & Armitage, C. J. (2017). A randomised controlled trial of a brief psychological intervention to reduce repetition of self-harm in patients admitted to hospital following a suicide attempt. *Lancet Psychiatry, 4,* 451 - 60.

16 BBC Studios (2015). *Life After Suicide* [documentary]. Retrieved from https://www.bbc.co.uk/programmes/b05n2922 (accessed 21 Oct. 2020).

17 〈심리학자를 위한 이후의 삶Life After Suicide for The Psychologist〉을 블로그에 작성했다. : O'Connor, R. (May 2015). Starting a national conversation about suicide. *The Psychologist.* Retrieved from https://thepsychologist.bps.org.uk/volume-28/may-2015/startingnational-conversation-about-suicide (accessed 20 Oct. 2020).

18 King, K., Schlichthorst, M., Keogh, L., Reifels, L., Spittal, M. J., Phelps, A., & Pirkis, J. (2019). Can watching a television documentary change the way men view masculinity? *Journal of Men's Studies, 27,* 287 - 306; King, K. E., Schlichthorst, M., Spittal, M. J., Phelps, A., & Pirkis, J. (2018). Can a documentary increase help-seeking intentions in men? A randomised controlled trial. *Journal of Epidemiology and Community Health, 72,* 92 - 8.

19 Erlangsen, A., & Pitman, A. (2017). Effects of suicide bereavement on mental and physical health. In: Andriessen, K., Krysinska, K., & Grad, O. T. (eds.) (2017). *Postvention in Action: The International Handbook of Suicide Bereavement Support.* Hogrefe Publishing, 17 - 26; Favril, L., O'Connor, R. C., Hawton, K., & Vander Laenen, F. (2020). Factors associated with the transition from suicidal ideation to suicide attempt in prison. *European Psychiatry, 63,* e101; Rostila, M., Saarela, J., & Kawachi, I. (2013). Suicide following the death of a sibling: A nationwide follow-up study from Sweden. *BMJ Open, 3,* e002618.

20 Pitman, A., Osborn, D., King, M., & Erlangsen, A. (2014). Effects of suicide bereavement on mental health and suicide risk. *Lancet Psychiatry, 1,* 86 - 94.

21 Garssen, J., Deerenberg, I., Mackenbach, J. P., Kerkhof, A., & Kunst, A. E. (2011).

Familial risk of early suicide: Variations by age and sex of children and parents. *Suicide & Life-Threatening Behavior, 41*, 585-93.

22 Hua, P., Bugeja, L., & Maple, M. (2020). A systematic review on the relationship between childhood exposure to external cause parental death, including suicide, on subsequent suicidal behaviour. *Journal of Affective Disorders, 257*, 723-34.

23 Biddle, L., Gunnell, D., Owen-Smith, A., Potokar, J., Longson, D., Hawton, K., Kapur, N., & Donovan, J. (2012). Information sources used by the suicidal to inform choice of method. *Journal of Affective Disorders, 136*, 702-9; O'Connor, R. C., & Portzky, G. (2018). Looking to the future: A synthesis of new developments and challenges in suicide research and prevention. *Frontiers in Psychology, 9*, 2139.

24 Turecki, G., & Brent, D. A. (2016). Suicide and suicidal behaviour. *Lancet, 387* (10024), 1227-39.

25 〈소셜 딜레마The social Dilemma〉 [다큐멘터리], 넷플릭스, 2020. Retrieved from https://www.netflix.com/title/81254224 (accessed 3 Feb. 2021).

26 같은 자료.

27 John, A., Glendenning, A. C., Marchant, A., Montgomery, P., Stewart, A., Wood, S., Lloyd, K., & Hawton, K. (2018). Selfharm, suicidal behaviours, and cyberbullying in children and young people: Systematic review. *Journal of Medical Internet Research, 20*, e129; Padmanathan, P., Bould, H., Winstone, L., Moran, P., & Gunnell, D. (2020). Social media use, economic recession and income inequality in relation to trends in youth suicide in high-income countries: A time trends analysis. *Journal of Affective Disorders, 275*, 58-65; O'Connor, R. C., & Robb, K. A. (2020). Identifying suicide risk factors in children is essential for developing effective prevention interventions. *Lancet Psychiatry, 7*, 292-3.

28 Reeves, A., McKee, M., & Stuckler, D. (2014). Economic suicides in the Great Recession in Europe and North America. *British Journal of Psychiatry, 205*, 246-7; Oyesanya, M., Lopez-Morinigo, J., & Dutta, R. (2015). Systematic review of suicide in economic recession. *World Journal of Psychiatry, 5*, 243-54.

29 Mojtabai, R., Olfson, M., & Han, B. (2016). National trends in the prevalence and treatment of depression in adolescents and young adults. *Pediatrics, 138*, e20161878.

30 Robinson, J., Cox, G., Bailey, E., Hetrick, S., Rodrigues, M., Fisher, S., & Her-

rman, H. (2016). Social media and suicide prevention: A systematic review. *Early Intervention in Psychiatry, 10*, 103–21; 31 Marchant, A., Hawton, K., Stewart, A., Montgomery, P., Singaravelu, V., Lloyd, K., Purdy, N., Daine, K., & John, A. (2017). A systematic review of the relationship between internet use, self-harm and suicidal behaviour in young people: The good, the bad and the unknown. *PLOS ONE, 12*, e0181722.

31 Biernesser, C., Sewall, C., Brent, D., Bear, T., Mair, C., & Trauth, J. (2020). Social media use and deliberate self-harm among youth: A systematized narrative review. *Children and Youth Services Review, 116*, 105054.

32 John, A., Glendenning, A. C., Marchant, A., Montgomery, P., Stewart, A., Wood, S., Lloyd, K., & Hawton, K. (2018). Selfharm, suicidal behaviours, and cyberbullying in children and young people: Systematic review. *Journal of Medical Internet Research, 20*, e129.

33 Hawton, K., Simkin, S., Deeks, J. J., O'Connor, S., Keen, A., Altman, D. G., Philo, G., & Bulstrode, C. (1999). Effects of a drug overdose in a television drama on presentations to hospital for self poisoning: Time series and questionnaire study. *BMJ, 318* (7189), 972–7.

34 〈루머의 루머의 루머13 Reasons Why〉, 넷플릭스, 2017. Retrieved from https://www.netflix.com/title/80117470 (accessed 3 Feb. 2021).

35 World Health Organization/International Association for Suicide Prevention (2017). Media guidelines. Retrieved from https:// www.iasp.info/media_guidelines.php (accessed 9 Jan. 2021).

36 O'Connor, R. (2 May 2017). Comment on the Netflix series 13 Reasons Why [blog]. Suicidal Behaviour Research Lab. Retrieved from http://www.suicideresearch.info/news-1/commentonthenetflixseries13reasonswhy (accessed 11 Jan. 2021).

37 Niederkrotenthaler, T., Stack, S., Till, B., Sinyor, M., Pirkis, J., Garcia, D., Rockett, I., & Tran, U. S. (2019). Association of increased youth suicides in the United States with the release of *13 Reasons Why. JAMA Psychiatry, 76*, 933–40.

38 Bridge, J. A., Greenhouse, J. B., Ruch, D., Stevens, J., Ackerman, J., Sheftall, A. H., Horowitz, L. M., Kelleher, K. J., & Campo, J. V. (2020). Association between the release of Netflix's 13 Reasons Why and suicide rates in the United States: An in-

terrupted time series analysis. *Journal of the American Academy of Child and Adolescent Psychiatry, 59*, 236 – 43.

39 Romer, D. (2020). Reanalysis of the Bridge et al. study of suicide following release of *13 Reasons Why. PLOS ONE, 15*, e0227545; Bridge, J. A., Greenhouse, J. B., Kelleher, K. J., & Campo, J. V. (2020). Formal comment: Romer study fails at following core principles of reanalysis. *PLOS ONE, 15*, e0237184.

40 Karter, E. (22 Mar. 2018). Multinational study: How teens, parents respond to Netflix show '13 Reasons Why'. Northwestern University. Retrieved from https://news.northwestern.edu/stories/2018/march/13-reasons-why/ (accessed 5 Jan. 2021).

41 Niederkrotenthaler, T., Fu, K. W., Yip, P. S., Fong, D. Y., Stack, S., Cheng, Q., & Pirkis, J. (2012). Changes in suicide rates following media reports on celebrity suicide: A meta-analysis. *Journal of Epidemiology and Community Health, 66*, 1037 – 42.

42 Phillips D. P. (1974). The influence of suggestion on suicide: Substantive and theoretical implications of the Werther effect. *American Sociological Review, 39*, 340 – 54.

43 Niederkrotenthaler, T., Braun, M., Pirkis, J., Till, B., Stack, S., Sinyor, M., Tran, U. S., Voracek, M., Cheng, Q., Arendt, F., Scherr, S., Yip, P., & Spittal, M. J. (2020). Association between suicide reporting in the media and suicide: Systematic review and meta-analysis. *BMJ, 368*, m575.

44 Niederkrotenthaler, T., Voracek, M., Herberth, A., Till, B., Strauss, M., Etzersdorfer, E., Eisenwort, B., & Sonneck, G. (2010). Role of media reports in completed and prevented suicide: Werther v. Papageno effects. *British Journal of Psychiatry, 197*, 234 – 43.

45 Robinson, J., Pirkis, J., & O'Connor, R. C. (2016). Suicide clusters. In: O'Connor, R. C., & Pirkis, J. (eds.) (2016). *The International Handbook of Suicide Prevention*. Wiley-Blackwell, 758 – 74.

46 Joiner, T. E. (2003). Contagion of suicidal symptoms as a function of assortative relating and shared relationship stress in college roommates. *Journal of Adolescence, 26*, 495 – 504.

47 Gvion, Y., & Apter, A. (2011). Aggression, impulsivity, and suicide behavior: A review of the literature. *Archives of Suicide Research, 15*, 93 – 112; Anestis, M. D., Soberay, K. A., Gutierrez, P. M., Hernandez, T. D., & Joiner, T. E. (2014).

Reconsidering the link between impulsivity and suicidal behavior. Personality and Social Psychology Review, 18, 366–86; McHugh, C. M., Lee, R. S. C., Hermens, D. F., Corderoy, A., Large, M., & Hickie, I. B. (2019). Impulsivity in the self-harm and suicidal behavior of young people: A systematic review and meta-analysis. *Journal of Psychiatric Research, 116*, 51–60.

48 Wetherall, K., Cleare, S., Eschle, S., Ferguson, E., O'Connor, D. B., O'Carroll, R., & O'Connor, R. C. (2018). From ideation to action: Differentiating between those who think about suicide and those who attempt suicide in a national study of young adults. Journal of Affective Disorders, 241, 475–83; BranleyBell, D., O'Connor, D. B., Green, J. A., Ferguson, E., O'Carroll, R. E., & O'Connor, R. C. (2019). Distinguishing suicide ideation from suicide attempts: Further test of the integrated motivational–volitional model of suicidal behaviour. *Journal of Psychiatric Research, 117*, 100–7; Dhingra, K., Boduszek, D., & O'Connor, R. C. (2015). Differentiating suicide attempters from suicide ideators using the integrated motivational–volitional model of suicidal behaviour. *Journal of Affective Disorders, 186*, 211–8.

49 Millner, A. J., Lee, M. D., Hoyt, K., Buckholtz, J. W., Auerbach, R. P., & Nock, M. K. (2020). Are suicide attempters more impulsive than suicide ideators? *General Hospital Psychiatry, 63*, 103–10; Anestis, M. D., & Joiner, T. E. (2011). Examining the role of emotion in suicidality: Negative urgency as an amplifier of the relationship between components of the interpersonal-psychological theory of suicidal behavior and lifetime number of suicide attempts. *Journal of Affective Disorders, 129*, 261–9.

50 Melson, A. J., & O'Connor, R. C. (2019). Differentiating adults who think about self-harm from those who engage in self-harm: The role of volitional alcohol factors. *BMC Psychiatry, 19*, 319.

51 Smith, P. N., Stanley, I. H., Joiner, T. E., Jr, Sachs-Ericsson, N. J., & Van Orden, K. A. (2016). An aspect of the capability for suicide-fearlessness of the pain involved in dying-amplifies the association between suicide ideation and attempts. *Archives of Suicide Research, 20*, 650–62.

52 Klonsky, E. D., & May, A. M. (2015). The three-step theory (3ST): A new theory

of suicide rooted in the 'ideation-to-action' framework. *International Journal of Cognitive Therapy, 8*, 114 – 29.

53　Klonsky, E. D., Saffer, B. Y., & Bryan, C. J. (2018). Ideation-toaction theories of suicide: A conceptual and empirical update. *Current Opinion in Psychology, 22*, 38 – 43.

54　Chu, C., Buchman-Schmitt, J. M., Stanley, I. H., Hom, M. A., Tucker, R. P., Hagan, C. R., Rogers, M. L., Podlogar, M. C., Chiurliza, B., Ringer, F. B., Michaels, M. S., Patros, C., & Joiner, T. E. (2017). The interpersonal theory of suicide: A systematic review and meta-analysis of a decade of cross-national research. *Psychological Bulletin, 143*, 1313 – 45.

55　Kirtley, O. J., O'Carroll, R. E., & O'Connor, R. C. (2015). Hurting inside and out? Emotional and physical pain in self-harm ideation and enactment. *International Journal of Cognitive Therapy, 8*, 156 – 71; Osman, A., Barrios, F. X., Gutierrez, P. M., Schwarting, B., Kopper, B. A., & Mei-ChuanWang (2005). Reliability and construct validity of the pain distress inventory. *Journal of Behavioral Medicine, 28*, 169 – 80; Kirtley, O. J., O'Carroll, R. E., & O'Connor, R. C. (2015). The role of endogenous opioids in non-suicidal self-injurious behavior: Methodological Challenges. *Neuroscience & Biobehavioral Review, 48*, 186 – 9.

56　Law, K. C., Khazem, L. R., Jin, H. M., & Anestis, M. D. (2017). Non-suicidal self-injury and frequency of suicide attempts: The role of pain persistence. *Journal of Affective Disorders, 209*, 254 – 61.

57　Kirtley, O. J., O'Carroll, R. E., & O'Connor, R. C. (2016). Pain and self-harm: A systematic review. *Journal of Affective Disorders, 203*, 347 – 63.

58　Kirtley, O. J., Rodham, K., & Crane, C. (2020). Understanding suicidal ideation and behaviour in individuals with chronic pain: A review of the role of novel transdiagnostic psychological factors. *Lancet Psychiatry, 7, 282–90.*

59　Freud, S. (1922). *Beyond the Pleasure Principle*. Bartleby.com, Hubback, C. J. M. (trans.). (《쾌락 원리의 저편》, 지그문트 프로이트 지음, 강영계 옮김, 지식을만드는지식, 2021.)

60　Menninger, K. (1938). *Man Against Himself*. Mariner Books.

61　Chu, C., Buchman-Schmitt, J. M., Stanley, I. H., Hom, M. A., Tucker, R. P., Hagan, C. R., Rogers, M. L., Podlogar, M. C., Chiurliza, B., Ringer, F. B., Michaels, M. S., Patros, C., & Joiner, T. E. (2017). The interpersonal theory of suicide: A systematic review and meta-analysis of a decade of cross-national research. *Psychological Bulletin*, 143, 1313 – 45.

62 Ribeiro, J. D., Witte, T. K., van Orden, K. A., Selby, E. A., Gordon, K. H., Bender, T. W., & Joiner, T. E. (2014). Fearlessness about death: The psychometric properties and construct validity of the revision to the acquired capability for suicide scale. *Psychological Assessment, 26*, 115 – 26.

63 Wetherall, K., Cleare, S., Eschle, S., Ferguson, E., O'Connor, D. B., O'Carroll, R. E., & O'Connor, R. C. (2018). From ideation to action: differentiating between those who think about suicide and those who attempt suicide in a national study of young adults. *Journal of Affective Disorders, 241*, 475 – 83.

64 McCormick, A., Meijen, C., & Marcora, S. (2015). Psychological determinants of whole-body endurance performance. *Sports Medicine, 45*, 997 – 1015.

65 Wetherall, K., Cleare, S., Eschle, S., Ferguson, E., O'Connor, D. B., O'Carroll, R. E., & O'Connor, R. C. (2018). From ideation to action: Differentiating between those who think about suicide and those who attempt suicide in a national study of young adults. *Journal of Affective Disorders, 241*, 475 – 83.

66 Holmes, E. A., Crane, C., Fennell, M. J., & Williams, J. M. (2007). Imagery about suicide in depression – 'Flash-forwards'? Journal of Behavior Therapy and Experimental Psychiatry, 38, 423 – 34; Crane, C., Shah, D., Barnhofer, T., & Holmes, E. A. (2012). Suicidal imagery in a previously depressed community sample. *Clinical Psychology & Psychotherapy, 19*, 57 – 69.

67 Naherniak, B., Bhaskaran, J., Sareen, J., Wang, Y., & Bolton, J. M. (2019). Ambivalence about living and the risk for future suicide attempts: A longitudinal analysis. *The Primary Care Companion for CNS Disorders, 21*, 18m02361.

68 Ng, R., Di Simplicio, M., McManus, F., Kennerley, H., & Holmes, E.A. (2016). 'Flash-forwards' and suicidal ideation: A prospective investigation of mental imagery, entrapment and defeat in a cohort from the Hong Kong Mental Morbidity Survey. *Psychiatry Research, 246*, 453 – 60.

69 Di Simplicio, M., Appiah-Kusi, E., Wilkinson, P., Watson, P., Meiser-Stedman, C.,

Kavanagh, D. J., & Holmes, E. A. (2020). Imaginator: A proof-of-concept feasibility trial of a brief imagerybased psychological intervention for young people who self-harm. *Suicide & Life-Threatening Behavior, 50*, 724–40.

70 Chan, M. K., Bhatti, H., Meader, N., Stockton, S., Evans, J., O'Connor, R. C., Kapur, N., & Kendall, T. (2016). Predicting suicide following self-harm: Systematic review of risk factors and risk scales. *British Journal of Psychiatry, 209*, 277–83; Mars, B., Heron, J., Klonsky, E. D., Moran, P., O'Connor, R. C., Tilling, K., Wilkinson, P., & Gunnell, D. (2019). Predictors of future suicide attempt among adolescents with suicidal thoughts or non-suicidal self-harm: A birth cohort study. *Lancet Psychiatry, 6*, 327–37; Favril, L., & O'Connor, R. C. (2019). Distinguishing prisoners who think about suicide from those who attempt suicide. *Psychological Medicine, 1–8.*

71 Franklin, J. C., Ribeiro, J. D., Fox, K. R., Bentley, K. H., Kleiman, E. M., Huang, X., Musacchio, K. M., Jaroszewski, A. C., Chang, B. P., & Nock, M. K. (2017). Risk factors for suicidal thoughts and behaviors: A meta-analysis of 50 years of research. *Psychological Bulletin, 143*, 187–232.

72 Cooper, J., Kapur, N., Webb, R., Lawlor, M., Guthrie, E., MackwayJones, K., & Appleby, L. (2005). Suicide after deliberate self-harm: A 4-year cohort study. *American Journal of Psychiatry, 162*, 297–303.

73 O'Connor, R. C., Ferguson, E., Scott, F., Smyth, R., McDaid, D., Park, A., Beautrais, A., & Armitage, C. J. (2017). A randomised controlled trial of a brief psychological intervention to reduce repetition of self-harm in patients admitted to hospital following a suicide attempt. *Lancet Psychiatry, 4*, 451–60; O'Connor, R. C., Smyth, R., Ferguson, E., Ryan, C., & Williams, J. M. G. (2013). Psychological processes and repeat suicidal behavior: A four year prospective study. *Journal of Consulting & Clinical Psychology, 81*, 1137–43.

74 Carroll, R., Metcalfe, C., & Gunnell, D. (2014). Hospital management of self-harm patients and risk of repetition: Systematic review and meta-analysis. *Journal of Affective Disorders, 168*, 476–83.

75 O'Connor, R. C., & Kirtley, O. J. (2018). The integrated motivational–volitional model of suicidal behaviour. *Philosophical Transactions of the Royal Society B., 373*,

20170268.

76 Jordan, J. T., & McNiel, D. E. (2020). Characteristics of persons who die on their first suicide attempt: Results from the National Violent Death Reporting System. *Psychological Medicine, 50,* 1390 – 7; O'Connor, R. C., & Sheehy, N. P (1997). Suicide and gender. *Mortality, 2,* 239 – 54.

77 Townsend, E., Wadman, R., Sayal, K., Armstrong, M., Harroe, C., Majumder, P., Vostanis, P., & Clarke, D. (2016). Uncovering key patterns in self-harm in adolescents: Sequence analysis using the Card Sort Task for Self-harm (CaTS). *Journal of Affective Disorders, 206,* 161 – 8.

78 Samaritans (n.d.). Middle-aged men and suicide. Retrieved from https://www.samaritans.org/scotland/about-samaritans/researchpolicy/middle-aged-men-suicide (accessed 2 Feb. 2021).

79 O'Connor, R. C., & Noyce, R. (2008). Personality and cognitive processes: Self-criticism and different types of rumination as predictors of suicidal ideation. *Behaviour Research and Therapy, 46,* 392 – 401.

80 Morrison, R., & O'Connor, R. C. (2008). A systematic review of the relationship between rumination and suicidality. *Suicide and Life-Threatening Behavior, 38,* 523 – 38.

81 Thompson, M. P., Kingree, J. B., & Lamis, D. (2019). Associations of adverse childhood experiences and suicidal behaviors in adulthood in a U.S. nationally representative sample. *Child: Care, Health and Development, 45,* 121 – 8.

82 Wyllie, C., Platt, S., Brownlie, J., Chandler, A., Connolly, S., Evans, R., Kennelly, B., Kirtley, O., Moore, G., O'Connor, R., & Scourfield, J. (2012). Men, suicide and society. Why disadvantaged men in mid-life die by suicide. Samaritans. Retrieved from https://media.samaritans.org/documents/Samaritans_MenSuicideSociety_ResearchReport2012.pdf (accessed 27 Jan. 2021).

9장 단기 연락 개입: 가치감과 유대감 높이기

1   O'Connor, R. C., Ferguson, E., Scott, F., Smyth, R., McDaid, D., Park, A., Beautrais, A., & Armitage, C. J. (2017). A randomised controlled trial of a brief psycho-

logical intervention to reduce repetition of self-harm in patients admitted to hospital following a suicide attempt. *Lancet Psychiatry, 4*, 451 – 60; Gollwitzer, P. M., & Sheeran, P. (2006). Implementation intentions and goal achievement: A meta-analysis of effects and processes. In: Zanna, M. P. (ed.) (2006), *Advances in Experimental Social Psychology*. Elsevier Academic Press, vol. 38, 69 – 119.

2   O'Connor, R. C., & Kirtley, O. J. (2018). The integrated motivational – volitional model of suicidal behaviour. *Philosophical Transactions of the Royal Society B., 373*, 20170268; van Orden, K., Witte, T. K., Cukrowicz, K. C., Braithwaite, S., Selby, E. A., & Joiner, T. E. (2010). The interpersonal theory of suicide. *Psychological Review, 117*, 575 – 600; Sheehy, K., Noureen, A., Khaliq, A., Dhingra, K., Husain, N., Pontin, E. E., Cawley, R., & Taylor, P. J. (2019). An examination of the relationship between shame, guilt and self-harm: A systematic review and meta-analysis. *Clinical Psychology Review, 73*, 101779.

3   Saunders, K. E., Hawton, K., Fortune, S., & Farrell, S. (2012). Attitudes and knowledge of clinical staff regarding people who self-harm: A systematic review. *Journal of Affective Disorders, 139*, 205 – 16; Taylor, T. L., Hawton, K., Fortune, S., & Kapur, N. (2009). Attitudes towards clinical services among people who self-harm: Systematic review. British Journal of Psychiatry, 194, 104 – 10.

4   Motto, J. A., & Bostrom, A. G. (2001). A randomized controlled trial of postcrisis suicide prevention. *Psychiatric Services, 52*, 828 – 33.

5   같은 자료.

6   같은 자료.

7   Milner, A. J., Carter, G., Pirkis, J., Robinson, J., & Spittal, M. J. (2015). Letters, green cards, telephone calls and postcards: Systematic and meta-analytic review of brief contact interventions for reducing self-harm, suicide attempts and suicide. *British Journal of Psychiatry, 206*, 184 – 90; Hetrick, S. E., Robinson, J., Spittal, M. J., & Carter, G. (2016). Effective psychological and psychosocial approaches to reduce repetition of self-harm: A systematic review, meta-analysis and meta-regression. *BMJ Open, 6*, e011024; Hawton, K., Witt, K. G., Salisbury, T., Arensman, E., Gunnell, D., Hazell, P., Townsend, E., & van Heeringen, K. (2016). Psychosocial interventions following self-harm in adults: A systematic review and meta-analysis. *Lancet*

Psychiatry, 3, 740-50.

8   Milner, A. J., Carter, G., Pirkis, J., Robinson, J., & Spittal, M. J. (2015). Letters, green cards, telephone calls and postcards: Systematic and meta-analytic review of brief contact interventions for reducing self-harm, suicide attempts and suicide. *British Journal of Psychiatry, 206*, 184-90.

9   O'Connor, R. C., Ferguson, E., Scott, F., Smyth, R., McDaid, D., Park, A., Beautrais, A., & Armitage, C. J. (2017). A randomised controlled trial of a brief psychological intervention to reduce repetition of self-harm in patients admitted to hospital following a suicide attempt. *Lancet Psychiatry, 4*, 451-60.

10장 안전 계획 6단계: 자살 위기에 놓인 누군가를 지키는 법

1   Doupnik, S. K., Rudd, B., Schmutte, T., Worsley, D., Bowden, C. F., McCarthy, E., Eggan, E., Bridge, J. A., & Marcus, S. C. (2020). Association of Suicide Prevention interventions with subsequent suicide attempts, linkage to follow-up care, and depression symptoms for acute care settings: A systematic review and metaanalysis. *JAMA Psychiatry, 77*, 1021-30.

2   Suicide Prevention Resource Center. Provides useful resources for training in suicide prevention: https://www.sprc.org.

3   Stanley, B., & Brown, G. K. (2012). Safety planning intervention: A brief intervention to mitigate suicide risk. *Cognitive & Behavioral Practice, 19*, 256-64.

4   같은 자료.

5   O'Connor, R. C., Ferguson, E., Scott, F., Smyth, R., McDaid, D., Park, A., Beautrais, A., & Armitage, C. J. (2017). A randomised controlled trial of a brief psychological intervention to reduce repetition of self-harm in patients admitted to hospital following a suicide attempt. *Lancet Psychiatry, 4*, 451-60.

6   Stanley, B., Brown, G. K., Brenner, L. A., Galfalvy, H. C., Currier, G. W., Knox, K. L., Chaudhury, S. R., Bush, A. L., & Green, K. L. (2018). Comparison of the safety planning intervention with follow-up vs usual care of suicidal patients treated in the emergency department. *JAMA Psychiatry, 75*, 894-900; Stanley, B., Chaudhury, S. R., Chesin, M., Pontoski, K., Bush, A. M., Knox, K. L., & Brown, G. K.

(2016). An emergency department intervention and follow-up to reduce suicide risk in the VA: Acceptability and effectiveness. *Psychiatric Services, 67*, 680 – 3; Doupnik, S. K., Rudd, B., Schmutte, T., Worsley, D., Bowden, C. F., McCarthy, E., Eggan, E., Bridge, J. A., & Marcus, S. C. (2020). Association of Suicide Prevention interventions with subsequent suicide attempts, linkage to follow-up care, and depression symptoms for acute care settings: A systematic review and meta-analysis. *JAMA Psychiatry, 77*, 1021 – 30.

7   Stanley, B., Brown, G. K., Brenner, L. A., Galfalvy, H. C., Currier, G. W., Knox, K. L., Chaudhury, S. R., Bush, A. L., & Green, K. L. (2018). Comparison of the safety planning intervention with follow-up vs usual care of suicidal patients treated in the emergency department. *JAMA Psychiatry, 75*, 894 – 900.

8   O'Connor, R. C., Lundy, J-M., Stewart, C., Smillie, S., McClelland, H., Syrett, S., Gavigan, M., McConnachie, A., Smith, M., Smith, D. J., Brown, G., Stanley B., & Simpson, S. A. (2019). Study protocol for the SAFETEL randomised controlled feasibility trial of a safety planning intervention with follow-up telephone contact to reduce suicidal behaviour. *BMJ Open, 9* (2).

9   Stanley, B., & Brown, G. K. (2017). *Safety Planning Intervention Manual*. Unpublished.

10   Bryan, C. J., Rozek, D. C., Butner, J., & Rudd, M. D. (2019). Patterns of change in suicide ideation signal the recurrence of suicide attempts among high-risk psychiatric outpatients. *Behaviour Research and Therapy, 120*, 103392.

11   Kleiman, E. M., & Nock, M. K. (2018). Real-time assessment of suicidal thoughts and behaviors. Current Opinion in Psychology, 22, 33 – 7. 12 Health Education England (HEE), & National Collaborating Centre for Mental Health (NCCMH) (n.d.). Self-harm and suicide prevention competency frameworks. Retrieved from https:// www.hee.nhs.uk/our-work/mental-health/self-harm-suicideprevention-frameworks (accessed 27 Jan. 2021).

13   Rodgers, J., Kasim, A., Heslop, P., Cassidy, S., Ramsay, S., Wilson, C., Townsend, E., Vale, L., & O'Connor, R. C. (Sep. 2020). Adapted suicide safety plans to address self harm, suicidal ideation and suicide behaviours in autistic adults: An interventional single arm feasibility trial and external pilot randomised controlled trial

[ongoing research study funded by National Institute of Health Research]. Retrieved from https://fundingawards.nihr.ac.uk/award/NIHR129196 (accessed 9 Dec. 2020).

14 Stanley, B., & Brown, G. K. (2012). Safety planning intervention: A brief intervention to mitigate suicide risk. Cognitive & Behavioral Practice, 19, 256－64; Stanley, B., & Brown, G.K. (2017). *Safety Planning Intervention Manual*. Unpublished; O'Connor, R. C., Lundy, J. M., Stewart, C., Smillie, S., McClelland, H., Syrett, S., Gavigan, M., McConnachie, A., Smith, M., Smith, D. J., Brown, G. K., Stanley, B., & Simpson, S. A. (2019). SAFETEL randomised controlled feasibility trial of a safety planning intervention with follow-up telephone contact to reduce suicidal behaviour: Study protocol. *BMJ Open, 9*, e025591.

15 Miller, W. R., & Rollnick, S. (2013). *Motivational Interviewing: Helping People Change*. Guilford Press, third edition. (《동기강화상담 : 변화 함께하기》, 윌리엄 R. 밀러 · 스티븐 록닐 지음, 신성만 · 권정옥 · 이상훈 옮김, 시그마프레스, 2015.)

16 de Beurs, D., Kirtley, O., Kerkhof, A., Portzky, G., & O'Connor, R. C. (2015). The role of mobile phone technology in understanding and preventing suicidal behavior. Crisis, 36, 79－82; Nuij, C., van Ballegooijen, W., Ruwaard, J., de Beurs, D., Mokkenstorm, J., van Duijn, E., de Winter, R., O'Connor, R. C., Smit, J. H., Riper, H., & Kerkhof, A. (2018). Smartphone-based safety planning and self-monitoring for suicidal patients: Rationale and study protocol of the CASPAR (Continuous Assessment for Suicide Prevention And Research) study. *Internet Interventions, 13*, 16－23.

17 Stanley, B., Martínez-Alés, G., Gratch, I., Rizk, M., Galfalvy, H., Choo, T. H., & Mann, J. J. (2021). Coping strategies that reduce suicidal ideation: An ecological momentary assessment study. *Journal of Psychiatric Research, 133*, 32－7.

18 Stanley, I. H., Hom, M. A., Rogers, M. L., Anestis, M. D., & Joiner, T. E. (2017). Discussing firearm ownership and access as part of suicide risk assessment and prevention: 'Means safety' versus 'means restriction'. *Archives of Suicide Research, 21*, 237－53; Anestis, M. D. (2018). Guns and Suicide: An American Epidemic. Oxford University Press.

19 Brown, G. K., & Stanley, B. (2017). *Safety Plan Pocket Card*. Unpublished.

1 Hawton, K., Witt, K. G., Taylor Salisbury, T. L., Arensman, E., Gunnell, D., Hazell, P., Townsend, E., & van Heeringen, K. (2016). Psychosocial interventions for self-harm in adults. *Cochrane Database of Systematic Reviews, (5)*, CD012189 ; Hawton, K., Witt, K. G., Taylor Salisbury, T. L., Arensman, E., Gunnell, D., Townsend, E., van Heeringen, K., & Hazell, P. (2015). Interventions for self-harm in children and adolescents. *Cochrane Database of Systematic Reviews, (12)*, CD012013.

2 MQ Transforming Mental Health (Apr. 2015). UK mental health research funding. Retrieved from https://b.3cdn.net/joinmq/1f731755e4183d5337_apm6b0gll.pdf (accessed 20 Nov. 2020).

3 Carey, B. (23 Jun. 2011). Expert on mental illness reveals her own fight. *New York Times*. Retrieved from http://archive.nytimes.com/www.nytimes.com/2011/06/23/health/23lives.html (accessed 31 Jan. 2021).

4 Linehan, M. M., Comtois, K. A., Murray, A. M., Brown, M. Z., Gallop, R. J., Heard, H. L., Korslund, K. E., Tutek, D. A., Reynolds, S. K., & Lindenboim, N. (2006). Two-year randomized controlled trial and follow-up of dialectical behavior therapy vs therapy by experts for suicidal behaviors and borderline personality disorder. *Archives of General Psychiatry, 63*, 757–66.

5 Mehlum, L., Tørmoen, A. J., Ramberg, M., Haga, E., Diep, L. M., Laberg, S., Larsson, B. S., Stanley, B. H., Miller, A. L., Sund, A. M., & Grøholt, B. (2014). Dialectical behavior therapy for adolescents with repeated suicidal and self-harming behavior: A randomized trial. Journal of the American Academy of Child and Adolescent Psychiatry, 53, 1082–91.

6 Beck, A., Rush, A. J., Shaw, B. E., & Emery, G. (1987). *Cognitive Therapy for Depression*. Guildford Press.

7 Information and resources for CBT are available via the Beck Institute: https://beck-institute.org.

8 Brown, G. K., Ten Have, T., Henriques, G. R., Xie, S. X., Hollander, J. E., & Beck, A. T. (2005). Cognitive therapy for the prevention of suicide attempts: A randomized controlled trial. *JAMA, 294*, 563–70.

9 Rudd, M. D., Bryan, C. J., Wertenberger, E. G., Peterson, A. L., Young-Mc-Caughan, S., Mintz, J., Williams, S. R., Arne, K. A., Breitbach, J., Delano, K., Wilkinson, E., & Bruce, T. O. (2015). Brief cognitive-behavioral therapy effects on post-treatment suicide attempts in a military sample: Results of a randomized clinical trial with 2-year follow-up. *American Journal of Psychiatry, 172*, 441 – 9.

10 Rossouw, T. I., & Fonagy, P. (2012). Mentalization-based treatment for self-harm in adolescents: A randomized controlled trial. *Journal of the American Academy of Child and Adolescent Psychiatry, 51*, 1304 – 13.e3.

11 Ougrin, D., Tranah, T., Stahl, D., Moran, P., & Asarnow, J. R. (2015). Therapeutic interventions for suicide attempts and selfharm in adolescents: Systematic review and meta-analysis. *Journal of the American Academy of Child and Adolescent Psychiatry, 54*, 97 – 107.e2.

12 Jobes, D. A. (2016). *Managing Suicide Risk: A Collaborative Approach*. Guilford Press.

13 Jobes, D. A. (2012). The Collaborative Assessment and Management of Suicidality (CAMS): An evolving evidence-based clinical approach to suicidal risk. *Suicide & Life-Threatening Behavior, 42*, 640 – 53; Comtois, K. A., Jobes, D. A., O'Connor, S., Atkins, D. C., Janis, K., Chessen, C., Landes, S. J., Holen, A., & Yuodelis Flores, C. (2011). Collaborative Assessment and Management of Suicidality (CAMS): Feasibility trial for next-day appointment services. *Depression and Anxiety, 28*, 963 – 72.

14 A list of all of the research studies for CAMS is available at: CAMSCare Preventing Suicide. Retrieved from https://cams-care.com/about-cams/the-evidence-base-for-cams (accessed 27 Jan. 2021).

15 Gysin-Maillart, A., Schwab, S., Soravia, L., Megert, M., & Michel, K. (2016). A novel brief therapy for patients who attempt suicide: A 24-months follow-up randomized controlled study of the Attempted Suicide Short Intervention Program (ASSIP). *PLOS Medicine, 13*. e1001968.

16 The Aeschi Working Group: http://www.aeschiconference.unibe.ch (accessed 30 Jan. 2021).

17 Attempted Suicide Short Intervention Program (ASSIP): https:// www.assip.ch (ac-

cessed 27 Jan. 2021).

18 Gysin Maillart, A., Schwab, S., Soravia, L., Megert, M., & Michel, K. (2016). A novel brief therapy for patients who attempt suicide: A 24-months follow-up randomized controlled study of the Attempted Suicide Short Intervention Program (ASSIP). *PLOS Medicine, 13*, e1001968.

19 National Confidential Inquiry into Suicide and Safety in Mental Health (Dec. 2019). Annual report 2019: England, Northern Ireland, Scotland and Wales. Retrieved from https://sites.manchester.ac.uk/ncish/reports/annual-report-2019-england-northernireland-scotland-and-wales/ (accessed 9 July. 2020).

20 Perry, Y., Werner-Seidler, A., Calear, A. L., & Christensen, H. (2016). Web-based and mobile suicide prevention interventions for young people: A systematic review. *Journal of the Canadian Academy of Child and Adolescent Psychiatry, 25*, 73 – 9.

21 Torok, M., Han, J., Baker, S., Werner-Seidler, A., Wong, I., Larsen, M.E., & Christensen, H. (2020). Suicide prevention using self-guided digital interventions: A systematic review and meta-analysis of randomised controlled trials. *Lancet Digital Health, 2*, e25 – 36; Tighe, J., Shand, F., Ridani, R., Mackinnon, A., De La Mata, N., & Christensen, H. (2017). Ibobbly mobile health intervention for suicide prevention in Australian Indigenous youth: A pilot randomised controlled trial. *BMJ Open, 7*, e013518.

22 Stapelberg, N., Sveticic, J., Hughes, I., Almeida-Crasto, A., GaeeAtefi, T., Gill, N., ‧‧‧‧‧‧ & Turner, K. (2020). Efficacy of the Zero Suicide framework in reducing recurrent suicide attempts: Crosssectional and time-to-recurrent-event analyses. *British Journal of Psychiatry*, 1 – 10; Zortea, T. C., Cleare, S., Melson, A. J., Wetherall, K., & O'Connor, R. C. (2020). Understanding and managing suicide risk. *British Medical Bulletin, 134*, 73 – 84.

12장 자살에 관해 묻는 방법

1 BBC Three (2015). *Suicide and Me* [documentary]. Retrieved from https://www.bbc.co.uk/programmes/b06mvx4j (accessed 21 Nov. 2020).

2 United to Prevent Suicide: https://unitedtopreventsuicide.org.uk (accessed 22 Nov.

2020).

3   Samaritans (n.d.). Small Talk Saves Lives. Retrieved from https://www.samaritans. org/support-us/campaign/small-talk-saves-lives (accessed 22 Nov. 2020).

4   Marzano, L., Mackenzie, J. M., Kruger, I., Borrill, J., & Fields, B. (2019). Factors deterring and prompting the decision to attempt suicide on the railway networks: Findings from 353 online surveys and 34 semi-structured interviews. *British Journal of Psychiatry*, 1-6.

5   R U OK? (9 Sep. 2019). Working together to prevent suicide. Retrieved from https://www.ruok.org.au/working-together-toprevent-suicide (accessed 22 Nov. 2020).

6   Platt, S., McLean, J., McCollam, A., Blamey, A., Mackenzie, M., McDaid, D., Maxwell, M., Halliday, E. & Woodhouse, A. (2006). *Evaluation of the First Phase of Choose Life: The National Strategy and Action Plan to Prevent Suicide in Scotland*. Scottish Executive.

7   NHS Health Scotland (22 Aug. 2019). The art of conversation: A guide to talking, listening and reducing stigma surrounding suicide. Retrieved from http://www. healthscotland.com/documents/2842.aspx (accessed 1 Dec. 2020).

8   Distress Brief Intervention: https://www.dbi.scot/ (accessed 1 Dec. 2020).

9   Gilbert, P. (2010). *The Compassionate Mind*. Little, Brown Book Group.

10 Cleare, S., Gumley, A., O'Connor, R. C. (2019). Self-compassion, forgiveness, suicidal ideation and self-harm: A systematic review. *Clinical Psychology & Psychotherapy*. *26*, 511-30.

11 Scottish Government (13 Jul. 2020). Adverse childhood experiences (ACEs). Retrieved from https://www.gov.scot/publications/adverse-childhood-experiences-aces/pages/trauma-informedworkforce (accessed 3 Dec. 2020).

13장 자살 위험이 있는 사람을 돕기

1   Hawton, K., Saunders, K. E. A., & O'Connor, R. C. (2012). Selfharm and suicide in adolescents. *Lancet, 379*, 2373-82.

2   Smith, D. M., Wang, S. B., Carter, M. L., Fox, K. R., & Hooley, J. M. (2020).

Longitudinal predictors of self-injurious thoughts and behaviors in sexual and gender minority adolescents. *Journal of Abnormal Psychology, 129*, 114–21.

3 Ferrey, A. E., Hughes, N. D., Simkin, S., Locock, L., Stewart, A., Kapur, N., Gunnell, D., & Hawton, K. (2016). The impact of self-harm by young people on parents and families: A qualitative study. *BMJ Open, 6*, e009631.

4 Wasserman, D., Hoven, C. W., Wasserman, C., …… & Carli, V. (2015). School-based suicide prevention programmes: The SEYLE cluster-randomised, controlled trial. *Lancet, 385*(9977), 1536–44.

5 Researchers at the University of Oxford (26 Nov. 2015). Coping with self-harm: A guide for parents and carers. Retrieved from https://www.psych.ox.ac.uk/news/new-guide-for-parents-whoare-coping-with-their-child2019s-self-harm-2018you-are-notalone2019 (accessed 5 Dec. 2020).

6 Robinson, J., Teh, Z., Lamblin, M., Hill, N., La Sala, L., & Thorn, P. (2020). Globalization of the #chatsafe guidelines: Using social media for youth suicide prevention. Early Intervention in Psychiatry; chatsafe (n.d.). Tools and tips to help young people communicate safely online about suicide. Retrieved from https://www.orygen.org.au/chatsafe (accessed 27 Jan. 2020).

7 Luoma, J. B., Martin, C. E., & Pearson, J. L. (2002). Contact with mental health and primary care providers before suicide: A review of the evidence. *American Journal of Psychiatry, 159*, 909–16; Rhodes, A. E., Khan, S., Boyle, M. H., Tonmyr, L., Wekerle, C., Goodman, D., Bethell, J., Leslie, B., Lu, H., & Manion, I. (2013). Sex differences in suicides among children and youth: The potential impact of help-seeking behaviour. *Canadian Journal of Psychiatry, 58*, 274–82; National Confidential Inquiry into Suicide and Safety in Mental Health (Dec. 2019). Annual report 2019: England, Northern Ireland, Scotland and Wales. Retrieved from https://sites.manchester.ac.uk/ncish/reports/annual-report-2019-england-northern-ireland-scotland-and-wales (accessed 5 Jan. 2021).

8 Sayal, K., Yates, N., Spears, M., & Stallard, P. (2014). Service use in adolescents at risk of depression and self-harm: Prospective longitudinal study. *Social Psychiatry and Psychiatric Epidemiology, 49*, 1231–40.

9 Quinlivan, L., Cooper, J., Meehan, D., Longson, D., Potokar, J., Hulme, T., Mars-

den, J., Brand, F., Lange, K., Riseborough, E., Page, L., Metcalfe, C., Davies, L., O'Connor, R., Hawton, K., Gunnell, D., & Kapur, N. (2017). Predictive accuracy of risk scales following self-harm: Multicentre, prospective cohort study. *British Journal of Psychiatry, 210*, 429 – 36.

10 Bellairs-Walsh, I., Perry, Y., Krysinska, K., Byrne, S. J., Boland, A., Michail, M., Lamblin, M., Gibson, K. L., Lin, A., Li, T. Y., Hetrick, S., & Robinson, J. (2020). Best practice when working with suicidal behaviour and self-harm in primary care: A qualitative exploration of young people's perspectives. *BMJ Open, 10*, e038855.

11 McClelland, H., Evans, J., Nowland, R., Ferguson, E., & O'Connor, R. C. (2020). Loneliness as a predictor of suicidal ideation and behaviour: A systematic review and meta-analysis of prospective studies. *Journal of Affective Disorders, 274*, 880 – 96.

14장 자살의 충격에서 살아남기

1 McDonnell, S., Hunt, I. M., Flynn, S., Smith, S., McGale, B., & Shaw, J. (2020). From grief to hope: The collective voice of those bereaved or affected by suicide. Suicide Bereavement UK. Retrieved from https://suicidebereavementuk.com/the-national-suicidebereavement-report-2020 (accessed 12 Dec. 2020).

2 Irons, A. (10 Sep. 2019). Twitter. Retrieved from https://twitter.com/AmyJIrons/status/1171460355798601731 (accessed 3 Feb. 2021).

3 Wertheimer, A. (2013). *A Special Scar*. Routledge; Wertheimer, A. (2013). A Special Scar. Routledge; Fine, C. (2002). *No Time to Say Goodbye: Surviving the Suicide of a Loved One*. (《너무 이른 작별》, 칼라 파인 지음, 김운하 옮김, 궁리, 2012.) Bantam Doubleday Dell Publishing Group; Lukas, C., & Seiden, H.M. (2007). *Silent Grief: Living in the Wake of Suicide*. Jessica Kingsley Pub.

4 Support After Suicide Partnership (Sep. 2015). Help is at hand. Retrieved from https://supportaftersuicide.org.uk/resource/helpis-at-hand (accessed 13 Dec. 2020).

5 Sands, D. C. (2010). *Red Chocolate Elephants: For Children Bereaved By Suicide*. Karridale Pty Ltd.

6   Andriessen, K., Krysinska, K., Hill, N., Reifels, L., Robinson, J., Reavley, N., & Pirkis, J. (2019). Effectiveness of interventions for people bereaved through suicide: A systematic review of controlled studies of grief, psychosocial and suicide-related outcomes. *BMC Psychiatry, 19,* 49.

7   Pitman, A., Osborn, D., King, M., & Erlangsen, A. (2014). Effects of suicide bereavement on mental health and suicide risk. *Lancet Psychiatry, 1,* 86–94.

8   Sandford, D. M., Kirtley, O. J., Thwaites, R., & O'Connor, R. C. (2020). The impact on mental health practitioners of the death of a patient by suicide: A systematic review. *Clinical Psychology & Psychotherapy.*

9   These interviews were conducted as part of David Sandford's PhD research at University of Glasgow.

10 Department of Psychiatry, University of Oxford (11 Aug. 2020). New resource for psychiatrists: Patient suicide. Retrieved from https://www.psych.ox.ac.uk/news/new-resource-for-psychiatristspatient-suicide (accessed 27 Jan. 2021).

찾아보기

마지막 끈을 놓기 전에

옮긴이 정지호

한국외국어대학교에서 일본어와 영어를 전공하고 성균관대 번역대학원에서 문학(번역학) 석사 학위를 받았다. 대학을 졸업하고 영상 및 기술 등 다양한 분야에서 번역 일을 하며 경험을 쌓았다. 책이 좋아 출판 번역의 길로 들어섰다. 옮긴 책으로는 《괴롭힘은 어떻게 뇌를 망가뜨리는가》, 《트라우마는 어떻게 삶을 파고드는가》, 《세계사를 바꾼 위대한 식물 상자》, 《은밀하고도 달콤한 성차별》, 《루틴의 힘》, 《부두에서 일하며 사색하며》, 《시작과 변화를 바라보며》, 《우리 시대를 살아가기》, 《인간의 조건》, 《맥주의 모든 것》, 《맥주의 정석》 등이 있다.

마지막 끈을 놓기 전에

첫판 1쇄 펴낸날 2023년 5월 30일
2쇄 펴낸날 2023년 12월 15일

지은이 로리 오코너
옮긴이 정지호
감수 백종우
발행인 김혜경
편집인 김수진
책임편집 전하연
편집기획 김교석 조한나 유승연 문해림 김유진 곽세라 박혜인 조정현
디자인 한승연 성윤정
경영지원국 안정숙
마케팅 문창운 백윤진 박희원
회계 임옥희 양여진 김주연

펴낸곳 (주)도서출판 푸른숲
출판등록 2003년 12월 17일 제2003-000032호
주소 서울특별시 마포구 토정로 35-1 2층, 우편번호 04083
전화 02)6392-7871, 2(마케팅부), 02)6392-7873(편집부)
팩스 02)6392-7875
홈페이지 www.prunsoop.co.kr
페이스북 www.facebook.com/prunsoop   **인스타그램** @prunsoop

ⓒ푸른숲, 2023
ISBN 979-11-5675-413-8(03180)

* 잘못된 책은 구입하신 서점에서 바꾸어 드립니다.
* 본서의 반품 기한은 2028년 12월 31일까지입니다.